TEM-4 Classified Vocabulary

专四词汇

词以类记

■ 新东方考试研究中心 编著

西安交通大学出版社
XI'AN JIAOTONG UNIVERSITY PRESS

图书在版编目(CIP)数据

专四词汇:词以类记 / 新东方考试研究中心编著. —
西安:西安交通大学出版社,2013.6
ISBN 978-7-5605-4344-4

Ⅰ.①专… Ⅱ.①新… Ⅲ.①大学英语水平考试—词
汇—自学参考资料 Ⅳ.①H313

中国版本图书馆 CIP 数据核字(2012)第 095050 号

书 名	专四词汇:词以类记	
编 著	新东方考试研究中心	
责任编辑	黄科丰	
封面设计	大愚设计	
出版发行	西安交通大学出版社	
地 址	西安市兴庆南路 10 号(邮编:710049)	
电 话	(010)62605588　62605019(发行部)	
	(029)82668315(总编室)	
读者信箱	bj62605588@163.com	
印 刷	北京慧美印刷有限公司	
字 数	451 千	
开 本	880mm×1230mm　1/32	
印 张	14.25	
版 次	2013 年 6 月第 1 版　2013 年 6 月第 1 次印刷	
书 号	ISBN 978-7-5605-4344-4/H · 1359	
定 价	30.00 元	

版权所有　侵权必究

如有缺页、倒页、脱页等印装质量问题,请拨打服务热线:010—62605166。

前言

这将是一本值得你拥有的词汇书。

作为英语专业学生的你,在一遍遍背诵和抄写单词的时候,有没有想过自己到底能记下多少单词呢?或许结果并不能令你满意。很多英语专业的单词晦涩难懂,好不容易记住了又容易忘记,怎样才能突破专业四级8000的词汇量呢?

面对这些问题,我们努力寻找更为有效的词汇学习方法,通过反复研究和分析专四词汇大纲,并结合英语专业学生的学习特点,我们精心编撰了这本集分类、真题语境等多种高效记忆方法于一身的全新专业四级词汇用书——《专四词汇:词以类记》,以满足广大专四考生迫切的备考需求。

本书的具体特色如下:

主题分类,包罗万象

专业四级考试大纲要求考生掌握的词汇量约为8000个,这看似一个庞大的数量,但实际上,这些单词需要记忆的程度不同,如a, tree等简单词无需英语专业考生再费力学习,因为你已然掌握;而对于一些不常考的生僻单词,只需认识即可,因此所谓的8000词汇,真正需要你下工夫记忆的其实没有那么多。

鉴于这一事实,编者通过对专四考试大纲以及历年真题的研究,共为本书收录约5000个专四词汇,并根据真题所涉及话题和专四词汇的释义,将这些专四词汇归纳为8大类24小类,8大类中有"炫彩生活"、"日常交流"、"人文社会"等,而"炫彩生活"这一大类又细分为"家庭百味"、"购物美食"和"旅游出行"等小类。考生可以充分利用单词间的关联性记忆专四词汇,能极大地缩短记忆时间,提高记忆效率。另外,本书还将每小类单词划分为核心词和认知词。这种结构划分避免了传统字母排序带来的枯燥感,既帮助考生设定了良好的词汇学习节奏,又突出了重点单词,引领考生突破记忆瓶颈。

科学设置,突破瓶颈

本书中"核心词"词条讲解的栏目设置科学合理、实用高效,包括【搭】、【例】、【派】、【听】、【题】、【注】六项,每个词条会根据单词本身知识结构特点、真题考查情况而在具体栏目选取方面有所差别。这六个基本栏目的具体特点及功能如下:

【搭】即"搭配"。很多重点单词并不是孤立的,在真实语境中它往往以各种各样的搭配形式出现,其实际应用讲究的就是搭配,因此可以毫不夸张地说,只有掌握了这部分单词的搭配,才算真正掌握了这些单词的用法。该栏目列举出主词条的常用、常考搭配,供考生背诵。

【例】即"例词或例句"。词汇只有在真实语境中才有生命,结合语境考生才能够掌握其用法。本书遵循专业四级考试难度,精心甄选真题及高质量的题源例句,供考生在真实语境中学习专四词汇。如果是真题例句,会在例句英文结尾处以"(TEM-4)"的形式加以注明,以区别于其他例句。

【派】即"派生词",主要列出由主词条派生出来的常见单词,以扩大考生的词汇量,帮助考生增强"词汇串"的记忆能力,使考生能够举一反三,进行延伸和拓展。

【听】即"听力提示",针对专四考试的听力部分,尤其是新闻听力部分,把听力常考、常用词汇进行特别提示,讲解与该听力常考词汇相关的知识及听力技巧,如新闻词汇、单词连读及吞音现象等,有助于读者进行针对性的学习和记忆。

【题】即"真题"，根据主词条选取具有代表性的专四真题，帮助考生在学习单词的同时熟悉专四试题的题目特点。

【注】即"注解"，起补充说明作用，提示主词条的同义词、反义词或词伙，辨析形近词、易混词，分析该单词在真题中的使用情况等。

实用附录，迅速提升

为了帮助考生更好地应对专四考试，本书提供了实用的附录。附录包括"新闻英语常用词汇"、"完形及词汇部分常用搭配"和"常考易混淆词对"。这些归纳和总结有助于考生突击听力和词汇部分，也有助于提高英语的综合能力。

词汇的学习不可能一蹴而就，需要不断地扩展，不断地积累，而一本科学的词汇书则能助学习者更高效地进行词汇学习。希望本书能助你攻克词汇难关，也助你在专业四级考试中取得理想的成绩。

在此特别感谢汇智博纳的金利、蒋志华、杨云云、范芙蓉等各位老师以及排版人员李素素，他们的付出使本书得以及时和大家见面，也使本书更加高效、实用。

编　者

目 录

专四词汇：词以类记

炫彩生活

◎家庭百味　◎购物美食　◎旅游出行　◎医疗保健

音频

accustom [əˈkʌstəm] *v.* 使习惯

【例】 It will take me a long time to *accustom* myself to the new situation. 我需要用很长时间才能适应新环境。

addiction [əˈdɪkʃn] *n.* 沉溺；瘾

【例】 Tom has a long-standing problem with heroin *addiction*. 汤姆长期受到海洛因毒瘾的困扰。

blot [blɒt] *n.* 墨渍，污渍；瑕疵，（品格、名誉等上的）污点 *v.* 弄上污渍；（用吸墨纸等）吸干；玷辱（名誉等）；抹掉，除去

【例】 I wish I could *blot* out the bitter memory. 我希望能够将那段痛苦的回忆抹去。

civil [ˈsɪvl] *adj.* 市民的，公民的；国内的；民事的，民用的

【例】 The *civil* servants held a strike to protest pay cuts.（TEM-4）公务员们举行罢工来反对减薪。

clasp [klɑːsp] *v.* 扣住，扣紧；拥抱；紧握 *n.* 钩子；拥抱；紧握

【例】 The thief tried to open the briefcase *clasp*, but it was stuck. 小偷试图打开公文包上的搭扣，但它被卡住了。

commemorate [kəˈmeməreɪt] *v.* 庆祝；纪念

【例】 People are coming out to *commemorate* the founding of the new nation. 人们走出家门来庆祝新国家的成立。

condolence [kənˈdəʊləns] *n.* 吊唁，慰问；悼词

【例】 After Nina's husband died, people wrote her many letters of *condolence*. 尼娜的丈夫去世后，人们给她写了很多吊唁信。

decorate [ˈdekəreɪt] *v.* 装饰；装修，粉刷；授予奖励

【搭】 be decorated for 因…被授予奖励

【例】 A total of 99 Christmas trees of 1.5 metres in height will be available for the participating teams to *decorate*.（TEM-4）一共将有 99 棵 1.5 米高的圣诞树供参赛队伍装饰。

【派】 decoration(*n.* 装饰；装饰品)

discontent [ˌdɪskən'tent] *n.* 不满，不满足

【例】This has been a summer of *discontent* because despite government efforts, an entire coastline has been monopolized by profiteering bathing clubs. (TEM-4) 这个夏天人们情绪非常不满，因为尽管政府做了努力，但整个海岸线还是被牟取暴利的洗浴俱乐部垄断着。

【派】discontented(*adj.* 不满的)

disillusion [ˌdɪsɪ'luːʒn] *v.* 使幻想破灭，使不再着迷 *n.* 醒悟，幻想破灭

【例】Anna's father was almost *disillusioned* by the results of the research. 该调查结果几乎让安娜父亲的幻想破灭。

【派】disillusioned(*adj.* 失望的，不再抱幻想的)

domestic [də'mestɪk] *adj.* 家庭的，家用的；（动物）驯养的；国内的，国产的；自制的 *n.* 佣人，家仆；国货

【例】*domestic* appliance 家用器具 // gross *domestic* product（GDP）国内生产总值 // In Mexico, houses are organized around a patio, or courtyard. Rooms open onto the patio, where all kinds of *domestic* activities take place.(TEM-4) 在墨西哥，房屋都是围绕着一个院子或庭院建造的，并且房间都通向这个用作各种家庭活动场所的院子。

durable ['djʊərəbl] *adj.* 持久的，耐用的 *n.* [*pl.*] 耐用品

【例】a *durable* friendship 永恒的友谊 // consumer *durables* 耐用消费品 // Being made of metal, often precious metal, coins have tended to survive much better than less *durable* objects. 硬币是由金属——通常是珍贵金属——制成的，它往往比不耐用的东西保存得更长久。

duration [dju'reɪʃn] *n.* 持续（时间）

【例】On mood control, the author seems to suggest that we can determine the *duration* of mood.(TEM-4) 在控制情绪方面，作者似乎在暗示我们可以自己决定情绪持续的时间。

dwell [dwel] *v.* 居住，栖息；踌躇

【搭】dwell on/upon 细想，凝思；详述

【例】Lack of long-distance vision had not been a problem for forest-*dwelling* apes and monkeys because the higher the viewpoint, the greater the range of sight—so all they had to do was to climb a tree.(TEM-4) 远距离视野的缺乏对于居住在森林里的猿和猴子来说不是什么问题，因为站得越高，视野越广，所以它们所要做的就是爬树。

【派】dwelling(*n.* 住处)

effusive [ɪ'fjuːsɪv] *adj.* 感情过分流露的，太动感情的，奔放的

【例】The farmers received their children with the most *effusive* affection. 农夫们接过了自己的孩子，爱意溢于言表。

embarrass [ɪmˈbærəs] v. 使窘迫，使困扰；妨碍

【例】The release of these secret documents has *embarrassed* the administration. 这些机密文件的泄露使管理层陷入了窘境。

【派】embarrassment(n. 困窘，尴尬)

embrace [ɪmˈbreɪs] v. 拥抱；包含；欣然接受，乐意采纳；信奉 n. 拥抱；包围；接受；信奉

【例】This course *embraces* several different aspects of physics. 这门课包括物理学的几个不同方面。

emerge [iˈmɜːdʒ] v. 出来，出现；暴露

【例】Workers *emerged* from low underground doorways into factory yards, and sat on posts and steps, wiping their faces and contemplating coals. (TEM-4) 工人们从低矮的地下入口出来，进入工厂大院，坐到桩子或台阶上，边擦脸边凝视着煤堆。

【派】emergence(n. 浮现，露出，出现)

encounter [ɪnˈkaʊntə(r)] v. 偶遇，邂逅；遭到，突遇 n. 遭遇，会战；意外的相见

【搭】encounter difficulties/danger/trouble/opposition 遇到困难/危险/麻烦/反对

【例】I wandered in the streets in the hope of *encountering* with my former classmates. 我在街头闲逛，希望能遇到以前的同学。

enrich [ɪnˈrɪtʃ] v. 使富足，使丰富，充实

【搭】enrich sth. (with sth.) 美化…；(使)…变肥沃；加料于…

【例】Those who have fame and money usually search for something else to *enrich* their life. 那些既有名又有钱的人通常会寻找别的东西来充实他们的生活。

enthusiasm [ɪnˈθjuːziæzəm] n. 热情，热心

【搭】with enthusiasm 热情地

【例】They show either a lack of *enthusiasm* or an excess of it. (TEM-4) 他们要么表现得缺乏热情，要么过度热情。

【派】enthusiast(n. 爱好者，狂热者)

【题】If you are going to work in a new area, again there are the papers—and the accommodation agencies, while these should be approached with ___.

A. enthusiasm　　B. hesitation　　C. caution　　D. concern

答案为 C。enthusiasm 意为"热情"；hesitation 意为"犹豫"；caution 意为"谨慎，小心"；concern 意为"关心，忧虑"。句意为：如果你去新的

地方工作，你又要跟不少文件以及房屋中介打交道，这时候应该小心谨慎为好。

enthusiastic [ɪnˌθjuːziˈæstɪk] *adj.* 热情的，热心的；热烈的

【例】 Candidates who interview well tend to be quietly confident, but never boastful; direct and straightforward in their questions and answers; cheerful and friendly, but never over-familiar; and sincerely *enthusiastic* and optimistic.（TEM-4）面试结果优异的应聘者往往充满自信但不浮夸；提问与回答时直截了当；心情愉快、表现友好却不过分亲密；真诚热情且乐观向上。

【派】 enthusiastically（*adv.* 热心地；狂热地）

frugal [ˈfruːɡl] *n.* 节俭的，节约的；廉价的

【例】 The founder of the global food-chain is proud to be *frugal*.（TEM-4）这家全球食品连锁店的创始人以节俭为荣。

【题】 Although he has become rich, he is still very ___ of his money.
A. economic　　B. thrifty　　C. frugal　　D. careful
答案为 C。economic 意为"经济的"，常用作定语，不与介词搭配；thrifty 意为"节俭的，节省的"，常与 with 搭配；frugal 意为"节约的；俭朴的"，既可作前置定语，也可作表语，后面跟 of；careful 意为"小心的"。句意为：虽然他很富有了，但仍非常节俭。

furnish [ˈfɜːnɪʃ] *v.* 供应，提供；为…配备家具

【搭】 furnish sb./sth. with sth. 为…提供…；furnish sth.（to sb.）（为某人）提供某物

【例】 My dormitory was *furnished* with the simplest essentials: a bed, a chair and a table. 我的宿舍里只配置了最简单的必需品：一张床，一把椅子和一张桌子。

gossip [ˈɡɒsɪp] *v.* 闲谈，说三道四 *n.* 流言蜚语；喜欢搬弄是非的人

【例】 a *gossip* girl/woman 长舌妇 // The trip down the hall will take approximately one hour, because a person can't walk into those talky people without getting pulled aside for a question, a bit of *gossip*, a new read on a certain line of *Paradise Lost*.（TEM-4）要穿过整个大厅大约需要一个小时，因为一个人要穿过那群能言善辩的人，就不可能不被拉入到话题之中，这个话题也许是一个问题，也许是一些流言蜚语，也许是对《失乐园》中某句话的新的解读。

habitual [həˈbɪtʃuəl] *adj.* 通常的，惯常的；习惯性的，已养成习惯的

【例】 The translator must have an excellent, up-to-date knowledge of his source languages, full facility in the handling of his target language, which will be his mother tongue or language of *habitual* use and a knowledge and understanding of the latest subject-matter in his field of specialization.（TEM-4）翻译人员必须出色地掌握并及时更新他的源语言，对翻译的目标语要熟练掌握（翻译的目标语是他的母语或是常用语种），还要对他的专业领域的最新话题有所了解。

【注】 这个词可以与 habit 一起记忆，但是要注意两个词中 a 的发音不同。它的副词形式是 habitually（习惯地）。

hammer [ˈhæmə(r)] *n.* 锤，槌，榔头 *v.* 用锤敲打，（反复）敲打；彻底击败；不懈地致力于

【搭】 under the hammer 被拍卖；up to the hammer 第一流的，极好的

【例】 We really need to *hammer* out the details.（TEM-4）我们的确需要好好推敲一下细节。

hardware [ˈhɑːdweə(r)] *n.* 五金制品；家用器皿；（电脑等的）硬件；武器装备

【例】 computer *hardware* 计算机硬件 // military *hardware* 军事装备 // Both Lily and I know nothing about computer *hardware*. 莉莉和我都对计算机硬件一窍不通。

household [ˈhaʊshəʊld] *n.* 家庭，户 *adj.* 家庭的，家常的；普通的

【例】 single-parent *household* 单亲家庭 // Now many families own a *household* computer. 现在很多家庭都拥有家用电脑。

【注】 household 强调家庭、家庭单位，是比较客观的表达方法，而 family 侧重指家人，比较亲切。

illuminate [ɪˈluːmɪneɪt] *v.* 照明，照射；用灯装饰；阐明，启发

【例】 Perhaps the figures can *illuminate* the situation of the economy. 或许这些数字能说明经济现状。

【派】 illuminating（*adj.* 启发的；照明的）

inhabit [ɪnˈhæbɪt] *v.* 居住于，栖息于

【例】 The town contained several large streets all very like one another, and many small streets still more like one another, *inhabited* by people equally like one another.（TEM-4）小镇上有几条相似的大街，还有许多条更为相似的小街，连居民也长得很相像。

【派】 inhabited（*adj.* 有人居住的）；inhabitable（*adj.* 适合人居住的）

【注】 inhibit 与 inhabit 在意义上没有任何联系，但是读音与拼写非常相似，需要注意。

kid [kɪd] *n.* 小孩，少年，儿童 *v.* 哄骗，欺骗；开玩笑

【例】 So while they tend to be happy taking the *kids* to the park or to sports events, they are unlikely to participate regularly in feeding, bathing or taking the *kids* to school.（TEM-4）因此虽然他们往往乐于带孩子们去公园或观看体育赛事，但他们不太可能定期给孩子喂食、洗澡或送孩子去上学。

【注】由于这个词是单音节词，在对话中可能会比较快地一带而过，所以在听力时要特别注意。

lease [liːs] *n.* 租赁，租约；租期 *v.* 出租，租得

【例】Any engineer will recognize these as characteristic of a typical engineering problem, which doctors and engineers have worked together to solve, in order to bring a fresh *lease* of life to people who would otherwise be disabled. (TEM-4) 任何工程师都会把这些看成是典型的工程问题的特征，而这个问题已在医生和工程师的合作下解决，以使本来可能会残疾的人获得新生。

【注】lease 是指长期租用，特别是有契约的；rent 一般指房屋、土地的租用；hire 侧重于短期租借。

lie [laɪ] *v.* 说谎；平躺；位于 *n.* 状态；位置；谎言

【搭】lie in 在于；lie with 是…的责任

【例】Rose *lies* on the beach, listening to the lap of the wave against the rock. 罗斯躺在沙滩上，聆听着海浪拍打岩石的声音。

live [lɪv] *v.* 生存，活着；居住；过…的生活 [laɪv] *adj.* 活的；有生气的，活泼的；现场直播的

【搭】live on/by 靠…生活，以…为食；live through 度过，经受过；live up to 做到，不辜负

【例】We all know that science plays an important role in the societies in which we *live*. (TEM-4) 我们都知道，科学在我们生活的社会中扮演着重要的角色。

lounge [laʊndʒ] *n.* 休息室；长沙发 *v.* 懒洋洋地靠坐着；闲逛；混时间

【例】Tom *lounged* in the sofa all day stuffing himself with junk food. 汤姆一整天都懒洋洋地坐在沙发上吃垃圾食品。

mess [mes] *n.* 杂乱的一团；混乱的情形 *v.* 把…弄糟；干涉

【例】Seen at ground level, the designs are a jumbled senseless *mess*. (TEM-4) 站在地面上看，这些图案就像一团毫无意义的乱线。

【注】注意区分形近词 mass(*n.* 堆；大量)。

nonsense ['nɒnsns] *n.* 胡说，废话；荒谬的念头(想法)

【例】talk *nonsense* 胡说八道 // What he said is *nonsense*, so don't believe in him. 他简直是一派胡言，所以不要相信他。

【派】no-nonsense(*adj.* 实际的，严肃的)

ornament ['ɔːnəmənt] *n.* 装饰品，饰物；装饰 ['ɔːnəment] *v.* 装饰，美化

【例】It is the tradition of Christmas to decorate all kinds of *ornaments* on the Christmas tree. 在圣诞树上装饰各种各样的装饰品是圣诞节的传统。

overhear [ˌəʊvəˈhɪə(r)] v. 无意中听到，偶然听到；偷听，窃听

【例】He told her the secret in a low voice in order not to be *overheard* by others. 他低声地告诉她这个秘密，以防被别人听见。

pad [pæd] n. 垫子，衬垫；发射台；便笺簿 v. (以软物)衬填，填塞

【例】a seat *pad* 坐垫 // a telephone *pad* 电话通讯簿 // Volleyball players often wear knee *pads* to protect their legs. 排球运动员经常穿着护膝以保护腿部。

parcel [ˈpɑːsl] n. 包，包裹；部分，一块 v. 分，分配

【搭】parcel out 分，分割

【例】The mailman has delivered letters and *parcels* to this remote village for thirty years. 这位邮递员三十年如一日地为这个偏僻的村庄送信件和包裹。

peep [piːp] n./v. 偷看，一瞥

【例】The naughty little boy is *peeping* out from behind the tree. 淘气的小男孩正躲在树后，偷偷向外张望。

present [prɪˈzent] v. 给予；造成；呈递；上演；介绍 [ˈpreznt] n. 礼物；目前，现在 adj. 现在的，现存的；出席的，在座的

【搭】at present 目前，现在；for the present 目前，暂时

【例】The food served symbolizes the occasion and reflects who is *present*. (TEM-4) 提供的食物象征了这是什么样的场合，反映了什么样的人会出席。

【注】bestow 表示"赠给"，常与 on 或 upon 搭配；give 一般与 to 搭配；present 表示"赠予"时一般与 with 搭配；endow 表示"天生具有，赋予"，一般用被动式与 with 搭配。

privacy [ˈprɪvəsi] n. 隐私，秘密；不受公众干扰的状态

【例】They found that the mobile phone's individuality and *privacy* gave texters the ability to express a whole new outer personality. (TEM-4) 他们发现，手机的个人化和私密性使发短信的人能展示出一种全新的外在人格。

private [ˈpraɪvət] adj. 私人的，个人的；私立的，私营的；秘密的，私下的；幽僻的

【例】Recently government agencies in some big cities have been studying the possibility of putting a "pollution tax" on *private* cars. (TEM-4) 最近，一些大城市的政府机构一直在研究向私家车主征收"污染税"的可能性。

【派】privately(adv. 私下地，秘密地)

property [ˈprɒpəti] n. 财产，所有物；不动产，房地产；性质，属性

【例】intellectual *property* 知识产权 // assignment of *property* 产权转让 // This can be proved by a housing rent book, a tax form, water or electricity bill for the *property*, as long as it is in your name. (TEM-4) 一份租房合同，一张纳税单，或者该房产的水、电费的账单就能证明这一点，只要是在你名下的。

【听】该词为新闻词汇，出现在英语新闻中时常意为"房地产；财产"。

rack [ræk] *n.* (放置物件的)架子 *v.* 使痛苦，折磨

【搭】rack one's brains 绞尽脑汁

【例】Sam *racked* his brains to think of a subject for his term paper. 萨姆绞尽脑汁地想他学期论文的主题。

rag [ræg] *n.* 破布，碎布；[*pl.*] 破旧衣服 *v.* 嘲笑，戏弄

【搭】in rags 衣衫褴褛，衣着破旧

【例】Mother wiped the window with a damp *rag*. 妈妈用一块湿布擦玻璃。

replace [rɪˈpleɪs] *v.* 放回，置于原处；代替，取代；替换，更换

【例】The security agreement will *replace* the UN mandate to grant U.S. military presence in Iraq legal status from 2009. (TEM-4) 这份安全协议将会取代 2009 年以来赋予美国军队在伊拉克的合法地位的联合国委任统治权。

scrub [skrʌb] *v.* 用力擦洗，擦净；取消，剔除

【例】The murderer cautiously *scrubbed* the blood marks off the wall. 那个凶手谨慎地把墙上的血痕擦掉。

sever [ˈsevə(r)] *v.* 切断，割开

【例】The traveler *severed* a branch from the trunk for a stick. 那个游客从树干上砍下一根树枝做手杖。

shrink [ʃrɪŋk] *v.* (使)收缩，(使)皱缩；退缩，畏缩 *n.* 收缩；退缩，畏缩

【搭】shrink away/back from 退缩

【例】The economy in that country is *shrinking* instead of fast growing. 那个国家的经济正在萎缩而非快速增长。

【派】shrinkage(*n.* 收缩；缩水); shrinking(*n.* 萎缩，减少)

【听】该词的过去式和过去分词都是 shrunk，注意拼写。

simplicity [sɪmˈplɪsəti] *n.* 简单；朴实

【例】For the sake of *simplicity*, let's go out and have some snack instead of cooking ourselves. 为了简单起见，我们出去吃点小吃吧，就不要自己做饭了。

simplify [ˈsɪmplɪfaɪ] *v.* 使单纯；简化

【例】Yahoo announces a restructuring drive to *simplify* its business and take on rival Google. 雅虎宣布了重组方案，力图简化商业运作流程，并与竞争对手谷歌相抗衡。

【派】simplicity(*n.* 简单, 简易; 朴素; 直率, 单纯)

slot [slɒt] *n.* 孔; 狭缝; 在名单或组织等中的位置 *v.* 在(某物)中开缺口、狭缝等; 安置

【搭】slot in 插入或置于…

【例】Not long ago, a mysterious Christmas card dropped through our mail *slot*. (TEM-4)不久前, 一张神秘的圣诞卡片从我们的邮筒口掉了出来。

sprinkle [ˈsprɪŋkl] *v.* 洒, 淋 *n.* 少量, 少数

【例】When he was dressed, Stephen *sprinkled* some cologne water on himself. 穿衣服时, 斯蒂芬往身上洒了些古龙香水。

string [strɪŋ] *n.* 细绳; 乐器的弦; 以线串成之物; 一串 *v.* 用线串; 上弦

【搭】a string of 一串, 一系列; string sth. out 把某物排成一条线; string sth./sb. up 把…挂起来

【例】They are accused of causing a severe head injury to a 23-year-old restaurant employee by *stringing* a rope between poles across a road. (TEM-4)他们被指控将一根绳子系在道路两边的杆子上, 从而造成一名23岁的餐厅员工头部受了重伤。

switch [swɪtʃ] *n.* 开关; 转换 *v.* 接通或切断(电源); 转变, 改变; 转换

【搭】switch to 转换到; switch on 打开

【例】Newly-built lines of subways are trying to encourage people to *switch* from cars to subway. 新建的地铁线路在尽力鼓励人们从开车转变为乘坐地铁。

tangle [ˈtæŋgl] *v.* (使某物)乱作一团; (使)纠缠, (使)混乱 *n.* 乱七八糟的一堆; 混乱

【例】Sara had *tangled* up the sheets on the bed as she could not sleep last night and lay tossing and turning. 萨拉将床单弄得一团糟, 因为她昨天晚上睡不着觉, 躺在床上辗转反侧。

taper [ˈteɪpə(r)] *n.* 烛芯, 细蜡烛; 逐渐变细 *v.* 逐渐变窄, 使…逐渐变窄; (使某物)变少, 逐渐终止

【例】Unlike other trees, it doesn't *taper* very much. 和别的树不同, 它不是越往上长得越细。

tickle [ˈtɪkl] *v.* 胳肢; 使发痒; 使愉悦

【例】My little nephew *tickled* my feet with a feather when I was sleeping in bed. 当我在床上睡觉的时候, 我的小侄子拿一根羽毛胳肢我的脚心。

trifle [ˈtraɪfl] *n.* 小事, 琐碎之物; 少量的钱; 稍微, 有点 *v.* 玩弄; 浪费

【搭】trifle with 玩弄; 怠慢, 小看, 轻视; trifle the hours away 虚度光阴

【例】The husband told his wife not to bother him with family *trifles*. 丈夫告诉妻子不要拿家庭琐事来烦他。

utilize [ˈjuːtəlaɪz] *v.* 利用，应用

【例】He *utilizes* the facts he observes to the fullest extent. (TEM-4) 他最大限度地利用他所观察到的事实。

ventilate [ˈventɪleɪt] *v.* 使通风

【例】I work in a very poorly-*ventilated* building and it is so sultry in the summer. 我工作的大厦里通风很不好，夏天非常闷热。

wake [weɪk] *v.* 醒来；唤醒 *n.* (行船在水面留下的)航迹，尾流

【搭】wake up 叫醒；in the wake of 尾随，紧跟；仿效

【例】With a start, I realized that perhaps the reason for the 4 a.m. *wake*-up noise was not ordinary rudeness but carefully executed spite: I had not tipped Raoul in Christmases past. (TEM-4) 猛然间，我意识到了也许凌晨四点把人吵醒的噪音并不是一般的粗鲁举止，而是为了泄愤才故意这么做的：之前我从未在圣诞节时给过拉乌尔小费。

【注】该词的过去式、过去分词分别是 woke/waked 和 woken/waked，注意拼写。同时，该词常和介词 up 连用，听音时注意连读。

waken [ˈweɪkən] *v.* 醒来；唤醒

【例】I was *wakened* up by the sharp buzz of the telephone in the early morning of Sunday. 星期天一大早我就被急促的电话铃声吵醒了。

yawn [jɔːn] *v.* 打哈欠；裂开，豁开 *n.* 呵欠；裂口，豁口

【例】I couldn't help *yawning* during the conference because of going to bed late last night. 因为昨天睡得很晚，会议期间我止不住地打哈欠。

yell [jel] *v.* 叫喊，叫嚷 *n.* 叫喊声，呐喊

【例】My little brother *yelled* out in pain when having the injection. 我弟弟打针时疼得大声叫喊。

◎ 家庭百味 / 认知词

aged [eɪdʒd; ˈeɪdʒɪd] *adj.* 老的，老年的；陈年的

air-conditioned [ˈeəkənˌdɪʃnd] *adj.* 有空调设备的

airtight [ˈeətaɪt] *adj.* 不透气的，密封的；无懈可击的

album [ˈælbəm] *n.* 相册；集邮册；专辑

appliance [əˈplaɪəns] *n.* 器具，机械，装置

【例】home/domestic *appliances* 家用电器

backyard [ˌbækˈjɑːd] *n.* (住宅的)后院

balcony [ˈbælkəni] *n.* 阳台；(剧场的)楼厅，包厢

band [bænd] *n.* 一帮，一伙(人)；乐队；带，带形物；箍；镶边，嵌条；(收音机)波段，频带 *v.* 用带绑扎；联合

【搭】a band of 一队…，一伙…

【例】The reformer soon gathered a *band* of followers round him. 改革者很快就获得了一群追随者的支持。

banister ['bænɪstə(r)] *n.* (楼梯的)扶栏

basement ['beɪsmənt] *n.* 地下室；根基

battery ['bætri] *n.* 电池(组)，电瓶；排炮

bead [biːd] *n.* 珠子，念珠；水滴

beam [biːm] *n.* 梁；平衡木；(一)道，(一)束 *v.* 微笑；发光

belongings [bɪ'lɒŋɪŋz] *n.* 财产，所有物

blade [bleɪd] *n.* 刀刃，刀口；叶片，桨叶

boiler ['bɔɪlə(r)] *n.* 锅炉，煮水器

bolt [bəʊlt] *n.* 门栓；螺栓；电光，闪电 *v.* 闩住；(突然)逃离

bookkeeping ['bʊkkiːpɪŋ] *n.* 簿记，记账

bookstall ['bʊkstɔːl] *n.* 书报摊

brick [brɪk] *n.* 砖，砖块 *v.* 用砖砌

bulb [bʌlb] *n.* 电灯泡；球状物

【搭】a flash bulb 闪光灯，镁光灯；a light bulb 电灯泡

bungalow ['bʌŋgələʊ] *n.* 平房，小屋

calendar ['kælɪndə(r)] *n.* 日历，月历；历法；行程一览表 *v.* 将…列入日程

calorie ['kæləri] *n.* (热量单位)卡路里

【例】The energy content of food is measured in *calories*. 食物中所含的能量是以卡路里来计算的。

cardigan ['kɑːdɪgən] *n.* 开襟羊毛衫

cask [kɑːsk] *n.* 木桶，酒桶

cellar ['selə(r)] *n.* 地窖，地下室

chore [tʃɔː(r)] *n.* 杂务，琐事；单调乏味的例行工作

clamo(u)r ['klæmə(r)] *n.* 吵闹，喧哗，叫喊 *v.* 喧嚷，叫嚣，大声呼喊

closet ['klɒzɪt] *n.* 橱柜；私室，小房间；盥洗室，厕所 *adj.* 秘密的

couch [kaʊtʃ] *n.* 睡椅，长沙发椅 *v.* 躺下

crutch [krʌtʃ] *n.* 拐杖，丁字形的拐杖；支柱，支架

cuff [kʌf] *n.* 袖口，袖头；手铐 *v.* 掌击，轻拍；给…戴上手铐

cupboard ['kʌbəd] *n.* 碗橱，食品橱，壁橱

cushion	[ˈkʊʃn] n. 垫子，坐垫，靠垫 v. 对…起缓冲作用；过分保护
detached	[dɪˈtætʃt] adj. (住宅)独立式的；不带私人感情的，公正的；超然的
detergent	[dɪˈtɜːdʒənt] n. 洗涤剂，去污剂 adj. 洗涤的，去污的
dishwasher	[ˈdɪʃwɒʃə(r)] n. 洗碟机；洗碗工
dressing	[ˈdresɪŋ] n. 穿衣；(处理伤口的纱布、油膏等)敷料；(食物)调料
dry-clean	[ˈdraɪ ˈkliːn] v. 干洗
dustbin	[ˈdʌstbɪn] n. 垃圾箱
duster	[ˈdʌstə(r)] n. 抹布；除尘器；掸子；打扫灰尘的人
dustman	[ˈdʌstmən] n. 清洁工人
dustpan	[ˈdʌstpæn] n. 簸箕
dusty	[ˈdʌsti] adj. 布满灰尘的；粉状的；土灰色的，灰暗的，无光泽的
dwelling	[ˈdwelɪŋ] n. 住处，居所；踌躇
【例】	*dwelling* house 居住房屋
estate	[ɪˈsteɪt] n. 地产，财产；庄园，种植园；住宅区
【例】	real *estate* 房地产，房地产所有权 // personal *estate* 个人财产，动产
firecracker	[ˈfaɪəkrækə(r)] n. 鞭炮，爆竹
firework	[ˈfaɪəwɜːk] n. 烟火具；[pl.] 烟火
firstborn	[ˈfɜːstbɔːn] adj./n. 最先出生的(子女)
foil	[fɔɪl] n. 锡纸，箔；陪衬，衬托物 v. 击退，阻挠
fold	[fəʊld] v. 折叠；交叠；拥抱；包，裹；倒闭 n. 折，褶痕；[后缀]倍
【例】	The old lady *folded* the tiny girl in her arms. 这位老妇人把这个小女孩抱在怀里。
folk	[fəʊk] n. 人们；[pl.] 家人，亲属 adj. 民间的，平民的
foodstuff	[ˈfuːdstʌf] n. 食品，食料
funeral	[ˈfjuːnərəl] n. 葬礼，丧礼
funnel	[ˈfʌnl] n. 漏斗；烟囱 v. 使某物通过漏斗或狭窄空间
gadget	[ˈgædʒɪt] n. 小巧的机件或器具；小玩意儿
【例】	Usually some kinds of artful little *gadgets* are very useful. 一些小巧的小玩意儿往往是非常有用的。
garment	[ˈgɑːmənt] n. (一件)衣服(指长袍、外套)；[pl.] 服装，衣着；外衣
gauze	[gɔːz] n. 纱布，薄纱；薄雾
ginger	[ˈdʒɪndʒə(r)] n. 姜，生姜 v. 使某人或某物有活力、有生气
glove	[glʌv] n. (五指分开的)手套
【搭】	take off the gloves (to sb.) (与某人)认真地或毫不客气地争辩

glue	[gluː] *n.* 胶，胶水 *v.* 胶合，粘牢；紧附于
grave	[greɪv] *n.* 墓穴，坟墓 *adj.* 严重的；严肃的，庄重的；沉重的，阴沉的
graveyard	['greɪvjɑːd] *n.* 墓地，坟墓
grime	[graɪm] *n.* 污垢，污物 *v.* 将…弄脏
groom	[gruːm] *n.* 马夫；新郎 *v.* 饲养(马等)；打扮，梳妆；培训，训练
groove	[gruːv] *n.* 沟，槽 *v.* 开槽于
haircut	['heəkʌt] *n.* 理发；发型
headlamp	['hedlæmp] *n.* 车前灯；(矿工所戴的)帽灯
headlight	['hedlaɪt] *n.* 车前灯
headset	['hedset] *n.* 头戴式受话器，(尤指双耳式)耳机
heating	['hiːtɪŋ] *n.* 暖气系统；加热，供暖

【例】The *heating* system of my house is defective. 我房子里的供暖系统有问题。

high-rise	['haɪ 'raɪz] *adj.* 多层的，高层的，高耸的 *n.* 高层建筑
homely	['həʊmli] *adj.* 朴实的；家常的；使人感到舒适的；相貌平平的
honey	['hʌni] *n.* 蜂蜜；甜蜜；(称呼)宝贝儿 *v.* 对…说甜言蜜语
honeymoon	['hʌnimuːn] *n.* 蜜月 *v.* 度蜜月
hood	[hʊd] *n.* 头巾，兜帽，蒙面头套；(汽车等的)篷盖
housing	['haʊzɪŋ] *n.* 房屋，住宅
illumination	[ɪˌluːmɪ'neɪʃn] *n.* 照明，照亮；阐明，启发；[*pl.*] 彩灯，灯饰
infancy	['ɪnfənsi] *n.* 幼年期，孩提时期；初期
inhabitable	[ɪn'hæbɪtəbl] *adj.* 适于居住的；可栖居的
inhabitant	[ɪn'hæbɪtənt] *n.* 居民；栖居的动物

【例】aboriginal *inhabitants* 土著居民

invitation	[ˌɪnvɪ'teɪʃn] *n.* 邀请；请柬；吸引；招致
jar	[dʒɑː(r)] *n.* 广口瓶；坛子；令人不快的声音或颤动 *v.* 不协调；震动
kettle	['ketl] *n.* (烧水用的)水壶，水锅
lace	[leɪs] *n.* (蕾丝)花边；鞋带，带子 *v.* 用带子绑紧；镶花边于
lad	[læd] *n.* 男孩，少年；小伙子
lantern	['læntən] *n.* 灯笼；信号灯；天窗

【例】*Lantern* Festival 灯节，元宵节

| laundry | ['lɔːndri] *n.* 洗衣房(店)；要洗或已洗的衣物 |

【例】*laundry* resistant 耐水洗的 // *laundry* service 洗衣服务

| lavatory | ['lævətri] *n.* 厕所，盥洗室 |

【例】a public *lavatory* 公共厕所

lens [lenz] *n.* 透镜;(眼球的)晶状体;隐形眼镜

【例】contact *lens* 隐形眼镜

lid [lɪd] *n.* 盖子;眼睑,眼皮

linen ['lɪnɪn] *n.* 亚麻布;床单、被单、桌布等日用织品 *adj.* 亚麻的

livelihood ['laɪvlihʊd] *n.* 生计,谋生方式

living-room ['lɪvɪŋ'ruːm] *n.* 客厅,起居室

loudspeaker [ˌlaʊd'spiːkə(r)] *n.* 扩音器,扬声器

make-up ['meɪkʌp] *n.* 化妆品;构造,组成;气质,性情;补考

mansion ['mænʃn] *n.* 大厦;宅第,公馆

married ['mærid] *adj.* 已婚的;婚姻的

mat [mæt] *n.* 席子,垫子;一团,一簇 *v.*(使某物)缠结

mate [meɪt] *n.* 伙伴;伴侣;船长的副手

mattress ['mætrəs] *n.* 床褥,床垫

mop [mɒp] *n.* 拖把 *v.* 用拖把擦(拖)

napkin ['næpkɪn] *n.* 餐巾;尿布

needy ['niːdi] *adj.* 贫困的;缺乏的

nephew ['nefjuː] *n.* 侄儿;外甥

nightmare ['naɪtmeə] *n.* 噩梦;可怕的经历

nuisance ['njuːsns] *n.* 令人讨厌的人(或事)

nursery ['nɜːsəri] *n.* 托儿所,保育室;苗圃

offspring ['ɒfsprɪŋ] *n.* 子孙,后代;结果,产物

old-fashioned ['əʊld'fæʃnd] *adj.* 过时的,老式的;守旧的

orphan ['ɔːfn] *n.* 孤儿 *v.* 使…成为孤儿

orphanage ['ɔːfənɪdʒ] *n.* 孤儿院;孤儿的身份

outskirts ['aʊtskɜːts] *n.* 郊区,郊外

【搭】on the outskirts (of) 在(…的)城郊

【例】A cottage on its own is built on the *outskirts* of the village. 一所孤零零的小屋就建在那个村庄的外围地区。

pail [peɪl] *n.* 桶,提桶

【搭】a pail of 一桶…

【例】Mary went by, carrying a *pail* of water. 玛丽提着一桶水走了过去。

paperweight ['peɪpəweɪt] *n.* 镇纸

pendulum ['pendjələm] *n.* 摆,钟摆;摇摆不定的事态

plug [plʌg] *n.* 塞子，栓；电插头 *v.* 把…塞住；接通电源

【例】Adam opens the book and tears several pages out to *plug* up the holes. 亚当翻开书，撕下几页去堵那些洞。

plume [plu:m] *n.* 羽毛；羽毛饰物 *v.* 用羽毛装饰

porch [pɔ:tʃ] *n.* 门廊，入口处

pregnancy ['pregnənsi] *n.* 怀孕，怀胎期；蕴含

pregnant ['pregnənt] *adj.* 怀孕的；含蓄的，意味深长的

pretence/pretense [prɪ'tens] *n.* 假装，矫饰；借口，托词；自命，自吹

rating ['reɪtɪŋ] *n.* 等级，级别；评定结果；[*pl.*]（电视节目、广播节目的）收视率，收听率

removal [ri'mu:vl] *n.* 移动；免职；去除；搬迁

【例】a *removal* company 搬运公司

rent [rent] *n.* 租费，租金 *v.* 租用；租出

【派】rental(*n.* 缴付或收取的租金数额；租赁)

repay [rɪ'peɪ] *v.* 归还，偿还；报答，回报

【派】repayment(*n.* 偿还的款项；报答)

residence ['rezɪdəns] *n.* 居住，居留；住宅，住处

【例】*residence* zone 居住区

residential [ˌrezɪ'denʃl] *adj.* 住宅的，适于作住宅的；与居住有关的

reunion [ri:'ju:niən] *n.* 聚会，联欢会；重聚，团圆

reunite [ˌri:ju:'naɪt] *v.* (使)再结合；(使)重聚

satchel ['sætʃəl] *n.* 书包，小背包

satin ['sætɪn] *n.* 缎，缎子 *adj.* 像缎子一样光滑的

scalp [skælp] *n.* 头皮；战利品 *v.* 剥(敌人的)头皮

scar [skɑ:(r)] *n.* 伤痕，疤痕 *v.* 留疤；愈合

scissors ['sɪzəz] *n.* 剪刀

scorch [skɔ:tʃ] *v.* 烤焦，烫焦，灼；使枯萎 *n.* 烧焦处，焦痕

【派】scorching(*adj.* 灼热的；尖刻的)

scrap [skræp] *n.* 小片，碎屑；少量，一点儿；废料，废物；(从刊物等剪下以供收集的)图片，文章 *v.* 舍弃，废弃

【例】We may have to *scrap* our plan for this afternoon's picnic. 我们可能得放弃今天下午的野餐计划。

seesaw ['si:sɔ:] *n.* 跷跷板；上下往复的运动，起伏不定

settee [se'ti:] *n.* 长靠椅，长沙发椅

sewage	[ˈsuːɪdʒ] n. 下水道的污物及污水
sewer	[ˈsuːə(r)] n. 下水道，排水管；缝纫机；缝纫者
sewerage	[ˈsuːərɪdʒ] n. 排水设备；(下水道里的)污物
shave	[ʃeɪv] v. 剃、刮(胡须等)，修面，刨，削；擦过 n. 剃，修面；擦过
showcase	[ˈʃəʊkeɪs] n. (玻璃)陈列柜，陈列橱 v. 使展示，陈列
sideboard	[ˈsaɪdbɔːd] n. 餐具柜；[pl.] 腮须，连鬓胡子
sieve	[sɪv] n. 漏勺，筛子 v. 筛，筛分
slipper	[ˈslɪpə(r)] n. 拖鞋，便鞋
slumber	[ˈslʌmbə(r)] n./v. 睡眠，沉睡
snug	[snʌg] adj. 温暖的；舒适的；(指衣服)紧贴合身的
soften	[ˈsɒfn] v. (使)变软；(使)变柔和；变弱
spinster	[ˈspɪnstə(r)] n. 未婚女人，老处女
sponge	[spʌndʒ] n. 海绵，海绵体 v. 用海绵等擦拭、洗涤或清除；用海绵吸收(液体)
spouse	[spaʊs] n. 配偶
stain	[steɪn] n. 污点，污迹；瑕疵；耻辱 v. 玷污；污染
【例】	ink/blood *stain* 墨/血点
stereo	[ˈsteriəʊ] n. 立体声，立体声系统 adj. 立体声的
stopper	[ˈstɒpə(r)] n. 阻塞物，妨碍物；(瓶子等的)塞子
stove	[stəʊv] n. 火炉，电炉，炉灶
strap	[stræp] n. 带，皮带，带条 v. 用带子束住，捆扎
suburb	[ˈsʌbɜːb] n. 郊区，市郊
【派】	suburban(adj. 郊区的，郊外的)
suburban	[səˈbɜːbən] adj. 郊区的，城郊的；见闻不广的，土气的
suite	[swiːt] n. 一套家具；一套房间，套间；一套物件；(音乐)组曲
sweetheart	[ˈswiːthɑːt] n. 爱人，情人，恋人
tap	[tæp] v. 轻击，轻拍；装窃听器 n. 轻拍；龙头，活嘴；栓，塞子
televise	[ˈtelɪvaɪz] v. 以电视播放(某事)
tenancy	[ˈtenənsi] n. 租赁期限；租佃，租用
tenant	[ˈtenənt] n. 房客；佃户；承租人
threshold	[ˈθreʃhəʊld] n. 门槛，门口；开端，开始
tile	[taɪl] n. 瓦，瓷砖
torch	[tɔːtʃ] n. 火炬，火把；手电筒

trim	[trɪm] *v.* 修剪，修整；装饰，装点 *adj.* 整齐的
【例】	*trim* lawns 齐整的草坪；*trim* one's nails 修剪指甲
tub	[tʌb] *n.* 桶，盆；浴盆，浴缸
umbrella	[ʌmˈbrelə] *n.* 伞
underprivileged	[ˌʌndəˈprɪvəlɪdʒd] *adj.* 生活水平或享有的权利比别人低的，贫困的
unlock	[ˌʌnˈlɒk] *v.* 开锁，解开
unplug	[ˌʌnˈplʌg] *v.* 拔出(电器)的电源插头；除去(某物)的障碍物
untie	[ʌnˈtaɪ] *v.* 解开，松开
upbringing	[ˈʌpbrɪŋɪŋ] *n.* 养育，抚育；培养
uptown	[ˌʌpˈtaʊn] *adv./adj.* 朝(向、在)城镇住宅区(的)
urban	[ˈɜːbən] *adj.* 城市的，都市的
utensil	[juːˈtensl] *n.* 器皿，用具
veil	[veɪl] *n.* 面纱，面罩；遮蔽物
villa	[ˈvɪlə] *n.* 别墅
wardrobe	[ˈwɔːdrəʊb] *n.* 衣橱，衣柜；全部衣服
washing	[ˈwɒʃɪŋ] *n.* 洗，洗涤；洗的衣物
wax	[wæks] *n.* 蜡，蜂蜡 *v.* 给…上蜡
【例】	a *wax* figure 蜡像
wealthy	[ˈwelθi] *adj.* 富有的
【例】	a *wealthy* family 富裕的家庭 // a *wealthy* land 富饶的土地
wed	[wed] *v.* 与…结婚
well-being	[ˈwelˈbiːɪŋ] *n.* 幸福；健康；福利
well-to-do	[ˈweltəˈduː] *adj.* 富裕的，富有的
windmill	[ˈwɪndmɪl] *n.* 风车磨坊；风车
wool	[wʊl] *n.* 羊毛，毛线
zip	[zɪp] *n.* 拉链，拉锁 *v.* 用拉锁扣上，拉上(拉链)
zipper	[ˈzɪpə(r)] *n.* 拉链，拉锁

音 频

absorb [əbˈzɔːb] *v.* 吸收（水、热、光等）；兼并；吸引（注意）；使专心，使全神贯注

【搭】be absorbed in 专心于

【例】As in all friendship, a husband and wife must try to interest each other, and to spend sufficient time sharing *absorbing* activities to give them continuing common interests.（TEM-4）正如所有的友情一样，夫妇必须尽力保持对彼此的兴趣，花充足的时间来分享有趣的活动以持续拥有共同的兴趣。

【派】absorbed(*adj.*专心的，全神贯注的)；absorption(*n.* 吸收；专心)

affordable [əˈfɔːdəbl] *adj.* 买得起的，有能力购买的；负担得起的，担得起…风险的

【例】There're other local facilities, such as post offices where you can save your money and have access to *affordable* low cost loans.（TEM-4）有其他当地机构，比如邮局，你可以在那里存钱，也可以获得能负担得起的低利率贷款。

【题】The tuition fees are ___ to students coming from low-income families.
A. approachable　B. payable　　C. reachable　　D. affordable
答案为 D。approachable 意为"可接近的"；payable 意为"可付的，可支付的"；reachable 意为"可获得的"；affordable 意为"负担得起的"。从 low-income 来看，本题应选 affordable。句意为：这学费是来自低收入家庭的学生能承受的。

【注】有些考生会把 affordable 和 payable 混淆。payable 的含义是"可偿付的，可支付的"，例如：The payment of the house can be payable by installment. 这栋房子可以分期付款。

amateur [ˈæmətə(r)] *n.* 业余爱好者；技术不精的人 *adj.* 业余的，非职业性的

【例】an *amateur* performance 业余演出 // Peter used to be an *amateur* photographer but now he is very professional. 彼得曾经是一位业余摄

影爱好者，但是现在他已经非常专业了。

【注】注意该词的拼写和发音。amateur 的反义词是 professional。

amuse [əˈmjuːz] *v.* 逗…乐，逗…笑；给…娱乐(或消遣)

【例】You have nothing to do but rest and *amuse* yourself. 除了休息和自我消遣之外，你无事可做。

【派】amusement(*n.* 娱乐)；amused(*adj.* 愉快的)；amusing(*adj.* 有趣的)

array [əˈreɪ] *n.* 展示，陈列；排列整齐的一队人，一长列(物品)；(特殊场合穿的)盛装

【例】Throughout the cultures of the world, East and West, a virtually limitless *array* of sounds has been employed in the service of musical expression. (TEM-4) 在全世界各种文化中，无论是在东方还是西方，实际上，声音的无限排列方式都已经为音乐表达所用。

ascend [əˈsend] *v.* 攀登；上升，升高

【例】By the right choice and true application of thought, man *ascends* to the Divine Perfection; by the abuse and wrong application of thought, he descends below the level of the beast. 通过正确地选择和真正地运用思想，人能够升华到神邸般完美的境界；而滥用和误用思想，人就会堕落到禽兽不如的境地。

【注】词根 scend 表示"爬"。ascend 的反义词是 descend。

available [əˈveɪləbl] *adj.* 可用的，可得到的；有空的；有效的

【搭】be available to 可用于

【例】Nowadays, a cellphone service is *available* to everyone, everywhere. (TEM-4) 如今，任何人在任何地方都能享受到手机服务。

【派】availability(*n.* 可用性，实用性)

bland [blænd] *adj.* (指食物)无刺激性的，清淡的；平淡的，乏味的；沉稳的

【例】My life was as *bland* and boring as a bowl of oatmeal. 我的生活就像一碗燕麦粥一样平淡乏味、令人厌烦。

bounce [baʊns] *v.* (球)反跳，弹起；(人)跳(起)；拍(球)；使跳出；使撞击；重新恢复 *n.* 弹(力)；跳跃，跳动

【例】*bounce* up and down 上下弹跳 // Alice had many misfortunes in her life but she always *bounced* back. 艾丽斯一生中经历过许多不幸，但她总能重新振作起来。

cast [kɑːst] *v.* 投，掷，抛；投射(光、影等)；投(票) *n.* 演员的阵容，演员表；铸造，铸型；投掷

【搭】cast light on 使明白，阐明

【例】The huge increase in oil prices in the 1970s *cast* a cloud over the development plans of many developing nations. 20 世纪 70 年代飞涨的石油价格给许多发展中国家的经济发展计划蒙上了一层阴影。

cater [ˈkeɪtə(r)] *v.* 供应伙食；提供娱乐节目；承办(宴会等的)酒席；迎合，投合

【搭】cater for sb./sth. 迎合…；为…提供饮食及服务；cater to sth. 迎合…，满足…的需求

【例】Many people nowadays save money to *cater* for their old age. (TEM-4) 现如今很多人都存钱以备养老。

champion [ˈtʃæmpiən] *n.* 冠军，优胜者；拥护者；战士，斗士 *v.* 拥护，支持

【例】The dancers include such famous names as Patricia Murray, one of the Irish dancing *champions*, and first-rate ballerina Claire Holding. (TEM-4) 在舞者中，有很多著名的名字，如爱尔兰舞蹈冠军之一帕特里夏·默里和一流芭蕾舞者克莱尔·霍尔丁。

【注】有很多考生会混淆 champion 和 championship：champion 多指人，如竞赛的优胜者和冠军以及出类拔萃的人。championship 指地位、称号等，还表示锦标赛，如 the World Men's Basketball Championships 世界男子篮球锦标赛。

consume [kənˈsjuːm] *v.* 消费；耗尽；烧毁；吃完，喝完

【例】Each year industrialized countries *consume* natural resources in huge quantities. 每年工业化国家消耗大量的自然资源。

【派】consumer(*n.* 消费者)；consumerism(*n.* 用户至上主义)

crisp [krɪsp] *adj.* 脆的；(天气)干冷的；(态度等)爽快的，干脆的 *n.* 薯片

【例】Most people like the delicious salad of *crisp* cabbages and tomatoes. 大多数人喜欢脆卷心菜和番茄做成的美味沙拉。

delicacy [ˈdelɪkəsi] *n.* 精致，精巧；优雅；美味，佳肴；微妙

【例】They understood the *delicacy* of the situation and acted cautiously. 他们了解到处境的微妙，行事非常谨慎。

devour [dɪˈvaʊə(r)] *v.* 吞噬，吞食；狼吞虎咽地吃(光)；贪婪地看(听、读等)；占据…的全部注意力

【例】Tom *devoured* his breakfast in the twinkling of an eye. 一眨眼的工夫，汤姆就吃完了早餐。

digest [daɪˈdʒest] *v.* 消化(食物)；(经反复思考)吸收，理解；整理，压缩 [ˈdaɪdʒest] *n.* 摘要，汇编

【例】*Reader's Digest* 《读者文摘》// One Twitter group is offering its followers single-sentence-long "*digests*" of the great novels.（TEM-4）一个微博小组正在为其粉丝提供名著小说的一句话"摘要"活动。

【派】digestive(*adj.* 消化的，和消化有关的)

discount [ˈdɪskaunt] *n.* 折扣；贴现率 [dɪsˈkaunt] *v.* 怀疑地看待；漠视；低估

【例】*discount* ticket 打折券 // The regular priced ones are here, and on that table in the corner of the room we have some on *discount*.（TEM-4）正价的商品在这里，屋子角落的桌子上是些打折品。

display [dɪˈspleɪ] *v.* 陈列，展示，展览；显示出 *n.* 展示；表露；屏幕上显示的内容

【搭】on display 展示，陈列

【例】The aquarium is divided into eight zones with 28 large themed exhibition areas, *displaying* more than 300 species and a total of more than 10,000 precious fish around the world.（TEM-4）这个水族馆被划分为八个地带，有二十八个大型主题展区，展示了全世界三百多种珍稀鱼类，共一万多条。

dive [daɪv] *v.* 潜水；跳水；俯冲，急剧下降；突然把手伸入；扑，冲 *n.* 潜水；跳水；俯冲，急剧下降

【例】We don't know how to measure the physiological consequences of this type of *dive*. 我们不知道怎样来衡量这种潜水方式对生理的影响。

ease [iːz] *n.* 舒适，悠闲；容易 *v.* 减轻(痛苦、负担等)，使舒适；放松，使安心；小心缓慢地移动

【搭】with ease 容易，不费力；at ease 安逸，自由自在；put sb. at his/her ease 使某人感到放松

【例】Schools do very little to *ease* the anxiety about falling behind expressed by many of the children interviewed.（TEM-4）很多受访的小孩都表示学校很少采取措施来缓解落于人后所带来的焦虑。

【派】easy(*adj.* 轻松的，容易的)；easily(*adv.* 轻松地，容易地)

【听】ease 是英语新闻听力中的一个高频小词，表示"减轻；使安心"，日常生活中常用 reduce 或 loosen 来表达此意。

edible [ˈedəbl] *adj.* 可以吃的，适合吃的

【例】*edible* oil 食用油 // Some mushrooms are *edible* while others, which look almost the same, contain deadly poisons. 某些蘑菇可以食用，而其他一些看起来长得几乎一样的蘑菇却含有致命的毒素。

【派】inedible(*adj.* 不能吃的，不能食用的)

enormous [ɪˈnɔːməs] *adj.* 巨大的，庞大的

【例】*enormous* expenditure 巨额开支 // Inventiveness and speed have caused the *enormous* growth of the communication industry.（TEM-4）创造力和速度促成了通讯业的飞速发展。

【派】 enormously（*adv.* 巨大地；非常）

entertain ［ˌentəˈteɪn］*v.* 招待；使欢乐，娱乐…；心存，怀有

【例】 The printing, broadcasting and advertising industries are all involved with informing, educating and *entertaining*.（TEM-4）出版、广播和广告业都涉及信息、教育和娱乐这三个方面。

【派】 entertaining（*adj.* 有趣的）；entertainer（*n.* 款待者；演艺人员）

exhibit ［ɪgˈzɪbɪt］*v.* 展览，展出，陈列；表现，显示 *n.* 展览，展览品；物证

【例】 Some libraries *exhibit* children's art works from around the world.（TEM-4）有些图书馆展览世界各地孩子们的艺术作品。

【派】 exhibition（*n.* 表现；展览品）

expend ［ɪkˈspend］*v.* 花费；消耗

【搭】 expend sth. in/on（doing）sth. 把…花在…上；expend energy/effort/time/resources 消耗能量/努力/时间/资源

【例】 She *expended* all her efforts on the care of home and children. 她把所有精力都花在料理家务和照顾孩子上。

expense ［ɪkˈspens］*n.* 费用，消费，支出；（精力、时间等的）消耗，耗费；代价；［*pl.*］开支，花费

【搭】 at the expense of 以…为代价；由…负担费用

【例】 Many nations are still overemphasizing technology at the *expense* of public education. 很多国家仍旧以牺牲公共教育为代价，过分强调科技。

fare ［feə(r)］*n.* 车费，路程费 *v.* 进展；过活

【例】 a single *fare* 单程票价 // full（half）*fare* 全（半）票 // I do not have enough money to pay my train *fare*. 我没有足够的钱来买火车票。

fashion ［ˈfæʃn］*n.* 流行式样，样子；方式；时尚，风尚

【搭】 after the fashion of 依照…；in（the）fashion 流行；out of（the）fashion 过时；come into fashion 开始流行；follow the fashion 赶时髦

【例】 Short skirts got shorter and shorter until the miniskirt was in *fashion*.（TEM-4）短裙变得越来越短，最终迷你裙流行起来。

feast ［fiːst］*n.* 盛宴，宴会 *v.* 大吃大喝，尽情地吃；宴请，款待

【搭】 feast one's eyes on 尽情地欣赏，饱眼福

【例】 The *feast* began with a variety of dumplings, each delicious and fresh. 宴会的头道菜是各种各样新鲜美味的饺子。

grimace [grɪˈmeɪs] *v.* (因痛苦、厌恶等)扭曲脸部，扮鬼脸 *n.* 鬼脸，怪相

【例】Isabel looked at her father with *grimace*. 伊莎贝尔扮鬼脸看着她父亲。

heel [hi:l] *n.* 足跟，(鞋、袜等的)后跟；手掌跟 *v.* 给(鞋)装跟；倾斜

【搭】at/on one's heels 紧跟某人

【例】I am not accustomed to high *heels* and only wear them on special occasions. 我不习惯穿高跟鞋，只有在一些特殊场合才穿。

ingredient [ɪnˈɡri:diənt] *n.* (混合物的)组成成分；(烹调的)原料，配料；要素

【例】Mutual understanding is a vital *ingredient* in a successful marriage. 互相理解是成功婚姻的一个重要因素。

【注】表示成分的单词还有：element (*n.* 要素，元素，成分)；component (*n.* 元素，成分；部件)。

instant [ˈɪnstənt] *adj.* 紧急的，迫切的，立刻的；(食品)已配制好的，速溶的；即时的 *n.* 顷刻，瞬息，时刻

【例】*instant* coffee 速溶咖啡 // *instant* noodles 方便面 // None of us like to drink *instant* coffee and we choose milk instead. 我们都不喜欢喝速溶咖啡，因此选择喝牛奶。

【派】instantly(*adv.* 短暂地；迅速地，立即地)

【题】We should always bear in mind that ___ decisions often result in serious consequences.

　　A. urgent　　　B. instant　　　C. prompt　　　D. hasty

　　答案为 D。urgent 意为"紧急的，迫切的"；instant 意为"瞬间的，即时的"；prompt 意为"立即行动的，敏捷的"；hasty 意为"匆匆的，草率的"。句意为：我们应该时刻记住，仓促的决定经常会导致严重的结果。

【注】与 instant 词义相近的单词还有：urgent, immediate。

label [ˈleɪbl] *n.* 标签，标贴；标记，符号 *v.* 贴标签于；把…称为；把…列为

【搭】label as 把…称为

【例】The unemployed are often *labeled* as lazy or unreliable. 失业者常常被贴上懒惰或不可靠的标签。

【注】label 意为"标签，标贴"；brand 意为"商标，品牌"；symbol 意为"符号，象征"；mark 意为"痕迹，记号"。

leisure [ˈleʒə(r)] *n.* 空闲，悠闲

【搭】at leisure 从容地，有空；at one's leisure 在某人有空的时候

【例】We can use our increased *leisure* time, energy and money to improve life for ourselves and our families. 我们可以用越来越多的空闲时间、精力和金钱来改善自己和家人的生活。

【派】 leisurely(*adv.* 悠闲地；从容地)

【注】 leisure 指工作以外的空闲时间；rest 指休息，含义较广泛；relaxation 是指放松身心，侧重精神上的放松。

lick [lɪk] *v.* 舔；(波浪或火焰)触及 *n.* 舔；少量

【例】 The poor cat went into the corner of the house to *lick* its wounds. 那只可怜的猫跑到房子的角落里舔舐伤口。

loaf [ləʊf] *n.* 一条面包；块状食品 *v.* 消磨时间，闲逛

【例】 The old man walked much and *loafed* long hours in the quiet park. 那位老人走了很多路，在那幽静的公园里游荡了很长时间。

luxurious [lʌɡˈʒʊəriəs] *adj.* 豪华的，奢侈的

【例】 The *luxurious* life in some people's eyes is also a symbol of decadence. 奢侈的生活在某些人眼里也是颓废的象征。

【注】 注意该单词的发音。

luxury [ˈlʌkʃəri] *n.* 奢侈；奢侈品；豪华

【例】 Some companies exclusively produce *luxuries* for rich people. 一些公司专门为富人生产奢侈品。

mask [mɑːsk] *n.* 面罩，假面具；口罩 *v.* 用面具遮住；掩饰，伪装

【例】 For some people their outer beauty only becomes a *mask* that hides their ugly inner hearts. 对某些人来说，他们的外在美其实只是掩盖他们丑陋内心的面具。

outdated [ˌaʊtˈdeɪtɪd] *adj.* 过时的，陈旧的

【例】 The *outdated* means of communication will be phased out sooner or later. 过时的通讯工具迟早会被淘汰。

overdo [ˌəʊvəˈduː] *v.* 把…做得过分；把…煮得太久

【例】 Will you please not *overdo* the vegetables? I like them tender. 请不要把蔬菜煮得太老，好吗？我喜欢吃嫩一点的。

peddle [ˈpedl] *v.* 叫卖，到处贩卖；宣扬，散播

【例】 The young girl *peddled* candies door to door to raise money for her college. 那个年轻的女孩挨家挨户推销糖果，为上大学攒钱。

pop [pɒp] *v.* (使)砰地响；(突然)来，去；突然弹出 *n.* 砰的一声；流行音乐，流行歌曲 *adj.* 流行的，普及的

【例】 The older generation prefer soft country songs to *pop* music. 年纪大的人喜欢轻柔的乡村音乐胜过流行歌曲。

prevail [prɪˈveɪl] *v.* 盛行，流行；战胜

【搭】 prevail among/in sth./sb. 在…中普遍存在，流行；prevail over/against 战胜…

【例】 It is especially lucky if a black cat crosses your path in Britain—although in America the exact opposite belief *prevails*.（TEM-4）在英国，如果你在路上碰见一只黑猫，会被看作特别幸运的事，但是在美国却恰恰相反，人们普遍认为这很不幸。

【派】 prevailing(*adj.* 流行的；占优势的)

purchase [ˈpɜːtʃəs] *v.* 购买 *n.* 购买；购得之物

【例】 Owing to the economic crisis, people who wanted to *purchase* an apartment became less. 由于经济危机，想要购买公寓的人变少了。

recipe [ˈresəpi] *n.* 烹饪法，食谱；药方；秘诀，诀窍

【例】 *recipe* for success 成功的秘诀 // Louis is a famous cook and he has published a *recipe* book. 路易斯是一位有名的厨师，他已经出版过一本食谱了。

【注】 表示"诀窍"的单词还有：knack, know-how。

recreation [ˌrekriˈeɪʃn] *n.* 娱乐，消遣；(身心的)放松

【例】 *recreation* area 娱乐休闲区 // Drinking and fishing are Grandfather's only *recreations*. 喝酒和钓鱼是祖父仅有的消遣方式。

【派】 recreational(*adj.* 消遣的，娱乐的)

【注】 表示"娱乐消遣"的单词还有：amusement, diversion, entertainment。

slice [slaɪs] *n.* 薄片，切片，一片 *v.* 把…切成薄片

【搭】 a slice of 一片

【例】 I have a *slice* of beef and an apple every morning as breakfast. 每天早晨我都吃一片牛肉和一个苹果作为早餐。

smudge [smʌdʒ] *n.* 污点，渍痕 *v.* 涂污，弄脏

【例】 You will be penalized if you *smudge* the cover of the book. 如果你弄脏了书的封面就会被罚款。

sole [səʊl] *n.* (人、足、鞋、袜等的)底部 *adj.* 唯一的，仅有的；专用的，独占的

【例】 *sole* agent 独家代理 // The *sole* survivor of the terrible earthquake was a baby protected by his mother. 这次严重地震的唯一幸存者是一个被妈妈保护起来的婴儿。

【派】 solely(*adv.* 独自地，单独地)

【听】 注意在听音过程中不要和 soul 混淆，两者发音相同。

squander [ˈskwɒndə(r)] *v.* 浪费，挥霍

【例】 The typical working man would collect his wages on Friday evening and then, it was widely believed, having given his wife her "housekeeping", would go out and *squander* the rest on beer and betting.（TEM-4）人们普遍认为，工人们在周五晚上领到工资，在交给妻子维持家用的生活费之后，会外出将剩下的钱挥霍在啤酒与赌博上。

【注】表示"挥霍，浪费"的常用词还有：waste, dissipate.

strip [strɪp] *v.* 剥去，脱光衣服；剥夺，夺走 *n.* 条，带

【搭】a strip of 一条；strip of 剥夺；免去

【例】Martin sat on the sofa and started to *strip* off his shoes and socks. 马丁坐在沙发上，开始脱掉鞋子和袜子。

【注】strip 和 peel 都有"剥去"之意，strip 指剥去衣物，而 peel 指剥去蔬菜、水果的皮或表层物。

suck [sʌk] *v.* 吸，咂；含着 *n.* 吸，啜

【例】Joey was here to *suck* up to his boss for promotion. 为了升职，乔伊在这时拍起老板的马屁来。

superb [suːˈpɜːb] *adj.* 上乘的，一流的；堂皇的，华丽的

【例】I'm not really an expert on precious stones, but these are *superb*.（TEM-4）我在宝石方面不是一个真正的行家，但这些宝石是一流的。

swathe [sweɪð] *v.* 把…裹在，把…围在 *n.* 长而宽的一条

【例】The small village was *swathed* in early morning scotch mist. 小山村被清晨的雾霭所笼罩。

thorough [ˈθʌrə] *adj.* 完全的，彻底的；十足的，根本的；不厌其烦的，详尽的

【例】I advised mother to undergo a *thorough* examination at the hospital. 我建议母亲到医院做一个全面的检查。

【派】thoroughly(*adv.* 十分地，彻底地，完全地)；thoroughness(*n.* 仔细周到；完全，十分)

toast [təʊst] *n.* 烤面包片，吐司；祝酒词；(在某领域)广受赞誉的人 *v.* 烤，烘；使暖和；为…举杯祝酒

【例】Graduation speeches are a bit like wedding *toasts*. A few are memorable.（TEM-4）毕业演讲有点像婚礼祝酒词，只有少数是难忘的。

token [ˈtəʊkən] *n.* 标记，象征；代币，辅币；代价券，礼券 *adj.* 象征性的

【搭】by the same token 同样地；in token of 作为…的标志

【例】Leaders from China and South Korea respectively present gifts for each other in *token* of friendship. 中韩双方领导人互赠礼物作为双方友谊的象征。

worthy [ˈwɜːði] *adj.* 值得…的，足以…的；值得尊敬的，值得注意的

【搭】be worthy of 值得，配得上

【例】a *worthy* gentleman 值得尊敬的绅士 // All of the students in our class are *worthy* of praise. 我们班的所有学生都值得表扬。

【注】worth 和 worthy 词形词义相近，注意区别。worth 后面可直接加名词或动名词，而 worthy 后要先加介词 of。

wrap [ræp] *v.* 把⋯包起来，捆 *n.* (披肩、围巾等)罩在外面的衣物

【搭】wrap up 包起来

【例】The skirts are still in the newspaper that the woman *wrapped* them in. (TEM-4)那些短裙仍然在那个妇人用来包装的报纸中。

◎ 购物美食 / 认知词

accessory [ək'sesəri] *n.* 附属品，附件；帮凶，同谋 *adj.* 附加的，额外的

【例】spare and *accessory* parts 零配件 // car *accessory* 汽车配件

accompaniment [ə'kʌmpənimənt] *n.* 伴随物；伴奏，伴唱

acrobat ['ækrəbæt] *n.* 杂技演员

amusement [ə'mjuːzmənt] *n.* 愉悦；兴趣；娱乐；文娱活动

appetite ['æpɪtaɪt] *n.* 食欲，胃口

【搭】have a good/poor appetite 胃口好/不好

audience ['ɔːdiəns] *n.* 听众，观众；谒见，会见

auditorium [ˌɔːdɪ'tɔːriəm] *n.* 听众席，旁听席；讲堂，礼堂

bacon ['beikən] *n.* 咸猪肉，熏猪肉，培根

【搭】bring home the bacon 成功；赚钱糊口

badminton ['bædmɪntən] *n.* 羽毛球(运动)

bakery ['beikəri] *n.* 面包店；烧烤类食品

ballet ['bæleɪ] *n.* 芭蕾舞(曲、剧、团)

balloon [bə'luːn] *n.* 玩具气球；热气球 *v.* 膨胀如气球；乘坐热气球

banquet ['bæŋkwɪt] *n.* 宴会 *v.* 宴请；参加宴会

bar [bɑː(r)] *n.* 酒吧；条，杆，棒；栏杆 *v.* 闩上；阻挡，拦住

barbecue ['bɑːbɪkjuː] *n.* 烤肉用的台架；烤肉野餐 *v.* 在台架上烤(肉)

bean [biːn] *n.* 豆(子)，菜豆

【搭】full of beans 精力充沛的

beet [biːt] *n.* 甜菜；甜菜根

beverage ['bevərɪdʒ] *n.* (除水以外的)饮料

bowl [bəʊl] *n.* 碗；碗状物；一碗；圆形露天剧场 *v.* 玩保龄球等球类游戏

boxing ['bɒksɪŋ] *n.* 拳击，拳术，打拳；箱式包装

bracelet	[ˈbreɪslət] *n.* 手镯，臂镯
brandy	[ˈbrændi] *n.* 白兰地
brew	[bruː] *v.* 酿造(啤酒)；泡(茶)，煮(咖啡)；酝酿，策划 *n.* 酿造物；(酿造饮料的)质量；(思想、事件等的)混合物
【例】	Now, I'll *brew* a pot of tea and we'll drink it and talk about pleasant things. 现在，我去泡壶茶，咱们边喝边聊些高兴的事吧。
buffet	[ˈbʌfɪt] *v.* 猛击，击打 [ˈbʊfeɪ] *n.* 一击，打击；自助餐，快餐；饮食柜台
bun	[bʌn] *n.* 小而圆的甜面包；(头发扎成的)圆髻
cafeteria	[ˌkæfəˈtɪəriə] *n.* 自助餐厅
cartoon	[kɑːˈtuːn] *n.* 卡通片；漫画；草图
celery	[ˈseləri] *n.* 芹菜
cereal	[ˈsɪəriəl] *n.* 谷类食物，谷物；麦片粥 *adj.* 谷类的
champagne	[ʃæmˈpeɪn] *n.* 香槟酒；香槟色
chilli	[ˈtʃɪli] *n.* 辣椒的一种；辣酱
chop	[tʃɒp] *v.* 劈，砍，剁碎；削减，终止 *n.* 肉排，排骨
cigar	[sɪˈɡɑː(r)] *n.* 雪茄烟
circus	[ˈsɜːkəs] *n.* (圆形的)马戏场，竞技场；马戏(杂技)的表演；马戏团
clam	[klæm] *n.* 蛤蜊(肉)，蚌
clown	[klaʊn] *n.* 小丑，丑角；粗鲁、笨拙的人 *v.* 扮小丑，胡闹
cocktail	[ˈkɒkteɪl] *n.* 鸡尾酒；开胃菜 *adj.* 鸡尾酒的
【例】	*cocktail* party 鸡尾酒会
coconut	[ˈkəʊkənʌt] *n.* 椰子；椰肉
comedy	[ˈkɒmədi] *n.* 喜剧，喜剧因素；喜剧场面，喜剧性事件；喜剧作品
comic	[ˈkɒmɪk] *adj.* 滑稽的，喜剧化的 *n.* 喜剧演员；连环画册
【例】	*comic* strip 连环漫画
comma	[ˈkɒmə] *n.* 逗号；间歇，停顿
conditioner	[kənˈdɪʃənə(r)] *n.* 调节器；护发素；(洗衣后用的)柔顺剂
cookery	[ˈkʊkəri] *n.* 烹调术，烹饪法
cookie	[ˈkʊki] *n.* 甜饼干；家伙
cooler	[ˈkuːlə(r)] *n.* 冷却器；冷却剂；冷饮品
cosmetic	[kɒzˈmetɪk] *n.* 化妆品 *adj.* 化妆用的，装点门面的
costly	[ˈkɒstli] *adj.* 昂贵的，代价高的，价值高的；造成损失的
costume	[ˈkɒstjuːm] *n.* 服装，剧装，戏服 *v.* 为…提供服装
counter	[ˈkaʊntə(r)] *n.* 柜台；筹码 *adj.* 相反的，对立的；反对的，敌意的 *v.* 反对，对抗

【例】These are steps you can take to *counter* the effects of stress. 你可以采取这些方法来缓解压力。

coupon	[ˈkuːpɒn] *n.* 优惠券，赠券；票证；参赛表
crab	[kræb] *n.* 螃蟹 *v.* 抱怨，挑剔
craze	[kreɪz] *n.* 时尚，时髦的东西；狂热
crocodile	[ˈkrɒkədaɪl] *n.* 鳄鱼；鳄鱼皮；成对纵列行进的人（尤指儿童）
crossroads	[ˈkrɒsrəʊdz] *n.* 十字路口；关键选择
crumb	[krʌm] *n.* 面包屑；少许，一点
crust	[krʌst] *n.* （面包等的）皮，外壳；硬外皮，外壳
cucumber	[ˈkjuːkʌmbə(r)] *n.* 黄瓜

【搭】as cool as a cucumber 泰然自若

cuisine	[kwɪˈziːn] *n.* 烹饪；佳肴
curry	[ˈkʌri] *n.* 咖喱粉；用咖喱烹调的菜肴 *v.* 用咖喱调制
dairy	[ˈdeəri] *n.* 牛奶公司，乳品店；牛奶场 *adj.* 牛奶的，乳品的
dart	[dɑːt] *n.* 飞镖；猛冲 *v.* 猛冲；投掷；发射
debut	[ˈdeɪbjuː] *n.* 初次登台，初次公开露面
deli	[ˈdeli] *n.* 熟食（店）
delicatessen	[ˌdelɪkəˈtesn] *n.* 熟食店；熟食
dessert	[dɪˈzɜːt] *n.* （饭后的）甜点，甜食
dietary	[ˈdaɪətəri] *adj.* 饮食的，与饮食有关的
dine	[daɪn] *v.* 进正餐，用膳；宴请
doll	[dɒl] *n.* 玩偶，洋娃娃；喜爱的人，小宝贝 *v.* 把…装扮得漂漂亮亮，把…打扮得花枝招展
domino	[ˈdɒmɪnəʊ] *n.* 多米诺骨牌
drum	[drʌm] *n.* 鼓；鼓状物；鼓状容器 *v.* 敲鼓；敲出似鼓的声音

【派】drummer(*n.* 鼓手)

drumstick	[ˈdrʌmstɪk] *n.* 鼓槌；（熟的鸡、火鸡等的）腿
drunk	[drʌŋk] *adj.* 醉的，喝醉的；飘飘然，忘乎所以
drunken	[ˈdrʌŋkən] *adj.* （经常）醉的；因饮酒而引起的
dumpling	[ˈdʌmplɪŋ] *n.* 汤团；饺子
earring	[ˈɪərɪŋ] *n.* 耳环，耳饰
encore	[ˈɒŋkɔː(r)] *int.* 再来（演、唱、奏）一个 *n.* 加演（的节目）*v.* 要求（演员等）再演，重演
enjoyment	[ɪnˈdʒɔɪmənt] *n.* 享乐，乐趣；乐事

entertaining [ˌentəˈteɪnɪŋ] *adj.* 使人得到娱乐的，有趣的，使人愉快的

entertainment [ˌentəˈteɪnmənt] *n.* 招待，款待；娱乐，文娱节目

farewell [ˌfeəˈwel] *n.* 告别；欢送会 *adj.* 告别的 *int.* 再会! 一路平安!

fascinating [ˈfæsɪneɪtɪŋ] *adj.* 迷人的，有吸引力的

fashionable [ˈfæʃnəbl] *adj.* 流行的，时尚的，(赶)时髦的

fee [fiː] *n.* 费，酬金，会费

【例】 licence *fee* 许可费

festival [ˈfestɪvl] *n.* 节日，喜庆日，纪念活动日；会演 *adj.* 节日的；喜庆的

【例】 film *festival* 电影节

flashlight [ˈflæʃlaɪt] *n.* 闪光灯；手电筒

flavo(u)r [ˈfleɪvə(r)] *n.* 味道，气味，风味；风韵，特点 *v.* 调味

fowl [faʊl] *n.* 家禽；禽肉

freebie [ˈfriːbi] *n.* (常指公司提供的)免费品，赠品

frosting [ˈfrɒstɪŋ] *n.* (撒在蛋糕上的)糖霜

grocery [ˈɡrəʊsəri] *n.* 食品，杂货；杂货店

helping [ˈhelpɪŋ] *n.* (饭菜的)一份，一客

hide-and-seek [ˌhaɪdn ˈsiːk] *n./v.* 捉迷藏(游戏)

jade [dʒeɪd] *n.* 翡翠，玉

leaflet [ˈliːflət] *n.* 小册子；散页印刷品，传单 *v.* (向…)散发传单(或小册子)

leather [ˈleðə(r)] *n.* 皮革；皮革制品 *adj.* 皮革的，皮革制的

liking [ˈlaɪkɪŋ] *n.* 喜爱，爱好

【搭】 have a liking for 喜欢；to one's liking 合某人的意

liquor [ˈlɪkə(r)] *n.* 烈性酒，酒精类饮料

lottery [ˈlɒtəri] *n.* 彩票，奖券

marmalade [ˈmɑːməleɪd] *n.* 橘子酱，果酱

medal [ˈmedl] *n.* 勋章，奖牌，徽章

【派】 medalist(*n.* 奖牌获得者)

melody [ˈmelədi] *n.* 旋律，曲调，美妙的音乐

membership [ˈmembəʃɪp] *n.* 会员资格；全体成员；成员人数

mouthful [ˈmaʊθfʊl] *n.* 满口，一口

pamphlet [ˈpæmflət] *n.* (通常指有关政见的)小册子

pastime [ˈpɑːstaɪm] *n.* 消遣，娱乐

pastry [ˈpeɪstri] *n.* 糕点，酥皮点心

pearl [pɜːl] *n.* 珍珠；珍珠色；似珍珠的物体；珍品

peel [piːl] v. 去掉…的皮；剥落 n. 果皮，蔬菜皮

performance [pəˈfɔːməns] n. 履行，执行；演出；表现，行为；工作状况，性能

【例】a lifeless *performance* 沉闷的演出

perfume [ˈpɜːfjuːm] n. 香味；香水，香料 v. 在…上洒香水；使香气弥漫

poster [ˈpəʊstə(r)] n. 招贴，海报

prawn [prɔːn] n. 对虾，明虾

priceless [ˈpraɪsləs] adj. 无价的，极其珍贵的

promotion [prəˈməʊʃn] n. 提升，晋升；促成，促进；宣传，促销

propaganda [ˌprɒpəˈɡændə] n. (观念等的)宣传；鼓吹

salon [ˈsælɒn] n. (营业性质的)店，院；(大房子的)客厅；沙龙；(在客厅中的)聚会，集会

saloon [səˈluːn] n. (轮船等的)豪华大客厅；大轿车；酒店，酒吧；(酒店等的)雅座

savoury [ˈseɪvəri] adj. (指食物)咸的；香的，美味的 n. 咸味小吃

scarf [skɑːf] n. 围巾，头巾，披肩

scent [sent] n. 气味，香味；(猎物的)臭迹；嗅觉；线索 v. 嗅出；察觉到

screen [skriːn] n. 屏，帘，隔板；银幕，荧光屏 v. 遮蔽，掩护；甄别，选拔；放映或播放(影片或电视节目)

seasoning [ˈsiːzənɪŋ] n. 调味品，作料

self-service [ˌself ˈsɜːvɪs] n. 自我服务 adj. 自助式的

shampoo [ʃæmˈpuː] n. 洗发水 v. 洗(头发、毛发等)

shorts [ʃɔːts] n. 短裤

site [saɪt] n. 位置，场所；地点，现场

sleeve [sliːv] n. 袖子，衣袖；唱片封套

snack [snæk] n. 小吃，快餐 v. 吃小吃或点心

【例】*snack* bar 小吃店，快餐店

sour [ˈsaʊə(r)] adj. 酸的，酸味的；酸腐的；刻薄的，不友好的 v. (使)变酸

spice [spaɪs] n. 香料，调味品；额外的趣味(或刺激等) v. 加香料于；为…增添趣味

【派】spiced(adj. 含香料的)

spicy [ˈspaɪsi] adj. 用香料调味的，辛辣的；(故事、新闻等)刺激的，粗俗的

spinach [ˈspɪnɪtʃ] n. 菠菜

starch [stɑːtʃ] n. 淀粉；含淀粉的食物；粉浆 v. 浆(衣服等)

steak	[steɪk] *n.* 牛排；肉片，鱼片，肉排
stew	[stjuː] *v.* 炖肉菜；思考，担忧 *n.* 炖菜
style	[staɪl] *n.* 风格，作风；文体，文风；时尚，流行样式；风度，高雅脱俗；种类，式样 *v.* 设计

【例】a simplicity of *style* 简朴风格

【派】stylishly(*adv.* 时髦地；漂亮地)；stylistic[*adj.* (文学或艺术)风格上的；讲究文风的]

tapestry	[ˈtæpəstri] *n.* 绣帷，织锦，挂毯
tasty	[ˈteɪsti] *adj.* 美味的，可口的；有品位的
teaspoon	[ˈtiːspuːn] *n.* 茶匙；茶匙的量
turtleneck	[ˈtɜːtlnek] *n.* 高而紧的(可翻可不翻的)领口；高领套头衫
underwear	[ˈʌndəweə(r)] *n.* 衬衣；内衣
uneatable	[ʌnˈiːtəbl] *adj.* 不宜食用的
valuable	[ˈvæljuəbl] *adj.* 值钱的，贵重的；有用的，有价值的，重要的
vase	[vɑːz] *n.* (装饰用的)瓶，花瓶
vest	[vest] *n.* 汗衫；背心，马甲；内衣，衬衣 *v.* 给予或赋予(权力)
wallet	[ˈwɒlɪt] *n.* 皮夹，钱包
wig	[wɪg] *n.* 假发
yeast	[jiːst] *n.* 酵母；发酵物
yolk	[jəʊk] *n.* 蛋黄，卵黄

音频

access [ˈækses] *n.* (接近或进入某地的)方法，通路；(使用某物或接近某人的)机会或权利 *v.* 存取(计算机文件)；到达，进入

【搭】access to 接近/进入…的方法/通路，有权使用；have/gain access to 可以获得；give sb. access to 允许某人进入

【例】The government is trying their best to improve the *access* for disabled visitors. 政府正竭尽全力优化残疾游客的通道设施。

【派】accessible(*adj.* 可接近的)；inaccessible(*adj.* 难以接近的)

accompany [əˈkʌmpəni] *v.* 伴随，陪同；与某事物同时存在或发生；为…伴奏

【例】Children must be *accompanied* by an adult to enter the new playground. 孩子们必须由成年人陪同才可以进入这个新建的游乐园。

adjacent [əˈdʒeɪsnt] *adj.* 邻近的

【搭】adjacent to 邻近的，毗连的

【例】There are eight *adjacent* rooms, numbered consecutively 1 through 8. 这里有八间相邻的屋子，房号依次为1到8。

bump [bʌmp] *v.* 碰撞；撞击；颠簸地行驶 *n.* 碰撞；肿块，隆起

【搭】bump against/into 碰到；bump along/down 颠簸着前进

【例】Victoria *bumped* into her brother quite by chance in the supermarket. (TEM-4) 维多利亚很偶然地在超市撞见了她的弟弟(或哥哥)。

charter [ˈtʃɑːtə(r)] *n.* 特许状；宪章；(船、车、飞机等的)租赁 *v.* 包租；特许

【例】The aircraft belonged to Ecuadorian Airline, but it had been *chartered* by Air-France for the route from Bogota to Ecuadorian Capital, Quito. (TEM-4) 这家客机属于厄瓜多尔航空公司，但由法国航空公司租用，执行从波哥大到厄瓜多尔首都基多的客运任务。

【注】专四阅读中经常会涉及一些外国组织或银行的名称，需要考生平时注意积累，Standard Chartered 指的是渣打银行，再介绍其他几家外资银行的名称或简称：

HSBC 汇丰银行　　Citibank 花旗银行　　Dah Sing Bank 大新银行

Hang Seng Bank 恒生银行　Development Bank of Singapore 星展银行 ABN-AMRO Bank 荷兰银行　Bank of East Asia 东亚银行

collide [kəˈlaɪd] v. (车、船等)猛撞；冲突

【搭】 collide with 与…发生碰撞；与…发生冲突

【例】 Five people died, two were missing, and at least 18 were injured on Wednesday when an Italian patrol vessel *collided* with a dinghy filled with refugees. (TEM-4) 星期三，一艘意大利油轮和满载着难民的小船相撞，造成 5 人死亡，2 人失踪，至少 18 人受伤。

commute [kəˈmjuːt] v. 定时往返两地，通勤；减轻（刑罚）；用…交换，改变（付款）方式

【例】 Traffic congestion during peak *commute* hours is terrible. 上下班高峰时间的交通堵塞情况相当严重。

convenience [kənˈviːniəns] n. 便利，方便；方便的时候，适当的机会；便利设施

【搭】 at one's convenience 在某人方便时

【例】 Sometimes *convenience* or practical necessity or just the fancy of an influential person can establish a fashion. (TEM-4) 有时候，方便、实际需求或者仅仅是对某一具有影响力人物的迷恋都可以形成一种时尚。

【派】 inconvenience(n. 麻烦，不方便)

【题】 Since the early nineties, the trend in most businesses has been toward on-demand, always-available products and services that suit the customer's ___ rather than the company's.
A. benefit　　　B. availability　C. suitability　　D. convenience
答案为 D。benefit 意为"利益，好处"；availability 意为"可利用性"；suitability 意为"适宜性"；convenience 意为"便利"。从关键词 always-available products and services 来看，公司所给予顾客的应该是便利。句意为：从 90 年代早期开始，大部分商业的发展趋势转为按需、随时供应产品和服务，为给顾客而非商家提供便利。

convey [kənˈveɪ] v. 运输，运送；传达，传递；转让

【例】 More often than not, it is difficult to *convey* the exact meaning of a Chinese idiom in English. (TEM-4) 在多数情况下，很难用英文表达中文成语的准确意思。

crash [kræʃ] v. 碰撞；坠落；发出撞击(或爆裂)声；失败，崩溃 n. 碰撞；坠落；撞击声，爆裂声；失败，崩溃 adj. 应急的，速成的

【例】 car *crash* 撞车 // air *crash* 飞机坠毁 // The buses *crashed* through a metal railing and hung precariously over Interstate 5 for several hours before tow trucks pulled them back on the road. (TEM-4) 这些汽车撞穿

了一个金属栏杆，在 5 号州际公路边危险地悬了几个小时，直到拖车将他们拉回到路上。

cruise [kruːz] *v.* 巡航，游弋；旅行，漫游 *n.* 航行，乘船游览

【例】Please arrive 30 minutes prior to *cruise* departure. 请在游轮出发前 30 分钟到达港口。

depart [dɪˈpɑːt] *v.* 启程；离开；辞世

【搭】depart from 背离，违反；离开

【例】The coach will *depart* at 9 am, returning at around 6:30 pm.（TEM-4）长途汽车早上九点出发，下午六点半左右返回。

divert [daɪˈvɜːt] *v.* 使转向，转移…的注意力；使得到消遣或娱乐；改变（资金等的）用途，贪污

【搭】divert one's attention from sth. 转移某人对于某事的注意力

【例】McDonald's began *diverting* to frozen French fries in 1966—and few customers noticed the difference.（TEM-4）麦当劳在 1966 年开始转而出售冷冻过的炸薯条，但几乎没有顾客注意到这个变化。

embark [ɪmˈbɑːk] *v.* （使）上船（或飞机等）；从事；发动

【搭】embark on/upon 从事，着手，开始工作

【例】The country has *embarked* on the return to democracy; Commonwealth heads of government have agreed to end the estrangement.（TEM-4）这个国家已经着手恢复民主制，联邦政府的首脑已经同意结束疏远政策。

【听】表示"在某地乘车（或船、飞机）去某地"用 embark at...for..., 例如：We embarked at Tokyo for London. 我们在东京乘飞机去伦敦。

fancy [ˈfænsi] *adj.* 作装饰用的，花哨的；昂贵的；精致的 *v.* 想象；喜爱；（无根据地）相信，猜想 *n.* 想象（力）；设想，空想；爱好

【搭】have a fancy for 喜欢，想要；fancy dress 化装舞会所穿的服饰；take a fancy to 爱上，爱好

【例】A *fancy* restaurant like this should have better service. 这样一家别致的饭店应该有更好的服务。

【派】fanciful（*adj.* 富于幻想的；空想的；奇怪的）

forecast [ˈfɔːkɑːst] *n./v.* 预测，预示，预报

【例】weather *forecast* 天气预报 // It is said on the radio last night that a storm was coming in from the mountains and the morning paper *forecast* heavy rain.（TEM-4）昨晚电台说暴风雨将从山区过来，今天的晨报预报会有大雨。

【派】forecaster（*n.* 预报员）

【听】该词通常与天气播报有关，经常与媒介搭配，如 morning paper forecast 早间报纸上的天气预报。

glide [glaɪd] *n./v.* 滑动，滑行；滑翔

【例】 We see a royal carriage *glide* to a stop in front of the hospital. 我们看见一辆皇家马车在医院门前滑行着停了下来。

【注】 几种"滑动"：slide 指沿着平滑的表面滑动；slip 通常指意外的、不小心的滑动；glide 指流畅无声的滑行，还可指没有接触面的滑翔。

halt [hɔːlt] *n.* (军队)暂停前进；中止，停止；小站 *v.* 停止前进，停止，停住

【搭】 come/bring to a halt 停止，停住；bring a halt to (使)停止，终止，制止；call a halt (命令)停止，途中休息

【例】 There was a long *halt*, as a traffic jam piled up ahead. 由于前方发生了交通堵塞，我们在原地等了好长时间。

【题】 Bus services between Town Centre and Newton Housing Estate will be ___ until the motorway is repaired.
A. discontinued B. suspended C. halted D. ceased
答案为 B。discontinue 意为"废止，废弃"；suspend 意为"暂停，尤指过后可能重新开始"；halt 意为"停止，停住"；cease 意为"终止"。句意为：在高速公路修好之前，往返于市中心和牛顿住宅区的巴士服务将被暂停。

harbo(u)r [ˈhɑːbə(r)] *n.* (海)港，港湾，港口；避难所，避风港 *v.* 使船进港停泊；庇护，隐匿；怀有…的感情

【例】 Large numbers of nuclear-powered submarines are laid up at a *harbour* near Murmansk. 大量的核潜艇都被搁置在摩尔曼斯克附近的一个港口里。

【注】 当 harbour 意为"港湾，港口"时，与 seaport 和 dock 意思相近；当表示"停泊"时，与 berth 和 anchor 意思相近；当意为"怀有…的感情"时，与 nurse 意思相近。

haunt [hɔːnt] *v.* 出没；常去；萦绕 *n.* [*pl.*] 常去之处

【例】 The phrase often *haunted* his brain. 这个短语经常浮现在他的脑海里。

【注】 注意与 hunt(*v./n.* 打猎)区分。

hike [haɪk] *n./v.* 远足，徒步旅行；(价格、价值等)提高，增加

【搭】 go on a hike 徒步旅行

【例】 Many people like to take a *hike* to anneal the will. 很多人喜欢通过徒步旅行来磨炼意志。

【注】 go hiking 去远足旅行，与 go hiking 相似的表达还有：go shopping 去购物；go fishing 去钓鱼；go hunting 去打猎；go swimming 去游泳等等。

hitch [hɪtʃ] *v.* 钩住，系住；搭便车 *n.* 意外障碍，暂时的困难；结，绳套；急拉(推)

【例】 The machine was prevented from working by a technical *hitch*. 这台机器由于技术故障停止了运转。

【注】 hitchhiker 指搭便车的人。

hover ['hɒvə(r)] *v.* 飞翔，盘旋；徘徊；维持某种不确定状态

【例】 The plane found the spot and *hovered* close enough to verify that it was a car. (TEM-4) 机组人员发现了那个小黑点，盘旋飞近后证实为一辆轿车。

impress [ɪm'pres] *v.* 印，压印，盖(印等)于；使铭记，给…留下深刻的印象；使钦佩

【搭】 impress...on 给…留下印象

【例】 Mr. King tried to *impress* me with his extensive knowledge of music. 金先生展现出他丰富的音乐知识，试图给我留下深刻的印象。

【派】 impressed(*adj.* 感到印象深刻的)；impressive(*adj.* 令人赞叹的，令人敬佩的)

jam [dʒæm] *v.* 挤塞，塞入；夹住，卡住；堵塞；干扰 *n.* 拥挤，堵塞；困境；停止运转；果酱

【例】 The two speakers are probably in a traffic *jam*. (TEM-4) 这两个谈话者很可能正遭遇交通堵塞。

jet [dʒet] *n.* 喷气式飞机；喷嘴，喷射口；(喷出的)气体或液体

【搭】 jet from/out of 喷出，喷射；jet black 乌黑，深黑

【例】 "The company picked me up in a corporate *jet* to see bakeries around the world," she recalls. (TEM-4) "公司派公务专机来接我去看全世界的面包店，"她回忆说。

lag [læg] *v.* 走得慢；延迟；落后 *n.* (两件事之间的)时间间隔，时间差

【搭】 lag behind 落后，滞后；jet lag 时差

【例】 Hispanic households continued to *lag* behind, but their rate of computer ownership was expanding as well. (TEM-4) 西班牙家庭仍然落后，但他们的电脑拥有率还是在增长。

linger ['lɪŋɡə(r)] *v.* 逗留，徘徊；动作迟缓，拖沓；奄奄一息

【搭】 linger on 逗留，徘徊

【例】 The incident was over, but the memory *lingered* on. 事情过去了，但人们对它的记忆难以抹去。

lobby ['lɒbi] *n.* 大堂，门厅；游说议员的团体 *v.* 向(议员或官员)游说

【例】 The law has the support of the arm-control *lobby*. 这项法律有主张控制军备的游说议员团体的支持。

locate [ləʊˈkeɪt] v. 确定…的位置；把…设置在；定成某处

【例】The Ocean Aquarium, *located* near the Oriental TV Tower, is one of the largest in Asia. （TEM-4）坐落在东方电视塔附近的海洋水族馆是亚洲最大的水族馆之一。

locomotive [ˌləʊkəˈməʊtɪv] adj. 移动的，运动的 n. 机车，火车头

【例】The *locomotive* shed collapsed in the rainstorm. 移动工棚在暴风雨中倒塌了。

【注】注意单词中第二个 o 的发音。

lodge [lɒdʒ] v. 寄住，租住；卡住；为某人提供住处；正式提出；存放，寄存 n. 乡间小屋；传达室

【例】The families *lodged* the children with relatives after the flood. 这些家庭在水灾过后把孩子们送到了亲人身边。

【注】这个单词的发音不要与 launch([lɔːntʃ])混淆。

mount [maʊnt] v. 上升，增加；登上；骑上；准备，发动 n. 山(峰)

【例】*mount* the steps 登上台阶 // *mount* a horse 上马 // When the singer *mounted* the stage, she was received with a hail of applause. 当那位歌手走上舞台的时候，她获得了热烈的掌声。

【派】mounting(adj. 上升的，攀升的)

【注】注意与形近词 amount(n. 数量)区分。

navigate [ˈnævɪgeɪt] v. 航行，航海；导航；驾驶；横渡

【例】The experienced captain *navigated* the ship to a safe port in the storm. 经验丰富的船长在暴风雨中将船驶向安全的港口。

【派】navigation(n. 导航；航行)

obstruct [əbˈstrʌkt] v. 阻碍，阻塞；(故意)妨碍

【例】Those who *obstruct* the progress of revolution will fail eventually. 阻碍革命进程的那些人最终会失败。

【派】unobstructed(adj. 不被阻碍的，畅通的)

overseas [ˌəʊvəˈsiːz] adj. 海外的，在国外的 adv. 在国外，向海外

【例】*overseas* market 海外市场 // an *overseas* Chinese 华侨 // Louisa's husband has been working *overseas* for 3 years. 路易莎的丈夫已经在海外工作 3 年了。

overtake [ˌəʊvəˈteɪk] v. 超(车)，超过；(不愉快的事)突然发生

【例】In the race all that matters is you *overtake* the others and become the champion. 在比赛中，最重要的是你超过其他人而成为冠军。

pace [peɪs] *n.* 步速，速度；一步，步距；快节奏 *v.* 缓慢而行，踱步（于）；为…定速度；调整节奏

【搭】 keep/hold pace with 跟上，与…同步

【例】 Old people find it hard to keep *pace* with the life of modern society. 老年人发现很难跟上现代社会的生活节奏。

【题】 As a developing country, we must keep ___ with the rapid development of the world economy.

　　A. move 　　　　B. step 　　　　C. speed 　　　　D. pace

　　答案为 D。keep pace with 意为"跟上…，与…并驾齐驱"；be in step with 意为"与…同步（相协调）"；keep (in) step with 意为"与…保持同步(步调一致)"；move 和 speed 都不能用于这种结构。句意为：作为一个发展中国家，我们必须跟上世界经济快速发展的步伐。

picturesque [ˌpɪktʃəˈresk] *adj.* 似画的，迷人的；(语言)生动的，形象的

【例】 The traditional western painters sought the *picturesque* and vivid effect in their oil paintings. 传统的西方画家在他们的油画中寻求生动逼真的效果。

【注】 注意这个词的发音。

pluck [plʌk] *v.* 拔，拉；抓住；拨(弦)；采，摘 *n.* 勇气，胆量；快而猛的拉

【搭】 pluck up 鼓起(勇气)

【例】 John *plucked* up his courage to ask the pretty girl out for a cup of coffee. 约翰鼓足勇气去请那个漂亮的女孩喝咖啡。

punctual [ˈpʌŋktʃuəl] *adj.* 准时的，按时的

【例】 It is the requirement of the professor that every student should be *punctual*. 教授要求每个学生都要准时。

【派】 punctuality(*n.* 准时)

reservation [ˌrezəˈveɪʃn] *n.* (座位、住处等的)预订；保留意见；道路中央双向交通的分隔带；(美国印第安部落的)居留地

【例】 an airline *reservation* 预定航班 // Peter made a *reservation* of two seats for Friday evening's opera. 彼得订了周五晚上看歌剧的两个座位。

shorten [ˈʃɔːtn] *v.* (使)变短，缩短

【例】 Smoking and drinking a lot will *shorten* one's life. 抽烟和酗酒会缩短人的寿命。

shuttle [ˈʃʌtl] *n.* (织布机的)梭；定期的短程往返班机(或班车)；航天飞机 *v.* (使某物)穿梭般往返移动

【例】 My friend advised me to take the *shuttle* from Times Square to Grand Central Station. 朋友建议我乘坐时代广场与大中央车站间的往返班车。

【听】the Space Shuttle Discovery 是"发现号飞船"，在 2001 年 TEM-4 新闻听力中曾出现。

slide [slaɪd] *v.* 滑动，滑行；溜进，潜行；(价格等)逐渐降低 *n.* 滑，滑行；滑道，滑梯；幻灯片

【例】The secretary discussed sales, but *slid* over problems of how to reduce the production costs. 秘书谈论了销售情况，却对如何降低生产成本的问题一带而过。

【题】In winter drivers have trouble stopping their cars from ___ on icy roads.
A. skating   B. skidding   C. sliding   D. slipping
答案为 B。skate 意为"(在冰面上)滑行，溜(冰)"；skid 意为"(车辆)打滑"；slide 意为"(在冰、滑梯、跑道等上)滑行，滑动；滑落"；slip 意为"失足，滑跤"，常指由于不小心、路滑等而滑倒。句意为：冬天，由于汽车在冰面上打滑，司机很难停住车。

sling [slɪŋ] *v.* 投掷，抛；悬挂，吊起 *n.* 吊带，吊链

【例】We can see many hammocks *slung* between trunks on the beach. 我们在海滩能看见许多吊床悬挂在树干之间。

smash [smæʃ] *v.* (使)破碎，打碎；猛撞，猛击；打破(纪录等) *n.* 破碎

【例】A car *smashed* into a department store, turned over, and burst into flames. 一辆汽车冲进了商店，车身翻转后起火了。

steer [stɪə(r)] *v.* 操纵，驾驶(船、汽车等)；向某方向行驶

【例】You'd better keep *steering* south, then you'll see the hotel. 你最好一直向南行驶，然后就能看到那家旅馆了。

stray [streɪ] *v.* 走失；离题 *adj.* 流浪的，迷路的；孤零的，离群的 *n.* 迷路的人；走失的动物

【例】A policeman took the traveler who had *strayed* to the hotel. 警察把迷路的游客送到酒店。

stroll [strəʊl] *n./v.* 漫步，闲逛；遨游

【例】The old couple went for a *stroll* by the river after dinner. 那对老夫妇晚饭后到河边去散步了。

swerve [swɜːv] *n./v.* 突然转向，转弯

【例】The train gathered speed again. At that moment another train, also on a down-line, *swerved* inwards towards them, for a moment with almost alarming effect. (TEM-4) 火车再一次加速了。此时，在另一条下行线上，另外一列火车向他们一侧偏转了一下，那一刻令人紧张。

【题】The motorist had to ___ to avoid knocking the old woman down in the middle of the road.

    A. swerve   B. twist   C. depart   D. swing

    答案为 A。swerve 意为"(车突然地)转向一边"；twist 意为"使转动；扭曲，曲折地走"；depart 意为"离开；启程"；swing 意为"摆动，挥动"。句意为：汽车司机不得不转弯以免撞倒路中央的那位老太太。

swift [swɪft] *adj.* 快捷的，迅速的；立刻的，即时的；敏捷的 *n.* 雨燕

【例】I noticed a *swift* change of expression in uncle Sam's face. 我注意到萨姆叔叔脸上的表情突然间发生了变化。

【派】swiftly(*adv.* 快速地，敏捷地；即刻)

tan [tæn] *v.* 硝(皮)，鞣(革)；(使某物)晒成褐色，晒黑；痛打 *n.* 黄褐色；晒成棕褐肤色

【搭】tan one's hide 痛打某人

【例】James *tans* quickly in the sun and he likes spending time in the sun. 詹姆斯的皮肤很容易被晒黑，而他很喜欢花时间晒太阳。

terminal ['tɜːmɪnl] *n.* 末端，终点；终点站；(电脑的)终端机 *adj.* 每学期的，每期的；末端的，终点的；晚期的

【例】King's factory is located in the north part of the subway's *terminal* station. 金的工厂坐落在地铁终点站的北边。

【派】terminally(*adv.* 终端地；末尾)

【注】terminal 和 final：terminal 指"终点"，即形成一种界限的标志，也指终点站；final 比较强调结论的确定性。

tip [tɪp] *n.* 梢，尖，末端；小费；有用的小提示或小建议 *v.* 给小费；(使某物)倾斜；倒出；轻触；提出建议或意见

【搭】on the tip of one's tongue 就在某人的嘴边(却想不起来)；差点说出

【例】The gentleman gave the waiter a generous *tip*. 那位先生给了服务生一笔慷慨的小费。

trail [treɪl] *n.* 足迹，踪迹；小径，小路；(人流、车流等)一股，(烟、尘等)一缕 *v.* 拖，拖曳；跟踪，尾随；(植物)蔓生；飘出，冒出

【搭】a trail of 一大堆

【例】a winding *trail* 羊肠小道 // It was a town of machinery and tall chimneys, from which smoke *trailed* continuously. 这个城镇挤满了机器和大烟囱，滚滚浓烟不断地从烟囱中冒出来。

tramp [træmp] *n.* 流浪汉，漂泊者；长途徒步旅行；沉重的脚步声 *v.* 用沉重的脚步行走；跋涉

【例】 Poor Sandy spent all day *tramping* around the city looking for somewhere cheap to stay. 穷困的桑迪跋涉了一整天，走遍了整个城市去寻找一个住宿便宜的地方。

transit [ˈtrænzɪt] *n.* 运输，载运；中转；运行的天体（经过）

【例】 Lots of vegetables and fruits became rotten in *transit*. 大量的蔬菜水果在运输过程中腐烂了。

transport [trænˈspɔːt] *v.* 运输，输送；放逐，流放 [ˈtrænspɔːt] *n.* 运输；运输工具

【例】 public *transport* 公共交通工具 // When I was in my teens and 20s, hitchhiking was a main form of long-distance *transport*.（TEM-4）在我十几岁到二十来岁的时候，搭便车是长途交通的一个主要方式。

【派】 transportation（*n.* 交通，运输，运送）

unexpected [ˌʌnɪkˈspektɪd] *adj.* 没有料到的，突如其来的

【例】 The famous director died of cerebral hemorrhage in an *unexpected* way. 这位著名导演突发脑溢血去世。

【派】 unexpectedly（*adv.* 意想不到地，出乎意料地）

unpack [ˌʌnˈpæk] *v.* 打开（包装）取出某物

【例】 Simon *unpacked* all his clothes as soon as he arrived at home from summer camp. 从夏令营一回到家里，西蒙就将自己的所有衣服从包里取了出来。

visa [ˈviːzə] *n.* （护照等的）签证 *v.* 办理签证

【例】 an entry *visa* 入境签证 // an exit *visa* 出境签证 // I obtained a *visa* to visit America. 我获得了访问美国的签证。

◎ 旅游出行 / 认知词

aerial [ˈeəriəl] *adj.* 空气的，大气的；航空的；从空中的 *n.* 天线

【例】 *aerial* port 航空港，空运站 // TV broadcast *aerial* 电视广播天线

airfield [ˈeəfiːld] *n.* 飞机场

airhostess [ˈeəhəʊtəs] *n.* （客机上的）女服务员，空中小姐

airliner [ˈeəlaɪnə(r)] *n.* 定期班机，客机

airmail [ˈeəmeɪl] *n.* 航空邮件，航空邮政 *v.* 航空邮寄

aisle [aɪl] *n.* （教堂、戏院、机舱等的）通道，走廊

alley ['ælɪ] n. 小巷，胡同；小径；（保龄球或九柱戏的）球道

asphalt ['æsfælt] n. 沥青，柏油；沥青、碎石和砂的混合物 v. 用沥青铺路

athletic [æθ'letɪk] adj. 运动的，体育的；运动员的；体格健壮的，活跃的

【例】 *athletic* psychology 运动心理学

athletics [æθ'letɪks] n. 体育运动，竞技

atlas ['ætləs] n. 地图册

attraction [ə'trækʃn] n. 吸引力，诱惑力；有吸引力的事物，向往的地方

avenue ['ævənjuː] n. 林荫道，道路；（城市中的）大街；途径，手段

baggage ['bægɪdʒ] n. 行李

【例】 a piece of *baggage* 一件行李

bale [beɪl] n. 大包，大捆 v. 把…打包

bottleneck ['bɒtlnek] n. 瓶颈；阻碍进展的事物（状况）；窄路段，交通阻塞点

boulevard ['buːləvɑːd] n. 大街，林荫大道；主干道路，大道

brake [breɪk] n. （机）闸，刹车；制动踏板；灌木丛 v. 刹（车）

brooch [brəʊtʃ] n. 胸针，饰针

brook [brʊk] n. 小河，小溪 v. 容忍，忍让

canal [kə'næl] n. 运河；沟渠，水道

canyon ['kænjən] n. （深的）峡谷；溪谷

caravan ['kærəvæn] n. （往返于沙漠等地带的）商队，旅行队；结队成列的车马；有篷的车辆，马戏团（吉普赛人）旅行用的大篷车

chart [tʃɑːt] n. 海图，航（线）图；图表，表，曲线图 v. 制…的海图，把（航线等）绘入海图；用图像表示（或说明）

clearway ['klɪəweɪ] n. （英国）禁停公路

coastal ['kəʊstl] adj. 海岸的，近海的

coastline ['kəʊstlaɪn] n. 海岸线

compartment [kəm'pɑːtmənt] n. 间隔（如火车车厢里的小房间）

【例】 a storage *compartment* 一个仓库 // smoking *compartment* （火车内的）吸烟室

compass ['kʌmpəs] n. 罗盘，指南针；[pl.] 圆规；界线，范围

【例】 *compass* point （罗盘的）方位 // a pair of *compasses* 一副圆规

【派】 encompass(v. 包含，包括；包围)

courier ['kʊrɪə(r)] n. 特别信使，通讯员；（旅游公司的）导游

departure [dɪ'pɑːtʃə(r)] n. 离开，启程，开始；背离

depot ['depəʊ] n. 仓库，储藏处；公共汽车车库；火车站

destination	[ˌdestɪ'neɪʃn] *n.* 终点，目的地；目标
diversion	[daɪ'vɜːʃn] *n.* 转移，转向，偏离；(禁止通行时的)临时绕行路；消遣，娱乐；用以转移注意力的假象
elevation	[ˌelɪ'veɪʃn] *n.* 提高，提升；高度，海拔；高尚，高贵；建筑物的立视图；(枪炮的)仰角
engagement	[ɪn'geɪdʒmənt] *n.* 约会，约定；订婚，婚约

【搭】make an engagement 约会

entrance	['entrəns] *n.* 进口，门；进入，入学；进入权；计算机回车键
	[ɪn'trɑːns] *v.* 使狂喜，使着迷

【例】*entrance* ticket 门票

excursion	[ɪk'skɜːʃn] *n.* 短途旅行，远足；(短期的)涉足，涉猎
ferry	['feri] *n.* 渡船；渡口；摆渡 *v.* 渡运，运送，摆渡
ferryboat	['feribəut] *n.* 渡船
fleet	[fliːt] *n.* 舰队；船队，机群，(汽)车队
flight	[flaɪt] *n.* 飞翔，飞行；飞机的航程，空中旅行；班机；飞行队；(鸟、昆虫等的)群飞，(箭)齐发；(时间)飞逝；楼梯的一段；逃避，逃跑
freight	[freɪt] *n.* (运输)货物，货运；运费 *v.* 运送

【例】volume of *freight* 货运量 // *freight* train 集装箱列车

grill	[grɪl] *n.* 烤架，铁篦子 *v.* 炙烤；盘问
homeward	['həʊmwəd] *adj.* 回家的；回国的 *adv.* 向家地；向本国
horseback	['hɔːsbæk] *n.* 马背 *adj.* 在马背上的 *adv.* 在马背上
hovercraft	['hɒvəkrɑːft] *n.* 气垫船
inconvenient	[ˌɪnkən'viːniənt] *adj.* 不方便的，打扰的，不合时宜的
junction	['dʒʌŋkʃn] *n.* 交汇处，会合点；连接

【例】The structure is close to an expressway *junction*. 这个建筑物靠近一个高速公路的交叉路口。

【派】disjunction(*n.* 分离；折断)；conjunction(*n.* 联合；连词)

knapsack	['næpsæk] *n.* 背包
landing	['lændɪŋ] *n.* 楼梯平台；着陆，降落；登陆
landlady	['lændleɪdi] *n.* (旅馆等的)女店主；女房东；女地主
landlord	['lændlɔːd] *n.* 地主；(旅馆等的)男店主；房东
landscape	['lændskeɪp] *n.* 山水，风景 *v.* 美化(自然环境等)

【例】Sandro's car is speeding across a harsh, sun-baked *landscape*. 桑德罗的车正快速穿过一块荒芜的、被太阳炙烤的土地。

lane	[leɪn] *n.* 小巷，小径；车道，行车线；(船或飞机的)航道；(田径赛的)跑道	
licence/license	[ˈlaɪsns] *n.* 牌照，许可证，执照；许可，特许	
lighthouse	[ˈlaɪthaʊs] *n.* 灯塔	
limousine	[ˈlɪməziːn] *n.* 豪华轿车	
liner	[ˈlaɪnə(r)] *n.* 大客轮；邮轮；班机；衬里，衬垫	
luggage	[ˈlʌɡɪdʒ] *n.* 行李	
maiden	[ˈmeɪdn] *n.* 少女，处女 *adj.* 首次的，初次的；未婚的，处女的	
marine	[məˈriːn] *adj.* 海的，海里的；船舶的；航海的；海军的 *n.* 海运业；海军陆战队士兵	

【例】*marine* insurance 海洋运输保险

midway	[ˌmɪdˈweɪ] *adj.* 中途的 *adv.* 中途地 *n.* 中途	
motel	[məʊˈtel] *n.* 汽车旅馆	
motorist	[ˈməʊtərɪst] *n.* 汽车驾驶者；乘汽车者	
motorway	[ˈməʊtəweɪ] *n.* 高速公路，快车道	
navigation	[ˌnævɪˈɡeɪʃn] *n.* 航行；航海，航空；导航	
outdoors	[ˌaʊtˈdɔːz] *adv.* 在户外，在野外 *n.* 户外，野外	
outing	[ˈaʊtɪŋ] *n.* 短途旅行，远足；参赛，比赛	
outwards	[ˈaʊtwədz] *adv.* 向外；在外；向海外	
overcrowded	[ˌəʊvəˈkraʊdɪd] *adj.* 挤满的，拥塞的	
paddle	[ˈpædl] *n.* 船桨；桨状物；荡桨，划桨 *v.* 荡桨；(用桨状物)拍打	
panorama	[ˌpænəˈrɑːmə] *n.* 风景的全貌，全景；(不断变化的)一串景象或事情；概论，概观	

【例】The entire *panorama* of the enormous hall is visible through the glass window. 透过玻璃窗，大厅的全景一览无余。

passerby	[ˌpɑːsəˈbaɪ] *n.* 过路人	
passport	[ˈpɑːspɔːt] *n.* 护照；(获得某物的)途径，手段	
pasture	[ˈpɑːstʃə(r)] *n.* 牧场，牧草地 *v.* 放牧；(牛、羊等)吃草	
patrol	[pəˈtrəʊl] *n.* 巡逻；巡逻队，巡逻兵 *v.* 巡逻，巡查	
pavement	[ˈpeɪvmənt] *n.* 人行道；硬路面	
pedal	[ˈpedl] *n.* 踏板 *v.* 踩踏板，骑(车)	

【例】a brake *pedal* (汽车的)刹车踏板

pedestrian	[pəˈdestriən] *n.* 行人 *adj.* 缺乏想象力的，沉闷的；行人的	
pickpocket	[ˈpɪkpɒkɪt] *n.* 扒手	

platform	[ˈplætfɔːm] n. 站台，月台；讲台，表演台
【搭】	on the platform 在站台上
procession	[prəˈseʃn] n. (人或车的)行列；游行
queue	[kjuː] n. 辫子；(排队等候的)行列，长队 v. 编辫子；排队(等候)
【搭】	queue up 排队，排队等待；jump the queue 插队
roadside	[ˈrəʊdsaɪd] n. 路边，路旁
roadway	[ˈrəʊdweɪ] n. 车行道
roam	[rəʊm] v. 漫步，漫游，闲逛
roar	[rɔː(r)] n. 吼叫，咆哮 v. 吼叫，咆哮；大声喊出；大笑，哄笑
roast	[rəʊst] v. 烤，炙；加热，烘；批评，嘲讽 n. 一大块烤肉；户外烧烤野餐；嘲讽，挖苦
rocky	[ˈrɒki] adj. 岩石凹凸不平的；顽固的；摇晃的，不稳的
rod	[rɒd] n. 棍棒，杆，竿
【例】	fishing rod 钓鱼竿
rope	[rəʊp] n. 绳索，粗绳；缠结或串成串的东西；绞刑
【搭】	be on the ropes 处于困境，接近失败(毁灭)
roundabout	[ˈraʊndəbaʊt] n. 环状交通路；旋转木马 adj. 迂回的，间接的；兜圈子的
runway	[ˈrʌnweɪ] n. 飞机跑道，滑路；(剧场内)伸入观众席的舞台；河道
saunter	[ˈsɔːntə(r)] n./v. 漫步，闲逛
scuttle	[ˈskʌtl] v. 小跑；故意弄沉(船) n. 舷窗，天窗，气窗
shaft	[ʃɑːft] n. 杆状物；竖井，坑道；车辕，车杠
shipboard	[ˈʃɪpbɔːd] adj. 在船上的，在船上使用的或发生的 n. 舷侧，船
shortcut	[ˈʃɔːtkʌt] n. 捷径，近路 v. 抄近路，走捷径
sidelight	[ˈsaɪdlaɪt] n. 侧光；(汽车的)侧灯，(船的)舷灯；意外线索，间接消息
sidewalk	[ˈsaɪdwɔːk] n. [pl.] 人行道
sightseeing	[ˈsaɪtsiːɪŋ] n. 观光，游览 adj. 观光的，游览的
【搭】	go sightseeing 去观光
skate	[skeɪt] v. 滑冰，溜冰；滑过，掠过 n. 滑冰，溜冰；冰鞋
skateboard	[ˈskeɪtbɔːd] n. 滑板 v. 用滑板滑行
ski	[skiː] v. 滑雪 n. 雪橇，滑雪板
sledge	[sledʒ] v./n. (乘)雪橇
slope	[sləʊp] n. 倾斜，坡度；倾斜面，斜坡 v. 倾斜

| snapshot | [ˈsnæpʃɒt] *n.* 快照；印象 |
| souvenir | [ˌsuːvəˈnɪə(r)] *n.* 纪念物，纪念品 |

【例】 I'll be in London for two weeks, so what would you like for a *souvenir*? 我将在伦敦待两个星期，你想要什么纪念品呢？

spectacle	[ˈspektəkl] *n.* 精彩的表演；非凡的景象，奇特的现象；[*pl.*] 眼镜
steward	[ˈstjuːəd] *n.* (飞机、船上的)服务员；管家；组织者，干事
subway	[ˈsʌbweɪ] *n.* 地铁；地下人行道
sunbathe	[ˈsʌnbeɪð] *v.* 晒日光浴
sunburn	[ˈsʌnbɜːn] *n.* 日灸；晒斑；晒黑 *v.* (使)晒黑
suntan	[ˈsʌntæn] *n.* (皮肤的)晒黑；卡其色的军服
tavern	[ˈtævən] *n.* 客栈，酒店
thumb	[θʌm] *n.* 大拇指 *v.* 以拇指翻动(书页等)；翘起拇指要求搭便车

【搭】 thumb through 翻查，迅速翻阅，查阅；all thumbs 笨手笨脚

【例】 I hope you could read it carefully and do not just *thumb* through it. 我希望你能仔细地读一读它，而不只是简单地翻一翻。

transportation	[ˌtrænspɔːˈteɪʃn] *n.* 运输；运输工具；交通
travel	[ˈtrævl] *v.* 旅行，游历；行进 *n.* 旅行，游历；[*pl.*] 海外旅行，旅游
trolley	[ˈtrɒli] *n.* 手推车；无轨电车
tunnel	[ˈtʌnl] *n.* 隧道，地道 *v.* 挖隧道，开隧道穿过
underpass	[ˈʌndəpɑːs] *n.* (高架桥下的)通道或路段；地下通道
vehicle	[ˈviːəkl] *n.* 运载工具，车辆；媒介物，手段
vessel	[ˈvesl] *n.* 船，舰；容器，器皿；(动植物体内的)管状结构；血管
waterfront	[ˈwɔːtəfrʌnt] *n.* 滨水路，滨水区
waterway	[ˈwɔːtəweɪ] *n.* 水路，航道；运河
wharf	[wɔːf] *n.* 码头 *v.* 卸在码头，停靠在码头
whistle	[ˈwɪsl] *n.* 哨子，口笛；哨子声；汽笛声；警笛声；呼啸声 *v.* 吹口笛；鸣汽笛；鸣警笛
windscreen	[ˈwɪndskriːn] *n.* (汽车的)挡风玻璃
yacht	[jɒt] *n.* 快艇，游艇 *v.* 驾快艇；乘游艇
zigzag	[ˈzɪɡzæɡ] *n.* 之字形线条(小径)等 *adj.* (线条、小径等)呈之字形的 *v.* 作之字形行进

【例】 a *zigzag* line 曲折线 // a *zigzag* road 之字形道路

◎ 医疗保健 / 核心词

音 频

acute [əˈkjuːt] *adj.* 尖锐的，锐角的；激烈的，严重的；敏锐的；(疾病)急性的，(疼痛)剧烈的

【例】an *acute* observer 敏锐的观察家 // *acute* pain 剧痛 // Facing the *acute* environmental problem day by day, everyone should behave themselves. 面对日益严峻的环境问题，每个人都应该端正一下自己的行为。

addict [ˈædɪkt] *n.* 有瘾的人；对某事有强烈兴趣的人

【例】a drug *addict* 瘾君子 // Ken used to be a drug *addict* but he recovered through a drug rehabilitation center. 肯曾经是个吸毒者，但是后来通过戒毒中心康复了。

【派】addictive(*adj.* 使人上瘾的)；addiction(*n.* 上瘾)；addicted(*adj.* 入迷的)

adolescent [ˌædəˈlesnt] *adj.* 青少年期的 *n.* 青少年

【例】*adolescent* period 青春期 // Honduran authorities dedicated to the protection of children and *adolescents* have undertaken a campaign to protect youngsters who beg on the streets. (TEM-4) 致力于保护儿童和青少年的洪都拉斯当局开展了一项挽救在街上乞讨的孩子的活动。

【派】adolescence(*n.* 青春期)

【注】infancy 幼儿期；juvenile period 少年期；adolescence 青春期；middle age 中年期；senility 老年期

breakthrough [ˈbreɪkθruː] *n.* 突破；重大发现

【例】Pearson predicts a *breakthrough* in computer-human links. 皮尔逊预测电脑和人类的关系会有一个突破。

chronic [ˈkrɒnɪk] *adj.* (病症)长期未愈的，慢性的；极坏的，极差的

【例】Health experts said *chronic* non-infectious diseases were the main causes of deaths, covering 16% of the total number of deaths. (TEM-4) 健康专家说慢性非传染疾病是致死的主要原因，占死亡总人数的 16%。

【注】与之相反的"急性病"为 acute disease。

clinical [ˈklɪnɪkl] *adj.* 诊所的，医院的，临床的；(态度等)冷静的，客观的；简朴的，不装饰的

【例】 These drugs have hitherto been the most generally used in *clinical* trials. 迄今为止，这些药品是临床试验中最常用的。

congestion [kənˈdʒestʃən] *n.* 阻塞，拥挤；充血

【例】 The construction site leads to enormous traffic *congestion*. 这个建筑工地造成了大规模的交通阻塞。

constitution [ˌkɒnstɪˈtjuːʃn] *n.* 宪法；体质，体格；组织，构造，结构

【例】 physical *constitution* 体质，身体素质 // According to the *constitution*, people have the rights to receive education. 根据宪法，人民享有受教育的权利。

【派】 constitutional(*adj.* 宪法的；构成的；体质的 *n.* 散步保健)

consult [kənˈsʌlt] *v.* 找…商议，向…咨询；找(医生)诊治；翻阅，查考(书籍、地图等)

【搭】 consult with 与…商量

【例】 Each student has a tutor whom they can *consult* on any matter whether academic or personal.（TEM-4）每个学生都有一个导师，学生们可以向其提问任何问题，无论是学业上的还是个人方面的。

【派】 consultation(*n.* 磋商；请教，咨询)

daze [deɪz] *v.* 使茫然；使眼花缭乱；使头昏 *n.* 迷乱，恍惚

【例】 A red glare *dazed* his eyes, and made him semi-blind. 一道耀眼的红光使他感到眩晕，眼睛都快看不见了。

dazzle [ˈdæzl] *v.* 使眼花，耀眼；使赞叹不已，使倾倒 *n.* 闪耀；壮丽，光辉

【例】 The little girl slowly opened her eyes, only to be *dazzled* by a strong beam of sunlight. 那个小女孩慢慢地睁开眼睛，只感到一束强烈的阳光使她眩晕。

【派】 dazzlingly(*adv.* 灿烂地，辉煌地；非凡地)

delinquent [dɪˈlɪŋkwənt] *adj.* 犯法的，有过失的 *n.* (尤指少年的)违法者

【例】 We've got seventeen merchants who are *delinquent* in their contracts. 我们抓到了17个违反合约的商人。

【注】 juvenile delinquent 少年犯

diagnose [ˈdaɪəgnəʊz] *v.* 诊断(疾病)；判断(问题的原因)

【例】 The singer persisted in singing even after being *diagnosed* as throat cancer. 即使在被诊断为喉癌之后，这位歌手仍然坚持唱歌。

disinfect [ˌdɪsɪnˈfekt] *v.* 杀菌(消毒)

【例】 The doctor *disinfected* the wound of the girl. 医生为那个女孩的伤口消了毒。

dispense [dɪˈspens] *v.* 分配，分发；配(药)，配(方)；发药

【例】 Martin *dispensed* the presents, inviting everybody up to the stage. 马丁分完礼物后，邀请每个人都到台上去。

dizzy [ˈdizi] *adj.* 头晕目眩的，使人眩晕的；不知所措的；愚蠢的

【例】 I felt myself growing *dizzy* and seemed to be seeing everything through a fog. 我感到自己有些晕眩，似乎看每一件东西都模糊不清。

dose [dəʊs] *n.* (药物等的一次)剂量，一服；一份 *v.* (按剂量)给…服药

【例】 I advise most of my patients, as long as they aren't allergic to aspirin and don't have bleeding problems, to take low-*dose* aspirin. (TEM-4) 只要病人们对阿司匹林不过敏，也没有出血问题，我就建议大多数病人服用低剂量的阿司匹林。

【派】 dosage(*n.* 剂量，用量)

epidemic [ˌepɪˈdemɪk] *adj.* 流行性的，传染的；流传极广的 *n.* 流行病；(流行病的)迅速传播；泛滥，蔓延

【例】 The Government declared that no major *epidemic* diseases prevailed in this area. 政府宣称在这一地区没有重大的流行性疾病。

feeble [ˈfiːbl] *adj.* 虚弱的，微弱的；(论据、手势等)无力的

【例】 Brian laid sick in his hotel, too *feeble* to stir out. 布赖恩病倒在旅馆里，虚弱得无法出门了。

fit [fɪt] *v.* 符合，合身；与…相称、相协调；安装；使合格，使胜任 *adj.* 适合的，正当的；健康的，健全的；相称的，能胜任的 *n.* (病的)发作，痉挛；(感情等的)突发

【搭】 fit in with 符合，适应；fit out 装备，配备；throw a fit 生气

【例】 I grow fatter and fatter and these trousers don't *fit* any more. 我变得越来越胖，这些裤子也都不合身了。

【注】 与 fit 意思相近的单词还有：suitable 暗含符合某要求、完成某需要或实现某意图的能力；matchable 匹配的；appropriate 尤指对某事或某一场合有益。

fragile [ˈfrædʒaɪl] *adj.* 易碎的，脆的，易坏的；脆弱的，虚弱的

【例】 The World Bank says a sharp rise in the number of what it calls "*fragile* states" poses a threat to global stability. 世界银行表示"脆弱国家"数量的大幅攀升会对世界的稳定构成威胁。

frail [freɪl] *adj.* 脆弱的，易损坏的，不结实的；虚弱的；意志薄弱的

【例】 The *frail* craft would break easily if you press it. 如果你按压这个不结实的手工艺品，它很容易会坏掉。

【派】 frailty(*n.* 虚弱，脆弱；薄弱，弱点)

frame [freɪm] *n.* 骨架，构架；框架，框子；体形，身材；体制，模式；(影片的)一个镜头 *v.* 给…装框；(用文字)表达；拟订

【例】a *frame* of reference 参考框架 // I am going to buy a picture *frame* to fit the picture. 我打算去买一个相框，把这张照片镶起来。

【派】reframe(*v.* 再构造，再组织)

handicap [ˈhændɪkæp] *n.* 不利条件，障碍；缺陷，残疾；让步 *v.* 给…设置不利条件；妨碍，阻碍

【例】The young man was *handicapped* by a lack of education. 文化水平低妨碍了这个年轻人的发展。

handicapped [ˈhændɪkæpt] *adj.* 残障的，有生理缺陷的；智力低下的

【例】The kind old woman adopted a *handicapped* child. 那位和蔼可亲的老妇人收养了一个有生理缺陷的小孩。

heal [hiːl] *v.* 治愈(伤口等)，使恢复健康

【搭】heal a wound 使伤口愈合

【例】Aspirin may be the most familiar drug in the world, but its power to *heal* goes far beyond the usual aches and pains. (TEM-4)阿司匹林可能是世上最常见的药物，但它的治愈范围远远超出缓解常见的疼痛。

hearing [ˈhɪərɪŋ] *n.* 听力，听觉；听力所及的范围；审讯，听证会；说话或申辩的机会

【例】*hearing* loss 丧失听力 // *hearing* aid 助听器 // Some of the major illnesses and conditions that aspirin or aspirin-like drugs might help prevent are: Alzheimer's disease, diabetes-related heart disease, heart attack, cancer and antibiotic-induced *hearing* loss. (TEM-4)阿司匹林或具有阿司匹林疗效的药物可能帮助预防的主要疾病有：老年痴呆症、与糖尿病相关的心脏疾病、癌症和抗生素引起的听力丧失。

hysteric [hɪˈsterɪk] *adj.* 歇斯底里的，有癔病的 *n.* [*pl.*] 歇斯底里的表现

【例】At the terrible news, she let out a few *hysteric* shrieks. 听到这个可怕的消息，她发出几声歇斯底里的尖叫。

infect [ɪnˈfekt] *v.* 传染，感染；影响

【搭】be infected with 被…感染

【例】The whole society was *infected* by these vices. 整个社会都被这些恶习影响了。

【派】infection(*n.* 感染)；infectious (*adj.* 有传染性的；有感染力的)

【题】Many people are ___ to insect bites, and some even have to go to hospital.

A. insensitive　　B. allergic　　　C. sensible　　　D. infected

答案为 B。insensitive 意为"反应迟钝的，不灵敏的"；allergic 意为"过敏的"，常用于 be allergic to 结构中，意为"对…过敏"；sensible 意为"明智的；察觉的"，常用于 be sensible of 结构中；infect 意为"传染，感染"，不与介词 to 连用。句意为：很多人对昆虫叮咬过敏，有些人甚至还要去医院。

inject [ɪnˈdʒekt] v. 注射，注入；插(话)；引入

【搭】inject into 注入，增添；inject with 用…注入

【例】This kind of fruit is not safe enough for they are often *injected* with chemicals to reduce decay. 这种水果不够安全，因为它们经常被注射防腐剂。

【派】injection(n. 注射；注射剂)

intact [ɪnˈtækt] adj. 无损伤的，完整的，完好无缺的

【例】The girl's vital organs are *intact* and she has a good chance of recovery. 这个女孩的重要器官都完好无损，所以她复原的机会很大。

lame [leɪm] adj. 跛的，残废的；站不住脚的，理由不足的 v. 使跛；使变得无用

【例】The *lame* schemes were of little use to our development. 那些蹩脚的计划对我们的发展几乎没有用处。

limp [lɪmp] v. 蹒跚，一瘸一拐地走；缓慢而费力地前进 n. 跛行 adj. 柔软的，易弯曲的；柔弱的，无力的

【例】The injured player struggled to his feet and *limped* off the court. 那名受伤的队员挣扎着站起来，一瘸一拐地走下场去。

lunatic [ˈluːnətɪk] n. 疯子，精神失常者；极愚蠢的人 adj. 精神失常的，疯的；极愚蠢的

【例】The criminal's *lunatic* behavior poses a threat to the safety of people. 那名罪犯的疯狂行为对人民的安全构成了威胁。

nerve [nɜːv] n. 神经；勇气，胆量；(神经)敏感处 v. 鼓起勇气

【搭】get on one's nerves 让…不安(或心烦)；nerve fibers 神经纤维；have a/the nerve 有勇气，有胆量

【例】The two halves of the brain are linked by a trunkline of between 200 and 300 million *nerves*, the corpus callosum. （TEM-4）左右脑由一根主线即胼胝体连接，它约含有 2 到 3 亿根神经。

nourish [ˈnʌrɪʃ] v. 滋养，养育；怀有（希望、怨恨等）；保持，增长

【例】Small girls all have *nourished* the dream of becoming a princess one day. 小女孩们都希望自己有朝一日能成为公主。

【派】nourishing(*adj.* 有营养的)；nourishment(*n.* 营养；营养品)

nutrition [njuˈtrɪʃn] n. 营养，滋养；营养物，食物；营养学

【例】People now pay more attention to balanced *nutrition* and sufficient exercise to keep healthy. 为了保持健康，人们现在更加关注均衡营养，并且充分锻炼。

【派】nutritional(*adj.* 营养的，滋养的)；nutritious(*adj.* 有营养的)

organic [ɔːˈɡænɪk] adj. 有机物的，有机体的；有组织的，有系统的；器官的

【例】*organic* being 有机体 // People are paying more and more attention to *organic* food. 人们越来越多地关注有机食品。

paralyze [ˈpærəlaɪz] v. 使麻痹，使瘫痪；使停止活动，使丧失作用

【例】The heavy storm *paralyzed* the transportation between the two cities. 这场大的暴风雪使两个城市间的交通瘫痪了。

physical [ˈfɪzɪkl] adj. 物质的，有形的；身体的；自然(界)的；物理的

【例】*physical* examination 体检 // *physical* endurance 身体的忍耐力 // The cheerleaders sometimes suffer *physical* injuries because they try dangerous acts to catch people's attention. (TEM-4) 因为有时尝试做危险的动作以引起人们注意，拉拉队队员的身体会受伤。

【派】physically(*adv.* 身体上地；实际上地)

prescribe [prɪˈskraɪb] v. 处(方)，开(药)；命令，指示，规定

【例】The doctor *prescribes* a dose of sugar coated medicine for the children. 医生为孩子们开了一剂糖衣药。

recovery [rɪˈkʌvəri] n. 复得，寻回；痊愈，恢复；监护部

【搭】make a recovery from 从…中痊愈

【例】economic *recovery* 经济复苏 // After two months' complete rest, father has made a full *recovery* from the operation. 经过两个月的静养，爸爸已经完全从手术中恢复了。

【派】recoverable(*adj.* 可痊愈的；可复原的；可收回的)

refresh [rɪˈfreʃ] v. 使恢复精力；重新斟满；提醒，使想起

【例】The speaker keeps looking down at his notes to *refresh* his memory. 演讲者不断地低头看笔记来提醒自己下面的演说词。

【题】A great amount of work has gone into ___ the Cathedral to its previous splendour.

A. refreshing   B. restoring   C. renovating   D. renewing

答案为 B。refresh 特指恢复精神或者精力；restore 是指将旧的或坏的东西复原；renovate 涵盖较广，既可指修复东西，也可指人的精神复原；renew 含有"更新"的意思。句意为：为了复原大教堂曾经的辉煌，人们做了大量的工作。

relief [rɪˈliːf] *n.* (痛苦、困苦、忧虑等的)减轻；救济，救济物；换班人，接替者；浮雕；醒目

【搭】to one's relief 令…感到欣慰的是

【例】Dozens of recording stars began converging on a Hollywood studio Monday to add their voices to a song they hope will raise millions of dollars for Haitian earthquake *relief*. (TEM-4)数十名录唱明星周一会聚在好莱坞的一家录音工作室，为一首歌献声，希望以此为海地地震灾民进行救济募捐。

【注】这里再列举两个 to one's... 结构的短语：to one's surprise 令某人感到惊奇的是；to one's joy 令某人高兴的是。

relieve [rɪˈliːv] *v.* 减轻，解除(痛苦或困难)；救助，救济；换班，接替；解围

【搭】relieve of 减轻，减少；免除(职务)，解除

【例】Nothing could *relieve* the old mother's pain of losing her son. 什么都无法缓解那位老母亲的失子之痛。

remedy [ˈremədi] *n.* 治疗，治疗法；药物，补救物 *v.* 治疗，治理；纠正，补救

【搭】remedy for 针对…的治疗法或药物，补救

【例】The *remedy* for traffic problems is to encourage people to take public transportation. 缓解交通问题的方法是鼓励人们乘坐公共交通工具。

revive [rɪˈvaɪv] *v.* (使)苏醒或恢复知觉；(使)复用，(使)复兴；重新上演

【搭】revive the economy 振兴经济

【例】During the Renaissance in Europe the use of Latin was *revived*. 欧洲文艺复兴时期，拉丁语又重新兴起。

【派】revival(*n.* 苏醒，复苏；复兴)

【题】Share prices on the Stock Exchange plunged sharply in the morning but ___ slightly in the afternoon.

A. regained   B. recovered   C. restored   D. revived

答案为 B。regain 意为"重新获得；恢复"；recover 意为"复原，恢复"；restore 意为"使复位；重建"；revive 意为"复苏，复兴，复活"。句意为：股票在上午下跌得厉害，但是在下午稍微回升了一点。

sharpen ['ʃɑːpən] *v.* 使锋利，使尖锐；使清晰；(使感觉或感情)加强，加重

【例】 The sculptor *sharpened* the sculpture and made it better. 雕刻家将雕塑的轮廓线条雕得很清晰，让它看上去更完美了。

soak [səʊk] *v.* 浸，(使)浸透 *n.* 浸，渍；酒鬼

【搭】 soak up 吸收，摄取

【例】 The men who went out to the barn came in *soaked* to the skin. 那些去了谷仓的人们回来时全身都湿透了。

soothe [suːð] *v.* 使平静，安慰；使(痛苦、疼痛)缓和或减轻

【例】 The treatment aims to *soothe* pain, improve joint motion, and relieve muscle spasm in people with arthritis. 这种治疗旨在缓解关节炎患者的疼痛、提高其关节灵活性并缓解其肌肉痉挛的现象。

splinter ['splɪntə(r)] *n.* 尖片，碎片 *v.* (使)裂成碎片；(从较大的团体中)分裂出来，组成小派别

【例】 Evan was injured by flying wood *splinters*. 埃文被飞落的碎木片弄伤了。

split [splɪt] *v.* 裂开，破裂；撑破，绽裂；(使)分裂，分开 *n.* 裂开，裂口；分裂，分歧

【搭】 split up 分裂；分手

【例】 The country's biggest bank has announced that it plans to *split* into two. 该国最大的银行已经宣布了其一分为二的计划。

sprain [spreɪn] *n./v.* 扭，扭伤

【例】 I *sprained* my shoulder last night when I went upstairs. 我昨晚上楼时把肩膀给扭伤了。

stab [stæb] *v.* 刺，刺入；产生刺痛 *n.* 刺；刺痛

【搭】 make/take/have a stab at 试图做，尝试

【例】 Bud had been *stabbed* in the back by people who he thought were his friends. 巴德被他认为是自己朋友的人陷害了。

stammer ['stæmə(r)] *v.* 结巴，口吃 *n.* 口吃

【例】 The student is a little nervous and speaks with a *stammer*. 那个学生有点紧张，说话结结巴巴的。

strain [streɪn] *n.* 拉力，张力；压力，重负；劳累，竭尽；扭伤，拉伤 *v.* 拉紧，张紧；尽量利用，尽全力；损伤

【搭】 put strain on 对…施加压力；strain every nerve 竭尽全力

【例】 When you are under *strain* your breathing becomes shallow and rapid. 当你倍感压力的时候，呼吸就会变得短而急促。

【听】 strain 在听力材料中常为"紧张"之意，表示关系(relationship)、局势

（situation）等的紧张，类似的词还有 tension。另外一种常考的意思是"疲劳"，如 eye strain（眼疲劳）。

stroke [strəuk] *n.* 打击，一击；一划，一笔；钟声，敲击声；中风 *v.* 轻抚

【例】Some *silent* of the painter's pen brought out the old man's features clearly. 那位画家只用几笔就把老人的特点刻画得颇为清晰。

symptom ['sɪmptəm] *n.* 症状；(坏事的)征兆，征候

【搭】symptom for …的症状

【例】Being silent and keeping drinking are *symptoms* of his general unhappiness. 沉默和酗酒是他不高兴时的惯常表现。

tend [tend] *v.* 倾向，趋于；照料，照管；接待(顾客)

【搭】tend to 倾向于，往往

【例】A number of factors *tend* to disturb objective investigation.（TEM-4）往往有很多因素会干扰调查的客观性。

【派】tendency(*n.* 趋向，趋势)

tendency ['tendənsi] *n.* 倾向，趋势

【搭】tendency to do sth. 做…的趋势；tendency towards sth. …的倾向，…的趋势

【例】In fact there has been a growing *tendency* in the past few years for the middle-classes to feel slightly ashamed of their position.（TEM-4）在过去的几年里，中产阶级对于自己的地位确实有越来越感到些许惭愧的趋势。

torment ['tɔːment] *n.* 痛苦，折磨；令人痛苦或烦恼的人或物
[tɔː'ment] *v.* 使痛苦，使烦恼；折磨

【例】Old grandfather suffered *torments* from severe headaches. 老祖父被剧烈的头痛所折磨。

toxic ['tɒksɪk] *adj.* 有毒(性)的

【例】The paper mill factory had been sending out *toxic* chemicals which influenced people's health nearby. 这家造纸厂一直在排放有毒的化学物质，这严重影响了周围人的健康。

transplant [træns'plɑːnt] *v.* 移植(植物)；移植(器官、皮肤、头发等)
['trænsplɑːnt] *n.* (组织或器官的)移植

【搭】transplant from...to... 从…迁移到…

【例】Simon took a heart *transplant* operation last year and it was very successful. 西蒙去年做了一个心脏移植手术并且非常成功。

vomit ['vɒmɪt] *v.* 呕吐，作呕 *n.* 呕吐物

【例】The nauseating picture made me *vomit* up my supper. 令人恶心的画面害得我把晚餐都吐了出来。

wholesome [ˈhəʊlsəm] *adj.* 有益健康的；合乎卫生的；有良好道德影响的

【例】a *wholesome* look 健康的外表 // *wholesome* surroundings 有益于健康的环境 // As small children, we are encouraged to join good *wholesome* family entertainment. 作为小孩子，我们被鼓励参与一些有益健康的家庭娱乐活动。

【注】这里介绍几个 whole 和其他词组成的组合词：

wholehearted 全心全意的　　　　wholemeal 用全麦做的

wholesale 批发的　　　　　　　wholescale 大规模的

◎ 医疗保健 / 认知词

abdomen [ˈæbdəmən] *n.* 腹(部)，下腹

acupuncture [ˈækjupʌŋktʃə(r)] *n.* 针灸，针刺法，针疗法

aftereffect [ˈɑːftərɪˌfekt] *n.* (不良的)后果；(药物的)后效，后作用；余波

alcohol [ˈælkəhɒl] *n.* 乙醇，酒精；含酒精的饮料，酒

【派】alcoholism(*n.* 酒精中毒)

ambulance [ˈæmbjələns] *n.* 救护车

anatomy [əˈnætəmi] *n.* 解剖学，解剖；人体结构

ankle [ˈæŋkl] *n.* 踝，踝关节

antibiotic [ˌæntibaɪˈɒtɪk] *n.* 抗菌剂，抗生素 *adj.* 抗菌的，抗微生物的

antiseptic [ˌænti ˈseptɪk] *adj.* 抗菌的，防腐的；不受感染的，无菌的 *n.* 抗菌剂，防腐剂

armpit [ˈɑːmpɪt] *n.* 腋下，腋窝

artery [ˈɑːtəri] *n.* 动脉；干线，要道

aspirin [ˈæsprɪn] *n.* 阿司匹林

backbone [ˈbækbəʊn] *n.* 脊骨，脊椎；支柱，骨干；骨气，毅力

bacteria [bækˈtɪəriə] *n.* 细菌

bandage [ˈbændɪdʒ] *n.* 绷带 *v.* 用绷带包扎

belly [ˈbeli] *n.* 腹部；胃部；物体鼓出或成弧状的部分

【派】bellyful(*n.* 太多，过量)

bleed [bliːd] *v.* 出血，流血；牺牲；给…放血；流出汁液；散开，渗开

【例】A deep cut on the girl's wrist was *bleeding* heavily. 女孩手腕上深深的伤口流血不止。

blister	['blɪstə(r)] n. (皮肤上的)水泡；(橡胶轮胎、上过漆的木材、植物表面上的)气泡 v. 起泡
bodily	['bɒdɪli] adj. 身体的，肉体的；有实体的 adv. 整个儿地，全部地，全体地；强行地
bosom	['buzəm] n. 胸；胸襟，胸怀，内心 adj. 知心的，亲密的

【例】a *bosom* friend 知心朋友

bowels	['baʊəlz] n. 肠，肠道；内脏；内部，深处
breast	[brest] n. 胸(脯)，胸膛；乳房 v. 挺胸从…中挤过；抵达顶端
calcium	['kælsiəm] n. 钙
capsule	['kæpsjuːl] n. 药丸，胶囊；太空舱 v. 概括，简述
cell	[sel] n. 细胞；单人牢房；电池
coma	['kəʊmə] n. 昏迷，昏厥
contagious	[kən'teɪdʒəs] adj. (接触)传染的；容易感染他人的
curable	['kjʊərəbl] adj. 可医治的，医得好的
dental	['dentl] adj. 牙齿的，牙科的；齿音的
dentist	['dentɪst] n. 牙科医生
denture	['dentʃə] n. 假牙，托牙
diagnosis	[ˌdaɪəg'nəʊsɪs] n. 诊断(结论)，(问题原因的)判断

【例】This book is longer on *diagnosis* than on prescription. 这本书中有关诊断方面的篇幅要大于介绍处方配药的篇幅。

digestible	[daɪ'dʒestəbl] adj. 易消化的，可吸收的；较易理解的
digestion	[daɪ'dʒestʃən] n. 消化(作用)，消化力；领悟，理解
digestive	[daɪ'dʒestɪv] adj. 消化的，助消化的
disinfectant	[ˌdɪsɪn'fektənt] adj. 消毒的，杀菌的 n. 消毒剂，杀菌剂
dispensary	[dɪ'spensəri] n. (医院、学校等的)药房，医务室，诊所
dissect	[dɪ'sekt] v. 解剖；剖析
druggist	['drʌɡɪst] n. 药剂师，药商
drugstore	['drʌɡstɔː(r)] n. 药房(兼售杂货、化妆品等)
eardrum	['ɪədrʌm] n. 鼓膜，耳膜；中耳
flu	[fluː] n. 流行性感冒

【搭】catch a flu 得了流行性感冒

gland	[ɡlænd] n. 腺
grown-up	[ˌɡrəʊn'ʌp] n. 成年人 adj. 成年人的，成熟的

【搭】grow into 成长为，变得成熟而有经验；grow out of 产生于；因长大而丢弃或抛弃

gymnasium [dʒɪmˈneɪziəm] *n.* 体育馆，健身房

gymnastics [dʒɪmˈnæstɪks] *n.* 体操；体育

【派】gymnastic(*adj.* 体操的；体育的)

heartbeat [ˈhɑːtbiːt] *n.* 心搏，心跳；重要特征；中心

【例】The doctor told the old man that he had a regular *heartbeat*. 医生告诉那位老人，他的心跳很规律。

heavyweight [ˈheviweɪt] *n.* 重量级拳击手；超过平均体重的人；有影响力的人物，要人

herb [hɜːb] *n.* 草本植物，药草，香草

【派】herbal(*adj.* 草本的，药草的)

hospitalize [ˈhɒspɪtəlaɪz] *v.* 就医，送入医院，入院治疗

hygiene [ˈhaɪdʒiːn] *n.* 卫生；卫生学，保健学

incurable [ɪnˈkjʊərəbl] *adj.* 不能治愈的，无可救药的 *n.* 患不治之症的人

【例】*incurable* disease 绝症

【派】incurably(*adv.* 治不好地；不能矫正地)

infant [ˈɪnfənt] *n.* 婴儿，幼儿 *adj.* 婴儿的；初期的；幼稚的

【例】*infant* school 幼儿园；*infant* food 婴儿食品

influenza [ˌɪnfluˈenzə] *n.* 流行性感冒

injection [ɪnˈdʒekʃn] *n.* 注射，注入

【例】Mike is scheduled to die by lethal *injection*. 迈克被安排以注射致命药物的方式死去。

karate [kəˈrɑːti] *n.* 空手道

kidney [ˈkɪdni] *n.* 肾脏；性格，脾气

【例】More than half of the patients required a *kidney* transplant. 半数以上的病人都需要肾移植。

latent [ˈleɪtnt] *adj.* 潜伏的，隐藏的；未发展的，不明显的

【例】*latent* period 潜伏期 // *latent* capital 潜在资本 // a *latent* infection 潜伏性传染病

liver [ˈlɪvə(r)] *n.* 肝，肝脏；过着某种生活的人

lump [lʌmp] *n.* (一)块；大量；肿块，隆起；笨重的人 *adj.* 块状的；整个的 *v.* 使成块(团)；归并；笨重地行走

【搭】lump sth. together 将…归并在一起；合并考虑

lung [lʌŋ] *n.* 肺

【例】*lung* cancer 肺癌

malaria [məˈleəriə] *n.* 疟疾

malnutrition	[ˌmælnjuːˈtrɪʃn] n. 营养不良
	【派】malnutritious(adj. 营养不良的)
marrow	[ˈmærəʊ] n. 骨髓；精髓；西葫芦
massage	[ˈmæsɑːʒ] n./v. 按摩，推拿
maternity	[məˈtɜːnəti] n. 母亲身份；怀孕 adj. 孕妇的，怀孕的
muscle	[ˈmʌsl] n. 肌肉；力量 v. 强行挤入某事物以分享利益
muscular	[ˈmʌskjələ(r)] adj. 肌肉的；肌肉发达的，强而有力的
	【例】The sportsmen's *muscular* arms were draped lazily around each other's shoulders as they grinned for the camera. 当运动员们对着照相机笑时，他们强健的胳膊随意地搭在彼此的肩膀上。
nausea	[ˈnɔːziə] n. 作呕，恶心；极端的厌恶
newborn	[ˈnjuːbɔːn] adj. 新生的 n. 婴儿
nourishment	[ˈnʌrɪʃmənt] n. 营养；营养品
nutritious	[njuˈtrɪʃəs] adj. 有营养的，营养价值高的，滋养的
organ	[ˈɔːɡən] n. 器官；机构，机关；管风琴，类似风琴的乐器
	【例】*organ* transplantation 器官移植
overdose	[ˈəʊvədəʊs] n. 过量用药 v. 使服过量的药
	【例】The famous film star died of a drug *overdose* last year. 那位著名的电影明星去年死于吸毒过量。
overweight	[ˌəʊvəˈweɪt] adj. 超重的
painful	[ˈpeɪnfl] adj. 疼痛的，痛苦的；费心的，费力的；令人烦恼的
pharmacy	[ˈfɑːməsi] n. 药剂学；药房；制药，配药
physician	[fɪˈzɪʃn] n. 医生；内科医生
physiology	[ˌfɪziˈɒlədʒi] n. 生理学；生理机能
practitioner	[prækˈtɪʃənə] n. 开业医生(律师)；习艺者；实践者；从医者
prescription	[prɪˈskrɪpʃn] n. 处方；指示，规定
prevention	[prɪˈvenʃn] n. 阻止，妨碍；防止，预防
psychiatry	[saɪˈkaɪətri] n. 精神病学；精神病疗法
psychology	[saɪˈkɒlədʒi] n. 心理学；心理，心理特点
	【派】psychologist(n. 心理医生；心理学家)；psychological(adj. 心理的)
pulse	[pʌls] n. 脉搏，脉冲；节奏，拍子 v. 搏动，跳动
relax	[rɪˈlæks] v. 使放松，轻松；使缓和，减轻；放宽，松懈
	【派】relaxation(n. 娱乐，消遣)
retina	[ˈretɪnə] n. 视网膜
revitalize	[ˌriːˈvaɪtəlaɪz] v. 使恢复活力；使复兴

sanitary	[ˈsænətri] *adj.* 卫生的，清洁的；保健的
sanity	[ˈsænəti] *n.* 神志正常，心智健康；明智，理智
skeleton	[ˈskelɪtn] *n.* 骨骼，骨架；纲要，轮廓，基干 *adj.* 骨架的；最基本的
【例】	a human *skeleton* 人体骨骼
skull	[skʌl] *n.* 脑壳，颅骨
sneeze	[sniːz] *v.* 打喷嚏 *n.* 喷嚏
snore	[snɔː(r)] *v.* 打鼾，打呼噜 *n.* 打鼾；鼾声
sore	[sɔː(r)] *adj.* 疼痛的；愤慨的 *n.* 痛处，伤处，疮
spine	[spaɪn] *n.* 脊柱，脊椎；(动植物体上的)刺，棘刺；书脊
stitch	[stɪtʃ] *n.* (缝纫或手术的)一针；针脚；肋部剧痛 *v.* 缝纫，缝合
stutter	[ˈstʌtə(r)] *n./v.* 结巴，口吃
sunstroke	[ˈsʌnstrəʊk] *n.* 中暑
surgeon	[ˈsɜːdʒən] *n.* 外科医生
surgery	[ˈsɜːdʒəri] *n.* 外科学；外科手术；门诊处；诊室
【派】	surgical(*adj.* 外科的；外科医生的；手术的)
surgical	[ˈsɜːdʒɪkl] *adj.* 外科的；外科医生的；外科用的；手术的
syndrome	[ˈsɪndrəʊm] *n.* 综合征；同时存在的事物
tablet	[ˈtæblət] *n.* 药片；(肥皂等)小块；平板电脑；笔记簿；碑，匾
therapist	[ˈθerəpɪst] *n.* (某疗法的)治疗专家
therapy	[ˈθerəpi] *n.* (疾病或心理的)治疗，疗法
【派】	therapist(*n.* 治疗专家)
thigh	[θaɪ] *n.* 大腿
throat	[θrəʊt] *n.* 喉头，咽喉，喉咙
【搭】	cut your own throat 自食恶果
toe	[təʊ] *n.* 脚趾，足尖；(鞋、袜的)足尖部 *v.* 踮着脚尖走
treatment	[ˈtriːtmənt] *n.* 待遇，对待；处理；治疗，疗法
tuberculosis	[tjuːˌbɜːkjuˈləʊsɪs] *n.* 结核(病)，肺结核
tummy	[ˈtʌmi] *n.* 胃，肚子
tumour	[ˈtjuːmə(r)] *n.* (肿)瘤，肿块
unhealthy	[ʌnˈhelθi] *adj.* 不健康的，虚弱的；有害于健康的，会致病的；不良的，有害的
vaccinate	[ˈvæksɪneɪt] *v.* 给…种痘，给…注射疫苗，打预防针
vaccine	[ˈvæksiːn] *n.* 痘苗，疫苗
veterinary	[ˈvetrənəri] *adj.* 动物疾病的；兽医的

virus	['vaɪrəs] *n.* 病毒，病原体；计算机病毒
vitality	[vaɪ'tæləti] *n.* 活力，生机，生命力
vitamin	['vɪtəmɪn] *n.* 维生素
voice	[vɔɪs] *n.* 声音，歌声；嗓音；发言权；呼声；语态 *v.* 表达，吐露（感情或意见）
【搭】	at the top of one's voice 提高嗓子叫，竭尽全力地说；in a low voice 小声地说
waist	[weɪst] *n.* 腰，腰部；中央的细狭部分
worm	[wɜːm] *n.* 蠕虫；可怜虫，寄生虫；懦夫 *v.* 蠕动，扭动；慢慢前进
wrinkle	['rɪŋkl] *n.* 皱纹；褶皱 *v.* (使)起皱纹
wrist	[rɪst] *n.* 腕，腕关节

Note

专四词汇：词以类记

日常交流

◎人脉沟通　◎乐观积极　◎悲观消极　◎中立词汇

◎事物描述　◎人物描述

abrupt [əˈbrʌpt] *adj.* 突然的，意外的；不连贯的；陡峭的；粗鲁的

【例】 an *abrupt* change 骤变，突变 // The bus made an *abrupt* turn, and all the passengers leaned to the right. 公交车来了个急转弯，所有的乘客都向右倒去。

【注】 2004 年专四考试第一篇阅读讲的是关于面试的问题，作者在形容那些经常失败的申请人的时候，用了这样一句话：They are either over-polite or rudely *abrupt*. 他们或是过分礼貌或是举止粗鲁，abrupt 前常用 rudely 这个副词修饰。

accord [əˈkɔːd] *v.* 符合，一致；调解；给予，授予 *n.* 协调，一致

【搭】 out of accord with 同…不一致；of one's own accord 出于自愿

【例】 Our law requires that racial minorities be *accorded* equal access to voting. 我国法律规定少数民族同样享有选举权。

【派】 according(*adj.* 相符的 *adv.* 依照)

accordance [əˈkɔːdns] *n.* 符合，一致；给予，授予

【搭】 in accordance with 与…一致(或相符)；依照，依据

【例】 This bill isn't in *accordance* with my original estimate. 这账单与我原来估计的不相符。

acquaint [əˈkweɪnt] *v.* 使认识，使了解，使熟悉；告知

【搭】 acquaint sb./oneself with 使认识，使了解，使熟悉

【例】 You will first need to *acquaint* yourself with the surroundings. 首先，你需要熟悉一下周边环境。

【派】 acquaintance(*n.* 熟人；相识)；acquainted(*adj.* 知晓的，熟悉的)

activate [ˈæktɪveɪt] *v.* 使活动，使活跃，使积极；刺激，激化；使产生放射性；使活化，使反应加快

【例】 Wastewater was treated by *activated* carbon. 废水是通过活性炭来处理的。

affection [əˈfekʃn] *n.* 喜爱，钟爱；[*pl.*] 爱情，感情

【例】In his world, such displays of *affection* between parents and children were never made. 在他的世界里，父母和子女之间从来没有表露过这种爱。

【派】affectionate(*adj.* 有感情的，表示关爱的)

agreeable [əˈɡriːəbl] *adj.* 惬意的，令人愉快的；易相处的；适宜的，适合的

【例】Caroline would have been more *agreeable* if she had changed a little bit, wouldn't she?（TEM-4）如果卡罗琳稍作改变，会更好相处，是吧？

alienate [ˈeɪliəneɪt] *v.* 使疏远，离间；转让所有权，让渡

【例】The former Prime Minister's policy *alienated* many of her followers so she was defeated in the election this time. 前首相的政策使她的很多拥护者疏远了她，所以她在这次选举中失败了。

aloof [əˈluːf] *adj.* 冷淡的，冷漠的，疏远的 *adv.* 远离地

【例】In most people's eyes, Clinton was an *aloof* figure. 在大多数人眼里，克林顿是个冷漠的人。

associate [əˈsəʊʃieɪt] *v.* 结交，往往；使联合；联想 [əˈsəʊʃiət] *n.* 同事，同伴 *adj.* 联合的；准的，副的

【搭】associate with 和…相关

【例】business *associate* 商业伙伴 // *associate* professor 副教授 // The customers usually *associate* some famous brands with high quality. 顾客们通常会把一些著名的品牌和高质量联系在一起。

behave [bɪˈheɪv] *v.* 举动，表现；检点(自己的行为)

【搭】behave oneself 表现得体，有礼貌

【例】Most fashion magazines or TV advertisements try to persuade us that we should dress in a certain way or *behave* in a certain manner.（TEM-4）大多数时尚杂志或电视广告都试图说服我们应该有某种特定的穿衣风格或举止方式。

beloved [bɪˈlʌvd] *adj.* 深爱的，亲爱的；深受喜爱的，钟爱的 [bɪˈlʌvɪd] *n.* 爱人

【例】John had devoted his whole life to his *beloved* music. 约翰把自己的一生都献给了他所钟爱的音乐。

bestow [bɪˈstəʊ] *v.* 把…赠与，把…给予

【例】These tales are the inventions of the silly fellows who are jealous of the honor you *bestow* on me. 这些谣传是那帮愚蠢的家伙们编出来的，他们嫉妒你赐予我的荣耀。

【注】bestow, present, endow 和 give 都有"赠与"的含义。bestow 最常用的搭配是和 on/upon；present 常和 with 搭配；endow 一般是以被动形式与 with 搭配；give 常和 to 搭配。

bold [bəʊld] *adj.* 大胆的，勇敢的；冒失的；醒目的，粗体的

【搭】as bold as brass 极其胆大妄为

【例】The engineer had a *bold* plan to build a bridge over the English channel. 这位工程师有一个大胆的计划：在英吉利海峡上建一座桥。

brag [bræg] *v./n.* 夸张，吹牛

【例】Ben *brags* to me all the time of never being afraid of his wife. 本一直在我面前吹嘘自己从来都不怕老婆。

cable [ˈkeɪbl] *n.* 缆绳，钢索；电缆；电报 *v.* (给…)发电报

【搭】send a cable 发送电报

【例】Richard sent a commercial *cable* to the general headquarters as soon as he arrived in Beijing. 理查德一到北京就给总部发送了一封商业电报。

caution [ˈkɔːʃn] *n.* 当心，谨慎；警告，告诫 *v.* 警告，告诫

【搭】with caution 小心地，谨慎地；caution sb. against sth. 告诫某人注意某事

【例】My boss *cautioned* me about how tough his market was and how caustic his salespeople were. 我老板警告我说市场有多严峻，他的销售人员有多刻薄。

chatter [ˈtʃætə(r)] *v.* 喋喋不休，饶舌；(鸟)啁啾，(松鼠等)吱吱叫，(溪流)潺潺作声，(机器)颤动，(牙齿)打战 *n.* 喋喋不休，啁啾；震颤声

【例】The teacher picked up the *chatter* of the students' suggestion of a new party. 老师采纳了同学们喋喋不休要求再次举行晚会的建议。

collaborate [kəˈlæbəreɪt] *v.* 合作，协力；(与敌人)勾结

【搭】collaborate with 与…协作，合作

【例】The South Korean electronics company has *collaborated* with our company on a variety of technical issues. 这家韩国的电子公司已经和我们公司在很多技术方面有合作。

communicate [kəˈmjuːnɪkeɪt] *v.* 传达(意见、消息等)，传播，传送；交流，沟通；传染(疾病)；(房间)相连，相通

【例】Clearly if we are to participate in the society in which we live we must *communicate* with other people. (TEM-4) 很显然，如果我们要融入到所生存的社会中，就必须同其他人交流。

compliment [ˈkɒmplɪmənt] *n.* 恭维，称赞 *v.* 称赞

【搭】pay compliments to sb. 称赞某人；恭维某人

【例】Being compared with the best person in the industry is a great *compliment* to an employee. 能被用来和这个行业中最优秀的人相比较是对一名员工极大的称赞。

congratulate [kən'grætʃuleɪt] *v.* 祝贺，向…致祝贺词

【搭】 congratulate sb. on 祝贺某人…

【例】 We all came to James to *congratulate* him on winning the race. 我们都到詹姆斯跟前去祝贺他赢得比赛。

contact ['kɒntækt] *v.* 使接触，与…接触(或联系) *n.* 接触，联系；交往，交际

【搭】 in contact with sb. 与某人保持联系；come into contact with sb. 与某人接触；make contact with sb.(sth.) 与某人(或物)接触或取得联系

【例】 Several towns are cut off from *contact* with the outside world by the heavy rain these days. 近几日的大雨让这几个城镇与外界失去了联系。

contribute [kən'trɪbjuːt] *v.* 捐助，捐赠；投稿；贡献，对…作出贡献

【搭】 contribute to 有助于；捐助，贡献

【例】 The Students' Union of your university is planning to hold an arts festival next semester, and they are inviting students to *contribute* their ideas and suggestions as to how it should be organized or what should be included. (TEM-4) 你们大学的学生会正计划在下学期举行一次艺术节，他们邀请学生就如何组织或者应该包括些什么内容来发表自己的意见和建议。

【派】 contribution(*n.* 贡献；捐献，捐款，捐物); contributing(*adj.* 有贡献的，起作用的)

correspond [ˌkɒrə'spɒnd] *v.* 符合，一致；相当，相应；通信

【搭】 correspond with 符合，一致；通信；correspond to 与…相符合；相当于

【例】 I have been *corresponding* with Tina since she went to another city. 蒂娜去了另一个城市后，我一直和她保持通信。

correspondence [ˌkɒrə'spɒndəns] *n.* 符合，一致；相当，相应；通信(联系)

【搭】 keep correspondence with sb. 与某人保持一致/保持通信

【例】 The general manager got through a lot of business *correspondence* today. 今天总经理处理了大量的商务信函。

delivery [dɪ'lɪvəri] *n.* 交付，交出；分娩；演讲的风格(或方式)；(球的)投掷；(导弹的)发射

【例】 special/express *delivery* 速递 // a difficult *delivery* 难产 // Late *delivery* of the goods has caused us to disappoint several of our most valued customers. (TEM-4) 逾期交货让我们的几个最有价值的顾客很失望。

dignify ['dɪɡnɪfaɪ] *v.* 使有尊严，使高贵，给…增光；抬高…的身价

【例】 Our town has been *dignified* by the coming of Mr. Smith. 史密斯先生的到来给我们的小镇增了光。

dignity [ˈdɪɡnəti] *n.* 尊严，体面；高贵，高尚；高位，显职

【搭】beneath one's dignity 有失某人的身份(体面)

【例】The soldiers faced their impending death with *dignity*. 这些士兵在面对即将到来的死亡时都很有尊严。

disgrace [dɪsˈɡreɪs] *n.* 丢脸，耻辱；失宠 *v.* 使丢脸，使受耻辱

【例】When the young boy was in poor living conditions, he realized that there was no fear of *disgrace*. 当这个年轻人处于贫穷的生活条件中时，他意识到耻辱并不可怕。

disturb [dɪˈstɜːb] *v.* 打扰，扰乱，妨碍；使精神不安，使担忧

【例】Actually doing extracurricular activities doesn't *disturb* our study if we make full use of our time. (TEM-4) 事实上如果我们充分利用时间的话，课外活动并不会妨碍我们的学习。

divorce [dɪˈvɔːs] *n.* 离婚；分离，脱离 *v.* 与…离婚；使分离

【例】The *divorce* rate in America was surprisingly down in the first half of this year. 今年上半年美国的离婚率出奇地下降了。

【派】divorced(*adj.* 离婚的，离异的)

donate [dəʊˈneɪt] *v.* 捐赠，赠送

【例】The couple has *donated* an inconsiderable amount of money to the foundation. (TEM-4) 那对夫妇给基金会捐赠了一大笔钱。

establish [ɪˈstæblɪʃ] *v.* 建立，设立；安置，安顿；确定，证实；使开业，使处于(某种位置、状况等)

【例】The organization was *established* in 1863 and was based on an idea by a Swiss businessman called Henry Durant. (TEM-4) 这个组织是 1863 年根据瑞士商人亨利·杜兰特的想法设立的。

【派】established(*adj.* 成名的；确定的)

exaggerate [ɪɡˈzædʒəreɪt] *v.* 夸张，言过其实

【例】The seriousness of the situation was *exaggerated* by the government. 形势的严重性被政府夸大了。

【派】exaggerated(*adj.* 言过其实的)；exaggeration(*n.* 夸大；夸张的言语)

exchange [ɪksˈtʃeɪndʒ] *v.* 交换，调换，把…换成；互换，兑换 *n.* 交换，互换；交流，交谈，争论；交换所，交易所

【搭】exchange...for 以…交换；in exchange for 交换

【例】stock *exchange* 证券交易所// People on Pacific Islands once *exchanged* shells for goods. (TEM-4) 太平洋岛上的人们曾经用贝壳来换取物品。

【听】该词在听力材料中经常与 words, ideas, views 这一类词搭配使用。

【题】More often than not, it is difficult to ___ the exact meaning of a Chinese idiom in English.

    A. exchange   B. transfer   C. convey   D. convert

答案为 C。exchange 意为"交换"；transfer 意为"转移；传输"；convey 意为"传达，传递；表达（思想、想法等）"；convert 意为"转换，变换"。句意为：通常情况下，用英语来转达汉语成语的确切意思很难。

flatter [ˈflætə(r)] v. 奉承，恭维；使高兴，使满意

【搭】flatter oneself 自负，自以为是

【例】Most of the women enjoy being *flattered* by the men who love them. 大多数女人都喜欢听到爱人的赞美之词。

【派】flattering(*adj.* 奉承的，诌媚的)

generous [ˈdʒenərəs] *adj.* 宽宏大量的，慷慨的；丰富的，丰盛的；无偏见的

【搭】be generous to sb. 对某人宽宏大量

【例】It's very *generous* of you to lend me your new clothes for the party. 把你的新衣服借给我去参加舞会，你真是太大方了。

【派】generously(*adv.* 宽大地，慷慨地)

grace [greɪs] n. 优美，雅致；恩惠，恩赐；宽限，缓期；风度，魅力 v. 装饰，使优美，使荣耀

【搭】with (a) bad grace 不情愿地，勉强地；with (a) good grace 欣然地

【例】The students didn't even have the *grace* to give their seats to the pregnant woman. 这些学生甚至不具有给那位孕妇让座的风度。

grateful [ˈɡreɪtfl] *adj.* 感激的，感谢的；令人愉快的，可喜的

【搭】be grateful to sb. for sth. 因为某事感激某人

【例】*Grateful* for the breaks she's had, Harrington is passionate about providing opportunities to all 230 employees. （TEM-4）曾经遇到的挫折让她心怀感激，如今的哈林顿充满激情，为其全部的 230 名员工提供机会。

hesitate [ˈhezɪteɪt] v. 踌躇，犹豫；不愿意；言语支吾

【搭】hesitate to do sth. 犹豫做某事

【例】Only for an instant Mark *hesitated*, then his hand went up and his hat came off. 马克只犹豫了片刻，然后举起手把帽子摘了下来。

【派】hesitant(*adj.* 犹豫的，踌躇的)

hug [hʌɡ] v. 拥抱，紧抱；抱有，坚持(信仰、偏见等)；紧挨着；紧箍着 n. 拥抱，搂抱

【搭】give sb. a hug 给某人一个拥抱

【例】We extended our arms out for a warm *hug*. 我们张开双臂准备来一个温暖的拥抱。

humble [ˈhʌmbl] *adj.* 谦卑的，谦逊的；地位低下的 *v.* 压低(地位、身份等)，使谦卑

【搭】be of humble origin 出身卑微；eat humble pie 屈辱；低头谢罪

【例】The purpose of our party tonight is to honor a very special visitor to our *humble* city. 今晚聚会的目的是向莅临敝市的一位特殊来宾致敬。

imitate [ˈɪmɪteɪt] *v.* 模仿，仿效；仿造，仿制；与…相似

【例】*imitated* trademark 仿冒的商标 // An animal acquires the behaviour pattern by *imitating* it from another. 动物通过模仿其他动物来获得自己的行为模式。

【题】The tone of the article ___ the writer's mood at the time.
A. reproduced   B. reflected   C. imagined   D. imitated
答案为 B。reproduce 意为"复制，再生"；reflect 意为"反映，体现"；imagine 意为"想象"；imitate 意为"模仿"。句意为：文章的基调反映了作者当时的心情。

inconsistent [ˌɪnkənˈsɪstənt] *adj.* 不和谐的，不一致的，不协调的；反复无常的，易变的

【例】The protestors' behaviors are inconsistent. 这些抗议者的行为反复无常。

independent [ˌɪndɪˈpendənt] *adj.* 独立的，自治的；自力更生的，自立的；有主见的；私立的 *n.* 无党派人士

【搭】independent of 独立于，不受…约束

【例】We hire *independent* accountants to audit the company annually. 我们每年都雇用独立会计师对该公司的账目进行审查。

【派】independently(*adv.* 独立地；自立地)

indignity [ɪnˈdɪgnəti] *n.* 侮辱，轻蔑；伤害尊严的言行

【例】The man suffered the *indignity* of saying sorry in front of so many people. 在这么多人面前道歉使这个人蒙受了耻辱。

individual [ˌɪndɪˈvɪdʒuəl] *n.* 个人，个体 *adj.* 单独的，个人的；特有的，独特的

【例】*individual* effort 个人的努力 // *individual* interest 个人利益 // *Individuals* do not have separate bedrooms in Mexico. Children often sleep with their parents, and brothers or sisters share a bed.（TEM-4）在墨西哥，没有人独居一室，孩子们经常和父母一起睡，兄弟们或姐妹们也会睡一张床。

【派】individuality(*n.* 个性，特性；个人，个体)；individually(*adv.* 个别地)

【注】individual 强调"个人的，个体的"；personal 强调"私人的"。

insult [ɪn'sʌlt] v./n. 辱骂，侮辱，冒犯

【搭】add insult to injury 伤害后再加以侮辱；雪上加霜，更糟的是

【例】Not only had Ed *insulted* this man by hinting that he was a garbageman, but he had obviously neglected to tip him. (TEM-4) 埃德不仅以暗示这个人是个垃圾工对其进行了侮辱，而且他显然还忽视了要给他小费的事。

【派】insulting(*adj.* 侮辱的，无礼的)

intent [ɪn'tent] n. 意图，目的；含义 *adj.* (目光等)不转移的，集中的；专心致志的；热切的

【搭】to all intents and purposes 实际上；无论从哪点看

【例】If you stare at a person, he may feel uncomfortable and even doubt about your *intent*. 如果你盯着某人看的话，他可能会感到不舒服，甚至会怀疑你的意图。

interact [ˌɪntər'ækt] v. 相互作用，相互影响；(指人)一起活动或互相合作、联系

【搭】interact with 与…相互作用或影响；与…互动；与…联系

【例】The film network gives visitors the chance to *interact* with other people with similar interests. 这个电影网为访问者提供和其他志同道合者互动的机会。

【派】interaction(*n.* 互相作用)；interactive(*adj.* 交互式的)；interactivity(*n.* 互动)

interchange [ˈɪntətʃeɪndʒ] v. 交换，互换；使交替变化 n. 交换，互换；立体交叉道

【例】Workers should *interchange* labor and repose during the work. 工人们在工作中应该劳逸结合。

【注】interchange 强调"在内部"进行互换；exchange 则没有这个含义，而且更多地强调"交流"或"兑换"。

interdependent [ˌɪntədɪ'pendənt] *adj.* 互相依赖的，互相依存的

【例】It will be important to retain independence to work effectively in an *interdependent* society. 在一个相互依存的社会里，保持独立性对于高效地工作十分重要。

intimate [ˈɪntɪmət] *adj.* 亲密的，密切的；个人隐私的；暧昧的；详尽的
[ˈɪntɪmeɪt] v. 将某事透露给某人

【例】The gentleman was on *intimate* terms with people in government. 那位绅士与政府官员来往密切。

【派】intimacy(*n.* 亲密，密切)

intricate [ˈɪntrɪkət] *adj.* 细节繁多的，错综复杂的，难懂的

【例】George is attempting to repair his computer with an *intricate* tool. 乔治正在试图用一个极其复杂的工具修理他的电脑。

irrelevant [ɪˈreləvənt] *adj.* 不相关的，离题的，无关紧要的

【搭】 be irrelevant to 和…不相关的

【例】 The police's investigation is totally *irrelevant* to our business. 警方的调查跟我们完全没有关系。

【派】 irrelevantly(*adv.* 不相关地)

【注】 irrelevent 的反义词有 relevant, related, pertinent；其近义词有：tangent, marginal。

lean [liːn] *v.* 倾斜；倚靠，(使)倚靠 *adj.* 瘦的，无脂肪的；贫乏的，收益少的

【搭】 lean against (背)靠着…；lean upon 倚靠，依靠

【例】 Father *leaned* over his children and lightly hugged them both. 父亲弯下腰轻轻地拥抱他的两个孩子。

【派】 leaning(*n.* 倾向；爱好)

link [lɪŋk] *n.* 联系，关联；链环，环节 *v.* 连接，结合

【搭】 link A with B 把 A 与 B 联系起来

【例】 Customers will be *linked* to a local computer dealer, which will deliver the products. 客户将与当地的一家电脑经销商取得联系，货品将从那里发出。

【听】 该词是新闻词汇，注意这个词所带的两个宾语，通常对文章的把握很关键，也可能是考点。

means [miːnz] *n.* 方式，方法，手段，工具；收入，财富

【搭】 by all means 无论如何，必定；by means of 借助于，用；by no means 决不，无论如何不

【例】 The result of the exam was by no *means* satisfactory, and the teacher had to drill the students in grammar. 考试结果很不令人满意，老师不得不反复让学生练习语法。

motivate [ˈməʊtɪveɪt] *v.* 激励，激发，作为…的动机

【例】 It is teachers' job to *motivate* students who are unsure of themselves. 激励那些没有信心的学生是老师的工作。

【派】 motivation(*n.* 动机)

obedient [əˈbiːdiənt] *adj.* 顺从的，服从的，听话的

【例】 Dogs are humans' best friends, faithful and *obedient*. 狗是人类的好朋友，既忠诚又听话。

【注】 可与 obey 联系起来记忆。

oblige [əˈblaɪdʒ] *v.* 迫使；对…感激；施恩惠于；为某人效劳，帮某人的忙

【搭】 be obliged to do sth. 不得不做某事；be obliged to sb. 感激某人

【例】 John was *obliged* to take over his father's business, although he always dreamed of becoming an actor. 约翰不得不接管父亲的生意，虽然他一直梦想着成为一名演员。

overlap [ˌəʊvəˈlæp] *v.* 部分重叠，交搭；巧合 *n.* 重叠(部分)

【例】 Beyond question, there are some *overlaps* between the two offices' functions. 毫无疑问，两个机构的功能有些重叠。

peer [pɪə(r)] *n.* 贵族；同等地位的人，同辈 *v.* 凝视，盯着看；窥视

【搭】 peer into 朝…里面看；peer at 仔细看…

【例】 When my teacher *peers* at me over the top of his glasses, I feel nervous. 当我的老师从他的眼镜上方盯着我看的时候，我感到很紧张。

perceive [pəˈsiːv] *v.* 察觉，发觉；理解，领悟

【例】 There ought to be less anxiety over the *perceived* risk of mountain climbing that exists in the public mind today. (TEM-4) 现今社会公众对爬山所存在的危险性的担忧应该有所缓和。

【派】 perceivable(*adj.* 可察觉的，可知觉的)；perception(*n.* 感知，感觉)

poise [pɔɪz] *n.* 沉着，泰然自若；平衡 *v.* 使平衡；使(头等)保持一定姿势

【例】 The young actress has the grace and *poise* of a dancer, although she has received no professional training. 虽然没有接受过专门训练，但这名年轻女演员却有着舞蹈家一般的优雅和镇定。

ponder [ˈpɒndə(r)] *v.* 仔细考虑，沉思

【搭】 ponder on/over sth. 仔细思索某事

【例】 The supervisor didn't *ponder* deep over the matter before arriving at a rash decision. 那名监管人员没有仔细考虑这件事就仓促做出决定。

proclaim [prəˈkleɪm] *v.* 宣布，宣告，声明；显示

【搭】 proclaim one's opinion 公开表明某人的见解

【例】 The soldiers *proclaim* their love and allegiance to their country and their people. 士兵们宣誓，他们对祖国和人民是热爱与忠诚的。

【派】 proclamation(*n.* 宣布，声明)

realise/realize [ˈriːəlaɪz] *v.* 意识到，认清，了解；实现

【例】 Do you *realize* that every time you take a step, the bones in your hip are subjected to forces between four and five times your body weight? (TEM-4) 每走一步路，你臀部的骨骼就会承受相当于你体重四到五倍的压力，你知道吗？

reception [rɪˈsepʃn] *n.* 接待，欢迎，招待；招待会，欢迎会；接受，承认

【例】 These representatives expected an enthusiastic *reception* from the town but on the contrary they were received inhospitably. 这些代表们本来期待能得到这个镇的热烈欢迎，结果相反，他们受到了很冷淡的接待。

【派】 receptionist(*n.* 招待员，接待员)

receptive [rɪˈseptɪv] *adj.* (对新思想等)乐于接受的，愿意倾听的

【例】 Young people are prone to be *receptive* to new thoughts. 年轻人更乐于接受新思想。

recognise/recognize [ˈrekəgnaɪz] *v.* 认出，辨认；承认，公认；给予奖励以示感激

【例】 In the picture Jimmy looked so young and fresh that I couldn't *recognize* him. 照片里吉米看起来年轻又有活力，我都认不出来了。

【注】 辨析：classify 指对某种对象进行"分类"；category 指将某类事物"归类"；recognise 表示"识别"；distinguish 表示"区分"。

relate [rɪˈleɪt] *v.* 叙述，讲；联系，使有关联，与…有关

【搭】 relate to 与…有关；涉及

【例】 Students' interests *relate* directly to their future professions. 学生的兴趣与其将来的职业直接相关。

【派】 related(*adj.* 有关的，相联系的)；unrelated(*adj.* 无关的，不相干的)

rely [rɪˈlaɪ] *v.* 信任，信赖；依赖，依靠

【搭】 rely on 依靠；信任，指望

【例】 You can always *rely* on Henry, for he will not let you down. 你尽可以信任亨利，他不会让你失望的。

renounce [rɪˈnaʊns] *v.* (尤指正式地)放弃(某事物的)所有权或占有权；自愿放弃(尤指习惯)；摈弃，背弃；与…断绝关系

【例】 The young man *renounced* his right to inherit the whole enterprise of his father's. 那个年轻人放弃了继承他父亲整个企业的权利。

response [rɪˈspɒns] *n.* 回答，答复；反应，响应

【搭】 in response to 答复，回应

【例】 We have sent out over 90 letters but nearly no *response*. 我们已经发出了 90 多封信，但基本上都石沉大海，毫无音信了。

scorn [skɔːn] *n.* 轻蔑，蔑视；轻蔑、嘲笑的对象 *v.* 轻蔑，蔑视

【例】 Although he is poor, he *scorns* begging for charity. 虽然他很穷，但是他鄙视乞求施舍。

sincere [sɪnˈsɪə(r)] *adj.* 真实的，真诚的；直率的，不矫情的

【例】 I would like to say a *sincere* thank you to everyone who has helped me. 我想对帮助过我的每一个人表示真诚的感谢。

【派】 sincerely(*adv.* 真诚地)

【注】 sincere 的副词形式常用在信的结尾，是一种礼貌用语，如：Yours sincerely，同时要注意该词的拼写。

slippery [ˈslɪpəri] *adj.* 光滑的，湿滑的；滑头的，靠不住的；棘手的，难以应付的

【例】 The criminal was very *slippery*, but he still got caught. 那个罪犯很狡猾，但还是被捕了。

sly [slaɪ] *adj.* 狡猾的，诡谲的；淘气的，顽皮的

【搭】 on the sly 偷偷地，冷不防地

【例】 Mary said with a *sly* smile and I do not trust what she said. 玛丽说话的时候露出狡猾的笑容，我不相信她说的话。

status [ˈsteɪtəs] *n.* 身份，地位；威望，名望；情形，状况

【例】 marital *status* 婚姻状况 // Hello, good morning. I'm calling to check on the *status* of my computer. （TEM-4）早上好，我打电话来是想询问下我的电脑怎么样了。

stoop [stuːp] *n./v.* 俯身，弯腰；降格，卑屈

【例】 Jones *stooped* and tapped the ash from her pants. 琼斯弯下腰拍去裤子上的灰。

stumble [ˈstʌmbl] *v.* 绊脚，绊跌；蹒跚而行，行动不稳；结结巴巴地说

【搭】 stumble across/upon 偶然发现，偶然遇到

【例】 The old lady *stumbled* as she tried to get down the stairs in the dark. 当摸黑下楼时，那位老妇人摔了一跤。

suspicious [səˈspɪʃəs] *adj.* 怀疑的，多疑的；可疑的

【搭】 be suspicious of 对…有疑心

【例】 Please co-operate with the police by reporting any crime or *suspicious* activity immediately, either by dialling 110 or calling at your nearest police station. （TEM-4）发现任何犯罪或者可疑行为请立即与警方取得联系，可以通过拨打 110 或者到最近的警察局报案。

【派】 suspiciously（*adv.* 令人怀疑地，可疑地）

tender [ˈtendə(r)] *adj.* 嫩的，柔软的；脆弱的，纤弱的；敏感的，易伤的；温和的，亲切的 *n.* 投标；照管者

【搭】 tender for 投标

【例】 The red-cooked meat was so *tender* that it melted in my mouth. 红烧肉做得非常嫩，入口即化。

tolerate [ˈtɒləreɪt] *v.* 容忍，宽容；忍受

【例】 For too many highly intelligent working women, home represents chore obligations, because the husband only *tolerates* her work and does not participate in household chores. （TEM-4）对于许多高智商的职业女性来说，家庭就意味着承担琐碎家务，因为她们的丈夫只能容忍她们的工作却不能帮助承担家务琐事。

utter [ˈʌtə(r)] *adj.* 完全的，彻底的；绝对的，无条件的 *v.* 发出(声音等)，说

【例】There must be few questions on which responsible opinion is so *utterly* divided as on that of how much sleep we ought to have.（TEM-4）很少有问题像睡眠多少为宜这个问题一样存在如此大的分歧。

【派】utterance(*n.* 说话)；utterly(*adv.* 完全地，绝对地)

wonder [ˈwʌndə(r)] *n.* 惊奇，惊叹；奇迹，奇观 *v.* 想知道；感到惊异

【例】I'm sure almost everyone uses the Internet now. But I *wonder* how we cope without it.（TEM-4）我敢肯定现在几乎所有的人都用上网络了，但我在想如果没有网络我们该怎么去应对。

【听】I wonder if... 这一句式经常出现在 TEM-4 的 conversation 部分，意为"不知是否可以"，例如：I wonder if the bus would come at all. 我想知道公交车还会不会来。

zeal [ziːl] *n.* 热心，热情

【例】a man of *zeal* 热心人 // Although she is only 13, she shows a great *zeal* for money-making. 尽管只有 13 岁，可是她对赚钱却表现出极大的热情。

【注】zeal 常和介词 for 搭配。

◎ 人脉沟通 / 认知词

attachment [əˈtætʃmənt] *n.* 联结，联结物；爱慕，情义；喜爱，依恋

attentive [əˈtentɪv] *adj.* 注意的，当心的；有礼貌的；体贴的，殷勤的

bond [bɒnd] *n.* 联结物，(感情上的)联系，关系；债券，票据；契约，合同 *v.* 使结合，使粘合

【例】Over the years the two men had developed deep *bonds* of friendship. 这么多年来，这两个人结下了深厚的友谊。

bow [baʊ] *v.* 鞠躬，弯腰；屈服，服从 *n.* 鞠躬；船头 [bəʊ] *n.* 弓，琴弓；蝴蝶结

brotherhood [ˈbrʌðəhʊd] *n.* 手足情谊，兄弟关系；同业，同僚

closely [ˈkləʊsli] *adv.* 细心地；严密地；紧密地，紧紧地；密切地，亲密地

commentary [ˈkɒməntri] *n.* (对书籍等的)评语，评论；实况报道

communicative [kəˈmjuːnɪkətɪv] *adj.* 健谈的，爱说话的；交际的

community [kəˈmjuːnəti] *n.* 团体，社团，(政治)共同体；社区，同一地区的全体居民

【例】The Claytons have a good many friends in this *community*. 克莱顿一家在这一带有相当多的朋友。

companionship [kəm'pænɪənʃɪp] *n.* 友谊，交谊，友情

complimentary [ˌkɒmplɪ'mentri] *adj.* 赞美的，恭维的；赠送的，免费的

comprehensible [ˌkɒmprɪ'hensəbl] *adj.* 能理解的

connexion/connection [kə'nekʃn] *n.* 连接；联系；连接物，连接点；亲戚

dependant/dependent [dɪ'pendənt] *n.* 受扶养者，受扶养家属

dependence [dɪ'pendəns] *n.* 依靠，依赖；相信，信赖；(对药物的)依赖，毒瘾

【例】There is an increase in the workers' *dependence* on entrepreneurs. 工人对企业家的信任度有所上升。

disagreeable [ˌdɪsə'griːəbl] *adj.* 令人不快的，不合意的；不友善的，难相处的

disintegration [dɪsˌɪntɪ'greɪʃn] *n.* 破裂，分裂，瓦解

disobedience [ˌdɪsə'biːdiəns] *n.* 不服从，违抗

echo ['ekəʊ] *v.* 发出回声；共鸣；随声附和；模仿 *n.* 回声；反响；共鸣

【例】The door slammed behind him with a thunderous *echo*. 门在他身后砰地一声关上了，发出巨大的回音。

enquiry [ɪn'kwaɪəri] *n.* 询问，查问

falsehood ['fɔːlshʊd] *n.* 不实之词，谎言；虚假，说谎

familiarise/familiarize [fə'mɪliəraɪz] *v.* 使熟悉，使通晓

fraternity [frə'tɜːnəti] *n.* 手足之情，友爱；同仁；大学生联谊会

gathering ['gæðərɪŋ] *n.* 聚集，集会；收集，采集

hospitality [ˌhɒspɪ'tæləti] *n.* 好客，殷勤的款待

【例】Aunt Mary received them with her usual *hospitality*. 玛丽阿姨以她惯常的殷勤好客接待了他们。

identification [aɪˌdentɪfɪ'keɪʃn] *n.* 认明，识别；身份证明

incomprehensible [ɪnˌkɒmprɪ'hensəbl] *adj.* 无法理解的，难懂的

indirect [ˌɪndə'rekt] *adj.* 间接的，曲折的；非直截了当的，非正面的

【例】The driver should be responsible for any direct and *indirect* losses in the accident. 该司机应该对这起事故中所有直接和间接的损失负责。

interaction [ˌɪntər'ækʃn] *n.* 相互作用，相互影响

interactive [ˌɪntər'æktɪv] *adj.* 互相作用的，互相影响的；交互式的，人机对话的

【例】John wanted to use the city as a laboratory for *interactive* TV and data services. 约翰想把这座城市当成互动式电视和数据服务的实验室。

intercom ['ɪntəkɒm] *n.* 内部通信联络系统；对讲机

intercontinental	[ˌɪntəˌkɒntɪˈnentl] *adj.* 洲际的
intercourse	[ˈɪntəkɔːs] *n.* 交往, 交际, 交流
【例】	social *intercourse* 社交
interpersonal	[ˌɪntəˈpɜːsənl] *adj.* 人与人之间的, 人际的
intonation	[ˌɪntəˈneɪʃn] *n.* 语调, 声调
liaison	[liˈeɪzn] *n.* (团体或个体间的)联系
misapprehension	[ˌmɪsæprɪˈhenʃn] *n.* 误解, 误会
misunderstand	[ˌmɪsʌndəˈstænd] *v.* 误会, 误解
network	[ˈnetwɜːk] *n.* 网状系统, 网络
【例】	*network* design 网络设计
oral	[ˈɔːrəl] *adj.* 口头的, 口语的; 口述的
postage	[ˈpəʊstɪdʒ] *n.* 邮资, 邮费
rebuff	[rɪˈbʌf] *n.* (对好意、请求、友好表示等的)粗暴拒绝, 冷落
relationship	[rɪˈleɪʃnʃɪp] *n.* 关系, 联系; 亲戚关系
【派】	interrelationship(*n.* 相互关联, 相互影响)
rumo(u)r	[ˈruːmə(r)] *n.* 谣言, 传闻, 流言
sentiment	[ˈsentɪmənt] *n.* 柔情, 伤感, 多愁善感; 思想感情, 情绪; 情操
【派】	sentimental(*adj.* 多愁善感的, 感伤的)
separation	[ˌsepəˈreɪʃn] *n.* 分离, 隔开; 分居
separatist	[ˈseprətɪst] *n.* 分离主义者, 独立主义者
sincerity	[sɪnˈserəti] *n.* 真实, 诚挚, 诚实
snob	[snɒb] *n.* 势利之人, 谄上欺下之人
snobbery	[ˈsnɒbəri] *n.* 谄上欺下, 势利(言行)
stimulus	[ˈstɪmjələs] *n.* 刺激(物); 激励
submissive	[səbˈmɪsɪv] *adj.* 恭顺的, 顺从的
supportive	[səˈpɔːtɪv] *adj.* 赞助的; 鼓励的; 支持的
swollen	[ˈswəʊlən] *adj.* 肿大的; 浮夸的; 骄傲的
tart	[tɑːt] *adj.* 酸的; 尖酸的, 刻薄的 *n.* 果馅饼; 淫妇
thankful	[ˈθæŋkfl] *adj.* 欣慰的; 感谢的, 感激的
troublemaker	[ˈtrʌblmeɪkə(r)] *n.* 制造麻烦者, 闹事者, 捣乱者
troubleshooter	[ˈtrʌblʃuːtə(r)] *n.* 解决麻烦问题或故障的能手
unconscious	[ʌnˈkɒnʃəs] *adj.* 失去知觉的; 无意说出或做出的
unfamiliar	[ˌʌnfəˈmɪliə(r)] *adj.* 不熟悉的
unnatural	[ʌnˈnætʃrəl] *adj.* 不自然的, 反常的; 不正常的, 怪异的

unpopular	[ʌnˈpɒpjələ(r)] *adj.* 不得人心的，不受欢迎的
unsociable	[ʌnˈsəuʃəbl] *adj.* 不好交际的，不合群的
warmth	[wɔːmθ] *n.* 温暖；热情
withhold	[wɪðˈhəuld] *v.* 不给，拒绝给

Note

音 频

acknowledge [ək'nɒlɪdʒ] v. 承认；告知收到(信件、礼物等)；表示感谢

【例】AT&T has *acknowledged* that it has faced some difficulties, particularly in big cities. (TEM-4) 美国电话电报公司承认自己面临一些困难，尤其是在一些大城市。

【派】acknowledgement(*n.* 承认；确认；感谢)

adhere [əd'hɪə(r)] v. 黏附，附着；坚持；遵循

【搭】adhere to 坚持，遵守

【例】If you have *adhered* to your first choice, you would be successful. 如果你坚持最初的选择，就一定会成功。

adore [ə'dɔː(r)] v. 敬慕，爱慕，崇拜；喜爱，热爱

【例】Please don't *adore* me; I'm only a commonplace fellow. 请不要崇拜我，我只不过是个平凡的人而已。

affirm [ə'fɜːm] v. 坚称，断言，肯定地说

【例】Tom *affirmed* that he didn't cheat during the examination. 汤姆坚持说自己考试没有作弊。

allege [ə'ledʒ] v. (在提不出证明的情况下)断言，声称

【例】It is *alleged* that the famous film star will come to China. 据说那个著名的电影明星要来中国。

applaud [ə'plɔːd] v. 鼓掌，喝彩；赞成；称赞

【例】I *applaud* a strong government, but not an overweening government sustained by cronies. 我赞同一个强有力的政府，而不是一个过于自信的任人唯亲的政府。

appreciate [ə'priːʃieɪt] v. 感谢，感激；欣赏，鉴赏；理解，领会

【搭】appreciate doing sth. 对做…表示感激

【例】Bai Lu Tang, the only comprehensive museum of old shoes in China, is the best place to *appreciate* the history of Chinese footwear and its place in national culture. (TEM-4) 作为中国唯一全面展示旧式鞋子的博物

馆，白路堂是鉴赏中国鞋类历史以及它在国家文化中所处地位的最佳去处。

【注】 appreciate 后面接动词时只能为-ing 形式，类似的词还有：admit, suggest, consider。

approve [ə'pruːv] *v.* 批准，通过；赞成，允许

【搭】 approve of 赞成，同意

【例】 After days of impassioned debate, the US Senate *approved* a \$400 billion plan to overhaul Medicare on Tuesday. 经过几天激烈的争论，美国上议院于周二批准了为彻底修正医疗保险体制而拨款 4000 亿美元的计划。

【派】 disapprove(*v.* 不赞成，不同意)；approved(*adj.* 经核准的，被认可的)

apt [æpt] *adj.* 恰当的，贴切的；易于…的

【搭】 be apt to 易于…的，有…倾向的

【例】 Our teacher made an *apt* appraisal of our performance in the contest. 我们的老师对我们在比赛中的表现进行了恰如其分的评价。

arbitrary ['ɑːbɪtrəri] *adj.* 随意的，武断的；霸道的，专横的

【例】 an *arbitrary* character 反复无常的性格 // an *arbitrary* decision 武断的决定 // I was unaware of the critical points involved, so my choice was quite *arbitrary*. (TEM-4) 我没有注意到所涉及的关键点，所以我的选择很武断。

arouse [ə'rauz] *v.* 唤醒；唤起，激起，引起(注意、同情、嫉妒、怀疑等)

【搭】 arouse one's anxiety/curiosity/interest 引起不安/好奇/兴趣

【例】 Beggars almost sell themselves as human beings to *arouse* the pity of passers-by. 乞丐出售的几乎是他本人，以引起过路人的怜悯。

assert [ə'sɜːt] *v.* 宣称，断言；维护；坚持(权利等)

【搭】 assert oneself 坚持自己的权利；assert one's rights 维护某人的权利

【例】 Dr H. Roberts, writing in *Every Man in Health*, *asserts*, "It may safely be stated that, just as the majority eat too much, so the majority sleep too much." (TEM-4) H·罗伯茨博士在《人人健康》中称："也许可以确定地说，正如大多数人吃得太多一样，大多数人也睡得太多。"

【派】 assertion(*n.* 断言，主张；声称)

cherish ['tʃerɪʃ] *v.* 珍爱；抱有(希望)；怀有(感情)

【搭】 cherish affection for sb. 爱着某人

【例】 Massive changes in all of the world's deeply *cherished* sporting habits are underway. (TEM-4) 全世界都十分珍爱的运动习惯在发生着巨大的改变。

【注】形近词：perish（*v.* 毁灭；死亡）

cling [klɪŋ] *v.* 粘住，缠住；依附，依靠；紧紧握住，紧紧抱住

【搭】cling to 紧紧抓住；坚持

【例】U2, who have won three Grammy Awards, *cling* to their status as one of the most famous bands in the world. 获得 3 项格莱美大奖的 U2 乐队一直处于世界最著名乐队之列。

commend [kəˈmend] *v.* 称赞，赞扬；委托，托付

【例】For the professional sportsman, the concept of a specialised training camp deserves to be *commended*. 对于职业运动员来说，组建专项训练营的想法值得称赞。

compassion [kəmˈpæʃn] *n.* 同情，怜悯

【例】Don't you feel any *compassion* for the victim of the severe traffic accident? 你难道不对这场严重车祸的受害者感到同情吗？

【派】compassionate（*adj.* 有同情心的，表示怜悯的）

confident [ˈkɒnfɪdənt] *adj.* 确信的，自信的

【搭】be confident of 对⋯有信心；be confident about 对⋯确信

【例】The company is *confident* of achieving the set objective. 这家公司对达成既定目标有信心。

【注】其他一些表示心情态度的词汇有：satisfied（满意的）；frustrated（挫败的）；annoyed（恼怒的）；nervous（紧张的）；uninterested（不感兴趣的）；upset（心烦的）。

confirm [kənˈfɜːm] *v.* 证实；认可；使坚定；加强

【搭】confirm sb. in sth. 使⋯确信⋯

【例】The expression on the manager's face *confirmed* me in my suspicions. 经理脸上的表情让我更加确信我的怀疑。

consent [kənˈsent] *v./n.* 同意，准许，赞成

【搭】consent to 同意；with the consent of sb./with one's consent 经某人同意

【例】The most common age without parents' *consent* is eighteen for both females and males; however, persons who are underage in their home state can get married in another state and then return to the home state legally married. （TEM-4）大多数情况下，不论是男性还是女性，不需要征得父母同意就能结婚的年龄是 18 岁；但是，在本州未成年的孩子可以到其他州去结婚，然后回到自己家乡时就算是正式结婚了。

convince [kənˈvɪns] *v.* 使确信，使信服，说服

【例】I have managed to *convince* myself that if it weren't for my job I would immediately head out for the open spaces and go back to nature in some sleepy village buried in the country. (TEM-4) 我确信如果不是为了工作，我会立刻出发去旷野，在一个沉睡于祖国的乡村里回归大自然的怀抱。

【派】convinced(*adj.* 确信的，深信的); convincing(*adj.* 令人信服的)

definite ['definət] *adj.* 清楚的，明显的; 肯定的，明确的

【例】There are *definite* limits to what the official media will say. 官方媒体的报道是有明确限制的。

【派】indefinite (*adj.* 不确定的); definitely (*adv.* 明确地，肯定地); indefinitely(*adv.* 不明确地)

dramatic [drə'mætɪk] *adj.* 戏剧(性)的; 激动人心的; 引人注目的，印象深刻的; 突然的; 巨大的

【例】Ann's love story is too *dramatic* to be believed by others. 安的爱情故事太具戏剧性，让别人难以相信。

【派】dramatically(*adv.* 戏剧性地; 显著地)

enthusiast [ɪn'θjuːziæst] *n.* 热心者

esteem [ɪ'stiːm] *v.* 尊重，敬重; 认为，把…看作 *n.* 尊重，敬重

【例】Experiences during our childhood play a particularly important role in the shaping of our basic self-*esteem*. 儿童时期的经历在我们基本的自尊心形成过程中起着特别重要的作用。

exclaim [ɪk'skleɪm] *v.* (由于惊讶、痛苦、愤怒、高兴等)呼喊，惊叫，大声说

【例】All the audiences *exclaimed* when they watched such a horrific scene. 当看到这么恐怖的镜头时，所有观众都大声叫起来。

fantasy ['fæntəsi] *n.* 想象，幻想; 想象的产物

【例】That western country is opening a virtual embassy in the Internet world called Second Life; it is also the first country to do so. 那个西方国家即将在互联网世界开设一个虚拟的大使馆，叫"第二生命"; 它也是第一个这么做的国家。

【注】注意区分形近词 fancy，意为"爱好，迷恋"。

fascinate ['fæsɪneɪt] *v.* 迷住，使神魂颠倒，强烈地吸引

【搭】be fascinated by 被…迷住

【例】The American spymaster who built the Office of Strategic Services in World War II and later laid the roots for the building of the CIA was *fascinated* by collecting information. 这位在第二次世界大战中建立了战略情报局且后来为中央情报局的建立奠定基础的美国间谍组织首脑对收集信息非常痴迷。

【派】 fascinated(*adj.* 入迷的，着迷的)；fascinating(*adj.* 迷人的，极有吸引力的)；fascination(*n.* 魅力；入迷)

【注】 fascinate, engross, absorb, engage 都含有"吸引"的意思：fascinate 指"使入迷，使神魂颠倒"；engross 强调"全神贯注"；absorb 表示"使专心于；吸收"；engage 表示"能引起注意并可使之持续一段时间"。

favo(u)r [ˈfeɪvə(r)] *n.* 好感，喜爱；赞同，支持；偏袒；恩惠，优惠 *v.* 喜爱，偏袒；赐予；支持，鼓励；赞成；有利于

【搭】 in favour of 赞同，支持；有利于；in one's favour 得某人欢心；out of favour with 失宠(于)，不受欢迎；do sb. a favour 帮某人一个忙

【注】 favour 和 favor 是一个单词的两种拼写，favour 的拼法常用于英国；favor 的拼法常用于美国。类似的单词还有：colour 和 color；behaviour 和 behavior 等。

flutter [ˈflʌtə(r)] *n./v.* 振翅；飘动；激动，紧张

【例】 Every night I yearn for sleep; I strive for it; yet it *flutters* ahead of me like a curtain. （TEM-4）每个夜晚我都渴望入睡，我努力想睡，但睡眠却像一块幕布一样在我头顶晃动。

frank [fræŋk] *adj.* 率直的，坦白的，老实的

【搭】 to be frank 坦白地讲，说实在的

【例】 The doctor was very *frank* with the patient and told him how serious his condition was. 医生对病人很坦白，告诉了他病情的严重性。

【注】 to be frank 通常用在句子中作状语，而且会放在句子中间，如：I would like, to be frank, to go shopping with my sister. 这样的用法可能会使听力难度有所提高，要特别注意。

giggle [ˈgɪgl] *v./n.* 咯咯笑，傻笑

【例】 That nervous *giggle* of Pauline got on my nerves. 保利娜神经质的傻笑扰得我心烦。

【注】 chuckle 通常是指没有恶意的、轻松的笑；giggle 指咯咯笑，近乎傻笑。

grin [grɪn] *n./v.* 露齿笑，咧着嘴笑

【例】 Davis often *grinned* amiably at us. 戴维斯经常咧着嘴角向我们亲切地微笑。

impulse [ˈɪmpʌls] *n.* 推动(力)，驱使；冲动，心血来潮

【例】 Biologists offer a theory about this primal *impulse* to clean out every drawer and closet in the house at spring's first light, which has to do with melatonin. （TEM-4）生物学家提出一种理论：在春天第一缕阳光的照

耀下，我们会有一种将房间里每个抽屉、衣橱都打扫干净的原始冲动，这种冲动和褪黑激素有关。

incline [ɪnˈklaɪn] v. (使)倾向(于)，意欲；赞同；趋向 n. 斜坡；斜度

【搭】 be inclined to do sth. 倾向于做某事

【例】 The flowers had *inclined* his heart to open like the nature around him. 这些花使他的心如同周围的大自然一样开阔。

【注】 注意与形近词 decline(v. 降低，下降)区别。

keen [kiːn] adj. 激烈的；热心的，渴望的；敏锐的；锋利的；刺人的

【搭】 be keen on 渴望，热衷

【例】 a man of *keen* perception 知觉敏锐的人 // People are *keen* for the peace talk. 人们渴望和平谈判。

liberal [ˈlɪbərəl] adj. 宽容大度的；慷慨的，大方的；自由的，开明的

【例】 a *liberal* mind 开明的思想 // Many of the soldiers wear their *liberal* badges proudly. 许多士兵自豪地佩戴着他们的自由勋章。

optimistic [ˌɒptɪˈmɪstɪk] adj. 乐观的，抱乐观看法的

【例】 People tend to be less *optimistic* towards the situation of the current job market. 对于当前的就业市场形势，人们往往不那么乐观。

【派】 optimism(n. 乐观；乐观主义)

passion [ˈpæʃn] n. 激情，热情；强烈的爱；热衷的爱好

【搭】 develop a great passion for 对…怀有极大的热情；with great passion 满怀激情

【例】 The youth expressed his great *passion* for the girl he loved. 那位年轻人表达了对自己爱的女孩的极大热情。

【派】 dispassion(n. 冷静；公平)；passionate(adj. 情意绵绵的；狂热的)

resolve [rɪˈzɒlv] v. 决定，下决心；解决 n. 决心，决定

【例】 By Sunday evening the issue was fully *resolved*, she said. The company apologized for any inconvenience. (TEM-4) 她说，截止到星期日晚上问题已经得到完全解决。公司就此事造成的不便(向用户)表达了歉意。

【派】 resolved(adj. 下定决心的，断然的)

sane [seɪn] adj. 心智健全的，神志正常的；明智的，理智的

【例】 No *sane* man would eat food in this lousy restaurant. 神志正常的人都不会到这家差劲的饭店吃饭。

【派】 insane (adj. 疯狂的；极蠢的)

stimulate [ˈstɪmjuleɪt] v. 激励，促进；刺激，使兴奋

【搭】 stimulate one's interest 激起某人的兴趣

【例】 To *stimulate* the weak economy, the government has carried out a new economic policy. 为了刺激疲软的经济，政府实施了一项新的经济政策。

【派】stimulation(*n.* 刺激；鼓励，鼓舞)；stimulant(*n.* 刺激物)

sympathetic [ˌsɪmpəˈθetɪk] *adj.* 有同情心的，表示同情的

【例】Because you're the sort of person people tell their problems and secrets to, and because you're *sympathetic* and give them hope. （TEM-4）因为你是人们倾诉难题和秘密的对象，因为你富有同情心，给人以希望。

【派】sympathetically(*adv.* 同情地，怜悯地；共鸣地)

sympathize [ˈsɪmpəθaɪz] *v.* 同情；赞同，支持

【例】I do *sympathize* with the general ideas of my lovely colleagues. 我同意我那群可爱的同事们的想法。

sympathy [ˈsɪmpəθi] *n.* 同情，怜悯；赞同，支持

【搭】have sympathy for sb. 怜悯某人；awake one's sympathy 唤起某人的同情心

【例】I don't have much *sympathy* for her, because it's all her own fault. 我不怎么同情她，因为都是她自己的错。

yearn [jɜːn] *v.* 想念，渴望

【例】Wright had *yearned* to be a great artist from an early age. 从很小的时候起，赖特就渴望成为一名伟大的艺术家。

◎ 乐观积极 / 认知词

acceptance [əkˈseptəns] *n.* 接受，接纳

adventurous [ədˈventʃərəs] *adj.* 大胆的，富有冒险精神的；充满危险的

advisable [ədˈvaɪzəbl] *adj.* 可取的，明智的

【派】advisability(*n.* 适当；明智)

affectionate [əˈfekʃənət] *adj.* 深情的；关爱的

affirmative [əˈfɜːmətɪv] *adj.* 肯定的；同意的 *n.* 肯定词，肯定的方式

ambitious [æmˈbɪʃəs] *adj.* 有雄心的，野心勃勃的；劲头十足的

boldness [ˈbəʊldnəs] *n.* 大胆，勇敢；冒失

certainty [ˈsɜːtnti] *n.* 确实性；确实的事；确信

cheerful [ˈtʃɪəfl] *adj.* 快乐的，高兴的；使人愉快的，使人振奋的

complacent [kəmˈpleɪsnt] *adj.* 自满的，得意的

content [kənˈtent] *adj.* 满足的，满意的 [ˈkɒntent] *n.* 容量，含量；内容

determination [dɪˌtɜːmɪˈneɪʃn] *n.* 坚定，果断，决心；决定；规定；测定

devotion	[dɪ'vəuʃn] *n.* 关爱，关照；奉献；忠诚；专心
disappointing	[ˌdɪsə'pɔɪntɪŋ] *adj.* 令人失望的，使人扫兴的
disapproval	[ˌdɪsə'pruːvl] *n.* 不赞成，反对；不喜欢
dynamic	[daɪ'næmɪk] *n.* [*pl.*]动态；(动)力学；力度 *adj.* 充满活力的，精力充沛的；动力的，力(学)的；动态的

【例】 a *dynamic* personality 充满活力的个性

eagerness	['iːgənəs] *n.* 热切；渴望
easygoing	[ˌiːzi'gəuɪŋ] *adj.* 随和的；随便的；随遇而安的
elaborate	[ɪ'læbərət] *adj.* 详尽的，复杂的；精心制作的，精致的
	[ɪ'læbəreɪt] *v.* 详尽阐述；精心制作
encouragement	[ɪn'kʌrɪdʒmənt] *n.* 鼓励，鼓舞
favo(u)rable	['feɪvərəbl] *adj.* 有利的；赞同的；给人好印象的，讨人喜欢的
fearless	['fɪələs] *adj.* 不怕的，大胆的，无畏的
first-rate	['fɜːst'reɪt] *adj.* 一流的，质量最佳的
forceful	['fɔːsfl] *adj.* 坚强的；强有力的；有说服力的

【例】 a *forceful* statement 强有力的陈述

fortitude	['fɔːtɪtjuːd] *n.* 坚忍，刚毅
glorious	['glɔːriəs] *adj.* 光荣的；辉煌的，壮丽的；令人愉快的

【例】 *glorious* tradition 光荣传统

glory	['glɔːri] *n.* 光荣，荣誉；壮丽，壮观
gratitude	['grætɪtjuːd] *n.* 感谢，感激

【例】 Please accept my *gratitude* to you and your family. 请接受我对你及你家人的感激之情。

heartfelt	['hɑːtfelt] *adj.* 衷心的，至诚的
heartily	['hɑːtɪli] *adv.* 尽情地；热心地；痛快地；极其，确实
highly	['haɪli] *adv.* 很，非常；赞许地；高级地

【例】 Cathy's teachers were *highly* critical of her proposal to establish the reading club. 凯茜的老师们对她成立阅读俱乐部的提议很不满意。

high-spirited	['haɪ'spɪrɪtɪd] *adj.* 兴致勃勃的；烈性的
honesty	['ɒnəsti] *n.* 诚实，忠实；正直；坦率，真诚
hono(u)rable	['ɒnərəbl] *adj.* 荣誉的，光荣的，增光的；(表示)尊敬的
hopeful	['həupfl] *adj.* (怀着)希望的，有希望的
humane	[hjuː'meɪn] *adj.* 人道的，仁慈的，有人情味的；人文的

humanism [ˈhjuːmənɪzəm] *n.* 人道主义，人文主义

【派】humanist(*n.* 人道主义者，人文主义者)

humanitarian [hjuːˌmænɪˈteərɪən] *adj.* 人道主义的；博爱的；慈善的 *n.* 人道主义者；博爱者；慈善家

humanly [ˈhjuːmənli] *adv.* 以人特有的方式；在人力所能及的范围内；以人力

idealize [aɪˈdiːəlaɪz] *v.* 将…理想化，将…视为理想的

【例】Our first impression of Italy is meant to be *idealized*. 我们对意大利的第一印象注定被理想化了。

【注】这个词可以与 idea 一同记忆；同样可以联系起来记忆的还有 special 和 specialize；summary 和 summarize。

immortal [ɪˈmɔːtl] *adj.* 永垂不朽的，流芳百世的

【派】immortality(*n.* 不朽)

impersonal [ɪmˈpɜːsənl] *adj.* 无个人感情的，与个人无关的；冷淡的，没人情味的

impressive [ɪmˈpresɪv] *adj.* 令人赞叹的，令人敬佩的；给人印象深刻的

【例】an *impressive* achievement 令人印象深刻的成就

【派】unimpressive(*adj.* 普通的，平庸的，毫无特色的)

indebted [ɪnˈdetɪd] *adj.* 感激的，感恩的

jolly [ˈdʒɒli] *adj.* 快乐的，令人愉快的 *v.* 使高兴，使愉快

joyful [ˈdʒɔɪfl] *adj.* 充满欢乐的，令人快乐的

joyous [ˈdʒɔɪəs] *adj.* 高兴的

lucky [ˈlʌki] *adj.* 幸运的，好运的

【派】luckily(*adv.* 幸运地)

merciful [ˈmɜːsɪfl] *adj.* 仁慈的，宽大的

merry [ˈmeri] *adj.* 欢乐的，愉快的

morale [məˈrɑːl] *n.* 士气，斗志

optimism [ˈɒptɪmɪzəm] *n.* 乐观；乐观主义

overjoyed [ˌəʊvəˈdʒɔɪd] *adj.* 兴高采烈的，欣喜若狂的

passionate [ˈpæʃənət] *adj.* 情意绵绵的；热诚的，狂热的

【例】I used to be a *passionate* advocate of the philosophy. 我曾是这一哲学理念的狂热倡导者。

persistence [pəˈsɪstəns] *n.* 坚持，锲而不舍；持续存在，维持

persuasion [pəˈsweɪʒn] *n.* 说服，劝服；说服力；信念，信仰

persuasive [pəˈsweɪsɪv] *adj.* 有说服力的；劝诱的

pleased [pliːzd] *adj.* 高兴的；满意的

【搭】 be pleased to do sth. 乐意做某事

【例】 Ben's parents are very *pleased* with his present work. 本的父母对他现在的工作非常满意。

pleasing [ˈpliːzɪŋ] *adj.* 令人愉快的，合意的

rational [ˈræʃnəl] *adj.* 合理的；理性的，明智的

【例】 The purpose of the training is to instruct children to become *rational* people. 这种训练的目的是教导孩子们成为理智的人。

readily [ˈredɪli] *adv.* 简单地，容易地；欣然地，乐意地

readiness [ˈredɪnəs] *n.* 准备就绪，预备；乐意，愿意

rejoice [rɪˈdʒɔɪs] *v.* 非常高兴，深感欣喜

【例】 Your parents will *rejoice* at your success. 你的父母将会为你的成功而感到高兴。

responsive [rɪˈspɒnsɪv] *adj.* 反应灵敏的；反应热烈的；反应积极的；回答的，应答的

【例】 Today, companies are very *responsive* to the market. 如今，各家公司对市场需要都作出非常积极的反应。

self-assured [ˌselfəˈʃʊəd] *adj.* 自信的，胸有成竹的

self-confidence [ˌselfˈkɒnfɪdəns] *n.* 自信

selfless [ˈselfləs] *adj.* 无私的

self-reliant [ˌselfrɪˈlaɪənt] *adj.* 依靠自己的，自力更生的；信赖自己的

self-taught [ˌselfˈtɔːt] *adj.* 自学成才的

sensational [senˈseɪʃənl] *adj.* 轰动的；耸人听闻的；极好的，绝妙的

shrewd [ʃruːd] *adj.* 有眼光的，精明的；判断准确的，高明的

【例】 a *shrewd* businessman 精明的商人

silky [ˈsɪlki] *adj.* 柔软的，光滑的；温和的，轻柔的

silvery [ˈsɪlvəri] *adj.* 闪着银光的，银色的；(指声音)清脆的；银铃般的

sociable [ˈsəʊʃəbl] *adj.* 友好的，合群的，好交际的

spirited [ˈspɪrɪtɪd] *adj.* 精神饱满的；坚定的；勇猛的

sportsmanship [ˈspɔːtsmənʃɪp] *n.* 体育精神，运动员风范

spotless [ˈspɒtləs] *adj.* 极清洁的；无瑕疵的；道德上纯洁的

straightforward [ˌstreɪtˈfɔːwəd] *adj.* 坦率的，率直的；易懂的，易做的

【例】 a *straightforward* reply 坦率的回答 // a *straightforward* job 一项简单的工作

sturdy	[ˈstɜːdi] adj.	结实的，坚固的；强健的；坚定的，顽强的
unprecedented	[ʌnˈpresɪdentɪd] adj.	无前例的，空前的
upright	[ˈʌpraɪt] adj.	直立的，垂直的；正直的，诚实的
valiant	[ˈvæliənt] adj.	勇敢的，英勇的；果敢的；坚定的
vigo(u)r	[ˈvɪɡə(r)] n.	精力，活力
zealous	[ˈzeləs] adj.	热心的，热诚的

Note

◎ 悲观消极 / 核心词

音频

absurd [əbˈsɜːd] *adj.* 不合理的，荒谬的，可笑的

【例】It was strange that she would entertain such an *absurd* idea.（TEM-4）很奇怪她竟然会有如此荒谬的想法。

agony [ˈægəni] *n.* 极度的痛苦；痛苦的挣扎

【例】I hope that I can forget all the *agony* that has gone past. 我希望能忘掉过去所有的痛苦。

amiss [əˈmɪs] *adv.* 错误地，不正确地；不顺当地 *adj.* 错误的，有缺陷的；不正常的

【例】Nothing has ever gone *amiss* since he took charge of the company. 自他接管这家公司以来还从未出过问题。

annoy [əˈnɔɪ] *v.* 使烦恼，使生气；打搅

【例】It really *annoys* me when people smoke around me. 我真的很讨厌有人在我身旁抽烟。

【派】annoying(*adj.* 使人恼怒的，令人生气的)

anxiety [æŋˈzaɪəti] *n.* 忧虑，担心，焦虑；渴望

【例】A survey shows that boredom, indifference, depression, frustration and *anxiety* are the common negative emotions of knowledge workers. 一项调查显示：厌烦、冷漠、压抑、挫败和焦虑等消极情绪在知识工作者中较为常见。

【派】anxiously(*adv.* 忧虑地，不安地)

awe [ɔː] *n.* 畏惧，敬畏 *v.* 使敬畏，使畏怯

【例】Everyone in the office was *awed* by the roar of the manager. 办公室里的每个人都被经理的咆哮声给吓呆了。

bellow [ˈbeləʊ] *v.* 大声吼叫，怒吼；(公牛等)吼叫

【例】If I were hours late for dinner, would you *bellow*? 如果我赴宴时迟到几个小时，你会怒吼吗？

bewilder [bɪˈwɪldə(r)] *v.* 使迷惑，使糊涂

【例】 The female government official's crime *bewildered* not only the small town where she lived but the entire nation, as well. 这名女性政府官员的犯罪行为不仅让和她一起生活的小镇居民迷惑不解，同时也让整个国家的人疑惑不已。

【派】 bewildering 表示"令人困惑的，费解的"；bewildered 表示"困惑的，被迷惑的"。

bias [ˈbaɪəs] *n./v.* (抱有)偏见，(具有)倾向性

【搭】 have a bias towards/against sb./sth. 对某人/某事有偏见

【例】 The ownership and *biases* of the media have been issues of continuing interest to analysts. 媒体的所有权及偏向性一直是分析家们津津乐道的问题。

【派】 biased(*adj.* 有偏见的，片面的)

boast [bəʊst] *v.* 自夸，自吹自擂 *n.* 夸耀，自夸的话

【搭】 make a boast of 夸耀…

【例】 Some salespersons *boast* too much about the advantage of the products. 一些售货员过分夸大了产品的优点。

casual [ˈkæʒuəl] *adj.* 偶然的，碰巧的；随便的；临时的；漫不经心的

【例】 *casual* meeting 邂逅 // *casual* worker 临时工 // *casual* clothes 便装 // They shouldn't have had a *casual* attitude towards the safety of the public. 他们本不应该对公众的安全问题抱着无所谓的态度。

【派】 casually(*adv.* 偶然地；临时地)

clench [klentʃ] *v.* 握紧(拳头等)，咬紧(牙关)；捏紧，抓牢

【例】 The long bitter years of Chuck fierce and unyielding life had etched the *clench* of a permanent scowl upon his forehead. 多年艰辛和不屈的苦难生活已经在查克的额头上牢牢刻上了永远无法抹去的愁容。

compel [kəmˈpel] *v.* 强迫，迫使；引起(反应)

【搭】 be compelled to do 被迫做…；compel sb. to do sth. 强迫某人做某事

【例】 Christians had been *compelled* to give up meetings for corporate worship, but still kept up small prayer meetings in houses. 基督教徒们被迫停止组织集体礼拜，但仍然保持在室内做小型的祈祷会。

complacency [kəmˈpleɪsnsi] *n.* 自满，沾沾自喜，自得

【例】 Microsoft is far too dominant in the computer market and this has led to *complacency*, a fall in quality, and subsequently customers have suffered. 微软公司对电脑市场的绝对主宰导致其产生自满心理，从而引起产品质量下降，结果就是消费者成了受害者。

complain [kəmˈpleɪn] *v.* 抱怨，叫屈；投诉

【搭】 complain about 申诉…；complain to 向…抱怨

【例】 A number of people with Hotmail accounts have posted *complaints* on Microsoft forums complaining their e-mails have been deleted.（TEM-4） 一些 Hotmail 的用户在微软论坛发帖投诉，抱怨他们的电子邮件被删除。

conceit [kənˈsiːt] *n.* 自负，骄傲自满

【例】 Anne's boyfriend was a man full of *conceit*. 安妮的男友是一个十分自负的人。

contempt [kənˈtempt] *n.* 轻视，轻蔑

【搭】 contempt for 对…的蔑视；in contempt of 对…不屑

【例】 The soldiers showed a *contempt* for their own safety during the rescue. 士兵们在营救的过程中完全不顾自己的生命安全。

【派】 contemptible(*adj.* 可鄙的，下贱的)

contradict [ˌkɒntrəˈdɪkt] *v.* 否定，反驳；与…矛盾

【搭】 contradict one's statement 驳斥某人的说法

【例】 The director's comments appeared to *contradict* remarks made earlier in the day by the chairman. 董事长的评论似乎是在驳斥今早主席的讲话。

【派】 contradictory(*adj.* 反驳的，反对的)；self-contradictory(*adj.* 自相矛盾的)

controversial [ˌkɒntrəˈvɜːʃl] *adj.* 引起争论的，有争议的

【例】 That song was so *controversial* that the band couldn't put it on their second album. 那首歌曲引起了极大的争议，以至于这个乐团都无法把它收录到他们的第二张专辑里。

【题】 The diversity of tropical plants in the region represents a seemingly ___ source of raw materials, of which only a few have been utilized.

A. exploited　　B. controversial　　C. inexhaustible　　D. remarkable

答案为 C。exploited 意为"被开发的"；controversial 意为"引起争论的，有争议的"；inexhaustible 意为"用不完的，无穷无尽的"；remarkable 意为"异常的，非凡的"。句意为：这个地区的热带植物物种丰富，这说明这里似乎有取之不尽的原材料，但被利用的只有一少部分。

curse [kɜːs] *n.* 诅咒；骂人话 *v.* 诅咒，咒骂

【例】 Nobody but the wizard knows how to remove the *curse*. 除了那个男巫，没有人知道怎样解除咒语。

cynical [ˈsɪnɪkl] *adj.* 愤世嫉俗的；(对人性或动机)怀疑的

【例】The followers of the inventor have grown rather *cynical* about the new invention. 那位发明家的追随者逐渐发现这项新发明也不过如此。

damn [dæm] *int.* (表示愤怒、厌烦等)该死的 *v.* 指责，谴责；令⋯下地狱 *adj.* 可恶的；十足的 *adv.* 该死；极其

【例】The workers hated the *damn* dairy and the damn broken machinery. 工人们痛恨那可恶的乳品场以及那里的破烂机器。

demonstrative [dɪˈmɒnstrətɪv] *adj.* 公开表露感情的，感情外露的；指示的

【例】The most *demonstrative* testimonies came from the Los Angeles chief medical examiner. 最有说服力的证词来自洛杉矶的首席医检官。

denounce [dɪˈnaʊns] *v.* 指责，痛斥

【例】People *denounced* two recent racial murders in this area. 人们都痛斥最近在这一地区发生的两起种族谋杀事件。

deny [dɪˈnaɪ] *v.* 否认，拒绝承认

【搭】deny oneself (尤指因道德或宗教原因而)节制，克制

【例】The government *denied* the existence of the racial discrimination in school. 政府否认学校里存在种族歧视。

desperate [ˈdespərət] *adj.* 绝望的，孤注一掷的；拼命的，不顾一切的

【例】It's said that this song has a mysterious power, which makes people who hear it become *desperate*. 据说这首歌有种神秘的力量，听过它的人都会变得绝望。

【派】desperately(*adv.* 拼命地；绝望地)

despise [dɪˈspaɪz] *v.* 鄙视，蔑视，轻视

【例】Practice is as important as theory, so it's wrong to value the latter and despise the former. 实践与理论一样重要，所以重视后者而轻视前者是错误的。

differ [ˈdɪfə(r)] *v.* 相异，有区别；持不同看法

【搭】differ about/on 在⋯方面不同；differ from 与⋯不同

【例】The two professors *differed* about how to organize the extra-curricula activity. 这两位教授在如何组织这次课外活动上看法不同。

disagree [ˌdɪsəˈɡriː] *v.* 不一致；(食物、天气等)不适宜；意见不合，有分歧

【例】Some people *disagree* with Dr. Burton because they still feel sleepy with enough sleep. (TEM-4) 一些人不同意伯顿博士的观点是因为他们觉得即使睡眠充足也依然会犯困。

disapprove [ˌdɪsəˈpruːv] v. 不同意，不赞成，反对

【例】Dad *disapproved* my marriage for he didn't want Henry to be his son-in-law. 爸爸不同意我的婚姻，因为他不想让亨利成为他的女婿。

discord [ˈdɪskɔːd] n. (意见)不合，不和，纷争; (音乐)不和谐

【例】John had expressed his *discord* with the fact that he had not been given a major role to play. 约翰对没能在戏中出演主角表现出了不满。

disdain [dɪsˈdeɪn] n./v. 鄙视，蔑视，不屑

【例】John *disdained* to turn to his younger brother for advice. 约翰不屑于向自己的弟弟请教。

dismay [dɪsˈmeɪ] n. 诧异; 灰心，丧气，气馁 v. (使)惊愕，使诧异; 使失望

【搭】to one's dismay 使人惊愕的是; be dismayed at 对…气馁

【例】Some of the citizens express *dismay*, others celebrate, but all are astonished. 一些市民表现出了失望，另一些人则在欢呼，但所有人都很吃惊。

disregard [ˌdɪsrɪˈgɑːd] n./v. 不理会，不顾，忽视

【例】Nick *disregarded* the warning signs and went on along the road. 尼克不理会路边的警告标识继续向前走。

dissatisfy [dɪsˈsætɪsfaɪ] v. 使不满意，使不高兴

【例】What you did *dissatisfied* me very much. 你所做的令我很不满。

dissent [dɪˈsent] n. 不同意见，异议 v. 有不同意见，持异议

【例】You should express your *dissent* from views of your professor, and he would not be angry. 你应该向你的教授表达一些不同意见，他不会生气的。

dissident [ˈdɪsɪdənt] adj./n. 持异议的(人)，持不同政见的(人)

【例】The *dissident* was exiled to a small island. 那位持不同政见的人被流放到一座小岛上去了。

distress [dɪˈstres] n. (精神上的)痛苦，忧虑; 贫困，窘迫; 危难，遇险 v. 使痛苦，使苦恼

【搭】be distressed about/over... 为了…而苦恼

【例】Tom was in deep trouble because of the greatest financial *distress*. 由于遭受了最严重的财务危机，汤姆深陷困境。

dread [dred] n./v. 畏惧; 担忧

【例】Most authors *dread* being reviewed by captious critics. 大多数作者都很怕被挑剔的评论家评论。

【派】dreadful(adj. 可怕的; 令人敬畏的)

droop [druːp] n./v. 低垂，下垂; 消沉

【例】I was sweating like a basketball player and my spirits *drooped*. 我像篮球运动员那样大汗淋漓，并且情绪沮丧。

dubious ['dju:biəs] *adj.* 怀疑的；无把握的，冒险的；可疑的，令人怀疑的；不确定的，含糊的

【例】a *dubious* business venture 冒险的商业投资 // a *dubious* reply 含糊的回答 // In boxing we have already seen numerous, *dubious* world title categories because people will not pay to see anything less than a "World Title" fight. (TEM-4) 我们已经看到拳击界存在着数量众多、含义不清的世界冠军头衔的分类，这是因为如果不是"争夺世界冠军"之战便没有人买票观看。

【派】dubiously(*adv.* 可疑地，怀疑地)

envy ['envi] *n./v.* 妒忌，羡慕

【搭】envy sb. sth. 羡慕某人…，嫉妒某人的…

【例】Police believe the motive for the murder was *envy*. 警方认为这起谋杀的动机是嫉妒。

【派】envious(*adj.* 羡慕的，嫉妒的)

frown [fraʊn] *v.* 皱眉；表示不满 *n.* 皱眉，蹙额

【搭】frown at sb./sth. 对…皱眉；对…表示生气、忧愁等；frown on/upon sth. 不赞成…

【例】My teacher looked up with a puzzled *frown* on her face. 我的老师抬头望着，满脸困惑，双眉紧锁。

frustrate [frʌ'streɪt] *v.* 挫败，阻挠；使懊恼，使沮丧

【例】The fans' attempts to speak to the pop star were *frustrated* by the guards. 保安们阻止歌迷和那位歌星说话。

【派】frustrated(*adj.* 沮丧的); frustration(*n.* 挫败，挫折)

【题】The team's efforts to score were ___ by the opposing goalkeeper.
A. frustrated   B. prevented   C. discouraged   D. accomplished
答案为 A。frustrated 意为"受阻挠；受挫"；prevented 意为"被阻止"，后接介词 from；discouraged 意为"使沮丧"，侧重于情绪；accomplished 意为"完成"。句意为：该队破门得分的努力被对方的守门员阻截了。

gloom [glu:m] *n.* 黑暗，幽暗；忧郁，阴沉

【例】Looked at in this way, the present economic situation doesn't seem so *gloomy*. (TEM-4) 用这种方式来看，当前的经济状况似乎不那么令人沮丧。

gloomy ['glu:mi] *adj.* 黑暗的，阴暗的，阴沉的；沮丧的，忧郁的，悲观的；前景黯淡的

【例】*gloomy* skies 阴沉的天色 // a *gloomy* mood 悲观的情绪 // He was sitting in his armchair, and looked not quite so severe, and much less *gloomy.* （TEM-4）他坐在他的扶手椅上，神情并不十分严肃，也不怎么忧郁。

【注】 blue 也可以表达"心情郁闷"，如：I'm feeling blue.（我心情不好。）

grieve [griːv] *v.* 感到悲痛，伤心；使伤心，使悲痛

【例】 I know it is not my business, but it does *grieve* me to see you going into trouble again. 我知道这不关我的事，但是看到你再次陷入麻烦真让我伤心。

【注】 注意这个词可以转化为两个形容词：grieved 用来形容人，意为"伤心的"；grievous 用来形容事物，意为"令人伤心的"，两者用法不同。

groan [grəʊn] *v.* 哼哼，呻吟 *n.* 呻吟声，哼哼声

【搭】 groan about/over sth. 抱怨…

【例】 When the doctor asked the patient about his illness, he merely *groaned* in response. 当医生询问患者的病情时，他只是呻吟着作答。

grudge [grʌdʒ] *v.* 勉强做，不情愿给 *n.* 积怨，怨恨

【例】 The great thing about Linda is that she doesn't hold any *grudges*. By tomorrow she'll have forgotten all about it. （TEM-4）琳达最好的一点就是从不记仇，到了明天她就把这一切忘得一干二净了。

【听】 注意这个单词中 u 的发音。

grunt [grʌnt] *v.* （猪等）发出呼噜声；（表示烦恼、反对、不满、轻蔑等）发哼声，咕哝；咕哝着说出 *n.* 咕哝声，（猪等的）呼噜声

【例】 People thinking about the origin of language for the first time usually arrive at the conclusion that it developed gradually as a system of *grunts*, hisses and cries and must have been a very simple affair in the beginning. （TEM-4）人们首次对于语言的根源所作的结论是：语言是由一系列的咕哝声、嘘声、叫喊声逐渐发展起来的，最初的形式一定很简单。

harry [ˈhæri] *v.* （不断）烦扰，使烦恼，折磨

【例】 Gage always *harried* his parents for money. 盖奇总是吵着闹着问父母要钱。

harsh [hɑːʃ] *adj.* 刺耳的，刺目的；严厉的，严酷的，苛刻的；尖刻的；粗糙的

【例】 *harsh* remarks 尖刻的评论 // *harsh* realities 严酷的现实 // I think I should be *harsh* with you from now on. 我想从现在开始我应该对你严厉一点了。

【派】 harshness(*n.* 严酷，残酷)

hatred [ˈheɪtrɪd] *n.* 仇恨，憎恶，敌意

【例】The people made no secret of *hatred* for the enemy. 广大人民毫不掩饰对敌人的仇恨。

【题】I'm surprised they are no longer on speaking terms. It's not like either of them to bear a _____.

A. disgust　　　B. curse　　　C. grudge　　　D. hatred

答案为 C。grudge 意为"怨恨，不满，嫌隙"，bear a grudge/grudges 意为"(对某人)怀恨在心"，是固定搭配；disgust 意为"厌恶，反感，作呕"；curse 意为"诅咒"；hatred 意为"仇恨，憎恶"。句意为：我很惊讶他们竟然不再和对方说话了，他们都不像是那种记仇的人。

horrify [ˈhɒrɪfaɪ] *v.* 惊吓，使毛骨悚然；使震惊；使极度厌恶

【例】Most of the students in our school were *horrified* at the bad news. 我们学校大多数学生都被这条坏消息吓坏了。

【注】horror 是名词，意为"惊骇，恐怖"；可以与 horrify 和 horrible 联系起来记忆。

hostile [ˈhɒstaɪl] *adj.* 敌方的，敌对的，敌意的，不友善的

【例】That married couple became *hostile* when the guests had left. 那对夫妇在客人走了之后变得敌对起来。

【派】hostility(*n.* 敌意，对抗)

【注】host 意为"主人"，也有"招待"的意思；hospitality 意为"款待"；hostility 意为"敌意，对抗"。

humiliate [hjuːˈmɪlieɪt] *v.* 羞辱，使丢脸，使蒙羞

【例】You never missed a chance to *humiliate* me. 你从不会错过羞辱我的任何机会。

【派】humiliation(*n.* 羞辱)；humiliated(*adj.* 受到屈辱的)；humiliating(*adj.* 屈辱的，丢脸的)

【听】注意这个词中 u 的发音与 humble 中 u 的发音是不同的。

insane [ɪnˈseɪn] *adj.* 精神失常的；荒唐的，疯狂的，十分愚蠢的

【例】We couldn't believe that the *insane* scheme was authorized. 我们无法相信这个愚蠢的计划居然被批准了。

irritate [ˈɪrɪteɪt] *v.* 激怒，使烦躁；刺激

【例】Peter's behaviour *irritated* people in the room. 彼得的行为激怒了房间里的人。

【派】irritation (*n.* 激怒，生气；刺激)；irritable (*adj.* 易怒的，暴躁的)；irritated(*adj.* 恼怒的，烦恼的)

mean [miːn] *v.* 表示…的意思；意欲；意味着 *adj.* 自私的，吝啬的；卑鄙的，令人讨厌的

【例】 The data may *mean* that fewer workers will have to support many more elderly in the future than governments currently expect. 那份数据也许意味着将来赡养更多老年人的工人人数会越来越少，远远少于政府目前的预期人数。

【派】 meaningful(*adj.* 意味深长的，有意义的)

rage [reɪdʒ] *n.* 盛怒，狂怒

【搭】 in a rage 愤怒，发怒，发脾气

【例】 In a *rage*, Emma tore the letter up and stormed out of the house. 盛怒之下，埃玛把信撕得粉碎，然后冲出房间。

【派】 enrage(*v.* 激怒)

rebuke [rɪˈbjuːk] *v.* 谴责，指责，斥责，批评

【例】 The wife often *rebukes* her husband for being lazy and not helping her. 妻子经常指责丈夫懒惰而且不帮她忙。

reject [rɪˈdʒekt] *v.* 拒绝接受；不录用 [ˈriːdʒekt] *n.* 被抛弃的东西，次品，废品；被弃者

【例】 In the original omiai, the young Japanese couldn't *reject* the partner chosen by his parents and their middleman. (TEM-4) 在传统的相亲中，日本年轻人不能拒绝由其父母和媒人所选定的那个对象。

【派】 rejection(*n.* 拒绝，抵制；排斥)

【题】 By cancelling the debts owed to her, Britain intends to ___ a similar scheme proposed by the International Monetary Fund.

A. reject   B. restart   C. follow   D. review

答案选 A。reject 意为"拒绝接受"；restart 意为"重新开始，重新启动"；follow 意为"跟随"；review 意为"回顾，复习"。句意为：通过取消欠英国的债务，英国打算拒绝国际货币组织提议的相似的方案。

reproach [rɪˈprəʊtʃ] *n./v.* 谴责，责备，责骂

【例】 Although the twins' mother didn't *reproach* them, they still felt guilty. 虽然这对双胞胎的母亲没有责备他们，但他们仍然感到内疚。

resent [rɪˈzent] *v.* 怨恨，憎恶，讨厌

【例】 Tony *resented* it when people introduced him as the famous singer's son. 托尼讨厌别人介绍他时，称他为著名歌手的儿子。

【派】 resentment(*n.* 愤恨，怨恨)

retort [rɪˈtɔːt] *n./v.* 反驳，反唇相讥

【例】 John's *retort* that it was not his fault made his mother even angrier. 约翰反驳说不是他的错，这让他的妈妈更生气了。

scare [skeə(r)] *v.* 惊吓，使惊恐；害怕 *n.* 惊恐，害怕

【搭】 scare sb. off 把某人吓跑；scare sb. stiff 把某人吓得僵住

【例】 The bloody scene of the murder *scared* the cleaner stiff. 这起谋杀的血腥场面把这名清洁工吓得一动不动。

【派】 scary(*adj.* 吓人的，恐怖的)；scared(*adj.* 觉得恐惧的，害怕的)

sigh [saɪ] *v.* 叹息，叹气 *n.* 叹息，叹气声

【例】 The coach let out a deep *sigh* when the players lost the match. 教练在选手们输掉比赛后发出一声沉重的叹息。

skeptical ['skeptɪkl] *adj.* 怀疑的，多疑的

【搭】 skeptical of 怀疑…

【例】 He is *skeptical*—he does not accept statements which are not based on the most complete evidence available—and therefore rejects authority as the sole basis for truth. (TEM-4) 他是个怀疑主义者——他不会接受不以最完整的证据为依据的观点——因此他拒绝将权威当成是真理的唯一依据。

【注】 skeptical 是常用的观点态度词，常出现在阅读中，其他表示观点态度的词有：sympathetic（同情的；赞同的）；objective（客观的）；critical（批评的）；positive（积极的）；negative（消极的）；indifferent（漠不关心的）；optimistic（乐观的）；pessimistic（悲观的）；subjective（主观的）；neutral（中立的）。

slant [slɑːnt] *v.* (使)倾斜；有偏向地报道 *n.* 斜坡，斜面；观点，偏见

【例】 Tim ran along a *slant* towards the top of the hill. 蒂姆沿着斜坡向山顶跑去。

sneer [snɪə(r)] *v.* 嘲笑，讥讽，嗤笑

【例】 The travelers *sneer* at one another in the cold night. 那些旅行者在寒冷的夜里互相嘲笑对方。

【注】 与"笑"有关的词有 laugh, smile, grin, sneer 等，容易混淆，注意区别。laugh 是出声的笑或大笑，而短语 laugh at 和 sneer 表示"嘲笑"；smile 是微笑；grin 是露齿而笑。

snicker ['snɪkə(r)] *n./v.* 暗笑，窃笑，偷偷地笑

【例】 The lecturer made a mistake and some of the audience were *snickering* at him. 那位演讲者犯了个错，一些听众在偷偷地笑他。

spite [spaɪt] *n.* 怨恨，恶意 *v.* 刁难，存心使恼怒

【搭】 in spite of 不管，不顾，尽管；out of spite 出于恶意

【例】 I have to go to school in *spite* of the heavy rain. 尽管雨下得很大，我还是得去上学。

【注】 spite 常用在短语 in spite of 中，注意在听的过程中可能有连读现象。表示"不管，尽管"的词还有 despite。

startle [ˈstɑːtl] v. 使惊吓，使大吃一惊

【例】 The baby *startled* by the loud noise of a plane might become a fool. 被飞机的巨大噪音吓到的婴儿可能会成为一个傻子。

tear [tɪə(r)] n. 眼泪，泪水 [teə(r)] v. 撕裂，扯破；撕开，扯去；飞奔

【搭】 in tears 流着泪，含着泪，哭；tear sth. up 把…撕开，撕碎

【例】 I left *tears* in my throat. I wanted to cry; I didn't, of course. （TEM-4） 我咽下了泪水，我想哭，当然，我没有哭。

terrify [ˈterɪfaɪ] v. 使恐惧，使惊吓

【搭】 be terrified at/of... 被…吓了一跳

【例】 The economic downturn really *terrifies* a lot of investors especially in financial sectors. 经济萎缩着实吓坏了大量的投资者，尤其是在金融行业。

【派】 terrifying(adj. 可怕的)

uneasy [ʌnˈiːzi] adj. 不安的，担心的；令人不舒服的；不稳定的

【搭】 be uneasy about 为…担忧

【例】 an *uneasy* city 动荡不安的城市 // Mary had an *uneasy* feeling that something terrible was going to happen. 玛丽有一种不祥的预感，一些不好的事情要发生了。

upset [ʌpˈset] v. 使人心烦意乱；使不适；弄翻；打乱，搅乱 [ˈʌpset] n. 混乱，搅乱；心烦意乱 [ˌʌpˈset] adj. 不安的

【例】 Tom turned to be very *upset* when I told him the police were investigating into the case. 当我告诉汤姆警方正在调查这件案子的时候，他变得非常不安。

urge [ɜːdʒ] v. 催促；激励 n. 驱策力，推动力；强烈的欲望，迫切的要求

【例】 The porters outside *urged* us to go out at once in order not to affect their work. 外面的搬运工催促我们马上出去，以便不影响他们的工作。

weep [wiːp] v. 流泪，哭泣

【例】 The athlete *wept* with joy when he became the first one across the finish line. 当这名运动员第一个冲过终点线的时候，他流下了喜悦的泪水。

【注】 该词的过去式和过去分词是 wept，读音为[wept]，注意拼写。

◎ 悲观消极 / 认知词

alas [əˈlæs] int. (表示悲痛、同情、遗憾等)唉，哎呀

annoyance [əˈnɔɪəns] n. 恼怒，烦恼；使人烦恼的事

awful	[ˈɔːfl] *adj.* 令人畏惧的，可怕的；威严的，庄重的，令人崇敬的；极讨厌的，极坏的
bad-tempered	[ˈbædˌtɛmpəd] *adj.* 坏脾气的
bitterly	[ˈbɪtəli] *adv.* 带有苦味地；悲痛地；极其，非常
complaint	[kəmˈpleɪnt] *n.* 怨言，不满，牢骚；投诉，抱怨，诉苦；疾病
contemptuous	[kənˈtemptʃuəs] *adj.* 表示轻蔑的，藐视的
controversy	[ˈkɒntrəvɜːsi] *n.* 争论，辩论，论战

【例】 a political *controversy* 一场政治争论

defect	[ˈdiːfekt] *n.* 缺点，瑕疵 [dɪˈfekt] *v.* 背叛，叛变
desperation	[ˌdespəˈreɪʃn] *n.* 绝望，拼命，铤而走险
disbelieve	[ˌdɪsbɪˈliːv] *v.* 不相信，怀疑
discourage	[dɪsˈkʌrɪdʒ] *v.* 使丧失勇气，使灰心；阻拦，阻止，使不要做

【搭】 discourage sb. from doing 阻止某人做…

【例】 The public launched a campaign to *discourage* people from smoking. 公众发动了一场鼓励人们戒烟的运动。

disillusioned	[ˌdɪsɪˈluːznd] *adj.* (对某人、某事)大失所望的，幻想破灭的
dislike	[dɪsˈlaɪk] *v.* 厌恶，不喜欢
dismal	[ˈdɪzməl] *adj.* 阴暗的，忧郁的，凄凉的；差劲的，不怎么样的
displease	[dɪsˈpliːz] *v.* 触怒，使生气
displeasure	[dɪsˈpleʒə(r)] *n.* 不满，不悦，生气
dissatisfaction	[ˌdɪsˌsætɪsˈfækʃn] *n.* 不满意，不高兴
distrust	[dɪsˈtrʌst] *n./v.* 不信任，疑惑，怀疑
downcast	[ˈdaʊnkɑːst] *adj.* 垂头丧气的；(目光)朝下的
ego	[ˈiːɡəʊ] *n.* 自我，自负
embarrassing	[ɪmˈbærəsɪŋ] *adj.* 使人尴尬的，使人为难的
embarrassment	[ɪmˈbærəsmənt] *n.* 窘迫，局促不安

【例】 financial *embarrassment* 财务拮据

envious	[ˈenviəs] *adj.* 羡慕的，嫉妒的
fury	[ˈfjʊəri] *n.* 愤怒，狂怒；狂暴，猛烈
grief	[griːf] *n.* 悲痛，悲伤；不幸，灾难；伤心事
hardship	[ˈhɑːdʃɪp] *n.* 受苦，苦难，困苦

【例】 We haven't experienced a great deal of *hardship*. 我们没有经历过许多苦难。

hateful	[ˈheɪtfl] adj. 可恨的，讨厌的
heartless	[ˈhɑːtləs] adj. 狠心的，无情的
hopeless	[ˈhəʊpləs] adj. 没有希望的，绝望的；不可救药的
horror	[ˈhɒrə(r)] n. 恐怖；震惊；畏惧；憎恶
hysterical	[hɪˈsterɪkl] adj. 歇斯底里的；极其可笑的
impatient	[ɪmˈpeɪʃnt] adj. 不耐烦的，焦急的；渴望的，急切的

【搭】 be impatient for sth./to do sth. 急切地做…；be impatient with sb./sth. 对某人或某事没有耐心

【例】 Mr. Black stopped his wife with an *impatient* gesture when she continued with her complaints. 当妻子继续抱怨的时候，布莱克先生用一个不耐烦的手势制止了她。

【派】 impatiently(*adv.* 无耐性地，焦急地)

| impulsive | [ɪmˈpʌlsɪv] adj. 易冲动的，由冲动造成的，感情用事的 |

【例】 When my father was a young man, he was adventurous and *impulsive*. 我父亲年轻的时候，既爱冒险又容易冲动。

inhuman	[ɪnˈhjuːmən] adj. 无同情心的；非人的
inhumane	[ˌɪnhjuːˈmeɪn] adj. 无同情心的，冷酷无情的；非人的
inhumanity	[ˌɪnhjuːˈmænəti] n. 无人性，不人道
irritable	[ˈɪrɪtəbl] adj. 易怒的，暴躁的
irritating	[ˈɪrɪteɪtɪŋ] adj. 恼人的，令人不快的
jealous	[ˈdʒeləs] adj. 嫉妒的，吃醋的；珍惜的

【搭】 be jealous of 妒忌

【例】 We shouldn't be *jealous* of other's success. 我们不应当嫉妒他人的成功。

malicious	[məˈlɪʃəs] adj. 有恶意的，心怀恶意的
merciless	[ˈmɜːsɪləs] adj. 残忍的，冷酷无情的
mischievous	[ˈmɪstʃɪvəs] adj. 恶作剧的；有害的
miserable	[ˈmɪzrəbl] adj. 痛苦的，悲惨的；令人难受的，使不舒服的；少得可怜的；乖戾的
misfortune	[ˌmɪsˈfɔːtʃuːn] n. 厄运，不幸
monstrous	[ˈmɒnstrəs] adj. 穷凶极恶的，可怕的；巨大的，畸形的
mutter	[ˈmʌtə(r)] v. 喃喃低语，嘀咕；发牢骚，抱怨
nasty	[ˈnɑːsti] adj. 令人讨厌的；(气味等)令人作呕的；下流的
oath	[əʊθ] n. 誓言；辱骂，咒骂

【搭】 on/under oath 发誓说真话

| obstinate | [ˈɒbstɪnət] adj. 固执的，顽固的；难以应付的，棘手的 |

outrageous [aʊtˈreɪdʒəs] *adj.* 残暴的，激起义愤的；令人震惊的，骇人听闻的

overcast [ˌəʊvəˈkɑːst] *adj.* 多云的，阴暗的；忧郁的，愁闷的

pessimist [ˈpesɪmɪst] *n.* 悲观主义者，厌世者

provoke [prəˈvəʊk] *v.* 激怒，煽动，激起，挑起

【例】The manager's comments *provoked* an angry response from workers.
经理的评论激起了工人们的愤怒。

refusal [rɪˈfjuːzl] *n.* 拒绝，回绝

【例】formal *refusal* 正式拒绝

resentful [rɪˈzentfl] *adj.* 感到或表示愤恨的，憎恨的

resentment [rɪˈzentmənt] *n.* 愤恨，怨恨

restless [ˈrestləs] *adj.* 得不到休息的，不睡的；不安的，焦虑的，烦躁的

reversal [rɪˈvɜːsl] *n.* 倒转，颠倒；挫折，倒退

ridicule [ˈrɪdɪkjuːl] *n./v.* 嘲笑，讥笑

【例】It's wrong to *ridicule* others' mistakes. 嘲笑别人的错误是不对的。

sadden [ˈsædn] *v.* (使某人)悲哀，忧愁

sadness [ˈsædnəs] *n.* 悲哀，悲伤

sarcasm [ˈsɑːkæzəm] *n.* 讥讽，讽刺，反话

sarcastic [sɑːˈkæstɪk] *adj.* 讥讽的，挖苦的

self-interest [ˌself ˈɪntrəst] *n.* 私利，利己(之心)

selfish [ˈselfɪʃ] *adj.* 利己的，自私自利的

self-sufficient [ˌselfsəˈfɪʃnt] *adj.* 自给自足的，自立的

senseless [ˈsensləs] *adj.* 无意义的；愚蠢的；无感觉的，失去知觉的

shady [ˈʃeɪdi] *adj.* 阴凉的，背阴的；可疑的，鬼鬼祟祟的

shamefaced [ˌʃeɪmˈfeɪst] *adj.* 羞愧的，羞怯的

shameful [ˈʃeɪmfl] *adj.* 可耻的，丢脸的

shameless [ˈʃeɪmləs] *adj.* 无耻的，不要脸的

shrug [ʃrʌg] *v.* (表示冷淡、怀疑等)耸(肩)

sicken [ˈsɪkən] *v.* 使(某人)感到厌恶或恶心；生病，患病；厌倦或厌恶某事物

sinful [ˈsɪnfl] *adj.* 有过错的；邪恶的

sinister [ˈsɪnɪstə(r)] *adj.* 邪恶的，险恶的；凶恶的，阴险的

sinner [ˈsɪnə(r)] *n.* 有罪过的人

snobbish [ˈsnɒbɪʃ] *adj.* 势利的；自命不凡的

sob [sɒb] *v.* 呜咽，抽噎 *n.* 呜咽声，抽噎声

sorrow [ˈsɒrəʊ] *n.* 悲伤，悲哀；伤心事，不幸

spiteful [ˈspaɪtfl] *adj.* 恶意的，怀恨的

stigma [ˈstɪgmə] *n.* 耻辱，污点

stricken [ˈstrɪkən] *adj.* 受折磨的；遭受不幸(或灾难等)的；被击中的

【例】poverty-*stricken* 贫穷不堪的

suggestive [səˈdʒestɪv] *adj.* 提示的，暗示的；引起联想的

suicidal [ˌsuːɪˈsaɪdl] *adj.* 自杀的，有自杀倾向的；自我毁灭的，自取灭亡的

terror [ˈterə(r)] *n.* 恐怖，惊骇；恐怖的实例，令人恐怖的人(或事物)；讨厌的人

tumult [ˈtjuːmʌlt] *n.* 喧嚣，纷扰；(心境的)烦乱，思绪不宁

unbearable [ʌnˈbeərəbl] *adj.* 难以忍受的，不能容忍的，承受不住的

unconcern [ˌʌnkənˈsɜːn] *n.* 不关心，冷漠

undue [ˌʌnˈdjuː] *adj.* 过分的，过多的，不适当的

【例】A woman who had the world's first face transplant appears in public without attracting *undue* attention. 世界第一例接受面部移植的女性出现在公众场合，但并没有引来人们过多的注意。

unfortunate [ʌnˈfɔːtʃənət] *adj.* 不幸的，倒霉的；可惜的；得罪人的

unpleasant [ʌnˈpleznt] *adj.* 使人不愉快的，不合意的

vain [veɪn] *adj.* 自负的，得意的；徒劳的，徒然的，枉然的

【搭】in vain 徒然，徒劳无功

vanity [ˈvænəti] *n.* 虚荣，自负；渺小，不重要

vicious [ˈvɪʃəs] *adj.* 狂暴的，残酷的；凶猛的；严厉的；充满仇恨的；恶劣的

viciousness [ˈvɪʃəsnəs] *n.* 恶意，凶恶；危险，险恶

vulgar [ˈvʌlgə(r)] *adj.* 粗鲁的，粗野的；庸俗的，低级的

worthless [ˈwɜːθləs] *adj.* 无价值的，无用的；品质坏的；不中用的

◎ 中立词汇 / 核心词

音频

---

ambiguity [ˌæmbɪˈgjuːəti] *n.* 模棱两可，含糊，不明确

【例】The PR Manager of the company talked to me with diplomatic *ambiguity*. 该公司的公关部经理用模棱两可的官场语气和我交谈。

anticipate [ænˈtɪsɪpeɪt] *v.* 预期，预料；期盼，期待；抢先行动，先发制人；先于…做，早于…行动

【例】In Switzerland, if you were simply to *anticipate* a traffic light, the chances are that the motorist behind you would take your number and report you to the police. （TEM-4）在瑞士，如果你在绿灯未亮前先行，很有可能你后面的汽车司机就会记下你的车牌号并报告给警察。

【派】anticipation（*n.* 预期，预料）

astonish [əˈstɒnɪʃ] *v.* 使吃惊，使惊愕

【例】All of the visitors were *astonished* by the magnificence of the palace. 那座宫殿的富丽堂皇令所有游客惊叹不已。

【派】astonishing（*adj.* 令人异常惊讶的）

astound [əˈstaʊnd] *v.* 使震惊，使大吃一惊

【例】The police were *astounded* when Mrs. Ramsay told them what she had done. 拉姆齐太太把她所做的事告诉了警察，警察听后大为吃惊。

attitude [ˈætɪtjuːd] *n.* 态度，看法；姿势

【搭】attitude to/towards 对…的态度

【例】Over the last 25 years, British society has changed a great deal—or at least many parts of it have. In some ways, however, very little has changed, particularly where *attitudes* are concerned. （TEM-4）在过去的25年里，英国社会发生了巨大的改变，至少很多方面是这样的。然而，在某些方面的变化却非常小，特别是考虑到人们的观点时更是如此。

【听】英语新闻中经常用 stance 这个词来表示"立场，态度"。

attribute [əˈtrɪbjuːt] *v.* 把…归因于

【搭】 attribute to 归结于，因为

【例】 Sue *attributes* her success to hard work and a little luck. 休将自己的成功归因于勤奋工作，另外还有一点点运气。

【派】 attribution(*n.* 归属，归因；属性)

aware [əˈweə(r)] *adj.* 知晓，察觉，意识到

【搭】 be aware of 意识到，知道

【例】 Peter chooses to lead the life he leads on purpose and is fully *aware* of the consequences. 彼得是故意地选择过那种生活的，并完全清楚以这种方式生活的后果。

【派】 unaware(*adj.* 不知道的，未察觉的)；awareness(*n.* 了解，知道)

carefree [ˈkeəfriː] *adj.* 无忧无虑的，无牵无挂的

【例】 They spent a *carefree* summer in the country. 他们在乡村度过了一个无忧无虑的夏天。

【注】 "-free"这个后缀表示"免除，没有"，意义相当于 without。常用的词汇还有 duty-free，意为"免税的"。

chuckle [ˈtʃʌkl] *v.* 轻声地笑，窃笑

【例】 Selina and Brock share a breezy *chuckle* at a perfect outdoor cafe. 在一个非常棒的露天咖啡厅，塞利娜和布罗克都嗤嗤笑着，气氛轻松愉快。

【注】 下面介绍几种"笑"的英文说法：

crack a smile 嫣然一笑　　　　explode with laughter 哄堂大笑
grin with delight 高兴地咧着嘴笑　howl with laughter 狂笑
roar with laughter 放声大笑　　　smile bitterly 苦笑

conscious [ˈkɒnʃəs] *adj.* 意识到的，注意到的；神志清醒的；刻意的

【搭】 be conscious of 意识到，注意到

【例】 I have been and always will be *conscious* of my moral obligations as a citizen. (TEM-4)我一直、也将继续履行我作为公民的道德义务。

【派】 subconsciously(*adv.* 下意识地，潜意识地)；unconscious(*adj.* 不自觉的，无意识的)

deliberate [dɪˈlɪbərət] *adj.* 有意的，故意的；从容不迫的，不慌不忙的

【例】 Shop-lifters can be divided into three main categories: the professionals, the *deliberate* amateur, and the people who just can't help themselves. (TEM-4)商店扒手可分为三个大类：专业扒手、有意图的业余扒手以及不能自控的扒手。

【派】deliberately(*adv.* 故意地,有意地)

discern [dɪ'sɜːn] *v.* 看出,了解,识别;分辨出

【搭】discern from 辨别

【例】You can use a telescope to *discern* objects incredibly distant in space. 你可以使用望远镜来分辨遥远太空中的物体。

furious ['fjʊəriəs] *adj.* 狂怒的,暴怒的;狂暴的,猛烈的,激烈的

【搭】furious with sb. at sth. 因为…对…大发雷霆;in a furious way 以一种狂怒的方式

【例】If this news that Henry fell in love with her best friend ever reaches Helen's ears, she will be *furious*. 如果海伦知道亨利爱上了她最好的朋友这个消息,一定会暴跳如雷的。

fuss [fʌs] *n.* 大惊小怪;大吵大闹,大发牢骚 *v.* 小题大做,大惊小怪

【搭】make a fuss of/over sb. 娇养(某人),过分关怀(某人)

【例】I don't think we should make any *fuss* about our teacher's dress. 我认为我们不应该对老师的着装大惊小怪。

gesture ['dʒestʃə(r)] *n.* 姿势,手势;(外交等方面的)姿态,表示 *v.* 用手势表示,用动作示意

【例】The speaker makes *gestures* to stress what he is saying. 演讲者用手势来强调他说的话。

【题】The priest made the ___ of the cross when he entered the church.
A. mark　　　　　B. signal　　　　　C. sign　　　　　D. gesture
答案为 D。mark 意为"记号";signal 意为"信号";sign 意为"符号,象征";gesture 意为"手势,姿势"。句意为:当那个牧师进入教堂时,他做了个划十字的手势。

glimpse ['glɪmps] *n.* 一瞥,一看;短暂的感受(或体验、领会)

【搭】catch/get a glimpse of 瞥见,看见

【例】The novel contains some marvelously revealing *glimpses* of rural life in the 19th century. (TEM-4) 这部小说包含了一些关于 19 世纪乡村生活的具有启发性的真实描述。

grim [grɪm] *adj.* 严肃的,严厉的;阴冷的;令人沮丧的;坚定的

【例】Kevin makes a *grim* face and signals to his mother to stop talking. 凯文绷起了脸,示意他妈妈不要再讲了。

grumble ['grʌmbl] *v.* 发牢骚 *n.* 不平,怨言

【例】If not being treated with the respect he feels due to him, Jack gets very ill-tempered and *grumbles* all the time. (TEM-4) 如果没有得到在他看来理应得到的尊敬,杰克不仅脾气变得很糟还会一直发牢骚。

haughty [ˈhɔːti] *adj.* 傲慢的，高傲自大的

【例】Jessica turned away with a *haughty* look on her face. 杰茜卡带着傲慢的表情转过身去。

imperative [ɪmˈperətɪv] *adj.* 急需的，重要紧急的；命令（式）的，祈使的，强制的

【例】It is *imperative* that students hand in their term papers on time. (TEM-4) 学生们必须按时交上学期论文。

【题】It is imperative that the government ___ more investment into the shipbuilding industry.

A. attracts　　　B. shall attract　　C. attract　　　D. has to

答案为 C。It is imperative/necessary/important... 等结构后的主语从句中，谓语动词用虚拟语气，should 后接动词原形，should 可省略。

indignant [ɪnˈdɪɡnənt] *adj.* 愤慨的，愤愤不平的

【搭】be indignant at/about sth. 对某事气愤

【例】Emily was *indignant* to know that she would have to wait at least two weeks for that appointment. 埃米莉在得知她要为那个约会等上至少两个星期后很气愤。

【派】indignation(*n.* 愤怒，愤慨)

intend [ɪnˈtend] *v.* 想要，打算；意指

【搭】intend to do/doing sth. 打算或意欲做某事

【例】Health-care reform is *intended* to control costs and provide medical care for everyone. 医疗改革的目的是控制（医疗）费用并为每个人提供医疗保健服务。

【派】intended(*adj.* 有意的，故意的)

【注】intend 意为"打算，意图"，主语通常是人；tend 意为"有…倾向"，后接不定式，即 tend to do，主语可以是人也可以是物；incline 意为"使（某人）倾向于，使（某人）有意于（做某事）"，常用于被动语态 be inclined to。

inward [ˈɪnwəd] *adj.* 在内的，里面（的）；内心的，精神上的 *adv.* 向内，向中心

【例】The girl's pale looks showed her *inward* fear. 女孩苍白的脸色显示出她内心的恐惧。

jealousy [ˈdʒeləsi] *n.* 嫉妒，妒忌

【例】As long as the wide gap between the well-paid and the low-paid exists, there will always be a possibility that new conflicts and *jealousies* will emerge. (TEM-4) 只要高收入人群和低收入人群之间存在很大的差距，就有可能出现新的冲突和嫉妒。

jerk [dʒɜːk] *n./v.* 猛地摇晃，急拉，急抽

【例】Tom tried to *jerk* away the coming bus, but it was too late. 汤姆试图猛地躲开迎面而来的汽车，但为时已晚。

manifest ['mænɪfest] *adj.* 明显的，显而易见的 *v.* 表明，显示；显现，使人注意到

【例】The lecturer attempts to *manifest* the phenomenon of global warming. 这位演讲者试图阐明全球变暖现象。

【派】manifestation(*n.* 显示，表明)

manner ['mænə(r)] *n.* 方式，方法；态度，举止；[*pl.*]礼貌；习俗

【搭】in the manner of 以…方式，以…风格

【例】These couples walked in a leisurely *manner*, looking at all the pictures in the windows. 这些夫妇悠闲地漫步，看着橱窗里所有的画。

melancholy ['melənkəli] *n.* 忧郁，悲伤 *adj.* 令人悲哀的

【例】The girl's *melancholy* and beautiful eyes is the reason for her being chosen to act as the leading role. 那个女孩忧郁又美丽的眼睛正是她被选中饰演女主角的原因。

mercy ['mɜːsi] *n.* 宽恕，仁慈，怜悯；幸运，恩惠

【搭】at the mercy of 在…支配下；have mercy on 对…表示怜悯

【例】The small boat was lost in the sea, at the *mercy* of the wind and storm. 一叶扁舟在大海中迷失，听任暴风骤雨的摆布。

【派】mercifully(*adv.* 宽厚地，仁慈地)

mischief ['mɪstʃɪf] *n.* 调皮，恶作剧；伤害，毁损

【例】Those naughty little kids look very cute, but they are often up to *mischief*. 那些调皮的小孩子看起来很可爱，却经常搞恶作剧。

mock [mɒk] *v.* 嘲笑，嘲弄；蔑视 *adj.* 虚假的；模仿的

【例】Jerry's always *mocking* my French accent. 杰瑞总是嘲笑我的法国口音。

moderate ['mɒdərət] *adj.* 适度的，中等的；温和的，有节制的 ['mɒdəreɪt] *v.* 变缓和，(使)减轻，节制

【例】In this store people can buy many good quality goods with *moderate* prices. 在这家店里，人们可以以适中的价格购买许多优质的商品。

mourn [mɔːn] *v.* 为…哀痛，哀悼

【例】The whole nation should *mourn* for the dead in the severe earthquake. 全国人民都应该为这场严重地震中的死难者哀悼。

【注】注意不要与 moan (*v.* 呻吟)混淆。

neutral [ˈnjuːtrəl] *adj.* 中立的；中性的

【例】a *neutral* position 中立的立场 // It is hard to remain in a *neutral* position during the heated debate. 在这场激烈的辩论中很难保持中立。

【注】注意这个单词中 eu 的发音，在听力中要注意辨别。

outward [ˈaʊtwəd] *adj.* 向外的，外出的；表面的，外表的；向海外的 *adv.* 向外，在外

【例】*outward* appearance 外貌，外形 // The *outward* appearance of the palace has not changed at all in 500 years. 这座宫殿的外貌在过了 500 年之后也没有发生变化。

passive [ˈpæsɪv] *adj.* 被动的，消极的；被动语态的 *n.* 被动语态

【例】The machine would not be a *passive* participant but would add its own suggestions, information, and opinions. (TEM-4) 该机器(指电脑)不是一个被动的参与者，它会表达自己的建议、信息和看法。

perplex [pəˈpleks] *v.* 使困惑，难住；使复杂化

【例】I have no wish to *perplex* the issue. 我不想使问题复杂化。

【派】perplexed(*adj.* 困惑的，不知所措的)；perplexing(*adj.* 复杂的，令人困惑的)

【注】注意 perplex 的两个派生形容词的不同用法：perplexed 用来形容人，perplexing 用来形容事物。

pessimistic [ˌpesɪˈmɪstɪk] *adj.* 悲观的，厌世的

【搭】pessimistic about 对…感到悲观的

【例】I think you are far too *pessimistic*. 我觉得你太过于悲观了。

【注】反义词为 optimistic (乐观的)。

prejudice [ˈpredʒudɪs] *n.* 偏见，成见 *v.* 使怀有(或形成)偏见；损害

【搭】prejudice against 对…抱有偏见

【例】In the past, white people held strong *prejudice* against the black. 在过去，白人对黑人有很大的成见。

【派】prejudiced(*adj.* 有偏见的；偏爱的)

preoccupation [priˌɒkjuˈpeɪʃn] *n.* 全神贯注；忧心忡忡；盘算，思考；长久思考的事情

【例】The new hostess has an obsessive *preoccupation* with her appearance. 这名新上任的女主持过分关注于自己的外表。

recall [rɪˈkɔːl] *v.* 忆起，想起；召回，收回 *n.* 回忆，回想；召回，收回

【搭】recall sb. to life 使某人苏醒

【例】A smile appears on the old lady's face when she *recalls* her good old days. 当老妇人回忆起以前的美好时光时，笑容浮现在她的脸上。

reckon [ˈrekən] *v.* 想，认为；被看作，被普遍认为是；料想，估计

【搭】reckon on 依靠，指望；reckon with 重视，认真处理；reckon as/for/to be 认为，看作

【例】The newly released album is *reckoned* as the best of the year. 这张新发行的专辑被认为是年度最佳唱片。

recollect [ˌrekəˈlekt] *v.* 回忆，回想

【例】As far as I can *recollect*, there once was a small antique shop. 我记得这曾经有一家小古董店。

reflect [rɪˈflekt] *v.* 反射；反映；表达，表明；沉思，认真思考

【搭】reflect on 认真思考…

【例】I had been *reflecting* on that employee's suggestion and thought it was very practical. 我一直在认真考虑那名雇员的建议，觉得非常可行。

refrain [rɪˈfreɪn] *v.* 抑制，避免，戒除 *n.* 反复句，(诗歌的)叠句，副歌

【例】David has *refrained* from making any comment about the attack in public. 戴维克制住了自己，没在公共场合对这次袭击作任何评论。

remark [rɪˈmɑːk] *n.* 议论，评论；注意，留意 *v.* 谈及；谈论，评论；注意到

【搭】remark about/on 谈论，评论；make a remark on 对…发表评论

【例】The shareholder's *remarks* were such as to annoy everybody at the meeting.（TEM-4）那名股东的话令会场的每个人都很恼火。

repent [rɪˈpent] *v.* 悔悟，悔过

【例】The criminal *repented* what he did and resolved to renew himself. 犯罪分子对他所做的事追悔莫及，决心改过自新。

sensation [senˈseɪʃn] *n.* 感觉，知觉；轰动，激动

【例】I had a *sensation* from aunt Mary's eye that she did not like me. 从玛丽姨妈的眼神中我感觉她不喜欢我。

【派】sensationalize(*v.* 炒作，以夸张的手法处理)；sensational(*adj.* 轰动的，惊人的)

shiver [ˈʃɪvə(r)] *n./v.* 颤抖，发抖

【例】Don't stand outside *shivering* with cold. 别站在外面冻得直打哆嗦了。

【题】She was standing outside in the snow, ___ with cold.

A. spinning　　B. shivering　　C. shaking　　D. staggering

答案为 B。spin 意为"旋转"；shiver 意为"颤抖"；shake 意为"摇动"；stagger 意为"蹒跚"。句意为：她站在外面的雪里，冻得直发抖。

standpoint [ˈstændpɔɪnt] *n.* 立场，观点

【例】From a safety *standpoint*, a lot of the older planes were built tougher and with proper maintenance; there's no reason why a plane can't stay safe for 25 to 30 years.（TEM-4）出于安全的角度，许多老飞机建造得更结实，也进行了合理的保养，其飞行年限没有理由达不到 25 到 30 年。

【注】表示"观点"的词还有：view, viewpoint, point of view, opinion。在写作中，常会用到"就我而言"，可以表示为：in my opinion, from my point of view, personally, as far as I'm concerned 等。

stun [stʌn] *v.* 使昏迷；（尤指）打昏；使目瞪口呆，使吃惊；给人以深刻印象

【例】The movie is greatly enhanced by its *stunning* visual effects. 令人震撼的视觉效果让这部电影增色不少。

subjective [səbˈdʒektɪv] *adj.* 主观的（非现实世界的）；主观的（以个人的好恶、观点等为依据的）

【例】My *subjective* opinion is that I think Christian is the most beautiful girl in our school. 我主观地认为克里斯琴是我们学校最漂亮的女孩。

tease [tiːz] *v.* 取笑，嘲弄

【例】My classmates always *teased* me about my hair when I was at primary school. 上小学的时候，我的同学总是嘲笑我的头发。

thrill [θrɪl] *n.*（一阵）激动，震颤；令人心情激动的经历 *v.* 使震颤，使激动

【例】It gave me a big *thrill* to meet my favorite film star in person after so many years. 这么多年后可以亲眼看到我最喜欢的电影明星，这真令我激动不已。

【派】thrilling（*adj.* 令人激动的；让人毛骨悚然的）

tremble [ˈtrembl] *v.* 哆嗦，震颤；颤动，摆动；焦虑，担忧

【搭】tremble with 因…而哆嗦或颤抖

【例】Lucy could not stop *trembling*, and she could hardly hold the pen. 露西止不住地发抖，几乎拿不住笔。

wander [ˈwɒndə(r)] *v.* 漫步，徘徊；走神，精神恍惚；蜿蜒

【搭】wander from/off 偏离…，游离…

【例】I *wandered* through the front room, the dining room, the parlour, hand on the wall for balance.（TEM-4）我穿过起居室、餐厅、客厅，手触摸着墙壁以寻求平衡。

【听】注意在拼写和发音上不要和 wonder 混淆。

◎ 中立词汇 / 认知词

countless	[ˈkaʊntləs] *adj.* 无数的
duly	[ˈdjuːli] *adv.* 正当地, 适当地; 按时地, 适时地
emotion	[ɪˈməʊʃn] *n.* 强烈的感情, 情绪, 情感

【例】 All I'm asking for is just a little *emotion*! 我所需要的只是一点点感情而已!

【派】 emotional(*adj.* 情绪的; 激动人心的; 感情冲动的)

emotive	[ɪˈməʊtɪv] *adj.* (激起)感情的, 引起情绪反应的; 有感染力的
emphatic	[ɪmˈfætɪk] *adj.* 有力的; 着重的, 加强语气的; 显著的
especial	[ɪˈspeʃl] *adj.* 特别的, 特殊的
haunting	[ˈhɔːntɪŋ] *adj.* 难以忘怀的
longing	[ˈlɒŋɪŋ] *n.* 渴望, 憧憬 *adj.* 渴望的
mild	[maɪld] *adj.* 和善的; 温暖的; 味淡的; 轻微的

【派】 mildly(*adv.* 和善地; 轻微地, 略微)

mood	[muːd] *n.* 心情, 情绪; 心情不好, 闹脾气; (动词的)语气

【搭】 in the mood for 有情绪而做; 有心情做

morality	[məˈræləti] *n.* 道德, 品行, 道德观

【例】 Many philosophers disagree over the definition of *morality*. 许多哲学家都不同意对道德的定义。

omen	[ˈəʊmən] *n.* 征兆, 预兆
second-hand	[ˌsekəndˈhænd] *adj.* 用过的, 旧的; 间接得来的
self-contained	[ˌselfkənˈteɪnd] *adj.* (指住所)有独立设施的, (通常指)独门独户的; (指人)拘谨的, 不与他人来往的
self-contradictory	[ˌselfkɒntrəˈdɪktəri] *adj.* 自相矛盾的
self-control	[ˌselfkənˈtrəʊl] *n.* 自制力
self-criticism	[ˌselfˈkrɪtɪsɪzəm] *n.* 自我批评
self-evident	[ˌselfˈevɪdənt] *adj.* 不言而喻的, 显而易见的
self-respect	[ˌselfrɪˈspekt] *n.* 自尊(心); 自重
sensibility	[ˌsensəˈbɪləti] *n.* 敏感性, 感受能力; [*pl.*](易生气或易受刺激的)感情

【例】 What did that tell you about their outlook and *sensibilities*? 由此, 你了解他们的观点和感情吗?

sensitivity	[ˌsensəˈtɪvəti] *n.* 敏感性，灵敏度；体察；悟性	
similarity	[ˌsiməˈlærəti] *n.* 相似，类似；相似之处，类似点	
spectator	[spekˈteitə(r)] *n.* 观众；旁观者	
subconscious	[ˌsʌbˈkɒnʃəs] *adj.* 下意识的，潜意识的	
suitability	[ˌsuːtəˈbɪləti] *n.* 适合，适宜	
tolerable	[ˈtɒlərəbl] *adj.* 可容忍的；尚好的，过得去的	
touching	[ˈtʌtʃɪŋ] *adj.* 动人的；令人同情的	
unaware	[ˌʌnəˈweə(r)] *adj.* 不知道的，未察觉的	

【例】 They remained *unaware* of our presence. 他们仍未留意到我们的存在。

unbelievable	[ˌʌnbɪˈliːvəbl] *adj.* 不可信的，不真实的；难以置信的，惊人的
uncompromising	[ʌnˈkɒmprəmaizɪŋ] *adj.* 不妥协的，坚定的，不让步的
undreamed-of	[ʌnˈdriːmd ɒv] *adj.* 梦想不到的，难以想象的
unethical	[ʌnˈeθɪkl] *adj.* 不道德的
unheard-of	[ʌnˈhɜːd ɒv] *adj.* 闻所未闻的，空前的
unlimited	[ʌnˈlɪmɪtɪd] *adj.* 无限制的，任意多的
unnecessary	[ʌnˈnesəsəri] *adj.* 不需要的

【例】 It will be better if you cancel some *unnecessary* information in your resume. 如果你在简历中删掉一些多余的信息，效果会更好。

unpredictable	[ˌʌnprɪˈdɪktəbl] *adj.* 无法预料的；善变的，难以捉摸的
unquestionable	[ʌnˈkwestʃənəbl] *adj.* 无疑的，确实的
view	[vjuː] *n.* 视力，视野；景色，景象；看法，意见 *v.* 把…视为；观察；检查
viewpoint	[ˈvjuːpɔint] *n.* 观点，看法

【例】 Does anybody have a *viewpoint* on the event? 有人要对这事件发表看法吗？

willpower	[ˈwɪlpaʊə(r)] *n.* 意志力，克制力
worried	[ˈwʌrid] *adj.* 担忧的，发愁的
worry	[ˈwʌri] *v.* (使)烦恼，(使)担忧 *n.* 烦恼，焦虑；令人烦恼的人或事

◎ 事物描述 / 核心词

音频

absolute [ˈæbsəluːt] *adj.* 绝对的，完全的；肯定的，无疑的；十足的

【例】 *absolute* trust 绝对信任 // The outer planets have temperatures near *absolute* zero and hydrogen-dominated atmospheres. 太阳系的其他行星的温度都接近绝对零度，并围绕着以氢气为主的大气层。

abundant [əˈbʌndənt] *adj.* 大量的，充裕的，丰富的

【搭】 abundant in 富于

【例】 The poor area is in urgent need of an *abundant* supply of food. 这个贫困地区急需大量的食物供给。

【派】 abundantly(*adv.* 丰富地，大量地；十分地)

alternative [ɔːlˈtɜːnətɪv] *adj.* 两者（或两者以上）选一的，可供替代的；非传统的 *n.* 取舍，抉择；替换物，可供选择的事物

【例】 Let us try to list some of the *alternatives* between which parents are forced to decide. (TEM-4) 让我们就家长被迫作出的一些选择做一个列表。

【派】 alternatively(*adv.* 或者，二者择一地)

ample [ˈæmpl] *adj.* 足够的，充裕的；宽敞的，广大的；丰满的

【例】 You'll have *ample* opportunity to practice your English here. 在这里你会有足够的机会练习英语。

appalling [əˈpɔːlɪŋ] *adj.* 令人震惊的，骇人的，可怕的

【例】 I sat practically paralyzed by this *appalling* news. 听到这个令人震惊的消息，我坐在那里几乎不知所措。

apparent [əˈpærənt] *adj.* 明显的，显而易见的；貌似的，表面上的

【例】 In the Philippines a ferry carrying at least 400 people has sunk after an *apparent* collision with a cargo ship. (TEM-4) 在菲律宾，一艘载了至少400人的渡船因为与一艘货船猛烈相撞而沉没。

【派】 apparently(*adv.* 显然地，看来)

applicable [əˈplɪkəbl] *adj.* 合适的，适用的，可应用的
【搭】 be applicable to 可应用于
【例】 The man failed in this controversy because he couldn't find *applicable* examples to support his idea. 这个人在辩论中败下阵来，因为他找不到合适的例子来支持自己的观点。

appropriate [əˈprəuprɪət] *adj.* 适合的，适宜的
【例】 The wear of Hello Kitty is *appropriate* for girls from 12 to 28. Hello Kitty 的服饰适合12岁至28岁的女孩穿。

artificial [ˌɑːtɪˈfɪʃl] *adj.* 人造的，人工的；假装的，不自然的
【例】 *artificial* satellite 人造卫星 // The restaurant usually uses *artificial* sweetener in cakes and dishes. 这家餐厅经常在糕点和菜中加人工甜味剂。

authentic [ɔːˈθentɪk] *adj.* 真品的，真迹的；真实的，真正的
【例】 There is no doubt that this is the *authentic* work of Shakespeare. 毫无疑问这是莎士比亚的真迹。

backward [ˈbækwəd] *adj.* 向后的；落后的，不发达的；倒退的
【搭】 be backward in 在…方面很落后
【例】 No human race anywhere on Earth is so *backward* that it has no language of its own at all.（TEM-4）在地球上，还没有任何一个种族落后到没有自己的语言。
【听】 注意在听写的过程中不要和 backwards 混淆。

blank [blæŋk] *adj.* 空白的；空虚的；单调的；茫然的，没有表情的 *n.* 空白，空格，空页
【例】 Alice emerged into the hallway with a *blank* look on her pretty but pale face. 艾丽斯出现在走廊里，她那美丽但苍白的脸上挂着茫然的表情。
【注】 常和 blank"无表情的"一起出现的有 a blank expression, a blank face, a blank gaze。

blunt [blʌnt] *adj.* 钝的，不锋利的；（举止言谈等）生硬的，不拐弯抹角的；（感觉、理解方面）迟钝的 *v.* 把…弄钝；使迟钝
【搭】 to be blunt 坦白讲，说实话
【例】 The enemy was *blunted* into believing we were not ready for the attack. 敌人上当了，以为我们还没有做好进攻的准备。
【派】 bluntly(*adv.* 直言地，单刀直入地)

bundle [ˈbʌndl] *n.* 捆，包；一批；风趣的人
【搭】 a bundle of 一捆，一包
【例】 Rose burned up a *bundle* of letters which were sent by her former boyfriends. 罗丝烧了一大捆她前男友寄给她的信件。

characterise/characterize [ˈkærəktəraɪz] v. 成为…的特征，以…为特征；表现（…的特征），刻画

【例】 Bright colours *characterize* the rooms decorated by Jason. 杰森装修的房间都以颜色鲜亮为特征。

characteristic [ˌkærəktəˈrɪstɪk] adj. 特有的，表示特性的 n. [pl.]特性，特色

【搭】 characteristic of …的特征，…的特性

【例】 Lily speaks with *characteristic* enthusiasm. 莉莉说话带着特有的热情。

【注】 characteristic 意为"特征，特色"，比较侧重外在；quality 指意为"特质，品质，素质"，比较侧重内在；distinction 意为"独特，不同凡响"；feature 意为"特征，特色"，侧重具体的某个特征。

coarse [kɔːs] adj. 粗的，大颗粒的；粗糙的，粗劣的；(举动等)粗鲁的，粗俗的

【例】 I cannot believe she loves that *coarse* and vulgar story. 我真不敢相信她居然喜欢这种低俗的故事。

comparable [ˈkɒmpərəbl] adj. 类似的，可相比的

【搭】 be comparable to 比得上…

【例】 The planet Pluto is *comparable* in size to the moon. 冥王星和月球差不多大。

comparative [kəmˈpærətɪv] adj. 比较的，比较上的；相对的；比较级的

【例】 *comparative* advantage 相对优势 // During the bombings, people sheltered in the *comparative* safety of the underground rail stations. 轰炸期间，人们躲到地铁车站里，这里相对安全些。

【派】 comparatively(adv. 比较上，相对地)

comparison [kəmˈpærɪsn] n. 比较，对照；比拟，比喻

【搭】 by comparison 比较起来；make a comparison 进行对比

【例】 In *comparison* with the total number of earthquakes each year, the number of disastrous earthquakes is very small. （TEM-4）与每年地震发生的总数相比较，灾难性地震的数量还是很少的。

【题】 Being color-blind, Sally can't make a ___ between red and green.
A. difference　　B. distinction　　C. comparison　　D. division
答案为 B。difference 意为"差别，差异"，是指事物自身客观存在的差异；distinction 意为"区别，分别"，指主观意识能够辨别客观存在的差异；comparison 意为"比较"，指将两物放在一起进行对比的过程；division 意为"分开；分配"，并不强调事物的差异和关联，只是一个简单的外部行为。句意为：萨莉是色盲，分辨不出红色和绿色。

concise [kən'saɪs] *adj.* 简洁的，简明的

【例】The instruction manual is written in clear, *concise* English. 这份英文使用手册的语言简明清晰。

congruent ['kɒŋgruənt] *adj.* 一致的，相称的；叠合的，全等的

【例】I believe my competence is extremely *congruent* with the requirements of the company. 我相信我的能力极其符合公司的要求。

conspicuous [kən'spɪkjuəs] *adj.* 显著的，引人注目的

【例】Downtown business owners say they want to move the shelter for the homeless to a less *conspicuous* location. 城里的商人们表示，他们想把流浪者的住所搬到不显眼的地方。

crude [kruːd] *adj.* 天然的，未加工的；粗糙的，粗制的；粗略的；粗俗的，冒犯的 *n.* 原油，石油

【例】*crude* oil 原油 // The increasing cost of *crude* oil will compel manufacturers to raise their prices. 原油价格的升高会迫使制造商提高他们产品的价格。

deficient [dɪ'fɪʃnt] *adj.* 有缺陷的；缺乏的，不足的

【例】There is much room to improve since the education system is still *deficient*. 教育体制尚未完善，还有许多需要改进的地方。

delicate ['delɪkət] *adj.* 易碎的，脆弱的；精密的，精致的；微妙的；清香的

【例】No one senses the *delicate* change in the boss's face. 谁也没有察觉到老板脸色的微妙变化。

dim [dɪm] *adj.* 暗淡的，昏暗的；模糊不清的；迟钝的，愚蠢的 *v.* 使暗淡；(使)失去光泽

【例】a *dim* room 光线暗淡的房间 // a *dim* memory 模糊的记忆 // Scientists have discovered a *dim* brown dwarf just 16.2 light years from Earth. 科学家在距地球仅 16.2 光年的地方发现了一颗暗淡的褐矮星。

distinct [dɪ'stɪŋkt] *adj.* 截然不同的，有区别的；清晰的，分明的；确实的

【搭】be distinct from 与…截然不同

【例】As a result of this and also of the fact that workers' jobs were generally much less secure, *distinct* differences in life-styles and attitudes came into existence. (TEM-4) 由于这个原因，以及工人工作通常更不稳定的事实，使得工人们形成了截然不同的生活方式和态度。

【派】distinctive(*adj.* 与众不同的，有特色的)；distinctly(*adv.* 清楚地，明显地)

drawback [ˈdrɔːbæk] *n.* 缺点，不利条件，短处

【例】One *drawback* of wearing high heels is that they make it very difficult for the feet to keep balance. 穿高跟鞋的缺点之一就是它们让脚部很难保持平衡。

dreary [ˈdrɪəri] *adj.* 令人沮丧的，沉闷的，枯燥无味的

【例】Doing the same thing all day is very *dreary*. 整天做同样的事情很枯燥。

elastic [ɪˈlæstɪk] *adj.* 弹性的，有弹力的；灵活的，可伸缩的 *n.* 橡皮带，松紧带，橡皮圈

【例】In order to take in and expel large amounts of air, the lungs must stay elastic or can stretch *easily*. 为了能够吸入和呼出大量的空气，肺部必须保持弹性或是能够轻易地拉伸。

elegant [ˈelɪɡənt] *adj.* 优雅的；精美的

【例】The spa town of Bath contains the country's finest Roman ruins, and much *elegant* Georgian architecture. （TEM-4）巴思的温泉镇有着这个国家最好的罗马遗址以及很多精致的乔治亚时代的建筑。

erect [ɪˈrekt] *adj.* 直立的，竖起的 *v.* 建造，使直起

【例】The soldiers *erected* their tents at the foot of the mountain. 士兵们在山脚处支起了帐篷。

evident [ˈevɪdənt] *adj.* 明显的，明白的

【例】It's *evident* that the economy is developing very fast in this area according to the data. 据数据显示，很明显这个地区的经济正在快速发展。

【注】self-evident 不言而喻的；不证自明的

exquisite [ɪkˈskwɪzɪt] *adj.* 精美的，精致的；精湛的

【例】The church is full of *exquisite* works of craftsmanship donated by individuals. 教堂里摆满了由个人捐赠的精美手工艺品。

exterior [ɪkˈstɪəriə(r)] *adj.* 外部的，外来的；外表的 *n.* 外貌，外表；外部，表面

【例】calm/cool *exterior* 平静的外表 // Though my professor's *exterior* was altered, his mind was unchangeable. 尽管我的教授外表发生了变化，但他的思想没有改变。

external [ɪkˈstɜːnl] *adj.* 外部的，外面的；外来的，外界的；对外的

【例】an *external* wound 外伤 // *external* pressure 外界压力 // *external* affairs 外交事务 // Some countries are perhaps well off in natural resources, but suffered for many years from civil and *external* wars, and for this and other reasons have been unable to develop their resources. (TEM-4) 有的国家自然资源或许很丰富，但是由于多年内战和外战，还有这样那样的原因，使得这些资源无法被开发利用。

extraordinary [ɪkˈstrɔːdnri] *adj.* 离奇的，使人惊奇的；不平常的，非凡的，不一般的；临时的

【例】 New research shows that many people in high positions hold some *extraordinary* beliefs. 新的调查表明许多处于高级职位的人士都有一些特别的信念。

【题】 With ___ exceptions, the former president does not appear in public now.

A. rare   B. unusual   C. extraordinary   D. unique

答案为 A。rare 意为"稀少的，罕有的"；unusual 意为"不平常的"；extraordinary 意为"不平常的，特别的"；unique 意为"唯一的，独一无二的"。句意为：除极少数例外，前总统现在很少出现在公共场合。

fabulous [ˈfæbjələs] *adj.* 寓言中的，神话似的；很好的，绝佳的

【例】 Victor and Anna have a *fabulous* art collection. 维克托和安娜的艺术收藏品堪称一绝。

fade [feɪd] *v.* (使)褪色，(使)枯萎，变衰；逐渐消失

【搭】 fade away 渐渐消失；凋零；消瘦，憔悴

【例】 People's enthusiasm didn't *fade* away even though the concert had ended for several hours. 尽管演唱会结束已经好几个小时了，可是人们仍然热情高涨。

【听】 fade 出现在日常对话中时会与衣物等的褪色有关。

fatal [ˈfeɪtl] *adj.* 致命的，毁灭性的

【例】 a *fatal* wound 致命伤 // a *fatal* accident 死亡事故 // a *fatal* hour 决定性的时刻 // It is a *fatal* error to tell your employees they're unimportant. 对你的员工说他们不重要是个致命的错误。

feasible [ˈfiːzəbl] *adj.* 可行的，行得通的

【例】 After the new technology becomes economically *feasible*, the sky over cities will be brighter, and the air will no longer be a threat to our health. (TEM-4) 一旦新技术在经济上可行了，城市上空的天空将变得更加明亮，空气对我们的健康也不会再构成威胁。

【注】 possible, feasible, practicable 这三个词都有"可能实行的"之意。possible 强调的是有可能，但是不一定；feasible 指还没做，但很有可能可以实行；practicable 的可行指有办法或条件使某事有效实行。

flaw [flɔː] *n.* 弱点，缺点；缺陷，瑕疵 *v.* 使有缺陷，使破裂

【例】The Web browser designed by Microsoft is nice, but it also has some *flaws*. 微软公司设计的网页浏览器很好用，但是也同样存在一些缺陷。

flexible ['fleksəbl] *adj.* 柔韧的，易弯曲的；可变通的，灵活的，易适应的

【例】a *flexible* schedule 可变通的日程表 // *flexible* working hours 弹性工作时间 // A *flexible* retirement age is being considered by Ministers to unify men's and women's pension rights. 部长们正在考虑采用弹性退休年龄来使男性和女性的退休金达到统一。

【派】flexibility(*n.* 弹性，适应性); flexibly(*adv.* 柔韧地，灵活地)

foremost ['fɔːməust] *adj.* 最著名的；最重要的，首先的

【例】A country's standard of living depends first and *foremost* on its capacity to produce wealth.（TEM-4）一个国家的生活水平首先取决于它创造财富的能力。

【注】first and foremost 意为"非常重要的，首要的"；fundamental 意为"基础的，根本的"；elementary 意为"初步的，基础的"。

formal ['fɔːml] *adj.* 正规的，适于正式场合的；有条理的，整齐的；形式上的；合乎规矩的，正式的

【例】Anna joined a *formal* dinner party with her boyfriend. 安娜与她的男朋友一起参加了一场正式的晚宴聚会。

【派】informal（*adj.* 非正式的）; formally（*adv.* 正式地；形式上地）; informally(*adv.* 非正式地)

formidable ['fɔːmɪdəbl] *adj.* 大而可怕的，令人畏惧的；难以应付的，难以战胜的

【例】The bell made quite a *formidable* sound. 那座钟发出很可怕的声音。

forthcoming [ˌfɔːθ'kʌmɪŋ] *adj.* 即将发生的，即将来到的；现成的，随要随有的；乐于提供信息的

【例】We are ready for the huge *forthcoming* challenge. 我们已做好准备迎接即将到来的巨大挑战。

gorgeous ['gɔːdʒəs] *adj.* 异常漂亮的，壮丽的；令人愉快的

【例】Boys shout when they see the peacock spread his *gorgeous* tail. 当孔雀开屏时，男孩们大声叫了起来。

handful ['hændful] *n.* 一把；少数，一小撮

【搭】a handful of 少数…

【例】Only a *handful* of people came to the meeting, far more less than our expectation. 只有一小部分的人出席了会议，这远远低于我们的期望。

heap [hi:p] *n.* (一)堆;大量,许多 *v.* 堆积,堆起,积累

【搭】 a big heap of 一大堆…

【例】 I've got to go because I got a *heap* of work waiting in my office. 我得走了,因为办公室里还有一大堆工作要做。

heave [hi:v] *v.* 举起,拉,拖;恶心;(有节奏地)起伏

【例】 The workers *heaved* the machine up the stairs. 工人们用力把机器搬上了楼。

【注】 可以与 heavy(*adj.* 重的)联系记忆。

hideous ['hɪdɪəs] *adj.* 丑陋的;骇人听闻的;令人厌恶的

【例】 Nobody is interested in the *hideous* sculptures on the walls. 没有人对墙上那些恐怖的雕刻感兴趣。

hollow ['hɒləʊ] *adj.* 空(心)的,中空的;凹的,凹陷的;(声音)回荡的;虚伪的

【例】 It's no use saying so many *hollow* words. 说这么多空话毫无意义。

【注】 可以与 hole(*n.* 洞口)联系记忆。

horrible ['hɒrəbl] *adj.* 令人毛骨悚然的,可怕的,恐怖的;糟透的,极讨厌的

【例】 There is no guarantee that *horrible* incidents are things of the past. 不能保证可怕的事件已成为过去。

immense [ɪ'mens] *adj.* 极大的,巨大的

【例】 The government plans to build an *immense* stadium and a new swimming pool. 政府打算建造一个巨大的露天运动场和一个新游泳池。

【派】 immensity(*n.* 广大,巨大)

【注】 immense 指面积的广大;vast 指数量、体积上的大。

impractical [ɪm'præktɪkl] *adj.* 不现实的,不实用的,不切实际的

【例】 The scheme proposed by the former general manager was dismissed as *impractical*. 前总经理提出的建议由于不实际而被放弃了。

【题】 His ideas are invariably condemned as ___ by his colleagues.

A. imaginative　　B. ingenious　　C. impractical　　D. theoretical

答案为 C。imaginative 意为"想象的,虚构的";ingenious 意为"有独创性的";impractical 意为"不切实际的";theoretical 意为"理论上的"。句意为:他的想法总被同事指责为不切实际。

incredible [ɪn'kredəbl] *adj.* 难以置信的,不可思议的,精彩的;不能相信的,不可信的

【例】 Jack gets in *incredible* phone bill every month due to his busy business. 杰克繁忙的生意使得他每月的电话费多得不可思议。

【注】 与 unbelievable 是同义词。

inequality [ˌɪnɪˈkwɒləti] *n.* 不平等, 不平均

【例】The *inequality* between rich and poor is growing in the city. 城市里贫富差异越来越大。

【注】inequality 侧重于"不平等"; unbalance 强调的是"不平衡"。

infectious [ɪnˈfekʃəs] *adj.* 传染性的, 感染的; 有感染力的

【例】an *infectious* disease 传染病 // an *infectious* laugh 有感染力的笑声 // The organization does research on *infectious* diseases and reproductive health, and also provides services. (TEM-4) 该机构研究感染性疾病和生殖健康, 并提供服务。

【派】infect(*v.* 传染, 感染); infection(*n.* 传染, 传染病; 影响, 感染)

long [lɒŋ] *adj.* (长度、时间)长的 *adv.* 长久地 *v.* 渴望

【搭】as long as/so long as 只要, 如果; before long 不久以后; for long 长久地; no longer 不再, 已不; long for 渴望

【例】I'm not at all sure that he would take to all that fresh air and exercise in the *long* grass. (TEM-4) 我根本就不相信他会喜欢在大片的草地上呼吸新鲜空气和做运动。

manifold [ˈmænɪfəʊld] *adj.* 多种的, 多方面的

【例】The suspect has *manifold* reasons to claim that he has nothing to do with it. 那名犯罪嫌疑人有多种理由来宣称自己与此事毫不相干。

monotonous [məˈnɒtənəs] *adj.* 单调的, 无变化的, 令人厌倦的

【例】People sometimes feel their lives are *monotonous* and meaningless. 人们有时感觉自己的生活既单调又没有意义。

negative [ˈneɡətɪv] *adj.* 否定的; 消极的; (电)负极的 *n.* 否定词, 否定语; 底片; 负数

【例】a *negative* reply 否定的答复 // a *negative* number 负数 // The *negative* effect of the scandal is enormous and can't be erased soon. 这个丑闻的负面效应巨大, 而且无法很快消除。

【注】这个词的反义词是 positive。

noticeable [ˈnəʊtɪsəbl] *adj.* 显而易见的, 引人注目的

【例】There was no *noticeable* difference in appearance between identical twins. 同卵双生双胞胎在外表上没有很明显的差异。

【派】noticeably(*adv.* 显著地, 引人注目地)

【题】After the heavy rain, a builder was called to repair the roof, which was ___.

A. leaking   B. trickling   C. prominent   D. noticeable

答案为 A。leak 意为"泄露"；trickle 意为"滴流"；prominent 意为"卓越的"；noticeable 意为"明显的"。句意为：大雨过后，建筑工人被叫来维修漏雨的屋顶。

partial [ˈpɑːʃl] *adj.* 部分的，局部的；偏袒的，不公正的

【例】Teachers always tend to be *partial* to the students with better scores. 老师总是倾向于偏袒成绩好的学生。

【派】impartial(*adj.* 公平的，不偏不倚的)；partially(*adv.* 部分地；不公平地)

pathetic [pəˈθetɪk] *adj.* 招人怜悯的，悲惨的；感伤的，感情(上)的；令人生厌的

【例】My aunt is a *pathetic* woman who is abandoned by her husband and unemployed. 我姑姑是一个可怜的女人，被丈夫抛弃又失业了。

【派】sympathetically(*adv.* 同情地，怜悯地)

peculiar [pɪˈkjuːliə(r)] *adj.* 奇怪的，怪癖的；独特的，特有的

【搭】peculiar to … 特有或独具的

【例】The dishes served in this restaurant have the flavor *peculiar* to my mother's home cooked food. 这家饭店的饭菜与我母亲做的家常菜的独特味道很相似。

【派】peculiarity(*n.* 怪癖；特性)

【题】My cousin likes eating very much, but he isn't very ___ about the food he eats.

A. special   B. peculiar   C. particular   D. specific

答案为 C。special 意为"特别的，特殊的"；peculiar 意为"独特的，特有的"；particular 意为"(过于)讲究的；挑剔的"；specific 意为"具体的；特定的"。句意为：我的表弟非常贪吃，但他对吃什么并不挑剔。

plausible [ˈplɔːzəbl] *adj.* 有道理的，可信的；能说会道的，花言巧语的

【例】The research offers some *plausible* explanations for the problem. 这项研究为这个问题提供了一些有说服力的解释。

positive [ˈpɒzətɪv] *adj.* 积极乐观的；赞同的，拥护的；明确的；正极的，阳性的

【例】*positive* role 积极的作用 // a *positive* number 正数 // The new technique has played a *positive* role in the development of the society. 这项新技术在促进社会发展上起到了积极的作用。

【派】positively(*adv.* 积极地；肯定地)

【题】The party's reduced vote was ___ of lack of support for its policies.

A. indicative　　　B. positive　　　C. revealing　　　D. evident

答案为 A。indicative 意为"指示的，表明的"；positive 意为"积极的"；revealing 意为"暴露的，显露的"；evident 意为"明白的，明显的"。句意为：支持这个党派的票数变少了，这说明它的政策得到的支持很少。

preferable ['prefrəbl] *adj.* 更适合的，更好的，更可取的

【搭】preferable to sth./doing sth./do sth. (做)…较适合，更可取

【例】It would be *preferable* to stay at home rather than going out with someone boring. 比起跟无聊的人外出，呆在家里应该是更好的选择。

【派】preferably(*adv.* 更适宜地)

previous ['pri:viəs] *adj.* 稍前的；先前的，以往的

【搭】previous to 在…之前

【例】I remember you mentioned the party on a *previous* occasion. 我记得你在以前某个时候提及过这个聚会。

【派】previously(*adv.* 先前，以前)

prior ['praɪə(r)] *adj.* 预先的，在前的；较重要的

【搭】prior to 在…之前

【例】*Prior* to the meeting, the several leaders had reached an agreement. 在开会之前，这几位领导人已经达成了一项协议。

random ['rændəm] *adj.* 任意的，随便的 *n.* 任意，随便

【搭】at random 胡乱地，随机地，任意地

【例】The plain-clothes police picks up a book at *random*, keeping an eye on the thief. 便衣警察随便拿起一本书，眼睛却密切注视着那个小偷。

react [ri'ækt] *v.* 反应；反抗，反对；起化学反应

【搭】react against 反对；起反作用；react to... 对…作出反应；react on/upon... 对…产生影响

【例】Lucy *reacted* against her father's order by transferring to a new school. 露西反抗她父亲的命令，转到了一所新学校。

【派】reaction(*n.* 反应)

【听】该词的派生词 reaction 在新闻中常被考到，要引起注意。

reasonable ['ri:znəbl] *adj.* 可接受的，合情合理的；有理由的，明智的；公道的，不贵的；还算好的

【例】be *reasonable* in one's demand 合理要求 // If the price is *reasonable* enough I will think about it. 如果价格合理我会考虑一下。

【派】 reasonably(*adv.* 合理地；适度地，相当地)；unreasonable(*adj.* 不合理的；不讲理的；过度的)

recognizable [ˈrekəgnaɪzəbl] *adj.* 易于识别的，容易认出

【例】 Surprisingly, Clinton's voice is hardly *recognizable* over the phone. 令人惊奇的是，克林顿的声音在电话里几乎难以辨认。

reluctant [rɪˈlʌktənt] *adj.* 勉强的，不愿的

【搭】 be reluctant to do sth. 不情愿做某事

【例】 The candidate is *reluctant* to admit his defeat in the election. 竞选者不愿承认他竞选失败。

【派】 reluctantly(*adv.* 不情愿地，勉强地)

【注】 表示不情愿的单词还有：disinclined, grudging, loath。

respective [rɪˈspektɪv] *adj.* 各自的，各个的，分别的

【例】 Although they are intimate friends, they must fight for their *respective* countries. 虽然他们是亲密的伙伴，但他们必须为各自的国家而战。

【派】 respectively(*adv.* 分别地)；irrespective(*adj.* 不顾的；无关的)

satisfactory [ˌsætɪsˈfæktəri] *adj.* 令人满意的，够好的，可以的

【例】 a *satisfactory* explanation 令人满意的解释 // Some parents might let their children stay at home because they don't find conventional education *satisfactory*.（TEM-4）一些家长可能让孩子待在家里（学习），因为他们对传统教育不满意。

severe [sɪˈvɪə(r)] *adj.* 严厉的，严格的；（气候等）严酷的；（痛苦等）剧烈的；（状况等）严重的，艰难的；（批评等）苛刻的

【例】 The policeman suffered *severe* brain damage in pursuing an escaped prisoner. 那位警察在追捕越狱犯人的过程中，脑部受到严重损伤。

【派】 severely(*adv.* 严格地；剧烈地)

【注】 severe 常出现在阅读和听力中，考生要注意 severe 后常接 famine, flooding, water shortage 等词。

significant [sɪgˈnɪfɪkənt] *adj.* 重要的，重大的；意味深长的

【例】 The Internet is the most *significant* progress in the field of communications.（TEM-4）互联网是通信领域最重大的进步。

【派】 significantly(*adv.* 意味深长地；显著地)；insignificant(*adj.* 无关紧要的)

signify [ˈsɪgnɪfaɪ] *v.* 说明，预示；（以动作）表示，表达

【例】 The image of the dove *signifies* peace and stabilization. 鸽子的形象寓意和平安定。

singular [ˈsɪŋɡjələ(r)] *adj.* 异常的，奇特的；非凡的，突出的；(语法中)单数的

【例】 a *singular* occurrence 异常的现象 // a *singular* form 单数形式 // The noun "goose" is the *singular* form of "geese". 名词 goose 是 geese 的单数形式。

【注】 "复数的"为 plural。

sound [saʊnd] *n.* 声音；语气，语调 *v.* (使)发声；听起来 *adj.* 健全的，完好的；慎重的，合理的；彻底的

【例】 The old gentleman gave me some very *sound* advice. 那位老绅士给我提了一些非常合理的建议。

specific [spəˈsɪfɪk] *adj.* 明确的，具体的；特定的，特指的，特有的

【例】 at *specific* time 在特定的时间 // This meeting should not be restricted to any *specific* company. 这次会议不应该局限于任何一家特定的公司。

【派】 specifically(*adv.* 明确地；特定地)

stern [stɜːn] *adj.* 严苛的，严格的；严厉的，严肃的 *n.* 船尾，末端

【例】 a *stern* punishment 严厉的惩罚 // a *stern* teacher 严格的教师 // The parents were *stern* against their daughter's marriage. 这对父母坚决反对女儿的婚事。

subtle [ˈsʌtl] *adj.* 微细的，难以察觉的；精巧的，精妙的；敏感的，敏锐的

【例】 a *subtle* design 精妙的设计 // *subtle* senses 敏锐的感觉 // It was around this time that I started to notice *subtle* changes in my son's personality. 就是在最近我才开始注意到儿子的性格发生了细微的变化。

【派】 subtly(*adv.* 巧妙地；精细地；细微地)

superficial [ˌsuːpəˈfɪʃl] *adj.* 表面的，表面性的；肤浅的，浅薄的

【例】 *superficial* phenomenon 表面现象 // a *superficial* resemblance 外表的相似 // *superficial* knowledge 肤浅的知识 // The french were not really admired by anyone except the Italians. Other Europeans found them conservative, withdrawn, brilliant and *superficial*. (TEM-4) 除了意大利人外没有人真正地钦佩法国人。其他欧洲人都觉得他们保守、孤僻、外表光鲜并且肤浅。

sway [sweɪ] *v.* (使)摇摆，(使)摆动；说服，使动摇 *n.* 摇摆，摆动

【例】 The movement of the ship caused the mast to *sway* from side to side. 船的摆动使得船上的桅杆左右摇摆。

tangible [ˈtændʒəbl] *adj.* 确实的，真实的；可触知的

【例】 We cannot accept his invitation without a *tangible* invitation letter. 在没有确实接到邀请函的情况下我们是不会接受他的邀请的。

tedious [ˈtiːdiəs] *adj.* 沉闷的，厌烦的，乏味的

【例】a *tedious* debate 单调乏味的辩论 // a *tedious* fellow 令人生厌的家伙 // Students in our class have to listen to the *tedious* details of his operation. 班上的同学都需要听他讲述手术中单调乏味的细节。

【注】近义词为 boring(乏味的，令人厌烦的)。

tough [tʌf] *adj.* (物体)坚固的；(肉等)硬的，咬不动的；(身体)强壮的，结实的；艰苦的，艰难的；不屈不挠的；严厉的

【例】The company is going through a *tough* time at this moment of financial crisis. 在目前的金融危机阶段，这家公司正在艰难度日。

transparent [trænsˈpærənt] *adj.* 透明的，透光的；易懂的；显而易见的

【例】a *transparent* attempt 显而易见的企图 // The chocolate cake was wrapped by *transparent* plastic. 巧克力蛋糕由透明的塑料纸包裹着。

trivial [ˈtrɪviəl] *adj.* 不重要的，无价值的，琐碎的

【例】*trivial* matters 琐事 // They may be picturesque, even poetical; or they may be pedestrian, even *trivial*. (TEM-4) 它们(指姓名)或者美丽如画甚至富有诗意；又或者，它们缺乏想象力甚至很浅薄。

【派】triviality(*n.* 琐事)

vibrant [ˈvaɪbrənt] *adj.* 强劲的，响亮的；充满生机的，生机勃勃的；鲜艳的，醒目的

【例】The baby's room was decorated in *vibrant* blue and yellow. 婴儿房以鲜亮的蓝黄色为主色调。

【注】同义词为 vigorous(精力充沛的)。

wretched [ˈretʃɪd] *adj.* 可怜的，悲惨的；恶劣的，令人讨厌的

【例】Susan had a *wretched* childhood when all the little kids bullied her. 苏珊有一个悲惨的童年，那时所有的小孩子都欺负她。

◎ 事物描述 / 认知词

abnormal [æbˈnɔːml] *adj.* 不正常的

【例】an *abnormal* phenomenon 反常现象

【派】abnormality(*n.* 异常；变态；畸形)

acceptable [əkˈseptəbl] *adj.* 可接受的，值得接受的，合意的

advantageous [ˌædvənˈteɪdʒəs] *adj.* 有利的

advisory [ədˈvaɪzəri] *adj.* 咨询的，顾问的

| ambiguous | [æm'bɪgjuəs] *adj.* 模棱两可的，意义不明确的 |

【派】unambiguous(*adj.* 明确的)

| badge | [bædʒ] *n.* 徽章，像章；标志，象征 |

| binary | ['baɪnəri] *adj.* 由两部分合成的，双重的；二进制的 |

| bit | [bɪt] *n.* 一点，一小块，少量；一会儿，片刻；(电脑)比特，二进制位，二进制数字 |

【搭】bit by bit 一点点地；do one's bit 尽一份力；every bit 完全（一样）；bits and pieces 七零八碎的小东西

【例】We need a *bit* more practice before the basketball game. 在篮球比赛前我们还需要一点练习。

| blacken | ['blækən] *v.* 使黑，使暗；诋毁，中伤，抹黑 |

| bore | [bɔː(r)] *v.* 钻(孔)；掘(地洞)；使厌烦 *n.* 令人生厌的人(或事) |

【派】bored(*adj.* 无聊的，无趣的，烦人的)；boring(*adj.* 单调乏味的，令人厌倦的)

| breathtaking | ['breθteɪkɪŋ] *adj.* 激动人心的，惊人的 |

| bunch | [bʌntʃ] *n.* (一)球，(一)束，(一)串 *v.* 使成一束(或一捆等) |

【搭】a bunch of 一帮，一串，一伙

【例】The deer *bunched* together when they saw the lion. 在遇见狮子的时候，鹿群聚在了一起。

| changeable | ['tʃeɪndʒəbl] *adj.* 易变的，可能变化的；可换的 |

| chunk | [tʃʌŋk] *n.* 厚厚一片，大块 |

| circular | ['sɜːkjələ(r)] *adj.* 圆形的，环形的 |

【例】*circular* reaction 循环反应

| clang | [klæŋ] *v.* 发出叮当声 |

| coil | [kɔɪl] *v.* (使)盘绕，缠绕，卷起 |

【搭】coil sth. up 将…卷起来

| colourless | ['kʌlələs] *adj.* 无色的；无血色的，苍白的；无特色的，平淡无奇的，无趣味的；无偏见的，不偏不倚的 |

| competitive | [kəm'petətɪv] *adj.* 竞争性的，竞争的；有竞争力的 |

【例】*competitive* bids 公开竞标

| complexity | [kəm'pleksəti] *n.* 复杂性；错综复杂的事物 |

| complicated | ['kɒmplɪkeɪtɪd] *adj.* 结构复杂的，难懂的，难解的 |

【例】I believe life itself is *complicated*. 我认为生活本身是复杂的。

| conceivable | [kən'siːvəbl] *adj.* 可想到的，可想象的；可信的 |

conceptual [kən'septʃuəl] *adj.* 概念(上)的, 观念(上)的

conclusive [kən'kluːsɪv] *adj.* 结论性的, 确定的, 确凿的

conditional [kən'dɪʃənl] *adj.* 附有条件的

conformity [kən'fɔːməti] *n.* 依照, 遵从; 符合, 一致

【搭】in conformity with 遵照…

consistency [kən'sɪstənsi] *n.* 一贯, 前后一致, 稳定性; (液体的)浓度

contemporary [kən'temprəri] *adj.* 当代的, 现代的; 同时代的, 属同时期的 *n.* 同期的人, 同辈

continual [kən'tɪnjuəl] *adj.* 多次重复的, 频繁的; 持续的, 不间断的

【派】continually(*adv.* 不断地, 频繁地)

continuity [ˌkɒntɪ'njuːəti] *n.* 连贯性, 连续性, 持续性

continuous [kən'tɪnjuəs] *adj.* 持续的, 不间断的, 连续的

【例】The national economy has maintained *continuous* and sound development. 国民经济保持了持续且稳步的发展。

convex ['kɒnveks] *adj.* 凸圆的, 凸面的

crimson ['krɪmzn] *n.* 深红, 绯红 *adj.* 深红色的, 绯红色的 *v.* (使)变绯红色

damned [dæmd] *adj.* 该死的, 糟糕的, 讨厌的; 十足的 *adv.* 非常

deadly ['dedli] *adj.* 致命的; 极度的; 枯燥的 *adv.* 死一般地; 非常, 极其

deathly ['deθli] *adj.* 致死的, 致命的; 极度的 *adv.* 死一般地; 极其, 非常

decisive [dɪ'saɪsɪv] *adj.* 坚决的, 果断的; 决定性的, 关键的

decorative ['dekərətɪv] *adj.* 美观的, 装饰的

delightful [dɪ'laɪtfl] *adj.* 令人愉快的

delusion [dɪ'luːʒn] *n.* 欺骗, 哄骗; 错觉, 幻想

dense [dens] *adj.* 密集的, 稠密的, 不易看透的

【例】a *dense* fog 浓雾

【派】density(*n.* 密度, 密集, 浓度); densely(*adv.* 密集地)

derivative [dɪ'rɪvətɪv] *adj.* 派生的, 衍生的; 缺乏独创性的

descriptive [dɪ'skrɪptɪv] *adj.* 叙述的, 描写的, 描述性的

desirable [dɪ'zaɪərəbl] *adj.* 理想的, 值得拥有的, 可取的; 性感的

differential [ˌdɪfə'renʃl] *adj.* 差别的, 差额的, 有区别的 *n.* (同类人、物间的)差异, 差额, 差价

【例】The new employees paid *differential* rents according to their income. 这些新员工根据收入支付数目不等的房租。

disadvantageous [ˌdɪsædvæn'teɪdʒəs] *adj.* 不利的, 不便的

disposable [dɪ'spəʊzəbl] *adj.* 可（任意）处理的，可自由支配的；一次性使用的，不回收的

【例】 *disposable* price 可支配价格

dissimilar [dɪ'sɪmɪlə(r)] *adj.* 不同的，不相似的

distinctive [dɪ'stɪŋktɪv] *adj.* 特殊的，有特色的，独特的

diverse [daɪ'vɜːs] *adj.* 不同的，多种多样的，多变化的

【例】 *diverse* political views 不同的政治观点

【派】 diversity(*n.* 差异，多样性)

diversity [daɪ'vɜːsəti] *n.* 多样性，多样化；差异(性)，不同点

【例】 The variety of foods reflects the *diversity* of personal tastes. 各式各样的食物反映出个人品味的千差万别。

divisible [dɪ'vɪzəbl] *adj.* 可分的，可除尽的

done [dʌn] *adj.* 完成的，结束的；(食物)煮熟的；得体的

【搭】 over and done with 完结，了结，结束

doubtful ['daʊtfl] *adj.* 疑惑的，怀疑的；不明朗的，未定的；有问题的

【例】 *doubtful* assets 可疑资产

doubtless ['daʊtləs] *adv.* 无疑地，肯定地；大概

dreadful ['dredfl] *adj.* 可怕的，令人敬畏的；糟糕透顶的，讨厌的；极其的

【例】 I shall never forget that *dreadful* moment. 我永远不会忘记那个可怕的时刻。

dual ['djuːəl] *adj.* 双的，双重的

【例】 *dual* line 双线

ellipse [ɪ'lɪps] *n.* 椭圆(形)

elliptical [ɪ'lɪptɪkl] *adj.* 椭圆形的；省略的；隐晦的

endless ['endləs] *adj.* 没完的，无止境的；永久的

endurable [ɪn'djʊərəbl] *adj.* 可忍耐的，可容忍的

endurance [ɪn'djʊərəns] *n.* 忍耐，耐力，持久力

enjoyable [ɪn'dʒɔɪəbl] *adj.* 使人快乐的，有乐趣的

entirety [ɪn'taɪərəti] *n.* 全部，全体，整体

eventual [ɪ'ventʃuəl] *adj.* 最后的，最终的，结果的

【例】 The *eventual* economic gain is the most important. 最终的经济收益才是最重要的。

eventuality [ɪˌventʃu'æləti] *n.* 可能发生的事，可能出现的结果

exhaustive	[ɪgˈzɔːstɪv] *adj.* 消耗的，枯竭的；全面彻底的，穷尽的，详尽的
existent	[ɪgˈzɪstənt] *adj.* 存在的；目前的，现行的
explanatory	[ɪkˈsplænətri] *adj.* 说明的，解释的
factor	[ˈfæktə(r)] *n.* 因素，要素
【例】	internal/external *factors* 内在/外在因素 // the key *factor* 关键因素
factual	[ˈfæktʃuəl] *adj.* 事实的，真实的
faulty	[ˈfɔːlti] *adj.* 有错误的，有缺点的，不完善的；应受责备的
【派】	faultless(*adj.* 完美的)
fearful	[ˈfɪəfl] *adj.* 可怕的，吓人的；害怕的，担心的，胆怯的；极坏的，极糟的
fence	[fens] *n.* 栅栏，篱笆 *v.* 用栅栏围起(隔开)
【搭】	sit on the fence 保持中立
fin	[fɪn] *n.* 鳍，鳍状物
fingernail	[ˈfɪŋgəneɪl] *n.* 手指甲
fireproof	[ˈfaɪəpruːf] *adj.* 耐火的，防火的
fireside	[ˈfaɪəsaɪd] *n.* 炉边
footbridge	[ˈfʊtbrɪdʒ] *n.* 人行桥，步行桥
footpath	[ˈfʊtpɑːθ] *n.* 小径，人行道
fraction	[ˈfrækʃn] *n.* 分数；小部分，片断，碎片；一点
【搭】	a fraction of 一小部分，一点儿
fragmentary	[ˈfrægməntri] *adj.* 不完整的，片断的
fragrance	[ˈfreɪgrəns] *n.* 芳香，香味；香料，香水
fragrant	[ˈfreɪgrənt] *adj.* 芳香的，有香味的
【例】	*fragrant* memories 甜美的回忆
frightening	[ˈfraɪtnɪŋ] *adj.* 令人惊恐的，骇人的
frightful	[ˈfraɪtfl] *adj.* 可怕的，骇人的；极坏的，十分严重的
gigantic	[dʒaɪˈgæntɪk] *adj.* 巨大的，庞大的
gloss	[glɒs] *n.* 光泽，光彩；虚饰，假象
glossy	[ˈglɒsi] *adj.* 有光泽的，光滑的
habitable	[ˈhæbɪtəbl] *adj.* 适于居住的
hardness	[ˈhɑːdnəs] *n.* 坚硬，硬度
helpful	[ˈhelpfl] *adj.* 有帮助的，有用的，有益的
helpless	[ˈhelpləs] *adj.* 无助的，不能自助的，无力的；无法抑制的；无效的，没有用的

hidden	[ˈhɪdn] *adj.* 隐藏的；隐秘的，神秘的
hide	[haɪd] *v.* 隐藏，躲藏；隐瞒 *n.* 躲藏处
hiding	[ˈhaɪdɪŋ] *n.* 隐匿
【搭】	go into/come out of hiding 躲藏起来/从躲藏处出来
high-sounding	[ˈhaɪˈsaʊndɪŋ] *adj.* 夸张的，高调的
identical	[aɪˈdentɪkl] *adj.* 完全相同的，同一的
【例】	The sculpture is *identical* to the one in the museum. 这件雕塑与博物馆里的那件完全相同。
illogical	[ɪˈlɒdʒɪkl] *adj.* 不合逻辑的，不合常理的
imperfect	[ɪmˈpɜːfɪkt] *adj.* 不完美的，有缺陷的
imposing	[ɪmˈpəʊzɪŋ] *adj.* 壮丽的，雄伟的，使人印象深刻的
improper	[ɪmˈprɒpə(r)] *adj.* 不合适的，不正确的；不合礼仪的，不体面的，不道德的
inaccessible	[ˌɪnækˈsesəbl] *adj.* 达不到的，难得到的；不可进入的，不易接近的
inappropriate	[ˌɪnəˈprəʊpriət] *adj.* 不适宜的，不恰当的
【例】	I used an *inappropriate* metaphor in my composition. 我在作文中用了一个不恰当的隐喻。
incomparable	[ɪnˈkɒmprəbl] *adj.* 无比的，无双的，不可比拟的
indecent	[ɪnˈdiːsnt] *adj.* 有伤风化的，粗野的；不合适的，不适当的
indefinable	[ˌɪndɪˈfaɪnəbl] *adj.* 难以描述的，难下定义的，无法解释的
indefinite	[ɪnˈdefɪnət] *adj.* 不明确的，模糊的；不确定的，未定的；无限期的
inimitable	[ɪˈnɪmɪtəbl] *adj.* 无法仿效的，无可比拟的
insignificant	[ˌɪnsɪɡˈnɪfɪkənt] *adj.* 微不足道的，无足轻重的；无意义的，无价值的
invisible	[ɪnˈvɪzəbl] *adj.* 看不见的，隐匿的；无形的
inviting	[ɪnˈvaɪtɪŋ] *adj.* 吸引人的，诱人的
involved	[ɪnˈvɒlvd] *adj.* 复杂的，混乱的；有关的
irrational	[ɪˈræʃənl] *adj.* 无理性的；不合理的，不合逻辑的
irregular	[ɪˈreɡjələ(r)] *adj.* 不规则的，无规律的；不合法的，不合乎常规的，不正当的；不平整的
layout	[ˈleɪaʊt] *n.* 设计，布局
limited	[ˈlɪmɪtɪd] *adj.* 有限的
【例】	Only a *limited* number of students can attend the meeting. 只有少数同学可以参加这个会。

【派】limitedly（adv. 有限地；受限制地）; unlimited（adj. 无限的；无约束的）

logical [ˈlɒdʒɪkl] adj. 符合逻辑的，逻辑上的

【派】logically（adv. 逻辑上，理论上）; illogical（adj. 不合逻辑的）

loop [luːp] n. 圈，环 v. (使)绕成圈

magical [ˈmædʒɪkl] adj. 魔法的，魔术的；不可思议的，迷人的，有魅力的

marked [mɑːkt] adj. 显著的，明显的

memorable [ˈmemərəbl] adj. 值得纪念的，难忘的

metallic [məˈtælɪk] adj. 金属(性)的，金属制的

miniature [ˈmɪnətʃə(r)] n. 缩样，缩影 adj. 小型的，微小的

【派】miniaturization（n. 小型化，微型化）

miracle [ˈmɪrəkl] n. 奇迹，不可思议的事

【例】a miracle of architecture 建筑上的奇迹

【派】miraculous（adj. 奇迹般的，非凡的）

muddy [ˈmʌdi] adj. 泥泞的，多泥的；浑浊的，模糊的；灰暗的

mysterious [mɪˈstɪəriəs] adj. 神秘的，难以解释的

notable [ˈnəʊtəbl] adj. 值得注意的，显著的，重要的

【例】Ben's nose is his most notable feature. 本的鼻子是他最显著的面貌特征。

【派】notably（adv. 显著地，特别地）

oblivious [əˈblɪviəs] adj. 未注意的，未察觉的

【例】Gage stared ahead, oblivious to the cold. 盖奇凝视前方，对寒冷全然不觉。

oblong [ˈɒblɒŋ] n./adj. 长方形(的)

orderly [ˈɔːdəli] adj. 守秩序的；有条理的 n. (医院的)护理员，勤杂工

oval [ˈəʊvl] n./adj. 椭圆形(的)，卵形(的)

peculiarity [pɪˌkjuːliˈærəti] n. 特色，个性；怪癖，怪异的性质

perfection [pəˈfekʃn] n. 完善；完美；圆满

petty [ˈpeti] adj. 不重要的，次要的；狭隘的，气量小的；微小的

【例】Once there is a project, Jack will wade in and delay the process with his petty opinion. 一旦有一个项目，杰克就会来插手，提出一些无关紧要的意见来耽搁进程。

plentiful [ˈplentɪfl] adj. 丰富的，充裕的

progressive	[prəʊˈgresiv] *adj.* 不断前进的，渐进的；进步的，先进的；(动词)进行式的 *n.* 进步人士
provocation	[ˌprɒvəˈkeɪʃn] *n.* 挑衅，激怒；激怒的原因，惹人恼火之事
provocative	[prəˈvɒkətɪv] *adj.* 刺激的，挑衅的；挑逗的
pulp	[pʌlp] *n.* 肉质，髓；纸浆；低级粗劣的书刊 *v.* 使成浆状，将…捣成浆
reappear	[ˌriːəˈpɪə(r)] *v.* 再现
reddish	[ˈredɪʃ] *adj.* 略呈红色的，微红的
refreshing	[rɪˈfreʃɪŋ] *adj.* 令人精神愉快的，使人精神振作的；使人耳目一新的
reliability	[rɪˌlaɪəˈbɪləti] *n.* 可靠(性)，可信(性)
reminiscence	[ˌremɪˈnɪsns] *n.* 回忆，怀旧；[*pl.*] 旧事，回忆录；令人联想的东西
repetitive	[rɪˈpetətɪv] *adj.* 重复的，反复的
ridiculous	[rɪˈdɪkjələs] *adj.* 可笑的，荒谬的
rugged	[ˈrʌgɪd] *adj.* 崎岖不平的，多岩石的；(脸)强健而富有魅力的，粗犷的；坚强的，坚毅的；结实的，耐用的
sanguinary	[ˈsæŋgwɪnəri] *adj.* 血腥的，血淋淋的；残酷的，嗜杀的
scarlet	[ˈskɑːlət] *adj.* 鲜红色的，猩红色的，绯红色的
shaky	[ˈʃeɪki] *adj.* 摇晃的，颤抖的；不稳定的，不可靠的
shockproof	[ˈʃɒkpruːf] *adj.* 防震的
shortcoming	[ˈʃɔːtkʌmɪŋ] *n.* 短处，缺点
smelly	[ˈsmeli] *adj.* 发出难闻气味的，有臭味的
smoky	[ˈsməʊki] *adj.* 冒烟的，烟雾弥漫的；像烟(雾)的
soapy	[ˈsəʊpi] *adj.* (似)肥皂的；圆滑的，谄媚的
softly	[ˈsɒftli] *adv.* 轻柔地，柔软地，轻轻地
solemn	[ˈsɒləm] *adj.* 庄严的，肃穆的；冷峻的，表情严肃的；隆重的，庄重的
spacious	[ˈspeɪʃəs] *adj.* 广大的，宽敞的
sparse	[spɑːs] *adj.* 零散的，稀疏的
stagnant	[ˈstægnənt] *adj.* (指水)因不流动而污浊的；停滞的；不景气的
stagnation	[stægˈneɪʃn] *n.* (水)不流动；停滞；不景气
stainless	[ˈsteɪnləs] *adj.* 无污点的，清白的；不锈的，抗锈的
starry	[ˈstɑːri] *adj.* 多星的，被星星照亮的；(眼睛等)闪亮如星的，明亮的
sticky	[ˈstɪki] *adj.* 黏(性)的；棘手的，让人为难的
stiffen	[ˈstɪfn] *v.* (使某物)变坚硬、僵硬、僵直，绷紧；变强硬
stout	[staʊt] *adj.* 肥壮的，胖的；结实的，牢固的

striking ['straɪkɪŋ] *adj.* 引人注目的，显著的

【派】 strikingly(*adv.* 显著地，惊人地)

substandard [ˌsʌb'stændəd] *adj.* 低于标准的

systematic [ˌsɪstə'mætɪk] *adj.* 有计划的，有条不紊的；成体系的，系统的

terrific [tə'rɪfɪk] *adj.* 极大的，异乎寻常的；极妙的，了不起的

texture ['tekstʃə(r)] *n.* 质地，纹理，手感；口感

tinkle ['tɪŋkl] *n.* 一连串的丁零声；电话通话 *v.* (使某物)发出丁零声

tiresome ['taɪəsəm] *adj.* 令人厌倦的，讨人嫌的

tone [təʊn] *n.* 声音，音调；语调，语气；风格，气度；色调 *v.* 用某种调子说，定调

【搭】 tone down 缓和，减弱

【例】 There was a *tone* of quiet elegance in Tina's room. 蒂娜的房间有一种静谧的高雅格调。

torrential [tə'renʃl] *adj.* 倾泻的，如注的

tragic ['trædʒɪk] *adj.* 悲惨的，不幸的；悲剧的

tranquil ['træŋkwɪl] *adj.* 平静的，安宁的

tranquility [træŋ'kwɪləti] *n.* 平静，安宁

tremendous [trə'mendəs] *adj.* 极大的，巨大的；绝好的，极棒的

troublesome ['trʌblsəm] *adj.* 令人烦恼的，讨厌的

【例】 Lucy didn't want to lend her support to the *troublesome* boy. 露西不想给那个讨厌的男孩儿提供支持。

truthful ['truːθfl] *adj.* 诚实的，坦率的；如实的，真实的

unacceptable [ˌʌnək'septəbl] *adj.* 不能接受的，不能赞同的，不能允许的

unaffected [ˌʌnə'fektɪd] *adj.* 无变化的，不受影响的；不矫揉造作的，真挚的

uncomfortable [ʌn'kʌmftəbl] *adj.* 不舒服的，不自在的

underground ['ʌndəɡraʊnd] *adj.* 地下的，地面下的；秘密的，不公开的 *n.* 地铁 *adv.* 在地下；秘密地，隐蔽地

understandable [ˌʌndə'stændəbl] *adj.* 易懂的，可理解的

undoubted [ʌn'daʊtɪd] *adj.* 无疑的，肯定的，毋庸置疑的

unforgettable [ˌʌnfə'ɡetəbl] *adj.* 难忘的，永远记得的

untimely [ʌn'taɪmli] *adj.* 不适时的，不合时宜的；过早的，突然的

urgent ['ɜːdʒənt] *adj.* 急迫的，紧要的；催促的，急切的

vague [veɪɡ] *adj.* 朦胧的，含糊的

| vivid | [ˈvɪvɪd] *adj.* (指颜色等)强烈的，鲜明的；有生气的，活泼的；逼真的，生动的 |

vivid [ˈvɪvɪd] *adj.* (指颜色等)强烈的，鲜明的；有生气的，活泼的；逼真的，生动的

watertight [ˈwɔːtətaɪt] *adj.* 水密的；无懈可击的，严密的

widespread [ˈwaɪdspred] *adj.* 遍及各地的，普及的

wooden [ˈwʊdn] *adj.* 木制的；木头似的，呆板的

woolen [ˈwʊlən] *adj.* 羊毛制的

worthwhile [ˌwɜːθˈwaɪl] *adj.* 值得一试的，值得干的

【搭】be worthwhile to do sth./doing sth. 值得做…

【例】I'm sure you've done *worthwhile* things over the last ten years. 我确信在过去的10年里，你做了很多有意义的事情。

Note

alert [əˈlɜːt] *adj.* 警惕的，警觉的；意识到的 *n.* 警报 *v.* 向…发出警报；使意识到

【搭】on the alert (for) 警惕着，(对…)保持戒备

【例】Police warned the public to be on the *alert* for the thieves. 警察警告民众要警惕盗窃者。

angular [ˈæŋɡjələ(r)] *adj.* 有尖角的，角形的；(指人)瘦骨嶙峋的

【例】The object is composed of sharp and *angular* surfaces. 这个物体由锋利有角的表面构成。

arrogant [ˈærəɡənt] *adj.* 骄傲自大的

【例】When I was young, I was very *arrogant* for I was blessed with good looks and charm. 我年轻时非常自大，因为我幸运地拥有美貌和魅力。

aspect [ˈæspekt] *n.* 方面；面貌，外表

【搭】in all aspects 全面地

【例】College life should be varied and colourful, and extra-curricular activities are an important *aspect* of it. (TEM-4) 大学生活应该多姿多彩，课外活动就是一个重要的方面。

【注】respect 和 aspect 当"方面"讲时可以通用。

bald [bɔːld] *adj.* 秃顶的，光秃的；无装饰的，不加虚饰的

【例】Jeff was completely *bald* from cancer treatments. 化疗使杰夫的头发掉光了。

blush [blʌʃ] *n.* 脸红 *v.* 感到羞愧；脸红

【例】Evelyn, complimented by the handsome prince, *blushed*. 受到英俊王子的夸奖，伊夫林脸红了。

charm [tʃɑːm] *n.* 魅力，魔力 *v.* 迷住，使陶醉

【例】personal *charm* 个人魅力 // Nine is usually thought of as a lucky number because it is the product of three times three. It was much used by the Anglo Saxons in their *charms* for healing. (TEM-4) 9 通常被认为是吉利的数字，因为它是数字 3 的三倍。盎格鲁·撒克逊人常因其有治疗的魔力而经常使用 9。

clumsy [ˈklʌmzi] *adj.* 笨拙的，不灵巧的；不得体的；难用的

【例】These oversize *clumsy* cars would slow down traffic. 这些庞大又笨拙的汽车会减缓交通流通速度。

【注】awkward, dull 都可以表示"笨拙的"。

conscientious [ˌkɒnʃiˈenʃəs] *adj.* 勤勉认真的，一丝不苟的

【例】Jack was no doubt a *conscientious* worker as well as a good husband and father. 毫无疑问杰克是一名认真负责的工人，同时也是一位好丈夫、好父亲。

considerate [kənˈsɪdərət] *adj.* 关切的，体贴的，替人设想的

【例】What we need here is a clerk who is careful and *considerate*. (TEM-4) 我们这儿需要的是一个细心周到的职员。

【派】inconsiderate(*adj.* 不顾及别人的，不体谅的)

cordial [ˈkɔːdiəl] *adj.* 热情友好的，热诚的

【例】White received a *cordial* and generous reception in London. 怀特在伦敦受到了热诚慷慨的接待。

courteous [ˈkɜːtiəs] *adj.* 有礼貌的，谦恭的

【例】It would not be *courteous* to visit some distinguished scholar looking as if you were going to the beach or a night club. 拜访著名学者时若穿得像是要去海滩或是夜总会，是很不礼貌的。

【注】其反义词为 discourteous。

courtesy [ˈkɜːtəsi] *n.* 礼节，礼貌

【搭】by courtesy of 蒙…的好意(或准许)；由于…的作用

【例】We helped a little girl but she didn't even have the *courtesy* to thank us. 我们帮助了一个小女孩，但她却毫无礼貌，甚至都不感谢我们。

【派】courteous(*adj.* 有礼貌的，谦恭的)

【注】表示"礼貌，礼节"的词还有：politeness, manners。注意 manner 在作"礼貌"讲时常用复数。

crafty [ˈkrɑːfti] *adj.* 狡猾的，狡诈的

【例】Many European governments face a shortage of *crafty* workers in information technology. 许多欧洲政府缺乏信息技术方面的熟练工人。

【注】有很多词可以表示"狡猾的"，其中 cunning, artful 等可表褒义；crafty 有"老奸巨猾"之意，含贬义的还有 tactful, sly 等。

credible [ˈkredəbl] *adj.* 可信的，可靠的

【例】This witness presents *credible* information to convict the murder's crime. 这位证人提供了可靠的证据证明这名罪犯有罪。

credulous [ˈkredjələs] *adj.* 轻信的，易受骗的

【例】Don't try to cheat me. I'm not the *credulous* people who believe what the advertisements say. 别想骗我，我不是那种轻信广告的人。

cunning [ˈkʌnɪŋ] *adj.* 狡猾(的)，狡诈(的)；灵巧的，巧妙的 *n.* 狡猾，狡诈

【例】People have devised many *cunning* tools to cope with the dangerous work. 人们已经发明了许多巧妙的工具来应付那些危险的工作。

despair [dɪˈspeə(r)] *n./v.* 绝望，失望

【搭】in despair 处于绝望之中，绝望地

【例】Depression occurs when feelings of extreme sadness or *despair* last for at least two weeks or longer. 当极度悲伤或者绝望的感觉持续至少两个星期或者更长的时间时就会引发抑郁症。

disguise [dɪsˈgaɪz] *v.* 假扮，伪装；掩饰 *n.* 伪装物；假扮

【例】The policeman put a paper bag on the robber's head to *disguise* his face. 警察把纸袋套在强盗的脑袋上遮住他的脸。

drowsy [ˈdraʊzi] *adj.* 困倦的，(使)昏昏欲睡的

【例】The doctor said this medicine might make me *drowsy.* 大夫说这种药物可能会让我昏昏欲睡。

dumb [dʌm] *adj.* 哑的，不能说话的；(因恐惧、害羞等)说不出话的，沉默的，不愿开口的

【例】When the earthquake happened, I was *dumb* with fear. 地震发生时，我惊恐得说不出话来。

eccentric [ɪkˈsentrɪk] *adj.* 古怪的，异常的 *n.* 古怪的人

【例】He is young, good-looking, *eccentric* and sly like a fox. 他年轻英俊，但又行为古怪，狡猾得像只狐狸。

【注】形近词：acentric 离心的；endocentric 向心的

elbow [ˈelbəʊ] *n.* 肘，肘部 *v.* 用肘挤或推

【搭】elbow sb. out of the way 用肘将人挤开；elbow sb. aside 用手肘将别人挤向一旁

【例】Tom *elbowed* his way through the crowds of football fans. 汤姆在足球迷中挤出了一条路。

【注】可以把这个单词与 nudge 联系起来记，nudge(*v.* 用肘轻推；靠近)

eloquent ['eləkwənt] *adj.* 雄辩的，流利的，有口才的；传神的

【例】 You were always quite *eloquent* in your opinions. 你在表达自己的观点时总是能言善辩。

【题】 She answered with an ___ "No" to the request that she attend the public hearing.

A. eloquent　　　B. effective　　　C. emotional　　　D. emphatic

答案为 D。empathic 为"断然的，有力的"；eloquent 为"雄辩的"；effective 为"有效的"；emotional 为"情绪激动的，动人的"。句意为：她以断然的"不"拒绝了她出席听证会的要求。

extravagant [ɪkˈstrævəgənt] *adj.* 浪费的，奢侈的；过于昂贵的；过度的，放肆的

【例】 an *extravagant* price 过高的价格 // There is nothing *extravagant* in the couple's housekeeping. 这对夫妇在家务上的开支一点都不浪费。

【派】 extravagantly(*adv.* 过分地；挥霍无度地)

extreme [ɪkˈstriːm] *adj.* 末端的，尽头的；极度的；偏激的，过分的 *n.* 极端，极度(状态)；完全相反的事物

【搭】 in the extreme 极其，非常

【例】 If climate scientists are right, the past year's scenes of *extreme* weather are set to become commonplace by the end of the century. 如果气候科学家们是正确的，那么去年出现的极端天气到本世纪末将变成普遍现象。

【派】 extremely(*adv.* 非常地)；extremist(*n.* 过激分子，极端主义者)

fame [feɪm] *n.* 名声，名望，声誉

【搭】 win/gain/find fame 获得名誉；rise to fame 出名

【例】 J.K. Rowling won her overnight *fame* by her first novel, *Harry Potter*. J·K·罗琳凭借她的第一部小说——《哈利波特》一夜成名。

feature ['fiːtʃə(r)] *n.* 特征，特点；[*pl.*] 相貌；(电影)正片，故事片；(报纸等的)特写 *v.* 由…主演，以…为特色

【例】 Saving money is not a typical *feature* of the middle-class. (TEM-4) 存钱不是中产阶级的一个典型特征。

【注】 characteristic 意为"特征，特色"，比较注重外在的；quality 意为"特质，品质"，比较注重内在的；feature 意为"特征，特色"，侧重具体的某个特征。

ferocious [fəˈrəʊʃəs] *adj.* 凶猛的，残暴的；猛烈的

【例】 He couldn't fake being kind to the *ferocious* enemies. 对这些残暴的敌人，他无法伪装和善。

fierce [fɪəs] *adj.* 凶猛的，凶残的；猛烈的，狂热的，强烈的

【例】 Some 5,000 residents are allowed to return home after being evacuated due to *fierce* storms in Australia. 因强风暴袭击而撤离的大约 5000 名澳大利亚居民已经可以返回家园。

fiery [ˈfaɪəri] *adj.* 火的，火一般的；怒气冲冲的；暴躁的

【例】 The red sun rises in all its *fiery* glory. 红红的太阳升起来了，射出火热的光芒。

fling [flɪŋ] *v.* 投，抛，摔；粗暴地(向某人)说 *n.* 恣情放纵，尽情欢乐

【例】 Joey *flung* some water onto Phoebe's dress. 乔伊洒了一些水在菲比的裙子上。

flush [flʌʃ] *v.* 冲洗，清除；脸红，发亮；涌流；(使)兴奋，激动 *n.* 红晕，潮红；急流，冲洗；兴奋，一阵感情 *adj.* 富有的，有钱的；和…齐平

【搭】 flush with 因…而脸红；与…齐平

【例】 People who neglected to *flush* the public toilet will be fined heavily. 那些忘记冲公共厕所的人将被重罚。

gasp [gɑːsp] *v.* 喘气，喘息，透不过气；气吁吁地说 *n.* 喘气，喘息

【搭】 gasp forth/out 喘着气说出/发出

【例】 She drew her breath in with a *gasp* and half-rose to her feet. (TEM-4) 她倒吸一口气，几乎要站不住了。

hearty [ˈhɑːti] *adj.* 热情友好的，衷心的；丰盛的；兴高采烈的，尽情的；活泼喧闹的

【例】 The heroes received a *hearty* welcome from the public. 英雄们受到了群众的热烈欢迎。

hoarse [hɔːs] *adj.* (声音)沙哑的

【例】 The voice of the cheerleaders sometimes becomes *hoarse* because they shout and yell. (TEM-4) 因为叫喊，拉拉队队长的声音有时候会变得沙哑。

identify [aɪˈdentɪfaɪ] *v.* 确认，识别，鉴定；发现，找到

【搭】 identify...with... 把…与…等同

【例】 The banks would be required, if necessary, to *identify* the origin of foreign funds. (TEM-4) 如果有必要的话，银行将被要求确认国外资金的来源。

【派】 identifiable(*adj.* 可辨认的，可识别的)

identity [aɪˈdentəti] *n.* 身份，本体；特征；相同处，同一(性)，一致

【例】 The way in which people use social space reflects their social relationships and their ethnic *identity*. (TEM-4) 人们用社会空间来反映他们的社会关系和种族身份。

inadequate [inˈædikwət] *adj.* 不充分的，不足的；不能胜任的

【例】 The parking facilities are *inadequate* for this community. 这个社区的停车设施不足。

indifferent [ɪnˈdɪfrənt] *adj.* 不感兴趣的，漠不关心的，冷淡的；不很好的，一般的；不偏不倚的

【搭】 be indifferent to 对…漠不关心，不在乎

【例】 Sometimes I still can't believe my life's journey, from a failing and *indifferent* student in a Detroit public school to this position, which takes me all over the world to teach and perform critical surgery. (TEM-4) 有时我仍无法相信我这一生的历程，从一个在底特律公立学校就读的失败的、平淡无奇的学生走到现在这个位置——在世界各地教授、实施重大外科手术。

【派】 indifference(*n.* 漠不关心); indifferently(*adv.* 冷淡地，漠不关心地)

inert [ɪˈnɜːt] *adj.* 无活动能力的，无行动力的；惰性的

【例】 That old lady flopped to the ground, *inert*. 那位老妇人摔到地板上，不能动弹了。

ingenious [ɪnˈdʒiːniəs] *adj.* 心灵手巧的，精巧的；有创造性的

【例】 Visitors were struck by its *ingenious* architecture and fantastic layout. 来访者都被它那富有创造性的建筑风格和奇异的布局吸引住了。

【派】 ingenuity(*n.* 心灵手巧；独创力；聪明才智)

inherent [ɪnˈhɪərənt] *adj.* 固有的，内在的，天生的

【例】 Bonnie does say that people have an *inherent* understanding of the change. 邦尼确实说人们对变化有着一种天生的理解力。

【派】 inherently(*adv.* 天性地，固有地)

lovable [ˈlʌvəbl] *adj.* 可爱的，讨人喜欢的

【例】 If your odd roommate is not so *lovable*, what would you do? 如果你举止奇怪的室友不是很讨人喜欢的话，你该怎么做？

mature [məˈtʃʊə(r)] *adj.* 成熟的，理智的 *v.* (使)成熟

【例】 You are adult now, so you should behave in a *mature* way. 你现在是成年人了，应该举止成熟一些。

【派】 maturity(*n.* 成熟；完备); prematurely(*adv.* 早熟地)

naive [naɪˈiːv] *adj.* 幼稚的，无知的；天真的，率直的

【搭】 It's naive to think/assume/suppose 认为/假设…是幼稚的

【例】 It's *naive* to think that there is pure friendship between the boss and the employees. 认为老板和员工之间有纯洁的友谊是很幼稚的想法。

possess [pə'zes] *v.* 拥有；(感情或思想等)控制(某人)；掌握(技能)

【例】 *possess* much talent 才华横溢 // In the movie the famous actress played a girl who was *possessed* by an unknown spirit. 在电影中，那位著名女演员扮演了一个被未知灵魂掌控的女孩。

【注】 possesse 意为"拥有，占有"；buy 意为"购买"；acquire 意为"获得，取得"。

rash [ræʃ] *adj.* 鲁莽的，轻率的

【例】 Don't make a *rash* decision, or else you will regret it later. 不要草率作决定，否则以后你会为此而后悔的。

reckless ['rekləs] *adj.* 轻率的，鲁莽的，不计后果的，无所顾忌的

【例】 The student's *reckless* conduct has made a nuisance of him among others. 那名学生鲁莽的行为使他成为众人眼中的麻烦制造者。

reliable [rɪ'laɪəbl] *adj.* 可靠的，可依赖的

【例】 Although the news is said to be from a *reliable* source, Tony still can't believe it. 虽然这个新闻来源据说比较可靠，但托尼仍然无法相信。

【派】 reliability(*n.* 可靠性)；reliably(*adv.* 可靠地，可信赖地)

reliance [rɪ'laɪəns] *n.* 依靠，依赖；信任，信赖

【搭】 place reliance on 信赖，依靠

【例】 Mother told me not to place too much *reliance* on strangers. 母亲教导过我不要过分信任陌生人。

resolute ['rezəluːt] *adj.* 坚决的，果断的

【例】 a *resolute* attitude 断然的态度 // Your voice should be calm and *resolute* during the negotiation. 谈判中你说话的声音要镇定、果断。

respond [rɪ'spɒnd] *v.* 作答，回答；反应，回应

【搭】 respond to 回答；对…作出反应；响应

【例】 Hundreds of people from all over the world *responded* with their view on the state of hitchhiking. (TEM-4) 世界各地的数以百计的人回复了对搭便车(旅行)的看法。

【派】 correspond(*v.* 符合，相一致；类似于；通信)；response(*n.* 回复，答复)；responsible(*adj.* 责任的，应负责的)

rigid ['rɪdʒɪd] *adj.* 僵硬的，死板的；固执的；僵直的；严格的

【例】 If you want to be a solider you have to be prepared for the *rigid* discipline of the army. 如果你想当一名士兵，就必须要准备好适应军队严格的纪律。

【派】rigidly(*adv.* 严格地)

【注】反义词：flexible"可变通的，灵活的"；elastic"弹性的，可以恢复的"；resilient"能复原的，可迅速恢复的"。

ruthless [ˈruːθləs] *adj.* 残忍的，无情的

【例】The king was such a *ruthless* dictator that his people didn't like him. 这个国王是一个残忍的独裁者，所以他的子民不喜欢他。

【派】ruthlessly(*adv.* 残酷地，无情地)

scan [skæn] *v.* 审视，扫描；浏览；(指诗句)符合韵律 *n.* 审视，扫描

【例】People sometimes *scan* newspapers while taking the bus to work. 人们在乘公车上班时偶尔会浏览报纸。

sceptical [ˈskeptɪkl] *adj.* 怀疑的

【例】Nobody is *sceptical* about the millionaire's intention of giving his money to charity. 没有人对这位富翁捐钱给慈善事业的意图表示怀疑。

sensible [ˈsensəbl] *adj.* 明智的，合理的；认识到的，意识到的

【例】The *sensible* investor remained unshaken after the stock-market crash. 明智的投资者在股市崩盘以后仍然没有动摇。

【题】Many people are ___ to insect bites, and some even have to go to hospital.

A. insensitive　　B. allergic　　C. sensible　　D. infected

答案为 B。insensitive"感觉迟钝的"；allergic"过敏的"，后常接介词 to；sensible"明智的"；infected"被感染的"。句意为：许多人对蚊虫叮咬过敏，一些人甚至必须去医院。

sensitive [ˈsensətɪv] *adj.* 敏感的，感觉灵敏的；易受伤害的，易被冒犯的；过敏的，神经过敏的

【搭】sensitive to 对…敏感

【例】The designers are more *sensitive* to changes in fashion. 设计师们对时尚的变化更为敏感。

【派】sensitivity(*n.* 敏感，灵敏度)；insensitivity(*n.* 麻木，无感觉)

【注】sensitive 易和 sensible 混淆，注意区别。sensitive 意为"敏感的"，而 sensible 意为"明智的"。

serene [səˈriːn] *adj.* 安详的；平静的，宁谧的

【例】Many people living in the city want to live a *serene* life in the countryside. 很多居住在城市中的人们都想去乡下过平静的生活。

shriek [ʃriːk] *v.* 尖叫 *n.* 尖叫声

【例】Women *shrieked* and ran at the sight of pistols, and men hid under the tables. 看到了手枪，女人们尖叫着跑散了，男人们则躲在桌子底下。

shudder [ˈʃʌdə(r)] v. 抽动，战栗，因恐惧或厌恶而发抖
【例】The thought of the monster in the movie makes me *shudder*. 想起那个电影中的怪物就让我发抖。

slap [slæp] n. 掴；拍打声 v. 掴，掌击；重重放下
【例】John suddenly *slapped* me on the shoulder and I was frightened. 约翰突然拍了我的肩膀，吓了我一跳。

sneak [sniːk] v. 潜行，溜走 n. 怯懦鬼崇的人
【搭】sneak out/away 偷偷地走，潜行
【例】The three men tried many times to *sneak* across the border into the neighboring country, only to be captured by the police each time. (TEM-4) 这三个人多次尝试从边境潜行到邻国，但是每次都被警方逮住。

sniff [snɪf] v. 以鼻吸气；嗅，闻
【搭】sniff out 发觉，发现；sniff at 嗅，闻；轻视
【例】Andy *sniffs* at the air around him filled with the aroma of flowers. 安迪闻着周围充满花香的空气。

sober [ˈsəʊbə(r)] adj. 未醉的，清醒的；持重的，冷静的，严肃的
【例】a man of *sober* judgment 能清醒明判的人 // Mason's *sober* face and emphatic tone made us laugh. 梅森严肃的表情和果断的语气让我们忍俊不禁。

sophisticate [səˈfɪstɪkeɪt] n. 老于世故的人，见多识广的人
【例】The innocent boy has become a *sophisticate* over these years. 这些年过去了，那个天真的小男孩已经变成了成熟的大人。

stagger [ˈstægə(r)] v. 摇晃地走，蹒跚而行；使震惊；使交错，使错开
【搭】stagger to one's feet 摇摇晃晃地站起来
【例】Hit by something on the head, I *staggered* across the room and then fell down on the stairs. 被什么东西击中头部后，我踉跄着走过房间，随后摔倒在楼梯上。

stiff [stɪf] adj. 坚硬的，僵直的；不易活动的，挺的；不友好的；困难的；严厉的；高昂的
【例】The lady in the fur coat has hair in two *stiff* little grey plaits. 穿着皮大衣的那位女士扎着两根僵直细小的灰辫子。
【派】stiffness(n. 僵硬，硬度)

stride [straɪd] v. 大步行走；跨过，跨越 n. 大步，跨幅
【搭】make strides in 在…上取得进步；take sth. in one's stride 不费力地处理某事

【例】 The task will be pretty tough, but I'm sure you'll take it all in your *stride*. 这项任务会十分艰难，不过我相信你可以轻松地应付。

【注】 stride 的过去式和过去分词是 strode。

stubborn ['stʌbən] *adj.* 顽固的，执拗的；棘手的，难对付的

【搭】 be stubborn about/doing sth. 对于(做)某事很固执

【例】 The manager is as *stubborn* as a mule that nobody can persuade her. 那名经理像骡子一样固执，没有人可以说服她。

suspicion [sə'spɪʃn] *n.* 怀疑，嫌疑

【搭】 under suspicion 受到怀疑

【例】 I have a *suspicion* that Peter was not telling the truth. 我怀疑彼得没讲实话。

temper ['tempə(r)] *n.* 心情，心境；脾气，易怒的性情；(钢等物质的)硬度，回火度 *v.* (使金属)回火；使温和，使缓和

【搭】 lose one's temper 发怒，发脾气；keep/control one's temper 按捺住性子，忍住怒火；be in a good temper 心情好；be out of temper 发脾气，生气

【例】 I lost my *temper* with the thief who stole my mobile-phone this morning. 今天早晨那个偷我手机的贼惹怒了我。

【派】 bad-tempered(*adj.* 脾气不好的)；tempered(*adj.* 有脾气的)

thrust [θrʌst] *v.* 插，戳；刺进，插入；用力推，冲 *n.* 推，戳；推进力

【例】 Old grandmother *thrust* a letter into my hand and told me to read it. 老祖母塞到我手上一封信让我读给她听。

timid ['tɪmɪd] *adj.* 胆怯的，羞怯的

【例】 Tom was too *timid* a little boy to talk with other boys. 汤姆是一个很胆怯的小男生，他不敢跟其他的男孩讲话。

【派】 timidity(*n.* 胆怯，怯弱)

tolerant ['tɒlərənt] *adj.* 容忍的，宽容的

【搭】 be tolerant of 对…容忍，对…宽容

【例】 Everyone agreed that the Dutch are hardworking, thrifty, good-natured, *tolerant* and business-minded. (TEM-4) 大家都认为荷兰人勤奋、节俭、和善、宽容且具有商业头脑。

undesirable [ˌʌndɪ'zaɪərəbl] *adj.* 易惹麻烦的，不想要的，不得人心的

【例】 It would be highly *undesirable* to raise the prices of daily necessities randomly. 随意抬高日用品的价格是大家非常不想看到的。

vulnerable [ˈvʌlnərəbl] *adj.* 易受攻击的，有弱点的；(身体上或感情上)易受伤害的，脆弱的

【搭】vulnerable to 易受…伤害，易患…

【例】Old people and small children are particularly *vulnerable* to the flu. 老人和小孩尤其容易患流感。

weary [ˈwɪəri] *adj.* 疲倦的；使人疲劳的；不耐烦的

【搭】be weary of 对…没有兴趣，厌倦…

【例】a *weary* look 一副倦容 // Mother got a little *weary* after the long journey. 在长途旅行后，母亲有些疲倦了。

【派】weariness (*n.* 疲倦；厌烦)

【注】表示"疲惫的"单词还有：fatigue, listless, exhausted。

◎ 人物描述 / 认知词

absent-minded [ˌæbsənt ˈmaɪndɪd] *adj.* 心不在焉的

alike [əˈlaɪk] *adj.* 相同的，相像的 *adv.* 一样地，相似地

appearance [əˈpɪərəns] *n.* 出现，出场，露面；外貌，外观，外表

【派】disappearance (*n.* 不见，消失)

aptitude [ˈæptɪtjuːd] *n.* 天资，天赋，天生的才能

argumentative [ˌɑːgjuˈmentətɪv] *adj.* (指人)好争辩的，爱辩论的

attractive [əˈtræktɪv] *adj.* 有吸引力的，诱人的；令人愉快的，吸引人的

【派】unattractive (*adj.* 不引人注意的)

behavio(u)r [bɪˈheɪvjə(r)] *n.* 举止，行为

【例】The experiment can improve both cognition and *behavior*. 这个实验能够提高人的认知能力和行为能力。

blond [blɒnd] *adj.* 金黄色的；头发金黄的

blonde [blɒnd] *adj.* 金黄色的；头发金黄的 *n.* 金发女郎

bony [ˈbəuni] *adj.* 骨的；多骨的；瘦的

bookish [ˈbukɪʃ] *adj.* 爱读书的，好学的；书生气的，学究似的

bossy [ˈbɒsi] *adj.* 爱发号施令的，作威作福的

bravery [ˈbreɪvəri] *n.* 勇敢，无畏

breathless [ˈbreθləs] *adj.* 气喘吁吁的；目瞪口呆的；令人窒息的

brute [bruːt] *n.* 残酷无情的人；野兽，畜生 *adj.* 蛮干不动脑筋的

【例】*brute* strength 蛮力

bushy [ˈbuʃi] *adj.* (指毛发)浓密的；茂密的，多叶的

celebrated [ˈselɪbreɪtɪd] *adj.* 著名的，闻名的，驰名的

celebrity [səˈlebrəti] *n.* 名誉，名声；名人，名流

character [ˈkærəktə(r)] *n.* 特性，性质；(小说，戏剧等)人物，角色；字，书写符号，印刷符号

chatterbox [ˈtʃætəbɒks] *n.* 喋喋不休的人，话匣子

childhood [ˈtʃaɪldhʊd] *n.* 幼年(时代)，童年

childish [ˈtʃaɪldɪʃ] *adj.* 孩子的，孩子所特有的；幼稚的，傻气的

【例】 I don't have time for your *childish* games. 我没有时间和你玩这些幼稚的游戏。

chin [tʃɪn] *n.* 颏，下巴

committed [kəˈmɪtɪd] *adj.* 献身的，忠诚的；作出明确承诺的，表示出明确意图的

commonplace [ˈkɒmənpleɪs] *adj.* 平凡的，常见的

compassionate [kəmˈpæʃənət] *adj.* 有同情心的

contributor [kənˈtrɪbjətə(r)] *n.* 投稿者；捐助者；促成物

courageous [kəˈreɪdʒəs] *adj.* 勇敢的，有胆量的，无畏的

【例】 What made the young ladies so *courageous*? 是什么使得这些年轻女士这么有勇气？

cowardly [ˈkaʊədli] *adj.* 怯懦的，胆小的

cruelty [ˈkruːəlti] *n.* 残忍，残酷；[pl.] 残酷的行为

curl [kɜːl] *n.* 卷毛，卷发；卷曲物，螺旋状 *v.* 蜷缩；(烟)缭绕

deaf [def] *adj.* 聋的，失聪的；不愿听的

deafen [ˈdefn] *v.* 使…聋，使听不见

demanding [dɪˈmɑːndɪŋ] *adj.* 要求高的，费力(心)的

【例】 All of us hated the *demanding* supervisor. 我们所有人都讨厌这个苛刻的主管。

demerit [diːˈmerɪt] *n.* 过失，缺点

distinguished [dɪˈstɪŋgwɪʃt] *adj.* 卓越的，杰出的，著名的

dogged [ˈdɒgɪd] *adj.* 顽强的，坚持不懈的

dutiful [ˈdjuːtɪfl] *adj.* 尽职的，负责的；孝顺的，恭敬的

elderly [ˈeldəli] *adj.* 上了年纪的，中年以上的

【例】 the *elderly* 老年人，长者

eloquence [ˈeləkwəns] *n.* 雄辩，口才，说服力

emergence [iˈmɜːdʒəns] *n.* 出现，露出，暴露

eminence	['emɪnəns] *n.* 卓越，杰出	
energetic	[ˌenə'dʒetɪk] *adj.* 有力的，精力旺盛的，精神饱满的	

【例】an *energetic* supporter 热情的支持者

excellence	['eksələns] *n.* 优秀，卓越，杰出
excitable	[ɪk'saɪtəbl] *adj.* 易激动的，易兴奋的
excited	[ɪk'saɪtɪd] *adj.* 激动的，兴奋的
excitement	[ɪk'saɪtmənt] *n.* 刺激，兴奋，激动；令人激动(或兴奋)的事
exclamation	[ˌeksklə'meɪʃn] *n.* 呼喊，惊叫；感叹，惊叹；感叹词
expressive	[ɪk'spresɪv] *adj.* 富于表情的，富于表现力的
eyebrow	['aɪbraʊ] *n.* 眉毛，眉宇

【搭】be up to one's eyebrows in 忙于…，深陷于…

eyesight	['aɪsaɪt] *n.* 视力
facial	['feɪʃl] *adj.* 面部的，脸上的
fanatic	[fə'nætɪk] *n.* 狂热者，入迷者 *adj.* 狂热的
fantastic	[fæn'tæstɪk] *adj.* 极好的，了不起的；不切实际的；异想天开，怪诞的；大得难以置信的
feminine	['femənɪn] *adj.* 女性的，适于女子的；阴性的
flesh	[fleʃ] *n.* 肉，肉体；果肉

【派】fleshy(*adj.* 肉体的)

folly	['fɒli] *n.* 愚昧，愚蠢
footprint	['fʊtprɪnt] *n.* 脚印
footstep	['fʊtstep] *n.* 脚步，脚步声；足迹

【搭】follow in one's footsteps 仿效某人，步某人后尘

forehead	['fɔːhed; 'fɒrɪd] *n.* 额，前额
foresight	['fɔːsaɪt] *n.* 先见之明，远见
forgetful	[fə'getfl] *adj.* 健忘的；不经心的，疏忽的
freely	['friːli] *adv.* 自由地，无拘无束地，随意地；直率地，坦白地；慷慨地，大量地
fright	[fraɪt] *n.* 恐怖，惊吓；恐怖的经历
frightened	['fraɪtnd] *adj.* 受惊的，害怕的
fringe	[frɪndʒ] *n.* 刘海，额前短发；饰边，流苏，穗子；边缘，外围

【例】I don't want to be a non-contributing individual on the *fringe* of society.
我不想成为一个对社会毫无贡献的边缘人。

fussy	['fʌsi] *adj.* 过分注重细节的；爱挑剔的，瞎操心的，大惊小怪的

gallop [ˈɡæləp] *n.* 飞跑 *v.* (马等) 奔驰

【搭】at a gallop 以最快速度，急速地

gambler [ˈɡæmblə(r)] *n.* 赌徒

generosity [ˌdʒenəˈrɒsəti] *n.* 慷慨，大方

gifted [ˈɡɪftɪd] *adj.* 有天才的，有才能的

glamo(u)r [ˈɡlæmə(r)] *n.* 魅力，吸引力

【派】glamo(u)rous(*adj.* 富有魅力的，美丽动人的)

good-hearted [ˈɡʊdˈhɑːtɪd] *adj.* 好心肠的，仁慈的

good-looking [ˈɡʊdˈlʊkɪŋ] *adj.* 好看的，美貌的

【例】In a competitive job market, it's important to have a *good-looking* resume. 在竞争激烈的求职市场，拥有一份精美的简历很重要。

goodness [ˈɡʊdnəs] *n.* 善良，美德；精华，精髓；营养，养分

goodwill [ˌɡʊdˈwɪl] *n.* 善意，亲善；信誉，声誉

graceful [ˈɡreɪsfl] *adj.* 优美的，雅致的

【例】*graceful* manners 优雅的举止

gracious [ˈɡreɪʃəs] *adj.* 宽厚的，仁慈的，和蔼的；优美的，雅致的

greed [ɡriːd] *n.* 贪心，贪婪

【派】greedy(*adj.* 贪吃的；贪婪的；渴望的)

halting [ˈhɔːltɪŋ] *adj.* 断断续续的，结结巴巴的

hardworking [ˌhɑːdˈwɜːkɪŋ] *adj.* 努力工作的，勤勉的

heartbreak [ˈhɑːtbreɪk] *n.* 心碎，伤心，悲痛

【派】heartbreaking(*adj.* 令人心碎的，令人伤心的)

heartbroken [ˈhɑːtbrəʊkən] *adj.* 伤心的，悲痛的

heroic [həˈrəʊɪk] *adj.* 英雄的，英勇的，崇高的

hesitation [ˌhezɪˈteɪʃn] *n.* 犹豫，踌躇，疑虑；支吾，结巴

【例】There was a moment of *hesitation*, and then the teacher opened the door and walked into the classroom. 犹豫片刻之后，老师打开门走进了教室。

high-pitched [ˌhaɪˈpɪtʃt] *adj.* 声调高的，尖声的；格调高的，(人格等)崇高的

homesick [ˈhəʊmsɪk] *adj.* 想家的，患思乡病的

hospitable [ˈhɒspɪtəbl; hɒˈspɪtəbl] *adj.* 好客的，殷勤的，招待周到的；适宜的

hum [hʌm] *v.* 发嗡嗡声，发低哼声，哼(曲子)；活跃起来 *n.* 嗡嗡声，哼哼声，嘈杂声

【搭】hum with 忙碌，活跃

【例】Nora begins to *hum* to give herself courage, and continues up the stairs. 诺拉开始哼曲子给自己壮胆，然后继续上楼梯。

humiliating [hjuːˈmɪlieɪtɪŋ] *adj.* 耻辱的, 使人丢脸的

hurried [ˈhʌrid] *adj.* 匆促的, 匆忙的, 仓促的

hypocritical [ˌhɪpəˈkrɪtɪkl] *adj.* 伪善的, 虚伪的, 矫饰的

【例】Tom thinks them *hypocritical* to maintain a preference for country life. 汤姆认为他们喜欢乡村生活是虚伪的表现。

ideal [aɪˈdiːəl] *adj.* 理想的, 完美的; 空想的, 不切实际的

【派】idealism(*n.* 理想主义, 唯心主义); idealist(*n.* 理想主义者, 空想家, 唯心论者)

idiot [ˈɪdiət] *n.* 傻子, 白痴, 低能的人

ignorance [ˈɪɡnərəns] *n.* 无知, 愚昧; 不知

【搭】ignorance about 对…不了解

【例】Robin tried to keep his rivals in *ignorance* of his project. 罗宾试图不让他的对手知道他的方案。

illiteracy [ɪˈlɪtərəsi] *n.* 文盲, 无知, 缺乏教育

imaginative [ɪˈmædʒɪnətɪv] *adj.* 富于想象力的, 创新的

【例】These figures of speech extend the *imaginative* range. 这些比喻开拓了人们的想象空间。

imbecility [ˌɪmbəˈsɪləti] *n.* 愚蠢(的行为), 低能, 智力低下

immature [ˌɪməˈtjʊə(r)] *adj.* 不成熟的, 不够老练的; 发育未完全的, 未充分发展的

immoral [ɪˈmɒrəl] *adj.* 不道德的, 邪恶的; 放荡的, 淫荡的

impatience [ɪmˈpeɪʃns] *n.* 不耐烦, 焦急, 焦躁

impolite [ˌɪmpəˈlaɪt] *adj.* 不礼貌的, 粗鲁的

individuality [ˌɪndɪˌvɪdʒuˈæləti] *n.* 个性, 个人特征

indulgent [ɪnˈdʌldʒənt] *adj.* 纵容的, 宽容的

ingenuity [ˌɪndʒəˈnjuːəti] *n.* 心灵手巧, 足智多谋, 精巧; 独创性, 富有创造的才能

insensibility [ɪnˌsensəˈbɪləti] *n.* 无知觉, 无意识, 无感觉; 缺乏反应能力, 冷淡

insensitive [ɪnˈsensətɪv] *adj.* 未意识到的, 冷漠的; 不敏感的; 无感觉的

【例】It is rather *insensitive* of you to mention Carter's dead wife. 竟然提起卡特的亡妻来, 你太粗心了。

insincere [ˌɪnsɪnˈsɪə(r)] *adj.* 不诚恳的, 虚伪的, 不真心的

insistent [ɪnˈsɪstənt] *adj.* 坚持的, 持续的

insulting [ɪnˈsʌltɪŋ] *adj.* 侮辱的, 无礼的, 冒犯人的

intolerable [ɪnˈtɒlərəbl] *adj.* 无法忍受的, 难以忍受的

intolerant [ɪnˈtɒlərənt] *adj.* 不容忍的，偏执的；(对食物、药物等)过敏的

inventive [ɪnˈventɪv] *adj.* 善于发明的，善于创造的

【例】Peter is an endlessly *inventive* composer. 彼得是个才思无穷、善于创作的作曲家。

【派】inventiveness(*n.* 独创性，独创能力)

kindly [ˈkaɪndli] *adj.* 和善的，友好的 *adv.* 仁慈地，友好地；诚恳地，衷心地；请(用于客套话)

limb [lɪm] *n.* 肢，腿，臂；树枝

lonesome [ˈləʊnsəm] *adj.* 孤单的，寂寞的；人烟稀少的，荒凉的

loyal [ˈlɔɪəl] *adj.* 忠诚的，忠实的

【搭】be loyal to one's duty 忠于职守；be loyal to 对…忠诚

【例】As an influential columnist, he has many *loyal* readers. 作为一个有影响力的专栏作家，他拥有很多忠诚的读者。

loyalty [ˈlɔɪəlti] *n.* 忠实，忠贞

masculine [ˈmæskjəlɪn] *adj.* 男性的，有男子气的；阳性的

【派】masculinity(*n.* 男子气概)

modesty [ˈmɒdəsti] *n.* 谦虚，虚心

monster [ˈmɒnstə(r)] *n.* 怪物，庞然大物；凶残的人 *adj.* 巨大的，像怪物的

【派】monstrous(*adj.* 怪异的；恐怖的)

mute [mjuːt] *adj.* 沉默的，不说话的 *n.* 哑巴

naked [ˈneɪkɪd] *adj.* 裸体的，赤裸的；暴露的，赤裸裸的，无掩饰的

naughty [ˈnɔːti] *adj.* 顽皮的，淘气的；粗俗的

noted [ˈnəʊtɪd] *adj.* 著名的，知名的

patience [ˈpeɪʃns] *n.* 耐性，忍耐

personality [ˌpɜːsəˈnæləti] *n.* 个性，人格；名人；气质，气度

【例】Your clothes and hair style are often a reflection of your *personality*. 你的穿着及发型通常就是你性格的一个表现。

plump [plʌmp] *adj.* 丰腴的，微胖的；松软的；饱满的

prestigious [preˈstɪdʒəs] *adj.* 有声望的，有威信的

【例】This dictionary is rather *prestigious* in the geographical circles. 这本词典在地理学界声望很高。

provincial [prəˈvɪnʃl] *adj.* 省的；狭隘的，乡气的，守旧的

puff [pʌf] *v.* 喘气；喷(烟等) *n.* 一股(气、烟等)，一阵；松饼

ragged [ˈrægɪd] *adj.* 破旧的，褴褛的；不整齐的，蓬乱的

rascal [ˈrɑːskl] *n.* 小淘气，小坏蛋；恶棍，流氓

refreshment [rɪˈfreʃmənt] *n.* 精神爽快，心旷神怡；[*pl.*] 点心，便餐

reluctance [rɪˈlʌktəns] *n.* 不情愿，勉强

resemble [rɪˈzembl] *v.* 类似，相似

【派】resemblance（*n.* 相似，类似；相似程度，相似点）

respectable [rɪˈspektəbl] *adj.* 可敬的；体面的；相当好的，不丢面子的

respectful [rɪˈspektfl] *adj.* 尊敬的，表示敬意的

【例】The *respectful* soldiers saluted their superior. 这些士兵们彬彬有礼地向他们的上级敬礼。

rub [rʌb] *n./v.* 磨，擦，搓

【搭】rub out 擦掉，拭去

rude [ruːd] *adj.* 粗鲁的，无礼的；下流的；原始的，粗糙的；突如其来的

rustic [ˈrʌstɪk] *adj.* 有乡村风味的，淳朴的；用粗糙的木材制作的 *n.* 乡下人，乡巴佬

salty [ˈsɔːlti] *adj.* 含盐的，咸的；（指幽默、言语等）有趣的，逗笑的

seasick [ˈsiːsɪk] *adj.* 晕船的

shabby [ˈʃæbi] *adj.* 破旧的，褴褛的

shortsighted [ˌʃɔːtˈsaɪtɪd] *adj.* 近视的；目光短浅的

sleepy [ˈsliːpi] *adj.* 欲睡的，困倦的；安静的，不热闹的，冷清的

slender [ˈslendə(r)] *adj.* 细长的，苗条的，纤细的；纤巧的，轻盈的；微薄的，不足的

【例】The student pulled a *slender* black rectangle from her pack. 那名学生从背包里拿出一个细长的黑色长方形物体。

slim [slɪm] *adj.* 苗条的，修长的，纤细的；微小的，不足的

smack [smæk] *v.* 掌掴，拍击；咂（唇）作响

solitary [ˈsɒlətri] *adj.* 独自的，单独的；孤单的，孤零零的；唯一的，仅有的

sophisticated [səˈfɪstɪkeɪtɪd] *adj.* 老练的；高雅时髦的；复杂的，精细的，尖端的

【例】*sophisticated* technique 尖端技术 // a *sophisticated* man 世故之人

staunch [stɔːntʃ] *adj.* 坚定而忠实可靠的

steadfast [ˈstedfɑːst] *adj.* 坚定的，不动摇的

stealthy [ˈstelθi] *adj.* 偷偷摸摸的，不声张的，秘密的

stony [ˈstəʊni] *adj.* 多石的，铺有石块的；冷酷的，无情的

sulky [ˈsʌlki] *adj.* 生气的，愠怒的

talented [ˈtæləntɪd] *adj.* 有才干的，天才的

talkative [ˈtɔːkətɪv] *adj.* 爱说话的，健谈的，多嘴的

temperament [ˈtemprəmənt] *n.* 气质，性情，禀性；易冲动，喜怒无常

【派】temperamental(*adj.* 喜怒无常的；性情的)

thoughtful [ˈθɔːtfʊl] *adj.* 深思的，思考的；体贴的，关切的；深思熟虑的

【搭】it is thoughtful of sb. to do sth. 某人做某事是体贴之举

【例】*thoughtful* gift 真诚的礼物

thoughtless [ˈθɔːtləs] *adj.* 粗心大意的，欠考虑的，轻率的

thrifty [ˈθrɪfti] *adj.* 节俭的，俭约的

tiptoe [ˈtɪptəʊ] *n.* 脚尖 *v.* 踮着脚走

tread [tred] *v.* 踩，踏，走；践踏

tricky [ˈtrɪki] *adj.* 诡计多端的；难以捉摸的，难以对付的

trustworthy [ˈtrʌstwɜːði] *adj.* 值得信任的，可靠的

unable [ʌnˈeɪbl] *adj.* 无法的，不能的

unashamed [ˌʌnəˈʃeɪmd] *adj.* 无羞耻心的，不觉难堪的

uncertain [ʌnˈsɜːtn] *adj.* 无把握；不可信赖的；多变的；犹豫的，迟疑不决的

undignified [ʌnˈdɪɡnɪfaɪd] *adj.* 不庄重的，不体面的

uneasiness [ʌnˈiːzinəs] *n.* 心神不安，担心，忧虑

unreasonable [ʌnˈriːznəbl] *adj.* (指人)不讲道理的；不合理的，不公正的

unwilling [ʌnˈwɪlɪŋ] *adj.* 不愿意的，不情愿的

unwise [ʌnˈwaɪz] *adj.* 不明智的，愚蠢的

vegetarian [ˌvedʒəˈteəriən] *n.* 素食者 *adj.* 素食者的，素食主义的；不含肉类的，全素的

versatile [ˈvɜːsətail; ˈvɜːsətl] *adj.* 多才多艺的；用途广泛的

vigilant [ˈvɪdʒɪlənt] *adj.* 警觉的，警惕的

visionary [ˈvɪʒənri] *adj.* 有远见的；空想的，不切实际的

wink [wɪŋk] *v.* 眨眼，使眼色；(星或光)闪烁 *n.* 眨眼；一瞬间

witty [ˈwɪti] *adj.* 机智的，诙谐的

youngster [ˈjʌŋstə(r)] *n.* 小伙子，年轻人

youthful [ˈjuːθfl] *adj.* 年轻人的，青年的，青春的；年轻的，显得年轻的

专四词汇：词以类记

充电不停

◎ 职场风云

◎ 学习进修

absent [ˈæbsənt] *adj.* 缺席的，不在的；出神的，心不在焉的 *v.* 缺席，不在

【搭】 be absent from 缺席，不在，没参加

【例】 The students who are more than 15 minutes late for the lecture will be marked *absent*. 那些在讲座上迟到15分钟的学生将被记为缺席。

【注】 absent-minded 心不在焉的

academic [ˌækəˈdemɪk] *adj.* 学校的，学院的；学者式的，非实用的；学术的

【例】 *academic* study 学术研究 // Tom came back from his grandfather's for the start of the new *academic* year. 汤姆从外祖父家回来迎接新学年的开始。

【派】 academy(*n.* 学院)

accommodate [əˈkɒmədeɪt] *v.* 容纳，接纳，提供…住宿；使适应，使适合，调节；帮助解决(困难)

【例】 The small hut could *accommodate* up to five people. 这间小房子最多能容纳5个人住。

【派】 accommodation(s)(*n.* 住宿，留宿；膳宿供应)

acquire [əˈkwaɪə(r)] *v.* 取得，获得，习得；学到(知识等)

【例】 *acquire* a habit 养成一种习惯 // The first two stages in the development of civilized man were probably the invention of weapons and the discovery of fire, although nobody knows exactly when he *acquired* the use of the latter. (TEM-4) 人类开化的最初两个阶段极有可能是始于武器的发明和火的发现，尽管没有人确切地知道人类是何时学会使用后者的。

acquisition [ˌækwɪˈzɪʃn] *n.* 取得，获得；得到的东西

【例】 mergers and *acquisitions* 兼并 // The thick woolen scarf is a recent *acquisition* of my younger sister. 那条厚厚的羊毛围巾是我妹妹最近买的。

【派】 acquisitive(*adj.* 可学到的)

adjust [ə'dʒʌst] v. 调整，调节；整顿，整理；适应，习惯

【例】 *adjust* expenses to income 量入为出 // You would *adjust* your conduct according to hours and seasons. 你们要依照时辰和季节来调整自己的行动。

【派】 adjustment(*n.* 调节，调整)；readjust(*v.* 重新调整，再调节)

analysis [ə'næləsɪs] n. 分析，分析结果

【搭】 in the last/final analysis 归根结底，总而言之

【例】 Your *analysis* should take into consideration the concepts we learned in class. 你的分析应该将我们在课堂上所学的概念考虑在内。

【派】 analyst(*n.* 分析家)

award [ə'wɔːd] v. 授予，给以奖励 n. 奖品

【搭】 award a prize of 授予…的奖励；be awarded at 因…而被授奖；get one's award 得奖

【例】 If the fight doctor deems that a fighter cannot continue, then his opponent is *awarded* the match. 如果赛场医生认为拳击手不能继续比赛，则对手获胜。

bachelor ['bætʃələ(r)] n. 未婚男子，单身汉；学士

【搭】 Bachelor of Arts 文学学士；Bachelor of Science 理学学士；a bachelor's degree 学士学位

【例】 David has the *Bachelor* of Arts degree. 戴维拥有文学学士学位。

bibliography [ˌbɪbli'ɒɡrəfi] n. 书目，参考书目

【例】 classified *bibliography* 分类书目 // We were asked to list the name of the reference *bibliography* at the end of the article. 我们被要求将参考书目的名称列在文章的最后。

brainless ['breɪnləs] adj. 笨的，没头脑的

【例】 That was a pretty *brainless* thing to sing to the wall of the class. 对着教室的墙唱歌是很愚蠢的。

browse [braʊz] v. 浏览(书刊)；(牲畜)吃草

【搭】 browse through 浏览，翻阅

【例】 I like *browsing* through a magazine during breakfast. 我喜欢吃早饭时翻翻杂志。

burden ['bɜːdn] n. 担子，负担

【搭】 a burden on/to …的担子，…的负担

【例】 Uncle Zhang doesn't want to become a *burden* to his children when he is old. 张叔叔不想在年老的时候成为孩子们的负担。

【派】burdensome(*adj.* 繁重的); burdened(*adj.* 有负担的)

campus ['kæmpəs] *n.* 校园

【搭】on campus 在校园内

【例】The new gymnasium was built in the north part of the *campus.* 新的体育馆建在校园的北侧。

【听】campus 常出现在校园场景中，常和介词 on 搭配，注意没有冠词。

categorize ['kætəɡəraɪz] *v.* 将…分类或归类

【例】If you *categorize* the information you need to remember, you will find it much easier. 如果你将需要记忆的信息归类，你会发现这样容易记得多。

ceremony ['serəməni] *n.* 典礼，仪式；礼节，礼仪

【例】opening/closing *ceremony* 开/闭幕式 // graduation *ceremony* 毕业典礼 // The opening *ceremony* is a great occasion. It is essential for us to be prepared for that.（TEM-4）开幕式是非常隆重的场合，我们必须准备一下。

chorus ['kɔːrəs] *n.* 副歌；合唱；合唱队；齐声说道 *v.* 合唱；异口同声地说

【搭】in chorus 一齐，一致，共同

【例】We continued to rehearse the *chorus* after a five-minute break. 休息五分钟后我们继续合唱的彩排。

classify ['klæsɪfaɪ] *v.* 把…分类，把…分等级；把…归入一类；确定…为机密

【例】I think we can *classify* the case as an emergency situation. 我认为我们能把这一事件归类为紧急情况。

【派】classification(*n.* 分类，分级)

compete [kəm'piːt] *v.* 比赛；竞争，对抗

【搭】compete against/with 与…竞争

【例】The state-owned grocery stores simply can't *compete* with the big supermarkets. 国营的小杂货店完全竞争不过大型超市。

【派】competition(*n.* 竞争，竞赛); compete in 在…中竞争

comprehend [ˌkɒmprɪ'hend] *v.* 理解，领会，懂

【例】A good reader is able to *comprehend* the material with a minimum of effort and a maximum of interest.（TEM-4）好的阅读者能够用最少的精力去理解文章并获得最大的乐趣。

comprehensive [ˌkɒmprɪ'hensɪv] *adj.* 综合的，全面的；理解的，有理解力的

【例】To become a well-known *comprehensive* university, we have a long way to go. 要想成为一所著名的综合性大学，我们还有很长的路要走。

compulsory [kəm'pʌlsəri] *adj.* 强迫的，强制的，义务的

【例】 *compulsory* course 必修课 // *compulsory* education 义务教育 // The *compulsory* education in China is nine years. 中国的义务教育为期9年。

【注】 quality-oriented education 素质教育；exam-orientated education 应试教育

conceive [kən'siːv] *v.* 设想，想出，想象；怀(胎)，怀孕

【搭】 conceive of 想象，设想；conceive a plan 构想一个计划

【例】 That the ancients *conceived* the earth as afloat in water is very ridiculous to modern people. 古人认为地球飘浮在水上，这在现代人看来是很可笑的。

【派】 inconceivable(*adj.* 难以想象的)

contest ['kɒntest] *n.* 竞赛，比赛；争夺，竞争 [kən'test] *v.* 争夺，竞争；争辩

【例】 Cheerleaders have their own *contests* every year at local, state and national levels. (TEM-4)拉拉队每年有他们自己的比赛，有地方、州和国家三种级别。

deduce [dɪ'djuːs] *v.* 推论，演绎

【搭】 deduce from 从…中推断

【例】 From seeing an ambulance coming, you may *deduce* that someone here is ill. 从驶来的救护车就可以推断出附近有人病了。

【派】 deduction(*n.* 演绎)；deductive(*adj.* 推论的，演绎的)

dictate [dɪk'teɪt] *n.* 命令，指令 *v.* 口述，(使)听写；指使，强行规定；支配，决定

【例】 You should operate the machine according to the *dictates* of the instructions. 你应该按照说明书上的要求操作这台机器。

dilute [daɪ'luːt] *v.* 稀释，冲淡；削弱，减轻 *adj.* 经稀释的，减弱了的

【例】 The waiter *diluted* the wine with water and gave it to John. 侍者用水把酒冲淡后递给约翰。

discipline ['dɪsəplɪn] *n.* 训练，纪律；行为准则；自制力，遵守纪律；学科，科目 *v.* 训练，训导；惩罚，处罚

【例】 One of my best friends was so exclusively engaged in his works that he did not even know what was happening out of his own *discipline*. (TEM-4)我最好的朋友之一是如此专注于他的作品以至于他甚至不知道其他领域发生的事情。

【派】 disciplined(*adj.* 受过训练的；遵守纪律的)

disperse [dɪˈspɜːs] *v.* (使)分散，疏散

【例】*disperse* knowledge 传播知识 // Federal troops *dispersed* prisoners that tried to storm the jail. 联邦军队驱散了企图在监狱内制造暴乱的囚犯。

distort [dɪˈstɔːt] *v.* 扭曲，使变形；歪曲，曲解；使(声音、信号等)失真

【例】Newspapers are *distorting* the truth about the famous singer's childhood. 报纸在歪曲这位著名歌手的童年。

【派】distorted(*adj.* 歪曲的，扭曲的); distortion(*n.* 歪曲，扭曲)

【注】表示"扭曲，使变形"的单词还有：twist 指扭曲或对意义的歪曲；deform 指使变形；contort 指巨大变化产生的结果；warp 指扁形或直线形的扭曲。

distract [dɪˈstrækt] *v.* 转移(注意力)，使分心；使转变，使转向；使困惑，使混乱

【例】Whatever you do, don't waste the time pursuing your train of angry thoughts. Your aim should be to *distract* yourself. (TEM-4) 无论你做什么，都不要浪费时间沉溺于那些令你生气的想法。你的目的应该是转移注意力。

educate [ˈedʒukeɪt] *v.* 教育，培养

【例】The adults should *educate* young people to be responsible citizens. 成年人应该教育年轻人成为有责任心的公民。

【注】educate 经常和 well 构成组合词 well-educated(受过良好教育的)。

empirical [ɪmˈpɪrɪkl] *adj.* 以实验为根据的，非理论的

【例】*empirical* knowledge 从实际经验中得来的知识 // To be sure, the *empirical* studies of the issue are largely inconclusive. 确切地说，对该问题的实证研究大体上还没有定论。

【注】反义词为 theoretical(以试验为根据的)。

endow [ɪnˈdaʊ] *v.* 赋予，授予；资助，捐赠

【搭】endow with 给予，赋予

【例】They were *endowed* with enormous concealed advantages of a kind not possessed by any of their competitors. (TEM-4) 他们天生就有许多他们的竞争对手所没有的潜在优势。

enlighten [ɪnˈlaɪtn] *v.* 启发，开导，教导；阐明

【例】The past should *enlighten* us about the future. 过去的事情应该对我们的未来有所启发。

【派】unenlightened(*adj.* 无知的，愚昧的); enlightened(*adj.* 文明的)

entry ['entri] *n.* 入场，进入；入口处；参加者；登记；(列入的)项目，账目；词条

【搭】entry into 进入…

【例】Robbers gained *entry* of private housing by breaking a window. 盗贼打破窗子强行进入私人住宅。

excel [ɪk'sel] *v.* 善于，擅长于；胜过平时，超常

【搭】excel in/at 在…方面突出；excel oneself 超越自我

【例】A two-day general strike last week was indicative of just how far Mr. Mason has *excelled* his opponents. 上周为期两天的全体罢工显示出梅森先生远远胜过了他的对手。

【派】excellence(*n.* 优秀；优点)

【题】The reception was attended by ___ members of the local community.

A. excellent   B. conspicuous   C. prominent   D. noticeable

答案为 C。excellent 意为"优秀的"；conspicuous 意为"显著的"；prominent 意为"突出的；重要的"；noticeable 意为"显而易见的"。句意为：招待会由当地社区的先进分子参加。

expand [ɪk'spænd] *v.* 扩大，增加；扩展，发展(业务)；详述

【搭】expand on 详述…，阐明…

【例】*expand* one's knowledge 扩大知识面 // As sports *expand* into world markets, and as our choice of sports as consumers also grows, so we will demand to see them played at a higher and higher level. (TEM-4)随着体育运动进入全球市场以及作为消费者的我们对运动选择的增多，我们也会要求运动比赛的水平越来越高。

【注】不要与 expend 混淆，expend 意为"花费，消耗"。

expel [ɪk'spel] *v.* 驱逐，开除；排出(气等)

【例】*expel* sb. from the school 开除某人的学籍 // Mr. Smith would *expel* you from the school. 史密斯先生会开除你的学籍。

【题】Mary hopes to be ___ from hospital next week.

A. dismissed   B. discharged   C. expelled   D. resigned

答案为 B。discharge 意为"离开；放(某人)走"；dismiss 意为"派遣；解散"；expel 意为"驱逐；开除"；resign 意为"辞职"。句意为：玛丽希望下周医院能让她出院。

expert ['ekspɜːt] *n.* 专家，能手 *adj.* 熟练的，内行的，专家的

【搭】be expert at/in 擅长…

【例】 Working with local geologists and engineers, the *experts* have studied the nature of the ground and the type of most practical building code for the local area. (TEM-4) 通过与当地地质学家和工程师合作，专家们已经研究出了当地的地质特点和最符合当地实际情况的建筑类型。

【派】 expertise(*n.* 专家的意见；专门技术)

extensive [ɪkˈstensɪv] *adj.* 广阔的，大量的，广大的；全面的，广泛的

【搭】 make extensive use of 广泛应用…

【例】 *extensive* knowledge 广博的知识(面) // *extensive* efforts 巨大的努力 // I really benefit a lot from *extensive* reading. 我确实从泛读中受益匪浅。

【派】 extensively(*adv.* 广大地，广阔地)；extent(*n.* 广度，宽度；范围)

【题】 The heat in summer is no less ___ here in this mountain region.

　　A. concentrated　　B. extensive　　C. intense　　D. intensive

　　答案为 C。concentrated 意为"集中的"；extensive"广泛的"；intense "强烈的"；intensive"集中的，密集的"。本题关键词为 heat，修饰热量的只能是 intense。句意为：夏天这个山区一样酷热。

faculty [ˈfæklti] *n.* 天赋，官能；才能，能力；(大学的)系，学院；(院系的)全体教师

【例】 mental *faculty* 智力 // *Faculty* of Law 法学院 // Although the key to a good college is a high-quality *faculty*, studies found that most colleges do very little to encourage good teaching. 尽管拥有高质量的教学团队对一所大学来说十分重要，但研究显示大部分大学在推进良好教学方面做得还很不够。

【注】 作"全体教师"讲的时候 faculty 是个集合名词，虽然只有单数形式，但表达的是复数概念，谓语动词用复数。类似的词还有：police (警方)，cattle(牛)，machinery(机械)，personnel(人员)等。

fluent [ˈfluːənt] *adj.* 流畅的，流利的

【例】 Mary is *fluent* in English, and she just started to learn Japanese. (TEM-4) 玛丽的英语非常流利，并且她刚开始学习日语。

【听】 这个词通常与某种语言一起考，如 be fluent in English/Chinese。

foster [ˈfɒstə(r)] *v.* 鼓励，促进；培育；收养(小孩)，养育，抚养

【例】 On no account hint at the notion that a woman could get herself a job, but instead *foster* her sense of her own usefulness, emphasizing the creative aspect of her function as a housewife. (TEM-4) 决不要暗示妇妇应该有自己的工作这个观念，而要使她感觉自己很能干，强调她作为家庭主妇的创造才能。

fractional ['frækʃənl] *adj.* 分数的，小数的；部分的；轻微的，微不足道的

【例】These two books only had *fractional* difference in prices. 这两本书只在价格上有微小的差异。

generalise/generalize ['dʒenrəlaɪz] *v.* 概括，归纳；概括地讲；扩大…的运用

【例】We can *generalize* the conclusion from the cases we studied before. 我们可以从先前研究的案例中总结出结论来。

【派】generalized(*adj.* 普遍的); generalization(*n.* 概括，一般化)

genius ['dʒiːniəs] *n.* 天才，天资，天赋；天才人物

【搭】a genius for 有…的天资

【例】Einstein is probably the greatest mathematical *genius* of all time. 爱因斯坦可能是人类有史以来最伟大的数学天才。

【注】同义词：talent

graduate ['grædʒuət] *n.* 大学毕业生 ['grædʒueɪt] *v.* 获得学位；毕业

【例】I'm going to take a few summer courses so that I can *graduate* early next year.（TEM-4）我打算在暑期选修一些课程，这样就能在明年年初毕业了。

【派】graduation(*n.* 毕业); undergraduate(*n.* 大学生，本科生)

grasp [grɑːsp] *v.* 抓住，抓紧，抱住；掌握，领会 *n.* 抓，紧握，抱；掌握，了解

【搭】grasp at 攫取，抓住

【例】The new leader should have an inquiring mind, wide interests, a good memory and the ability to *grasp* quickly the basic principles of new developments.（TEM-4）新领导应该有追根究底的思想、广泛的兴趣、良好的记忆力和迅速领会新发展基本原则的能力。

【注】grasp 表示"紧紧抓住"，含动作粗鲁之意，多用在书面语中；catch 为普遍用词，常用在口语中；seize 强调的是突然抓住某物，还可表示逮住罪犯。

handy ['hændi] *adj.* 手边的，近便的；便于使用的，方便的；灵巧的，手巧的

【搭】come in handy 有用，派得上用场

【例】Always keep a first-aid kit *handy*. 跟前要常备急救箱。

【题】Keep this reference book; it may come in ＿＿＿ one day.

A. handy　　　　B. useful　　　　C. convenient　　D. helpful

答案为 A。考点是 come in handy 的用法，其他几个词都没有这种搭配。

horizon [həˈraɪzn] *n.* 地平(线)，水平线；(知识、思想、经验等的)范围，眼界，见识

【搭】 on the horizon 即将发生的，临近的；broaden one's horizon 扩宽眼界

【例】 The modern communication industry influences the way people live in society and broadens their *horizons* by allowing access to information, education and entertainment. (TEM-4) 现代通信业使人们可以获取信息、教育和娱乐，这影响着人们的社会生活方式，扩宽人们的眼界。

【派】 horizontal(*adj.* 地平线的，水平的)

【注】 与 horizon 意思相对的是 vertical(*n.* 垂直线，垂直面 *adj.* 垂直的，直立的)，而表示"倾斜"的单词有 oblique, incline 和 slope。

ignorant [ˈɪɡnərənt] *adj.* 不了解的；无知的，愚昧的；无视的，缺乏教养的

【搭】 be ignorant of 对…不了解

【例】 an *ignorant* conduct 无知的行为 // The thief is so *ignorant* that he cannot write down his name. 那个小偷太愚昧无知了，他甚至都不会写自己的名字。

【派】 ignore(*v.* 忽视，不理睬)

illiterate [ɪˈlɪtərət] *n.* 文盲，无知的人 *adj.* 文盲的，无知的

【例】 You were confined to the society of *illiterate* and vulgar all your life. 你一生都被禁锢在无知和庸俗的世界里。

【注】 literate 意为"有读写能力的，有文化的"；literacy 意为"有文化，有教养"，可以联系记忆。

inclusive [ɪnˈkluːsɪv] *adj.* 一切包括在内的，包含的；范围广泛的

【搭】 inclusive of 把…包括在内；large and all inclusive 大而全

【例】 The rent 1000 RMB is *inclusive* of water and heating. 1000 元人民币的房租包含水费和取暖费。

【派】 inclusively(*adv.* 包含地，在内地)

【题】 The bar in the club is for the _____use of its members.
A. extensive   B. exclusive   C. inclusive   D. comprehensive
答案为 B。extensive"广阔的"；exclusive"唯一的，独有的"；inclusive "包含的，包括的"；comprehensive"全面的，广泛的"。句意为：这个俱乐部的酒吧只供其会员使用。

instinct [ˈɪnstɪŋkt] *n.* 本能，天性，直觉

【搭】 by instinct 凭直觉，本能地

【例】 Animals have a natural *instinct* for survival. 动物天生有求生的欲望。

institute [ˈɪnstɪtjuːt] *n.* 协会，学会，机构；科研所，学院，研究院 *v.* 建立，设立；制定

【例】financial *institute* 金融机构 // China *instituted* a system of regional autonomy in areas inhabited by minority ethnic groups. 中国在少数民族聚居区建立了地区自治制度。

【听】该词常用在专有名词中，注意这个词的发音，u 在该词中有两种发音，英音中发字母本身的音 [juː]，而在美音中则为 [uː]，在听力时需引起注意。

instruct [ɪnˈstrʌkt] *v.* 教育，指导，讲授；通知；指示，命令

【例】Government should take greater efforts to *instruct* citizens in road safety. 政府应该花更大的力气来教育市民注意交通安全。

【派】instructor(*n.* 教师)；instructive(*adj.* 有教育意义的)；instruction(*n.* 教育，指导)

【注】enlighten 与 instruct 是同义词，但其后面使用的介词不同：enlighten sb. on sth. 教导某人某事，使某人明白某事；instruct sb. in sth. 教导某人某事。

instrumental [ˌɪnstrəˈmentl] *adj.* 有助的，起作用的；仪器的，用乐器演奏的

【搭】instrumental in 在…方面起作用

【例】Mother's suggestion has been very *instrumental* in settling the question. 妈妈的建议对解决这个问题非常有帮助。

【派】instrument(*n.* 工具，器械，器具)

integral [ˈɪntɪgrəl] *adj.* 不可或缺的，构成整体所必需的，完整的

【例】The designer showed me an *integral* blueprint of the building. 设计师给我展示了这座大楼完整的设计图。

intellectual [ˌɪntəˈlektʃuəl] *n.* 知识分子，有理智的人 *adj.* 智力(发达)的，有知识的

【例】*intellectual* power 智力 // *intellectual* worker 脑力劳动者 // *intellectual* property 知识产权 // There is a definite structural variation between the male and female brain. The difference is in a part of the brain that is used in the most complex *intellectual* processes—the link between the two halves of the brain. (TEM-4) 男性和女性的大脑结构有着明显的不同。区别存在于大脑中用于最复杂的智力进程的一部分，它连接着左右脑。

【派】intellectualism(*n.* 唯理智论，知性主义)；intellectually(*adv.* 理智地；智力上地)

intelligence [ɪnˈtelɪdʒəns] *n.* 智力，理解力，智慧；情报，谍报

【例】*intelligence* test 智力测验 // *intelligence* analysis 情报分析 // A child's *intelligence* develops rapidly between the ages of four and five. 孩子的智力在4到5岁之间发展很快。

【听】该词在新闻听力中常出现的词组有：artificial intelligence 人工智能；Central Intelligence Agency 美国中央情报局。

intelligent [ɪnˈtelɪdʒənt] *adj.* 聪明的，有才智的；智能的

【例】For too many highly *intelligent* working men, home represents dullness and complaints.（TEM-4）对于很多极有才智的工人来说，家意味着乏味和抱怨。

【派】intelligently(*adv.* 聪明地)；unintelligent(*adj.* 智力低下的，愚钝的)

intermediate [ˌɪntəˈmiːdiət] *adj.* 中间的，居中的；中级的，中等程度的

【例】The mathematical course aims at the the college students at *intermediate* level. 这门数学课的目标人群是处于中等水平的大学生。

【题】I think you can take a(n) ___ language course to improve your English.
A. intermediate   B. middle   C. medium   D. mid
答案为A。intermediate 意为"中级的"，如 intermediate course/level/book（中级课程/水平/书本）；middle 意为"中间的"，表示方位；medium 意为"传播媒介"；mid 意为"在…中间"，诗歌中用的较多。句意为：我认为你可以参加一门中级语言课程来提高你的英文水平。

junior [ˈdʒuːniə(r)] *adj.* 较年幼的；职位低的，下级的 *n.* 年幼者；大三学生；地位或等级较低的人

【搭】junior to 年纪较…轻；职位较…低

【例】By 2005, many high school and *junior* high books will be tied to Internet sites that provide source material, study exercises, and relevant articles to aid in learning.（TEM-4）到2005年时，很多高中和初中课本将与网站相联系，以提供原始资料、练习题和相关文章来帮助学习。

lodging [ˈlɒdʒɪŋ] *n.* 住所，寓所；[*pl.*] 出租的房间(或公寓)

【例】We need to pay for all food and *lodging* on the trip. 旅途中我们要支付所有的食宿费用。

logic [ˈlɒdʒɪk] *n.* 逻辑(学)，逻辑性

【例】What happens in our dreams is lacking in both reason and *logic*. 我们梦境中所发生的一切，既缺乏因果关系又缺乏逻辑性。

loose [lu:s] *adj.* 松动的，宽松的；不受束缚的；零散的 *v.* 释放；松开

【例】The small boy has got a *loose* tooth, and is taken to the dentist by his mother. 这个小男孩有一颗牙松动了，被妈妈带到牙医那里检查。

manuscript ['mænjuskrɪpt] *n.* 手稿，原稿

【搭】finalize a manuscript 定稿

【例】The famous writer sent a 500-page *manuscript* to his publisher. 这位著名作家将一份 500 页的手稿交给了他的出版商。

margin ['mɑːdʒɪn] *n.* 页边的空白处；余地，备用的东西；边界，边缘地区

【搭】by a small margin 以极小优势

【例】The basketball team edged their opponents out by a small *margin*. 这支篮球队险胜对手。

【派】marginal(*adj.* 边缘的，边际的)

match [mætʃ] *n.* 比赛，竞赛；对手；匹配物；火柴 *v.* 与…相配；与…相匹敌

【例】Another belief involving the number three has it that it is unlucky to light three cigarettes from the one *match*.（TEM-4）关于 3 这个数字的另一个迷信是认为用一根火柴点燃三根香烟是不吉利的。

【注】rival 意为"与…相匹敌，比得上"，常用的搭配是 rival sb./sth. for/in sth.; equal 意为"比得上，和…相等"，常用的搭配是 be equal to; match 意为"和…相配，和…相称"，常用搭配为 match with，意为"与…相匹敌"; compare 意为"比较；相比"，常用的搭配有 compare with，意为"与…相比较"。

memorise/memorize ['meməraɪz] *v.* 记住，熟记

【例】He *memorized* all the words and phrases on the list. 他记住了列表中所有的单词和词组。

mistaken [mɪ'steɪkən] *adj.* 错误的，误解的，弄错的

【例】Some people were *mistaken* in believing that there was afterlife. 一些人错误地相信有来世。

【注】可以与 misunderstand 联系记忆。

modest ['mɒdɪst] *adj.* 谦虚的；适度的，不过分的；端庄的；朴素的

【例】The business man is very *modest* about his success and attributes it to the support of his family. 这名商人对自己的成功很谦虚，并把它归功于家人的支持。

modify ['mɒdɪfaɪ] *v.* 稍作修改，调整；调节，缓和；(形容词或副词的)修饰

【例】The salesman *modifies* his selling strategy in the hope of selling more goods. 这个销售人员修正了他的销售策略以期有更好的业绩。

【派】 modification(*n.* 修改，改进)

【注】 switch to 意为"改变，转换"；divert from/to 意为"转移"；modify 意为"修改"；alter 意为"改变(强调事物本身大小、好坏的变化)"。

narrate [nəˈreɪt] *v.* 叙述，讲述

【例】 The police asked the terrified victim to *narrate* the particulars of the robbery. 警察让受到惊吓的受害者讲述抢劫案的详情。

【注】 注意这个单词的发音，另外注意拼写中要双写 r。

notion [ˈnəʊʃn] *n.* 概念，观念；想法，见解；打算，意图

【例】 The *notion* that traditional Chinese virtues are no longer valued is ridiculous. 认为人们不再重视中国传统道德这一想法是荒谬的。

【注】 idea 是最普通用词，指脑海中产生的想法；notion 与 idea 相近，但是是未经证实的观点；thought 通常指通过推理形成的思想；concept 特指基本概念。

object [ˈɒbdʒɪkt] *n.* 物，物体；目的，目标；宾语，对象 [əbˈdʒekt] *v.* 反对，不赞成

【搭】 object to (doing) sth. 反对(做)某事

【例】 Many local people *object* to the building of the new airport. 当地许多居民都反对修建新机场。

objective [əbˈdʒektɪv] *adj.* 客观的，公正的；真实的 *n.* 目的，目标

【搭】 be objective about 客观看待…；achieve the objective 达到目的

【例】 The main *objective* of this conference is to gain more information on the products. 这次会议的主要目的是获取产品的更多信息。

【派】 objectivity(*n.* 客观性)

obtain [əbˈteɪn] *v.* 赢到，获得；存在，流行

【搭】 obtain a degree 获得学位

【例】 We have *obtained* permission to interview the legendary hero. 我们获得许可来采访这位具有传奇色彩的英雄。

【派】 obtainable(*adj.* 能得到的)

【注】 obtain 强调经过努力获得某物或达到某种目的，deserve 表示理应获得，obtain 和 deserve 后跟单宾语；earn 后既可以接单宾语，也可以接双宾语，接双宾语时表示"(为…)博得，使…得到"。

organise/organize [ˈɔːɡənaɪz] *v.* 组织，安排；筹备，筹办

【例】 The shirts are *organized* on the shelf according to their size. 衬衫是根据号码大小被摆放在货架上的。

orient [ˈɔːrient] *v.* 使适应；确定位置 [ˈɔːrient] *n.* (Orient)东方

【例】The manual is very convenient for freshmen to *orient* themselves in the new school. 这本手册对于大一新生熟悉新学校的环境来说很方便。

【派】oriented(*adj.* 导向的)

outline [ˈautlaɪn] *n.* 轮廓；提纲，要点，概述 *v.* 概述；画出…的轮廓，勾勒…的外形

【例】an *outline* of a speech 讲话提纲 // The teacher gives a broad *outline* of the development of American literature. 老师概述了美国文学的发展史。

【题】The book gives a brief ____ of the course of his research up till now.
A. outline   B. reference   C. frame   D. outlook
答案为 A。outline 意为"要点，纲要"；reference 意为"参考"；frame 意为"框架"；outlook 意为"前景"。句意为：该书对他迄今为止的研究过程作了概述。

overcome [ˌəuvəˈkʌm] *v.* 战胜，克服，解决；受到…的极大影响

【例】In order to achieve success we have to *overcome* all the obstacles. 为了取得成功，我们必须克服一切障碍。

overdue [ˌəuvəˈdjuː] *adj.* (到期)未做的，过期的；早该发生的

【例】The landlord came down on the tenant for the rent, for it was one month *overdue*. 房东向房客讨要了拖欠了一个月的房租。

paraphrase [ˈpærəfreɪz] *n./v.* 解释，释义，意译

【例】The translator tries to *paraphrase* the old English poem in Chinese. 那名翻译试图用中文来解释这首英国古诗。

participant [pɑːˈtɪsɪpənt] *n.* 参与者，参加者

【例】*Participants* can bring along their own decoration materials and to use their imagination and creativity to achieve the best results. (TEM-4) 参赛者可以自带装修材料，运用想象力和创造力达到最好的结果。

participate [pɑːˈtɪsɪpeɪt] *v.* 参与，参加

【搭】participate in 参与，参加

【例】Our dean *participated* in the linguistics conference as an expert linguist. 作为语言学专家，我们院主任参加了那个语言学大会。

【派】participation(*n.* 参与，参加)；participatory(*adj.* 供人分享的)

【注】意思相近的表达还有：attend, take part in。

partition [pɑːˈtɪʃn] *v.* 分裂，分割；分隔，隔开 *n.* 分割，隔断

【例】The big conference room has been *partitioned* into several small offices. 这个大会议室被分割成了几个小办公室。

pave [peɪv] *v.* 筑(路)，铺(路)

【搭】pave the way for 为…铺好道路，为…做好准备

【例】The research *paves* the way for bettering treatment for the disease. 这项研究为改进这种疾病的治疗方法铺平道路。

percentage [pəˈsentɪdʒ] *n.* 百分率，百分数；比例

【例】There was only a small *percentage* of foreign books in our school library. 我们学校图书馆中只有一小部分外文藏书。

【注】如果形容"一大部分"或"一小部分"则表达为 a big percentage (of sth.) 或者 a small percentage (of sth.)。

persevere [ˌpɜːsɪˈvɪə(r)] *v.* 坚持不懈，不屈不挠

【例】I know I still have a long way to go but I will *persevere* with my goal. 我知道还有很长的路要走，但我会坚持不懈地实现我的目标。

persist [pəˈsɪst] *v.* 坚持；持续

【搭】persist in 坚持，坚持不懈，执意

【例】The only real solution appears to be to hand over the night shift to those permanent night workers whose habit may *persist* through all week-ends and holidays. (TEM-4) 真正的解决方法只有一个，那就是把晚班交给那些永久值晚班的工人，他们的作息习惯即使在周末和假期也会持续。

【派】persistence(*n.* 坚持；持续)；persistent(*adj.* 坚持的；持续的)

【注】persist 表示坚持某一行为或意见，一般与介词 in 连用；insist 与 on 或 upon 连用，还可以接 that 引导的虚拟语气的从句；stick 则与 to 连用，含义与 insist 相同。

persistent [pəˈsɪstənt] *adj.* 坚持的，不屈不挠的；持续不断的，反复出现的

【例】The most important thing is to be *persistent* to the end no matter what happens. 最重要的是，无论发生什么都要坚持到最后。

pose [pəʊz] *v.* 摆姿势；装腔作势；提出(问题) *n.* 姿势，姿态

【搭】pose a threat to 对…构成威胁；pose a question 提问；pose a challenge 挑战；pose as 假装，摆出…的样子

【例】Overpopulation *poses* a terrible threat to the human race. (TEM-4) 人口过剩对人类构成了可怕的威胁。

postpone [pəˈspəʊn] *v.* 延期，延缓

【搭】postpone doing sth. 推迟做某事

【例】When people plan to meet nowadays, they *postpone* fixing the place till last minute.（TEM-4）现在，当人们想见面时，直到最后一分钟他们才定好地点。

potential [pə'tenʃl] *adj.* 潜在的，可能的 *n.* 潜在的可能，潜力

【例】This small fishing village has enormous development *potential*. 这个小渔村有着巨大的发展潜力。

【派】potentiality(*n.* 可能性；潜在性)；potentially(*adv.* 潜在地)

【听】该词为新闻词汇，通常会和 risk, danger, benefit, market, investment 等词一起考。

practise/practice ['præktɪs] *v.* 训练，练习；实践

【例】The presentation gives students opportunities to *practise* their oral skills. 演示给学生练习口头表达的机会。

preliminary [prɪ'lɪmɪnəri] *adj.* 预备的，初步的 *n.* 预备步骤

【例】a *preliminary* investigation 初步调查 // The *preliminary* arrangement is unsatisfactory, and needs further discussion. 初步安排不是很令人满意，还需要进一步讨论。

【派】preliminarily(*adv.* 预备地，初步地)

presentation [ˌprezn'teɪʃn] *n.* 提交，授予；报告，陈述；呈现，展示会；提出；演出

【例】The school headmaster made a wonderful *presentation* which is welcomed warmly by his students. 校长做了激情洋溢的演讲，受到学生们的热烈欢迎。

primary ['praɪməri] *adj.* 主要的，首要的；最初的，基本的

【例】*primary* school 小学 // At the *primary* stage of civilization, human beings learned how to work together to hunt for food. 在文明的最初阶段，人类学会如何协作去猎取食物。

【派】primarily(*adv.* 首先，主要地)

【注】prime, primary, preliminary 在词形上比较相近，要注意区分。prime 意为"首要的，最好的"；primary 侧重于"基层的，基本的；最初的"；preliminary 意为"预备的"。

principle ['prɪnsəpl] *n.* 原则，主义；行动准则；观念；工作原理

【搭】in principle 原则上，大体上；on principle 根据原则

【例】Dialogues between the two sides of the Straits should be based on the One-China *principle*. 海峡两岸的对话应该基于"一个中国"的原则。

【注】注意与形近词 principal 的区分。

prolong [prə'lɒŋ] *v.* 延长；拖延

【例】Due to better medical care, people's average lives have been *prolonged*. 由于医疗条件改善，人均寿命延长了。

【派】prolonged(*adj.* 延长的；拖延的)

pursue [pə'sjuː] *v.* 追捕；追求；实行；(继续)做

【例】*pursue* a degree 攻读学位 // *pursue* a goal/an aim 追逐目标 // The old man decided to *pursue* education in university after retirement. 老人决定在退休后继续接受大学教育。

【题】The scientists have absolute freedom as to what research they think is best to ___.

　　A. engage　　　　B. devote　　　　C. seek　　　　D. pursue

答案为 D。engage 意为"使从事，忙于"，常与介词 in 搭配；devote 意为"贡献(给)，致力"，常与介词 to 搭配；seek 意为"寻求，探求，追求"，"seek to + 动词原形"意为"设法(力图)做某事"；D 项 pursue 意为"(继续)做，从事，忙于"。这里是指从事某方面的工作，故选项 D 最符合题意。句意为：科学家们有绝对的自由从事他们认为最好的研究。

query [ˌ'kwɪəri] *v.* 质问，询问，对⋯表示疑问，怀疑 *n.* 疑问，质问

【例】The police *querys* the reliability of what he has just said. 警方怀疑他刚刚所说的话的真实性。

quest [kwest] *n.* (长时间的)搜寻，探求，寻求，探寻

【例】Scientists work day and night in *quest* of finding the rule governing the movement of atoms. 科学家日夜研究以探寻影响原子运动的规律。

recommend [ˌrekə'mend] *v.* 推荐，介绍；劝告，建议

【搭】recommend sb. sth. 向某人推荐某物

【例】Rural Ireland was *recommended* as a friendly place for hitching. (TEM-4) 人们推荐在爱尔兰乡村搭车观光，因为这里是个好客的地方。

【派】recommendation(*n.* 推荐；劝告，建议)

reference ['refrəns] *n.* 谈到，提及；参照；附注，旁注；证明书，推荐人

【搭】with reference to 关于

【例】The novelist made no *reference* to his village life but only to his growing up in his new book. 在他的新书中，这名小说作者没有提到自己的乡村生活，只是谈到了他的成长经历。

register ['redʒɪstə(r)] *n.* 记录，注册；登记簿 *v.* 登记，注册；(邮件)挂号

【例】*registered* capital 注册资本 // *register* a trademark 注册商标 //

Jack *registered* a real estate company last week with the *registered* capital of 8 million. 杰克上周注册了一家房地产公司，注册资金为 800 万。

【派】registered(*adj.* 已登记的，已注册的)

【注】certified, chartered 和 registered 的区别：certified 意为"经证明合格的，具有证明文件的"；registered 意为"注册过的，登记过的"；chartered 意为"特许的，持有许可证的"。

schedule [ˈʃedjuːl; ˈskedʒuːl] *n.* 进度表，计划；时刻表，班次表 *v.* 预定，安排；列入

【搭】ahead of schedule 提前；on schedule 按预定时间，按时；behind schedule 落后于计划进度，晚点；be scheduled for 定在某时(进行)

【例】Time permitting, the celebration will be held as *scheduled*. (TEM-4) 如果时间允许，庆祝会将如期举行。

【派】scheduled (*adj.* 安排好的，预定的)

scrape [skreip] *v.* 刮，削，刮落，擦去；刮坏，擦伤；擦过；勉强通过 *n.* 擦伤，擦痕

【搭】scrape through 擦过，勉强通过

【例】The family has *scraped* together enough money to buy a house. 这个家庭已经攒够钱来购买一幢房子。

scribble [ˈskrɪbl] *v.* 乱写，乱涂；潦草地书写 *n.* 乱涂乱写的东西，潦草的字迹

【例】Ross loves to *scribble* on his notebook at a meeting. 罗斯喜欢在开会的时候在笔记本上胡乱涂写。

scrutiny [ˈskruːtəni] *n.* 细察，详审，审查

【例】As Google comes under *scrutiny* over its privacy policies in Europe, we look at the information that search engines hold about us as users. 正当谷歌的隐私政策在欧洲受到审查时，我们看到这些搜索引擎都掌握了我们这些使用者的哪些信息。

senior [ˈsiːniə(r)] *adj.* 年长的；资深的 *n.* 年长者；资深者；毕业班的学生，大四学生

【搭】senior to 比…年长

【例】Our *senior* high school lies in the north part of the city. 我们高中坐落于城市的北边。

seniority [ˌsiːniˈɒrəti] *n.* 年长，级别高；年长、级别高或资历深的程度

【例】Uncle Sam is an accountant with ten years' *seniority*. 萨姆大叔是一名会计，他已经在这个岗位工作十年了，资历很深。

sketch [sketʃ] *n.* 略图，草图；速写，素描；概略，梗概；短篇作品，小品；短剧，独幕剧 *v.* (给…)绘略图，速写

【搭】 sketch out 简略地概述

【例】 The architect drew a *sketch* to show what the library would look like when it was built up. 建筑师画了一张草图来展示图书馆建成后的样子。

skim [skɪm] *v.* 从液体表面撇去；略读，快读，浏览；擦过，滑过

【搭】 skim through 浏览，略读

【例】 It is impossible to know what exactly the book is about by only *skimming* it in an hour. 仅仅花一小时浏览这本书是不可能确切了解其中的内容的。

skip [skɪp] *v.* 轻快地跳；跳读；跳绳；跳过，略去；不做；急速转换

【例】 Jane finished the whole novel without *skipping* for the whole night. 简整夜未睡，一页不落地把整部小说读完了。

【注】 skip 的过去式和过去分词要双写结尾的 p，然后加 ed。

slip [slɪp] *n.* 滑，失足；小过失，失误；溜走 *v.* 失足，滑倒；溜走，潜行；滑落，脱落；滑动；犯错误，疏忽

【搭】 slip out 脱落，滑落；被泄漏；溜走；a slip of the tongue 口误，失言

【例】 The answer somehow *slipped* from my tongue before I realized it. (TEM-4) 在我意识到之前，答案不知怎么地就已经脱口而出了。

solve [sɒlv] *v.* 解决，处理；破解，解答

【例】 To *solve* this convenience problem, the Chinese began to use paper money for coins. (TEM-4) 为了解决这个便捷度的问题，中国人开始使用纸币来代替硬币。

【派】 unsolved(*adj.* 未解答的，未解决的)；solution(*n.* 解答，解决办法；溶解，溶液)

【题】 The computer can be programmed to ___ a whole variety of tasks.
A. assign   B. tackle   C. realize   D. solve
答案为 B。assign 意为"分配"；tackle 意为"完成，处理，应付"；realize 意为"意识到"；solve 意为"解决，解答"。这里要表达的是"处理各种各样的任务"，故选 tackle。句意为：电脑可以通过编程处理各种各样的任务。

specify [ˈspesɪfaɪ] *v.* 指定；详述

【例】 It is not necessary to *specify* quantity when ordering beer. 在订啤酒的时候，无需指定具体数量。

【派】specified(*adj.* 专用的，指定的)

stress [stres] *n.* 压力，紧迫；重要，强调；重音，重读 *v.* 强调，着重；重读

【例】Experts are saying that modern life is "poisoning" childhood with too much *stress*. 专家们表示现代生活正在毒害儿童的童年，给他们带来太多的压力。

【派】stressful(*adj.* 产生压力的，紧迫的)

【题】We realized that he was under great _____, so we took no notice of his bad temper.

A. excitement   B. stress   C. crisis   D. nervousness

答案为 B。excitement 意为"激动，兴奋"；stress 意为"压力"；crisis 意为"危机"；nervousness 意为"焦躁"。句意为：我们了解到他压力很大，于是就没在意他的坏脾气。

subject [ˈsʌbdʒɪkt；ˈsʌbdʒekt] *n.* 主题，问题；科目；主语，主词；国民；待处理或讨论的对象；被实验者 *adj.* 隶属的，受支配的；有…倾向的 [səbˈdʒekt] *v.* 使隶属，使服从；使经历

【搭】subject to 取决于…，受…支配；使服从；使遭受

【例】Because of the possibility of one passenger in a million boarding an aircraft with a weapon, the other 999,999 passengers must *subject* themselves to searches and delays.（TEM-4）由于每 100 万名旅客中都有一个人可能携带武器登上飞机，另外的 999999 人就必须遭受搜身与被耽搁的待遇。

【注】subject 常和介词 to 搭配，后面常接名词和动名词。另外发音时要注意吞音。

subsidise/subsidize [ˈsʌbsɪdaɪz] *v.* 给…补助金，资助

【例】The federal government refused to *subsidize* the steel industry. 联邦政府拒绝给钢铁产业提供资助。

supplement [ˈsʌplɪmənt] *n.* 增补，补充；增刊，附录 [ˈsʌplɪment] *v.* 增补，补充

【搭】supplement to 对…的补充

【例】Doctors believe that vitamin *supplements* are unnecessary in this case. 医生认为在这种情况下没有必要补充维生素。

survey [ˈsɜːveɪ] *n.* 民意调查(或测验)；测量，查勘 [səˈveɪ] *v.* 查看，审视；进行民意测验

【例】sample *survey* 抽样调查 // A recent *survey* showed nearly eighty percent of citizens were in favor of the new policy. 最新的一项调查显示近八成的公民支持这项新政策。

symposium [sɪmˈpəʊziəm] *n.* (专题)研讨会，讨论会

【例】There will be a *symposium* on Chinese handicraft in the conference room at 3 p.m. 下午三点时，在会议室将有一场关于中国手工艺的研讨会。

target [ˈtɑːgɪt] *n.* 靶子，标的；攻击(批评、嘲笑)的对象，目标；拟达到的总数或指标 *v.* 把…作为目标或对象

【搭】target sth. at/on sb./sth. 把…作为…的目标

【例】I have set my *target* of losing weight for 5 kilograms in the next six months. 我已经制订了减肥目标，计划在接下来的六个月里减掉 5 公斤。

【派】targeted(*adj.* 作为目标的，作为对象的)

thesis [ˈθiːsɪs] *n.* 学位论文，论文；论点，论题

【例】Lily could not grasp the central *thesis* of the book. 莉莉把握不住这本书的中心论点。

【派】hypothesis(*n.* 假设)

【听】注意该词的拼写，表示"论文"的词还有：paper, thesis。

thwart [θwɔːt] *v.* 阻挠，使…受挫

【例】The school sports meeting was *thwarted* by the heavy rain. 由于大雨，校运动会延期了。

transfer [trænsˈfɜː(r)] *v.* 转移，迁移；调任，调动；转让；换车、船等；转变，转换，变换 [ˈtrænsfɜː(r)] *n.* 转移，转让；移权

【搭】transfer property to sb. 把财产转让给某人；transfer from...to... 从…转移到…

【例】Sophia is busy *transferring* money from her bank account to her younger brother's. 索菲娅正忙着把自己账户里的钱转到她弟弟的账户。

【派】transferable(*adj.* 可转移的，可转换的)

【题】More often than not, it is difficult to ___ the exact meaning of a Chinese idiom in English.

A. exchange   B. transfer   C. convey   D. convert

答案为 C。exchange 意为"交换"；transfer 意为"转移；传输"；convey 意为"传达，传递，表达(思想、想法等)"；convert 意为"转换，变换"。句意为：通常，用英语表达中国习语的准确意思很难。

tug [tʌg] *v.* 用力拖，使劲拉 *n.* 猛拉，拖；拖船

【搭】tug at 用力拖(或拉)…

【例】*tug*-of-war 拔河 // Tim *tugged* at his mother's arm tightly in fear of being separated. 蒂姆紧紧地拉住妈妈的胳膊，唯恐被分开。

tuition [tju'ɪʃn] *n.* 学费

【例】 By a summer holiday's hard work, he could pay *tuition* fees for the first year. 经过一暑假的辛苦工作，他可以支付第一学年的学费了。

underline [ˌʌndə'laɪn] *v.* 在…下面划线；强调，加强

【例】 This article *underlines* the importance of doing more sports. 这篇文章强调了多进行体育锻炼的重要性。

understanding [ˌʌndə'stændɪŋ] *n.* 理解，领会；理解力，判断力；谅解；协议 *adj.* 有理解力的；能谅解的

【例】 To tell you the truth, I do not have any real *understanding* of Shakespeare's works. 说实话，我并不是真正理解莎士比亚的作品。

undo [ʌn'duː] *v.* 解开，使松开；取消，消除，废止（某事的影响）

【例】 Some damages caused by the car accident cannot be *undone*. 由交通事故造成的一些损失是无法补救的。

【派】 undone(*adj.* 未完成的)

union ['juːniən] *n.* 联邦；联合，合并；团结，融洽；协会，联合会

【例】 the students' *union* 学生会 // labor *union* 工会 // Representatives of the labor *union* negotiated with mill owners for better work conditions. 工会代表为改善工人的工作条件与厂主进行了谈判。

utmost ['ʌtməust] *adj.* 最大的，极度的 *n.* 极限，极度

【搭】 do (try) one's utmost (to do sth.) 竭力，竭尽所能

【例】 The matter to be discussed in the conference is of the *utmost* importance. 大会上将讨论的事情是最重要的。

vigorous ['vɪɡərəs] *adj.* 强壮的；充满活力的，精力充沛的；慷慨激昂的

【例】 Martin Luther King made a *vigorous* speech that is so inspiring. 马丁·路德·金的演讲慷慨激昂，非常鼓舞人心。

【派】 vigorously(*adv.* 有力地，强劲地)

◎ 学习进修 / 认知词

academy [ə'kædəmi] *n.* 学院，专科学校，研究院；学会

accent ['æksent] *n.* 音调，腔调，口音；重音；重音符号；特点

admission [əd'mɪʃn] *n.* 进入的许可；入会费，入场费；承认，供认；录用，录取

【例】 *admission* free 免费入场 // *admission* notice 录取通知

aeronautics [ˌeərə'nɔːtɪks] *n.* 航空学，航空术

aimless ['eɪmləs] *adj.* 漫无目标的

algebra	[ˈældʒɪbrə] *n.* 代数，代数学
alphabet	[ˈælfəbet] *n.* 字母表
【派】	alphabetical(*adj.* 依字母顺序的)；alphabetically(*adv.* 依字母顺序地)
alumna	[əˈlʌmnə] *n.* 女校友，女毕业生
alumnus	[əˈlʌmnəs] *n.* 男校友，男毕业生
antonym	[ˈæntənɪm] *n.* 反义词
apostrophe	[əˈpɒstrəfi] *n.* 省略符号；所有格符号
arc	[ɑːk] *n.* 弧线，弧形
arch	[ɑːtʃ] *n.* 拱，拱架结构 *v.* 使…弯成弓形
arithmetic	[əˈrɪθmətɪk] *n.* 算术
attendance	[əˈtendəns] *n.* 出席，到场；出席人数，出席者(总称)
【搭】	take attendance 点名；dance attendance on/upon 奉承；小心侍候
【例】	*attendance* record 考勤记录
audiovisuals	[ˌɔːdiəʊˈvɪzjʊəlz] *n.* [*pl.*] 视听教具，直观教具
basic	[ˈbeɪsɪk] *n.* [*pl.*] 基本因素，基本原理，概要
bilingual	[ˌbaɪˈlɪŋgwəl] *adj.* 熟悉两种语言的，能说两种语言的；两种语言的
bracket	[ˈbrækɪt] *n.* 架子；[*pl.*] 括号
brighten	[ˈbraɪtn] *v.* (使)发光，(使)发亮；(使)快活，(使)活跃，(使)充满活力
【例】	My first step was to *brighten* up the office with some plants and posters. 首先，我用一些植物和海报让办公室充满活力。
brochure	[ˈbrəʊʃə(r)] *n.* 小册子，介绍手册，指南
calculus	[ˈkælkjələs] *n.* 微积分(学)
canteen	[kænˈtiːn] *n.* (工厂、公司等内部)食堂(小卖部)；水壶
catalog(ue)	[ˈkætəlɒg] *n.* (图书或商品等的)目录
ceremonial	[ˌserɪˈməʊniəl] *adj.* 仪式上的，礼仪上的 *n.* 礼仪，仪式，典礼
【例】	*ceremonial* opening 开幕式
chapter	[ˈtʃæptə(r)] *n.* (书的)章，回；(历史或人生的)重要章节
circumference	[səˈkʌmfərəns] *n.* 圆周，周长
clarity	[ˈklærəti] *n.* 清晰，明晰
coach	[kəʊtʃ] *n.* 四轮大马车；长途公共汽车；(铁路)客车；教练，辅导员 *v.* 训练，指导，辅导；当教练
collegiate	[kəˈliːdʒiət] *adj.* 学院的，大学的，高等学校(学生)的 *n.* 高等学校学生

colon	[ˈkəʊlən] *n.* 冒号
consonant	[ˈkɒnsənənt] *n.* 辅音，辅音字母 *adj.* 一致的，和谐的
context	[ˈkɒntekst] *n.* (文章的)上下文，前后关系；(事物等发生的)来龙去脉
countable	[ˈkaʊntəbl] *adj.* 可数的
crayon	[ˈkreɪən] *n.* 蜡笔；有色粉笔
cubic	[ˈkjuːbɪk] *adj.* 立方体的，立方形的；三次的，立方的
cultivated	[ˈkʌltɪveɪtɪd] *adj.* 有教养的，有修养的，文雅的；耕种的

【例】The novelist's son is a very *cultivated* young man. 那位小说家的儿子是个很有教养的年轻人。

cultural	[ˈkʌltʃərəl] *adj.* 文化上的，文化的；人文的；教养的
culture	[ˈkʌltʃə(r)] *n.* 文化，精神文明；教养，陶冶，修养；栽培，养殖，培养
deadline	[ˈdedlaɪn] *n.* 截止时间，期限

【例】What about the *deadline*? Six months from today? 截止日期呢? 从今天起 6 个月如何?

debate	[dɪˈbeɪt] *v.* 辩论，讨论；仔细考虑，盘算 *n.* 辩论，争论；辩论比赛

【例】Politicians will *debate* the bill later this week. 政界将在本周晚些时候讨论这个法案。

denominator	[dɪˈnɒmɪneɪtə(r)] *n.* 分母
diction	[ˈdɪkʃn] *n.* 措词，用语；发音(法)
diligence	[ˈdɪlɪdʒəns] *n.* 勤奋，用功

【例】*Diligence* is the best way to achieve success. 勤勉是获得成功的最佳途径。

diligent	[ˈdɪlɪdʒənt] *adj.* 勤勉的，用功的；坚持不懈的
diploma	[dɪˈpləʊmə] *n.* 毕业文凭，学位证书

【例】She is taking a *diploma* in management studies. 她在攻读管理学文凭课程。

discourse	[ˈdɪskɔːs] *n.* 论文；演讲；语篇，话语 *v.* 讲述，论述；谈论

【搭】discourse on/upon 讲述，论述

【例】I *discoursed* to the young man about the evil effects of drinking alcohol. 我跟那位年轻男子谈起喝酒的坏处。

dissertation	[[ˌdɪsəˈteɪʃn]] *n.* (学位)论文

【例】PhD *dissertation* 博士学位论文

educational	[ˌedʒuˈkeɪʃnl] *adj.* 教育的，有教育意义的

elementary [ˌelɪˈmentrɪ] *adj.* 基本的，基础的，初级的；容易的，简易的

【例】*elementary* particle 基本粒子 // *elementary* school 小学

endeavo(u)r [ɪnˈdevə(r)] *n./v.* 努力，力图；尝试

enrol(l) [ɪnˈrəʊl] *v.* 登记；吸收；招(生)；(使)入伍，征募；记入名册

essay [ˈeseɪ] *n.* 论文，小品文，随笔

essayist [ˈeseɪɪst] *n.* 散文作家，小品文作家

exact [ɪɡˈzækt] *adj.* 确切的，正确的，精确的；严格的，严谨的，精密的 *v.* 强要，强求；急需，需要

extract [ˈekstrækt] *n.* 节录，引文，选段；(浓)汁，精(华) [ɪkˈstrækt] *v.* 摘录；拔出，取出，提取

【搭】extract from 从…提取(拔出，摘录)；extract a tooth 拔牙

【例】lemon *extract* 柠檬汁

fellowship [ˈfeləʊʃɪp] *n.* 奖学金；友谊，交情；学院董事(研究员)的职位

【例】Jack thought Howard gave him a *fellowship* in misfortune. 杰克认为他和霍华德是患难之交。

finding [ˈfaɪndɪŋ] *n.* 发现，研究所得，调查结果；裁决，判决

forestry [ˈfɒrɪstri] *n.* 林学，森林学

forum [ˈfɔːrəm] *n.* 讲坛，讨论会场，论坛

【例】I would like to establish a regular open *forum* where any student can participate. 我想建一个所有学生都可以进入的定期开放的论坛。

freshman [ˈfreʃmən] *n.* 新手，生手；大学一年级学生

generalisation/generalization [ˌdʒenrəlaɪˈzeɪʃn] *n.* 概括，归纳

geometric [ˌdʒiːəˈmetrɪk] *adj.* 几何学的；几何图形的

geometry [dʒiˈɒmətri] *n.* 几何学

geopolitics [ˌdʒiːəʊˈpɒlətɪks] *n.* 地理政治学，地缘政治学

gist [dʒɪst] *n.* 主旨，要点，实质

guidance [ˈɡaɪdns] *n.* 指引，指导；领导

【例】moral *guidance* 精神指导

handout [ˈhændaʊt] *n.* 施舍物；免费派发物；传单

handwriting [ˈhændraɪtɪŋ] *n.* 笔迹；书写；手写稿

hardback [ˈhɑːdbæk] *n.* 硬封面书，精装本

heading [ˈhedɪŋ] *n.* 标题，题词，信头

【例】Read the *heading*, and you'll catch the rough clue of this chapter. 读读标题，你就会知道这一章的大致线索。

histogram	[ˈhɪstəɡræm] n. 统计学上的直方图，矩形图
hopper	[ˈhɒpə(r)] n. 漏斗，送料斗
ideology	[ˌaɪdiˈɒlədʒi] n. 意识形态，思想意识

【派】ideological(adj. 思想上的，意识形态的)

illuminating	[ɪˈluːmɪneɪtɪŋ] adj. 富有启发性的，有助益的
illustration	[ˌɪləˈstreɪʃn] n. 插图，图解；例证，实例

【例】The teacher dropped a book as an *illustration* of the effects of gravity.
为了论证万有引力的作用，老师扔下一本书来演示。

illustrative	[ˈɪləstrətɪv] adj. 图例的；作说明用的，解说性的
industrious	[ɪnˈdʌstriəs] adj. 勤奋的，发奋的

【例】*industrious* income 勤劳所得

informative	[ɪnˈfɔːmətɪv] adj. 提供讯息的；增进知识的
informed	[ɪnˈfɔːmd] adj. 有学识的，见识广的；消息灵通的；明智的
inspiration	[ˌɪnspəˈreɪʃn] n. 鼓舞人心的人(物)，激励；灵感，启示，妙计

【例】Genius is made up of 1 percent *inspiration* and 99 percent perspiration.
天才是百分之一的灵感加上百分之九十九的汗水。

inspiring	[ɪnˈspaɪərɪŋ] adj. 鼓舞人心的，启发灵感的
instructive	[ɪnˈstrʌktɪv] adj. 有益的，有启发性的
instructor	[ɪnˈstrʌktə(r)] n. 教师，指导者；大学讲师
instrument	[ˈɪnstrəmənt] n. 乐器；仪器，器械，器具；手段

【例】measuring *instruments* 测量工具 // strategic *instruments* 战略工具

intellect	[ˈɪntəlekt] n. 智力，思考能力

【例】The manager judged them by the standards of *intellect* and morality.
经理用智力标准和道德准则来评价他们。

introduction	[ˌɪntrəˈdʌkʃn] n. 介绍，引进，采用；导论，引言，入门
introductory	[ˌɪntrəˈdʌktəri] adj. 引导的，序言的，介绍的
keynote	[ˈkiːnəʊt] n. 主旨，要义，主要思想，基调
knowledgeable	[ˈnɒlɪdʒəbl] adj. 有丰富知识的；有见识的；聪明的
laureate	[ˈlɒriət] adj. 戴桂冠的；卓越的
learned	[ˈlɜːnɪd] adj. 博学的，有学问的
learning	[ˈlɜːnɪŋ] n. 学问，知识
librarian	[laɪˈbreəriən] n. 图书馆馆员，图书馆管理员
linguistics	[lɪŋˈɡwɪstɪks] n. 语言学

【派】linguistic(adj. 语言的；语言学的)；linguist(n. 语言学家；通晓数种语言的人)

literacy	[ˈlɪtərəsi] *n.* 识字，会读会写，有学识；精通文学
marketing	[ˈmɑːkɪtɪŋ] *n.* 销售，市场推广
materialism	[məˈtɪəriəlɪzəm] *n.* 唯物主义，物质主义
mathematician	[ˌmæθəməˈtɪʃn] *n.* 数学家
mentality	[menˈtæləti] *n.* 脑力，智力；思想，心态
multimedia	[ˌmʌltiˈmiːdiə] *n.* 多媒体
optics	[ˈɒptɪks] *n.* 光学
option	[ˈɒpʃn] *n.* 选择，选择权
optional	[ˈɒpʃənl] *adj.* 非强制的，可任意选择的
panel	[ˈpænl] *n.* (门窗上的)方格，镶板；控制板，仪器板；评议小组，讨论小组
paragraph	[ˈpærəgrɑːf] *n.* 段，段落
participle	[pɑːˈtɪsɪpl] *n.* (语法)分词
philosophy	[fəˈlɒsəfi] *n.* 哲学，哲理；人生观，宗旨；(某一门学科的)基本原理
【派】	philosophical(*adj.* 哲学的；冷静的，沉着的)
phonetic	[fəˈnetɪk] *adj.* 语音的，语音学的
physicist	[ˈfɪzɪsɪst] *n.* 物理学家
plural	[ˈplʊərəl] *n./adj.* 复数(的)
polytechnic	[ˌpɒliˈteknɪk] *n.* 理工专科学院(校)，工艺学校 *adj.* 各种工艺的，综合技术的
predicate	[ˈpredɪkət] *n.* 谓语
prefix	[ˈpriːfɪks] *n.* 前缀
preposition	[ˌprepəˈzɪʃn] *n.* 介词
pretext	[ˈpriːtekst] *n.* 借口，托词
【搭】	on/under the pretext of 以…为借口
【例】	Mike came back home earlier, under the *pretext* of having letters to write. 迈克借口要写信，提早回家了。
projector	[prəˈdʒektə(r)] *n.* 投影机，幻灯机，放映机
proofread	[ˈpruːfriːd] *v.* 校对
【例】	Has someone *proofread* your paper for you for spelling and grammatical errors. 去找人帮你校对论文，找出拼写和语法上的错误。
punctuation	[ˌpʌŋktʃuˈeɪʃn] *n.* 标点符号用法；标点符号

pupil [ˈpjuːpl] *n.* 学生；瞳孔

quiz [kwɪz] *n.* 考查，测验，查问；问答比赛 *v.* 对…测验；查问，盘问

reading [ˈriːdɪŋ] *n.* 阅读，朗读；读物，阅读材料

recite [rɪˈsaɪt] *v.* 朗诵，背诵；评述；列举

【派】recitation(*n.* 背诵，朗诵)

regency [ˈriːdʒənsi] *n.* 摄政；(美国州立大学的)校务委员职位；摄政时期

registration [ˌredʒɪˈstreɪʃn] *n.* 登记，注册；挂号；登记或注册的项目

regulation [ˌregjuˈleɪʃn] *v.* 规则，条例，规定，法令；控制，校准

【例】school *regulations* 校规 // break *regulations* 违反规则(或条例)

rehearsal [rɪˈhɜːsl] *n.* 重复，复述；排演，试演

【例】dress *rehearsal* 彩排

rehearse [rɪˈhɜːs] *v.* 排练，排演；默诵，背诵；照搬，重复

relevance [ˈreləvəns] *n.* 相关，切题；意义

repetition [ˌrepəˈtɪʃn] *n.* 重复，反复；背诵文(诗等)

retell [ˌriːˈtel] *v.* 复述

rewrite [ˌriːˈraɪt] *v.* 重写，改写

rivalry [ˈraɪvlri] *n.* 竞赛，较量

scholar [ˈskɒlə(r)] *n.* 学者，博学之士；学生，门徒

【派】scholarly (*adj.* 学者气质的，学者风度的)

scholarship [ˈskɒləʃɪp] *n.* 奖学金

semester [sɪˈmestə(r)] *n.* 学期

semicolon [ˌsemiˈkəʊlən] *n.* 分号

seminar [ˈsemɪnɑː(r)] *n.* 研讨会，(大学的)研讨班

shorthand [ˈʃɔːthænd] *n.* 速记

short-term [ˌʃɔːt ˈtɜːm] *adj.* 短期的

sociology [ˌsəʊsiˈɒlədʒi] *n.* 社会学

【派】sociologist(*n.* 社会学家)

sophomore [ˈsɒfəmɔː(r)] *n.* (四年制大学、学院和中学的)二年级学生

specialist [ˈspeʃəlɪst] *n.* 专家

【派】nonspecialist(*n.* 非专家，业外人士)

squad [skwɒd] *n.* 班，小组，小队

stadium [ˈsteɪdiəm] *n.* 运动场，体育场

stationery [ˈsteɪʃənri] *n.* 文具

statistical [stəˈtɪstɪkl] *adj.* 统计的，统计学的，以数据表示的

【例】*statistical* data 统计数据

【派】statistically（*adv.* 统计地；统计上地）

statistics [stəˈtɪstɪks] *n.* 统计，统计数字；统计学

syllabus [ˈsɪləbəs] *n.* 教学大纲

synonym [ˈsɪnənɪm] *n.* 同义词

syntax [ˈsɪntæks] *n.* 句法，语句结构

telescope [ˈtelɪskəʊp] *n.* 望远镜

tense [tens] *n.* 动词的时态 *adj.* 拉紧的，紧张的

terminology [ˌtɜːmɪˈnɒlədʒi] *n.* (某学科的)专门用语，术语；术语的使用

theoretical [ˌθɪəˈretɪkl] *adj.* 理论上的；假设的，推理的

thesaurus [θɪˈsɔːrəs] *n.* (按词义而不是按首字母次序编排的)分类词典，分类词汇，词库

tick [tɪk] *n.* (钟表等的)滴答声；核对记号，勾号 *v.* (指钟等)作滴答声；用记号标出

tournament [ˈtʊənəmənt] *n.* 锦标赛；比赛，竞赛

triangle [ˈtraɪæŋɡl] *n.* 三角(形)

truant [ˈtruːənt] *n.* 逃学者，旷课者

【搭】play truant 逃学，旷课

truism [ˈtruːɪzəm] *n.* 不言而喻的道理

tutor [ˈtjuːtə(r)] *n.* 家庭教师，私人教师

tutorial [tjuːˈtɔːriəl] *adj.* 导师的，家庭教师的；辅导的，指导的 *n.* (大学教师的)辅导课，辅导时间

underachieve [ˌʌndərəˈtʃiːv] *v.* 成绩不理想

underclass [ˈʌndəklɑːs] *n.* 下层社会；(大学或中学的)低年级 *adj.* (大学或中学的)低年级的

undergraduate [ˌʌndəˈɡrædʒuət] *n.* 大学本科生 *adj.* 大学本科生的

【例】Did you ever engage *undergraduate* to do this job? 你曾经雇用过大学生来做这项工作吗？

uneducated [ʌnˈedʒukeɪtɪd] *adj.* 无知的；未受良好教育的，缺乏修养的

uninformed [ˌʌnɪnˈfɔːmd] *adj.* 信息不足的，情况不明的；未受教育的，无知的

unprofessional [ˌʌnprəˈfeʃənl] *adj.* (尤指行为)违反职业准则的；(指一件工作等)未按专业水平做的

| **verbal** | [ˈvɜːbl] *adj.* 口头的；词语的，用词的；动词的 |

wit [wɪt] *n.* 才智，机智，机灵；诙谐，风趣；机智的人，才子

【搭】 at your wits' end 智穷计尽

【例】 His *wit* made us feel easy. 他的风趣使我们感觉心情舒畅。

zoology [zəʊˈɒlədʒi] *n.* 动物学

Note

◎ 职场风云 / 核心词

abandon [əˈbændən] *v.* 舍去，抛弃，放弃，摒弃；离弃(家园、船只、飞机等)；遗弃(妻、子女等)；陷入

【例】 As you become more confident, you *abandon* worry, hesitation and, more importantly, you side-step fear. 随着自信的增加，你开始摒弃担忧，停止犹豫，更重要的是你不再畏惧。

【派】 abandoned (*adj.* 被抛弃的；放荡不羁的)

ability [əˈbɪləti] *n.* 能力；才能，才智

【搭】 to the best of one's ability 尽力地

【例】 Unfortunately, both for the employers and applicants for jobs, there are many people of great *ability* who simply do not interview well. (TEM-4) 不幸的是，不管是对公司老板还是参与面试的人来说，许多能力很强的人在面试时却发挥不好。

【派】 inability(*n.* 无能)

accomplish [əˈkʌmplɪʃ] *v.* 完成，实现，达到(目的)

【例】 *accomplish* one's purpose 达成目的 // What indeed do you wish to *accomplish* this semester? 你这个学期真正希望完成什么(任务)?

【派】 accomplishment(*n.* 完成；成就)

adequate [ˈædɪkwət] *adj.* 合格的；充分的，足够的；合乎需要的

【搭】 be adequate for 适合于…

【例】 There is a lack of *adequate* provision for disabled students. 为残疾学生提供的服务不够。

【派】 inadequate(*adj.* 不充分的；不恰当的)；adequately(*adv.* 足够地)

administer [ədˈmɪnɪstə(r)] *v.* 管理，主管；执行，施行；给与，用(药等)

【例】 For our purposes, we are concerned only with one kind of cost—the cost of managing and *administering* the business. 就我们的目的而言，我们只关心一种费用——企业行政管理开支。

【派】 administrative(*adj.* 管理的)；administrator(*n.* 管理者，行政官)

advantage [əd'vɑːntɪdʒ] *n.* 优势，有利条件；优点

【搭】 take advantage of 利用；gain/have an advantage over 胜过，优于；to one's advantage 对某人有利

【例】 Qualifications are important but practical experience is always an *advantage*. 资格固然重要，但是实际经验总是一种优势。

【派】 advantageous(*adj.* 有利的)；disadvantage(*n.* 不利，劣势)

allot [ə'lɒt] *n.* 分配，配给，分摊

【例】 The President's budgets have failed to *allot* enough money for schools. 总统的预算里没能给学校足够的拨款。

allowance [ə'lauəns] *n.* 津贴，补助；承认，认可

【搭】 make allowance(s) for 考虑到，顾及；体谅，原谅

【例】 They show great anxiety concerning their retirement *allowance*. 他们十分担心自己的养老金问题。

alternate [ɔːl'tɜːnət] *adj.* 交替的，轮流的；间隔的 ['ɔːltəneɪt] *v.* (使)交替，(使)轮流

【搭】 alternate between A and B A 和 B 交替或轮流

【例】 The performer *alternated* roles as female and male on the stage. 舞台上的这位演员在男、女角色间穿梭。

【派】 alternation(*n.* 轮流，交替)；alternately(*adv.* 交替地，隔一个地)

awkward ['ɔːkwəd] *adj.* 笨拙的，不熟练的；使用不便的；尴尬的；难应付的，难处理的

【例】 There was a widely-held belief that Switzerland was irresistible to wealthy foreigners, mainly because of its numbered accounts and bankers' reluctance to ask *awkward* questions of depositors. (TEM-4) 有一个普遍认同的观点，那就是瑞士银行对外国富人来说是不可抗拒的，主要是因为他们采用编码账户，而且银行不愿意询问储蓄者难以回答的问题。

【派】 awkwardly(*adv.* 笨拙地；尴尬地)

application [ˌæplɪ'keɪʃn] *n.* 请求，申请表；应用，运用；施用，敷用药等

【例】 The HR manager received 20 *applications* for the post of assistant. 人力资源经理收到 20 份助理职位的申请。

【注】 application 常出现在听写中，考生要注意听清单复数以及拼写。application 常和动词 fill out 连用，表示"填写申请表"。

apply [ə'plaɪ] v. 申请，请求；应用，施用，运用；适用

【搭】 apply for 申请；apply to 适用；应用；apply to the customs 报关

【例】 The good reader has at his command several special skills, which he can *apply* to reading problems as they occur. (TEM-4) 优秀的读者掌握着一些特殊技能，可用于解决阅读中碰到的问题。

【派】 applicant(*n.* 申请者，请求者)

appoint [ə'pɔɪnt] v. 任命，(委)派；约定(时间、地点)

【搭】 be appointed to 被任命，委任

【例】 Lily has recently been *appointed* to the committee. 莉莉最近获任为委员会委员。

arrange [ə'reɪndʒ] v. 整理，分类，排列；筹备，安排；商妥，商定

【搭】 arrange for sb./sth. to do sth. 安排…做…

【例】 First, students can set up all kinds of communities on, say, chess, balls, etc, and to *arrange* some matches regularly. (TEM-4) 首先，学生们可以成立各种各样的社团，例如，象棋社、各种球类社团等，并定期安排一些比赛。

【派】 arrangement(*n.* 排列，安排)

assign [ə'saɪn] v. 分配 (房屋、土地、工作、任务等)；指定 (时间、地点等)；委派，指派

【搭】 assign sth. to sb. 把…分配给…

【例】 We can *assign* one of our technical representatives to train your staff members who are in charge of our equipment. 我们可以指定我们的一位技术代表来培训贵公司负责操作我方设备的人员。

【派】 assignment[*n.* 分配，委派；任务；(课外)作业]

assist [ə'sɪst] v. 援助，帮助，协助；促进

【搭】 assist (sb.) in (doing) sth. 帮助(某人做)某事

【例】 The professionals do not pose much of a problem for the store detective, who, *assisted* by closed circuit television, two-way mirrors and various other technological devices, can usually cope with them. (TEM-4) 职业小偷不会给商店侦探带来太大问题，在闭路电视、双面镜和各种其他技术设备的帮助下，探员通常可以应付他们。

assume [ə'sjuːm] v. 假定，设想；承担，接受；装出，佯作；认为，看作

【搭】 assume the office of 担任…职务；assume an obligation 承担义务

【例】 Love is *assumed* as one of the most essential elements in one's life. 爱被看作人一生之中最基本的因素之一。

attain [əˈteɪn] v. 达到，完成，获得，实现；到达，至

【例】Nowadays, women should *attain* their own financial independence. 如今，女性应该取得经济上的独立。

auxiliary [ɔːgˈzɪliəri] adj. 辅助的，备用的

【例】The entire plan is just *auxiliary* to that goal. 整个计划对于那个目标来说仅仅是辅助性的。

candidate [ˈkændɪdət] n. 候选人；应试者，应聘者

【例】As often as not, employers do not choose the best candidate; they choose the *candidate* who makes a good first impression on them. (TEM-4) 通常情况下，雇主不会选择表现最好的应聘者，而是给他们留下不错的第一印象的人。

capability [ˌkeɪpəˈbɪləti] n. 能力，才能；素质，潜能

【例】Some countries have the *capability* to carry out nuclear tests. 一些国家有能力进行核试验。

capacity [kəˈpæsəti] n. 容量；能力；资格，地位

【搭】the capacity of …的容量；the capacity to do/for doing sth. 有能力做…

【例】A country's standard of living depends first and foremost on its *capacity* to produce wealth. (TEM-4) 一个国家的生活水平首先取决于它创造财富的能力。

cautious [ˈkɔːʃəs] adj. 细心的，谨慎的，谨小慎微的

【搭】cautious of/about 小心…，对…谨慎

【例】When I met the British comedian Julian Clary, he was shy and *cautious*, yet his TV performances are perfect. (TEM-4) 我见到英国喜剧家朱利安·克拉里时，他很害羞且谨小慎微，然而他的电视表演却堪称完美。

【派】cautiously (adv. 小心地，谨慎地)

certificate [səˈtɪfɪkət] n. 证书，证明书

【例】birth *certificate* 出生证明 // marriage *certificate* 结婚证 // I was asked to hand in my birth *certificate* with the form attached. 我被要求上交我的出生证明以及随附表格。

challenge [ˈtʃælɪndʒ] n. 挑战；异议，质问，怀疑 v. 向…挑战；对…表示异议，非难，怀疑

【搭】take up a challenge 接受挑战

【例】We are likely to have conversations where we give information or opinions, receive news or comment, and very likely have our views *challenged* by other members of society. (TEM-4) 我们可能会通过交

谈提供信息和意见、接受消息和评论，社会上的其他成员对我们的观点也很有可能提出异议。

【派】unchallenged(*adj.* 未起争议的); challenging(*adj.* 具有挑战性的)

competent [ˈkɒmpɪtənt] *adj.* 有能力的，能干的，胜任的

【例】Mr. Brown was known as a very *competent* teacher. 布朗先生被公认为是一名颇有能力的老师。

【派】incompetent(*adj.* 不合格的，不胜任的); competently(*adv.* 胜任地，适合地)

complement [ˈkɒmplɪmənt] *n.* 补充物；足量；补助语 [ˈkɒmplɪment] *v.* 补充，使完备

【例】He insists there is a vast and important difference between the two computer clubs, although they *complement* each other. (TEM-4) 虽然两家计算机俱乐部可以互补，但他还是坚持认为两者之间存在着巨大而重要的差异。

cooperate [kəʊˈɒpəreɪt] *v.* 合作，协力

【搭】cooperate with 与…合作，协助

【例】It is meaningful for world nations to *cooperate* with each other. 对于世界各国来说，相互合作是有意义的。

【派】cooperation(*n.* 合作，协作)

【注】不要和 corporate(*adj.* 法人的；全体的)混淆。

coordinate [kəʊˈɔːdɪneɪt] *v.* 调节，协调，统筹

【例】The central government is going to *coordinate* the function of its agencies. 中央政府将要调节其机构的作用。

【派】coordinated(*adj.* 同等的；协调的); coordination(*n.* 同等；调和)

decent [ˈdiːsnt] *adj.* 体面的，得体的，合适的；严肃的；高雅的；正派的；和气的

【例】This movie is not *decent* for children to see; it contains too much violence and too many love scenes. 这部电影不适合小孩子观赏，因为影片中包含太多的暴力和情爱场面。

【注】反义词为 indecent。

dedicate [ˈdedɪkeɪt] *v.* 把…奉献给，致力于；为…举行落成仪式；题献词

【搭】be dedicated to (doing) sth. 致力于(做)某事; dedicate one's energy to 将精力用在…

【例】The writer invited his teacher to *dedicate* his new book. 作家邀请他的老师为他的新书题字。

【派】dedication(*n.* 献身，奉献；落成典礼；献词)

deduct [dɪ'dʌkt] *v.* 扣除，减去

【例】The new tax reform will permit taxpayers to *deduct* child-care expenses from their taxes. 新的税收改革将允许纳税人从税款中扣除照看孩子的费用。

【派】deduction(*n.* 演绎；扣除)；deductive(*adj.* 推论的，演绎的)

designate ['dezɪgneɪt] *v.* 命名，指定；标出，指明；指派，任命 *adj.* 已受委派(当选)而尚未就职的，候任的

【例】The US has *designated* thirty international groups as terrorist organizations, barring them from receiving money, weapons or other support from US citizens. (TEM-4)美国指定了30个国际恐怖组织，禁止美国民众为他们提供资金、武器或者其他支持。

devise [dɪ'vaɪz] *v.* 想出，设计，构思

【例】*devise* a scheme 制订计划 // Scientists *devise* a way to help robot surgeons work in time to a beating heart, *New Scientist* reports.《新科学家》杂志报道说科学家设计了一种可以帮助机器人在心脏跳动时开展手术的方法。

dilemma [dɪ'lemə; daɪ'lemə] *n.* (进退两难的)窘境，进退维谷

【搭】be/caught in a dilemma 处于/陷于进退两难的境地

【例】Many single parents struggle with the *dilemma* of dividing time between work and children. 既要完成工作又要照顾孩子，这一窘境让许多单亲家长苦不堪言。

disable [dɪs'eɪbl] *v.* 使丧失能力；(常用被动语态)使伤残

【例】This meeting provides the opportunities for *disabled* people to take part in sports. 这次会议为残疾人提供了参与运动的机会。

【派】disabled(*adj.* 伤残的)

disadvantage [ˌdɪsəd'vɑːntɪdʒ] *n.* 不利地位，不利因素，不便之处，缺陷，障碍；(名誉、信用等方面的)损失 *v.* 使处于不利地位；损失

【搭】at a disadvantage 处于不利地位；to the disadvantage of sb./to one's disadvantage 对某人不利

【例】Not being tall is not a serious *disadvantage* in life. (TEM-4) 长得不高并非生活中的一个严重缺陷。

dismiss [dɪs'mɪs] *v.* 免…之职，解雇；让…离开，遣散；不理会，不认真考虑；摒除，去除

【搭】dismiss one from one's post 解雇…，免除…的职位

【例】Airlines around the world have cut services and *dismissed* staff as their business has plunged in the wake of the crisis. （TEM-4）危机过后，世界各地的航空公司因生意大跌已经减少服务项目并裁员。

【听】 dismiss from job 意为"辞退；解雇"，英语新闻中常用 axe 一词来表示"削减"。

dispatch/despatch ［dɪˈspætʃ］v. 发送；派遣，调遣；迅速处理；处决 n. 急件，快信；发送；派遣；电讯

displace ［dɪsˈpleɪs］v. 移置，使脱离正常位置；替代；使离开家园

【例】 Each year rains and flooding *displace* millions of people and result in thousands of deaths. 每年的大雨和洪水不仅使数百万人背井离乡，并且导致成千上万人丧生。

【派】 displacement(*n.* 取代；转移)

dispose ［dɪˈspəʊz］v. 排列，配置；清除，销毁；安排，处理；使倾向于

【搭】 dispose of 处理，处置；dispose sb. to/towards sth. 使某人倾向于某物，使某人有意于某物

【例】 All of the books have been *disposed* on the shelves. 所有的书都已经被排放在书架上了。

【派】 disposable(*adj.* 可任意处理的，可自由处置的)

disqualify ［dɪsˈkwɒlɪfaɪ］v. 使不适合，使不合格；取消资格

【例】 Eight athletes were *disqualified* from the championship after failing drug tests. 八名运动员因药检不合格失去了锦标赛的参赛资格。

distinguish ［dɪˈstɪŋgwɪʃ］v. 区分，辨别；认明，看清，发现；使有别于，使具有特色，使出众

【搭】 distinguish between 辨别，弄清；distinguish...from... 把…与…区别开

【例】 It's quite difficult to *distinguish* between what's good and what's bad sometimes. 有时候分辨好坏相当困难。

【派】 distinguishing(*adj.* 有区别的)

division ［dɪˈvɪʒn］*n.* 分开，分配，分隔；部分，部门；界限，划分物；分歧，分裂；刻度，标度

【例】 *division* of labor 分工 // High efficiency depends on a fair *division* of time and resources. 高效取决于对时间和资源的合理分配。

【派】 divide(*v.* 分，划分)

earnest ［ˈɜːnɪst］*adj.* 认真的，热切的

【搭】 in earnest 认真地，诚挚地

【例】 I have never been so *earnest* and faithful in the art. 我在这项艺术上从未如此热切和虔诚过。

effective [ɪ'fektɪv] *adj.* 有效的，生效的；给人深刻印象的，显著的；事实上的，实际的

【例】*effective* measures 有效措施 // The company really makes a big profit this year out of *effective* management. 由于有效的管理，这家公司今年确实收益颇丰。

【派】ineffective(*adj.* 无效的)；effectively(*adv.* 有效地)；effectiveness(*n.* 效力)

efficient [ɪ'fɪʃnt] *adj.* 效率高的，有能力的；有效的，直接产生结果的

【例】In the search for the pickings of the forest, the ape-men had developed *efficient* stereoscopic vision and a sense of color that the animals of the grasslands did not possess. (TEM-4) 在森林中寻找采摘物的过程中，猿人形成了有效的立体视觉以及草原动物所没有的色彩感。

【派】inefficient(*adj.* 效率低的)；efficiently(*adv.* 有效地)

elevate ['elɪveɪt] *v.* 抬起；提高(嗓门等)；提升(职位)

【例】an *elevated* highway 高架公路 // He decided on an *elevated* goal, so that scoring would depend on skill and accuracy rather than on strength only. (TEM-4) 他决定上升一个目标高度，依靠技巧和精准度得分而并非只是力气。

【派】elevated(*adj.* 提高的)

enable [ɪ'neɪbl] *v.* 使能够，使实现

【搭】enable sb. to do sth. 使…能够做…

【例】Sometimes one may come down with a serious cold, feeling depressed. But a change in attitude will *enable* us to look at the matter from a positive perspective. The illness may teach us the importance of health. (TEM-4) 有时候我们会得重感冒，感到抑郁。但换一种心态将使我们从一个积极的角度去看待这个问题。疾病或许会让我们认识到健康的重要性。

【注】前缀 en-意为"使"，类似词汇为 enrich 和 ensure 等。

engage [ɪn'geɪdʒ] *v.* (使)从事，雇用；尽力理解；使订婚；吸引住；与…交战；啮合

【搭】engage in 从事，参加

【例】Through a combination of live call-in television and the Internet, we're hoping to build excitement and *engagement* in learning in our school. (TEM-4) 通过现场电视交谈节目和网络的结合，我们希望在我们的学校建立一种快乐与学习并存的环境。

【派】engaged(*adj.* 忙碌的；已订婚的)

ensure [ɪnˈʃʊə(r)] v. 确保；担保，保证，使…必然发生

【例】In the mid-1960s, the restaurant sought to cut labour costs, reduce the number of suppliers, and *ensure* that its fries tasted the same at every restaurant. （TEM-4）20 世纪 60 年代中期，餐馆追求降低劳动成本，减少供应商数量，并保证炸薯条的味道在每一间餐馆都一样。

enterprise [ˈentəpraɪz] n. 事业单位，企业，公司；进取心，事业心；冒险性的计划

【例】a backbone *enterprise* 骨干企业 // Lily used to work in a state-owned *enterprise* and she resigned two years ago. 莉莉过去在一家国企上班，两年前她辞职了。

evaluate [ɪˈvæljueɪt] v. 评价；估计

【例】The university has only been open for half a year, so it's too early to *evaluate* its performance. 这所大学开办才半年，所以要对它的成绩做出评价还为时过早。

execute [ˈeksɪkjuːt] v. 实行，实施，执行；处死

【搭】execute one's duty 履行职责

【例】*execute* a plan 实行计划 // *execute* a policy 实施政策 // Nigeria was suspended from the 54-nation group of mainly former British colonies in 1995 after it *executed* 9 minority rights activists. （TEM-4）尼日利亚处死了 9 名少数派权利激进分子后，在 1995 年失去了主要由 54 个前英国殖民地国家组成的国防组织的成员资格。

【派】execution(n. 执行；死刑)

【听】这个词通常会与 document, law, right, prisoner 等词一起考，2001 年的 Dictation 部分中就出现了这个词。

exert [ɪɡˈzɜːt] v. 运用，行使，发挥(影响等)；用力，尽力

【搭】exert...on/over... 对…施加…；exert oneself to do sth. 努力做某事；exert oneself 努力，尽力

【例】Married couples are likely to *exert* themselves for guests—being amusing, discussing with passion and point—and then to fall into dull exhausted silence when the guests have gone. （TEM-4）已婚夫妇可能会在客人们面前尽力表现——他们诙谐风趣，热情而富有主意地讨论——而客人一走便回到了单调疲惫的沉默中。

exhaust [ɪɡˈzɔːst] v. 用完，耗尽，花光；排空，抽完；使筋疲力尽；详尽论述 n. 排气管，排气装置；排出，放出；废气，废液

【搭】be exhausted from... 因…而疲乏

【例】 Traditional vehicles operating on gasoline gives off *exhaust*, causing damage to human health and polluting the air. (TEM-4) 使用汽油的传统车辆所排放的废气会危害人类健康并污染空气。

【派】 exhaustive(*adj.* 彻底的，详尽的); exhausted(*adj.* 耗尽的；疲惫的); exhausting(*adj.* 令人筋疲力尽的)

【听】 这个词可能会出现在听写中，如 2003 年的听写，所以要注意它的拼写，h 不发音，注意不要漏写。

fatigue [fə'tiːg] *n.* 疲劳，劳累；厌倦

【例】 Driver *fatigue* was to blame for the accident. 这起事故是司机疲劳所致。

【派】 fatigued(*adj.* 疲劳的，身心交瘁的)

fruitful ['fruːtfl] *adj.* 结果实的，多产的；有用的，富有成效的

【例】 a *fruitful* experience 丰富的经验 // a *fruitful* novelist 多产的小说家 // We had a very *fruitful* discussion about the new project. 关于这项新项目，我们进行了非常富有成效的讨论。

fulfil(l) [ful'fɪl] *v.* 实现，完成(任务、计划等)，履行(诺言、责任等)；达到(目的)，满足(愿望、要求等)

【搭】 fulfill one's dream 实现梦想

【例】 Simon finally *fulfilled* his childhood dream to run with the wild rabbits. 西蒙最终实现了他童年时与野兔赛跑的梦想。

grant [grɑːnt] *v.* 同意，准予，授予(权利等) *n.* 同意，准许，授予

【搭】 take...for granted 想当然，认为…理所当然

【例】 The manager has *granted* the girl the request to take three days off. 经理已经同意这个女孩请三天假的要求了。

handle ['hændl] *n.* 柄，把手 *v.* 触，摸，拿；运用，操纵，驾驭；处理，管理，对待；经营，买卖

【例】 The team can *handle* whatever needs to be handled. (TEM-4) 那个小组可以处理任何需要处理的事情。

【注】 表示处理某事可以直接加宾语，与 tackle, deal/do with 同义。

haste [heɪst] *n.* 急速，匆忙，仓促，草率，急迫

【搭】 in haste 匆忙地；草率地；make haste 赶快，赶紧

【例】 We'd better make *haste*, or we'll never get finished. 我们最好快点干，要不然永远也完不成。

【派】 hasten(*v.* 急忙进行；催促)

hasty ['heɪsti] *adj.* 仓促的，匆忙的；轻率的，鲁莽的

【例】 It is not wise to make such a *hasty* decision to marry Tom. 如此轻率地做出嫁给汤姆的决定是不明智的。

highlight [ˈhaɪlaɪt] *n.* 最好(或最精彩)的部分；(绘画、摄影等上的)强光部分 *v.* 突出，强调；使醒目

【例】 Listen! The *highlight* of our story is coming! 听着!我们故事中最精彩的部分就要开始了!

hustle [ˈhʌsl] *v.* 催促，赶紧做；猛推，挤 *n.* 忙碌，奔忙；(推)挤

【搭】 hustle and bustle 忙碌，奔忙，繁忙

【例】 Upon the knock on the door, father *hustled* his son to open it. 听到有人敲门，父亲催促儿子去开门。

idle [ˈaɪdl] *adj.* 懒惰的，无所事事的；闲散的，闲置的；无根据的，无意义的 *v.* 虚度，(使)闲散，闲逛；空转

【例】 We are not sitting *idle*. We are prepared for everything. (TEM-4) 我们没有坐以待毙，我们已经做好了一切准备。

【派】 idly(*adv.* 懒惰地)

【注】 注意不要与同音词 idol (*n.* 偶像) 混淆；另外这个词还经常与 talk, gossip 一起考。

illustrate [ˈɪləstreɪt] *v.* (举例)说明，表明；以图作解，加入插图

【例】 The scientist pointed at the diagram to *illustrate* his point. 科学家指着图表来说明他的观点。

【注】 illustrate 意为"说明"; state 意为"陈述"; explain 意为"解释"; narrate 意为"叙述(故事、事情)"。

incentive [ɪnˈsentɪv] *n.* 刺激，鼓励，推动力，动机

【例】 There are not enough *incentives* for consumers to buy such products. 对于消费者来说，还没有足够动机来购买这类产品。

incompetent [ɪnˈkɒmpɪtənt] *adj.* 不称职的，无能力的，无法胜任的

【搭】 incompetent to do sth. 做…不称职

【例】 There is no company to hire *incompetent* employees. 没有公司会雇用没有能力的员工。

indispensable [ˌɪndɪˈspensəbl] *adj.* 绝对需要的，不可或缺的

【搭】 indispensable to/for 对…必不可少

【例】 As a sales manager, I think my mobile phone has become an *indispensable* part of my life. 作为一名销售经理，我认为手机已经成为我生活中必不可少的一部分。

infer [ɪnˈfɜː(r)] *v.* 推断，猜想

【搭】 infer from... 从…来推断

【例】 The doctor *inferred* that perhaps Molly had got an internal injury. 医生推断莫莉可能是内伤。

【派】inference（*n.* 推理，推断）

【注】infer, deduce, conclude 都含有"推断"的意思，但是 infer 是指由事实得出推论；deduce 指通过试验等得出结论；而 conclude 含有"总结"的意思。

inferior [ɪnˈfɪəriə(r)] *adj.* (质量等)较低劣的，次等的；(地位等)下级的，低等的，低于…的

【搭】(be) inferior to 比…差

【例】*inferior* goods 低档货，次品 // Working-class people may sometimes feel *inferior* to middle-class people. （TEM-4）工人阶级有时可能会感觉地位比中产阶级低下。

initial [ɪˈnɪʃl] *adj.* 开始的，最初的；词首的 *n.* 首字母；[*pl.*] 姓名(或组织机构名)的开头字母

【例】the *initial* stage 初级阶段 // My *initial* reaction was to decline the offer. 我最初的反应是要婉拒这个提议。

【派】initially（*adv.* 最初，开头）

initiate [ɪˈnɪʃieɪt] *v.* 开始实施，创始，发起；使加入（某团体），接纳；使了解，传授

【例】The board of the company *initiated* a new member last month. 公司的董事会上个月接纳了一名新成员。

【派】initiation（*n.* 开始，发动）

initiative [ɪˈnɪʃətɪv] *adj.* 起始的，初步的；主动的 *n.* 进取心，首创精神；倡议，新方案；主动性，积极性

【搭】take the initiative 带头，倡导，发起；on one's own initiative 主动地

【例】How fast one will progress is basically dependent upon his or her personal *initiative* to learn. 一个人进步的速度基本上取决于其学习个人的主动性。

insight [ˈɪnsaɪt] *n.* 洞察力，领悟；深入了解，洞悉

【例】The man has deep *insight* and good management ability in business. 这名男子在经商方面有着深刻的洞察力和良好的管理能力。

inspire [ɪnˈspaɪə(r)] *v.* 鼓舞，激发，激励；鼓动，驱使，激起

【例】High salaries usually *inspire* employees' working passion. 高工资通常会激起员工的工作热情。

install [ɪnˈstɔːl] *v.* 安装，设置；安顿，安置；正式任命，任用

【例】We've just *installed* two air-conditioners in our apartment, which should make a great difference in our life next summer. （TEM-4）我们刚刚在公

寓里安装了两台空调，这样明年夏天我们的生活就会有很大的改变了。

instance [ˈɪnstəns] *n.* 例子，实例

【搭】for instance 例如，举例说；in the first instance 首先，第一，最初

【例】The scientist cited vivid *instances* in illustration of his theory. 科学家引用了生动的例子来说明他的理论。

insufficient [ˌɪnsəˈfɪʃnt] *adj.* 不充分的，不足的；不适当的，不胜任的

【例】It is widely accepted that China is a country faced with severe water shortages. *Insufficient* water resources have slowed agricultural development.（TEM-4）人们普遍认为中国是一个水资源奇缺的国家。水资源的匮乏减缓了农业的发展。

【派】insufficiently(*adv.* 不够地，不充分地)

insurance [ɪnˈʃʊərəns] *n.* 安全保障；保险，保险业，保险费

【例】accident *insurance* 意外险 // life *insurance* 人寿保险 // unemployment *insurance* 失业保险 // She pays out 3,000 RMB in *insurance* premiums every year. 她每年支付 3000 人民币的保险金。

insure [ɪnˈʃʊə(r)] *v.* 为…投保；保证，确保

【例】Airlines are being hit with huge increases to *insure* their planes after the terrorist attacks in the United States.（TEM-4）在美国遭受恐怖袭击后，飞机巨额投保费用的增长使航空公司遭受重创。

【注】注意区分形近词 insure, ensure, assure。insure 可指"上保险"；ensure 在作"保证，确保"讲时，与 insure 同义，但是没有"上保险"的含义；assure 则侧重指"使某人放心"。

integrity [ɪnˈtegrəti] *n.* 完整，完全；完善；正直，诚实，廉正

【例】May we come to respect ourselves for sticking to our principles and living our lives with honesty and *integrity*. 我们坚守自己的原则，诚实正直地生活，为此我们应该尊重自己。

interview [ˈɪntəvjuː] *v.* 接见，会见；采访；对…进行面试（面谈）*n.* 接见，会见，会谈；(记者等的)访问；对申请者的面试

【搭】have an interview with sb. 会见某人

【例】a personal *interview* 私人会晤 // There are many arguments for and against the *interview* as a selection procedure.（TEM-4）关于将面试作为一个选人的过程，有许多或支持或反对的争议。

【派】interviewer(*n.* 会见者；面试官)；interviewee(*n.* 被接见者；被面试者)

lead [li:d] *v.* 领导，率领；带路，引领；导致；通往 *n.* 范例；线索；主角；领导地位，领先地位，领先的程度；导线，引线

【搭】lead to 通往；导致；lead the way 带路，引路

【例】High temperatures make drivers tired, which easily *leads* to car accidents. 高温让司机疲乏，这容易导致车祸。

【听】该词为新闻词汇，该词的派生词 leader 在新闻中出现的频率较高，应引起注意。

leading ['li:dɪŋ] *adj.* 领导的；主要的；首位的，前列的

【例】a *leading* cause 主要原因 // A *leading* agricultural authority predicts prices of vegetables will rise in a couple of months. 农业界的一位权威人士预测几个月内蔬菜价格将会上涨。

lower ['ləʊə(r)] *v.* 降低；放下 *adj.* 较低的，下面的

【例】The law *lowering* the speed limit for cars helps to save fuel. (TEM-4) 降低车速限定的法规对节油有帮助。

manual ['mænjuəl] *adj.* 手工的，用手的；体力的 *n.* 手册，指南

【例】*manual* labor 体力劳动 // *manual* instruction（使用）手册 // There is no shame in doing *manual* labors in hotels and restaurants. 在旅馆和饭店做体力劳动没有什么好丢人的。

【注】注意与 menu(*n.* 菜单)的读音差别。

mobile ['məʊbaɪl] *adj.* 可移动的，机动的

【例】*mobile* phone 手机 // Recent research indicates that the *mobile* phone is changing not only our culture, but our very bodies as well. (TEM-4) 最近的调查显示，手机不仅改变着我们的文化，也影响着我们的身体本身。

【派】mobility(*n.* 移动能力；流动性)

motive ['məʊtɪv] *n.* 动机，目的

【搭】a motive for …的动机

【例】George's real *motive* for the robbery remains a mystery. 乔治抢劫的真正动机仍然是一个谜。

necessity [nə'sesəti] *n.* 必需，必要；必需品；必然

【例】the *necessities* of life 生活必需品 // Anna felt the *necessity* of accepting the application. 安娜觉得必须接受这一申请。

notify ['nəʊtɪfaɪ] *v.* (正式)通知，告知

【搭】notify sb. of sth. 通知某人某事

【例】She was *notified* in advance that she was going to be promoted. 她被提前告知将得到晋升。

【派】 notification(n. 通知，告示)

【注】 注意与 modify(v. 修改)相区分。

occasion [əˈkeɪʒn] n. 场合，时刻；时机，机会；理由

【搭】 on occasion 有时，不时；by occasion of 由于；have occasion to do sth. 有机会做…

【例】 I'll speak to her about it if the *occasion* arises. 有机会的话，我要和她谈谈这件事。

【注】 occasion 这个单词通常用作名词，其作动词的用法不常见，当其作动词时意为"使发生，导致，引起"，例如：Milton's mismanagement of the company occasioned the loss of thousands of jobs. (米尔顿对公司的管理不善导致几千个工作岗位的丧失。)

occupation [ˌɒkjuˈpeɪʃn] n. 职业；消遣；占有，占用，占领

【例】 a regular *occupation* 固定职业 // It seems to me Lily's favourite *occupation* is shopping. 在我看来莉莉最喜欢的消遣方式就是购物。

【派】 preoccupation(n. 抢先占据)

occupy [ˈɒkjupaɪ] v. 占，占用；占领，占据；使忙碌，从事

【搭】 occupy oneself with sth./in doing sth. 忙于…

【例】 She always *occupies* herself with trifles that are not worth being bothered with. 她总是忙那些不必操心的小事。

outlook [ˈaʊtlʊk] n. 景色；前景，前途，展望；观点，看法

【搭】 outlook on sth. 对…的看法或观点；outlook for sth. 对…的展望

【例】 With the help of his mother, Charles has a fairly positive *outlook* on life. 在妈妈的帮助下，查理树立了相当积极的人生观。

outstanding [aʊtˈstændɪŋ] adj. 杰出的，优秀的；未付款的；未解决的

【例】 Thousands of spectators at the stadium came to their feet to pay tribute to an *outstanding* performance. (TEM-4) 体育场里成千上万的观众起立为这场精彩的演出欢呼鼓掌。

overlook [ˌəʊvəˈlʊk] v. 眺望，俯瞰；忽略，没注意到；宽容，不追究

【例】 The mistake is so obvious that anyone who is careful enough will not *overlook* it. 错误这么明显，只要是足够细心的人，都不会忽略。

【派】 overlooked(adj. 被忽视的)

【注】 overlook 指因为匆忙而忽视了某物；ignore 是指故意不理睬；neglect 是指疏忽；disregard 指漠视，不顾。另外注意不要和 look over (检查，察看)混淆。

overtime [ˈəʊvətaɪm] *adj.* 加班的 *adv.* 加班加点地 *n.* 加班时间；（体育竞赛中的）加时赛

【例】 I work so much *overtime* that I hardly have time to visit my parents. 我加班太多，甚至都没有时间去看望我的父母。

paste [peɪst] *n.* 糨糊，糊状混合物 *v.* 黏合，粘贴

【例】 He spreads thick butter on the bread and *pastes* it to another piece of bread. 他在面包上涂了厚厚的一层奶油，又盖上另一片面包。

personnel [ˌpɜːsəˈnel] *n.* 全体人员；人事部门

【例】 *personnel* exchange 人才交流 // *personnel* department 人事部 // By 2005, 83% of American management *personnel* will be knowledge workers.（TEM-4）截至 2005 年，83% 的美国管理人员都将成为知识型工人。

pierce [pɪəs] *v.* 刺穿，刺破；打动，感动

【例】 I think it is unwise to *pierce* any part of our body. 我认为在身体的任何一个部位穿洞都是不明智的。

【派】 piercing(*adj.* 刺骨的；刺穿的)

pledge [pledʒ] *n.* 誓言，誓约；保证物，信物，抵押 *v.* 保证，承诺；抵押

【搭】 fulfill one's pledge 履行诺言；make/give a pledge to do sth. 保证(或承诺)做某事

【例】 The wife fulfilled her *pledge* of remaining faithful to her husband during his absence. 妻子履行了在丈夫不在时仍对他忠诚的诺言。

【注】 这个词中的字母 d 不发音。

portable [ˈpɔːtəbl] *adj.* 轻便的，手提式的

【例】 *portable* computer 手提电脑 // *Portable* computers are becoming more and more popular nowadays. 如今，手提电脑变得越来越流行了。

portion [ˈpɔːʃn] *n.* 部分；一份

【例】 A large *portion* of the company's profit has been put into the new projects. 公司大部分的利润都被投入到新的项目中去了。

precedent [ˈpresɪdənt] *n.* (过去的)惯例，先例；实例，范例

【例】 This decision sets a dangerous *precedent* for other countries. 这项决议给其他的国家开了一个危险的先例。

【派】 unprecedented(*adj.* 空前的，无先例的)

predominant [prɪˈdɒmɪnənt] *adj.* 占优势的，占主导地位的，最重要的；显著的

【例】 Parents have *predominant* influence on their children. 父母对子女具有最重要的影响力。

【派】 predominance(*n.* 优势); predominantly(*adj.* 占优势地；主要地)

presence ['prezns] *n.* 出席，到场，在场；仪容，风度

【搭】 in the presence of 在…在场的情况下，在…的面前

【例】 Grandfather signed his testament in the *presence* of two lawyers. 祖父在两位律师在场的情况下签了遗嘱。

preside [prɪ'zaɪd] *v.* 主持(会议等)，负责指挥

【搭】 preside at 主持(会议等)；preside over 主持；主管，负责

【例】 The chairman will *preside* over the seminar on applied linguistics. 主席将主持一个关于应用语言学的研讨会。

【派】 president(*n.* 总统)

【题】 As the manager was away on a business trip, I was asked to ___ the weekly staff meeting.

A. preside   B. introduce   C. chair   D. dominate

答案为 C。preside 和 chair 都可作"主持会议"讲，但 preside 需与介词 at 或 over 搭配使用，chair 后则可直接跟会议；introduce 意为"介绍"；dominate 意为"支配，控制"。句意为：由于经理出差了，我受命主持员工周例会。

probability [ˌprɒbə'bɪləti] *n.* 可能性；概率，几率；可能的结果

【搭】 in all probability 很可能

【例】 It seems that Andy has a low *probability* to win the race. 看起来安迪赢得比赛的可能性很小。

proceed [prə'siːd] *v.* 开始，着手；前进；继续进行

【搭】 proceed to 向…进发；proceed with 开始或继续…；proceed against 起诉(某人)；proceed from 起因于

【例】 After the welcome speech the tour guide *proceeded* to announce the agenda. 致欢迎词之后，导游开始宣布日程安排。

【注】 proceed 一般用作不及物动词，着重强调新的起点，所以有"着手"的意思；succeed 强调"继承，继任"；continue 强调把之前没有做完的事情继续做完。

process ['prəʊses] *n.* 进程；步骤，过程；工序，制作法 *v.* 加工，处理 [prə'ses] *v.* 缓慢前进

【例】 the *process* of digestion 消化过程 // in the *process* of 在…过程中 McDonald's fries now come from huge manufacturing plants that can *process* two million pounds of potatoes a day. (TEM-4) 麦当劳的薯条现在由大型生产厂提供，这些生产厂每天能加工两百万磅的马铃薯。

【派】 processor(*n.* 处理器)

【注】 注意区分 process 和 procedure。process 强调"过程，步骤"；procedure 是"手续，程序"的意思。

proficient [prəˈfɪʃnt] *adj.* 熟练的，精通的，在行的

【例】It is said that the new chairman is very *proficient* in calligraphy. 据说新主席在书法方面很在行。

【注】注意和 competent(能干的)区分。

promising [ˈprɒmɪsɪŋ] *adj.* 有希望的，有前途的，有出息的

【例】Andrew is regarded as the most *promising* student in the whole class. 安德鲁被认为是全班最有前途的学生。

【派】unpromising(*adj.* 无前途的，无希望的)

【题】The head of the Museum was ___ and let us actually examine the ancient manuscripts.

A. promising   B. agreeing   C. pleasing   D. obliging

答案为 D。promising 意为"有希望的，有前途的"；agreeing 不是形容词，用法错误；pleasing 意为"令人喜爱的，使人愉快的"；obliging 意为"友善的，乐于助人的"。句意为：博物馆负责人很友善，的确让我们查阅了那些古代的手抄本。

promote [prəˈməʊt] *v.* 提升，提高；促成，促进；宣传，促销；发起，创立

【例】*promote* mutual understanding 促进相互理解 // Some rich people donate money to charities to *promote* their prestige. 一些富人捐助慈善事业是为了提高声誉。

【派】promotion(*n.* 促进；提升；宣传)；promotional(*adj.* 推销的；宣传的；增进的)；promoter(*n.* 促进者，助长者)

prompt [prɒmpt] *v.* 激起，促使；鼓励；给(演员)提词 *adj.* 立刻行动的，立即的，果断的，及时的，敏捷的

【例】a *prompt* response 敏捷的反应 // Mary's *prompt* refusal to George's proposal made him very embarrassed. 玛丽立即回绝了乔治的求婚，这让他很尴尬。

【派】prompting(*n.* 劝说；催眠)；promptly(*adv.* 敏捷地，迅速地)

【题】Personal computers are no longer something beyond the ordinary people; they are ___ available these days.

A. promptly   B. instantly   C. readily   D. quickly

答案为 C。promptly 意为"敏捷地"；instantly 意为"立即地，即刻地"；readily 意为"轻易地，容易地"；quickly 意为"很快地"。句意为：个人电脑不再是普通人遥不可及的东西了，现在很容易买到。

proposal [prəˈpəʊzl] *n.* 建议，提议；求婚

【搭】proposal for (doing) sth. …的提议；proposal to do sth. …的提议

【例】 His *proposal* of modifying the plan was rejected at the meeting. 他的修改计划的提议在会上就被否决了。

【注】 表示"建议、提议"的单词还有：suggestion, recommendation, advice。

propose [prə'pəuz] *v.* 建议，提议；企图，打算；求(婚)

【例】 Jerry *proposed* that they should all ask a day's leave to come to Jim's wedding. 杰里建议他们都应该请一天假去参加吉姆的婚礼。

prospect ['prɒspekt] *n.* 前途，前景；情景，景色；指望，预期

【搭】 in prospect of 期望，可以预料到

【例】 Linda rejoiced at the *prospect* of marrying a man who possessed a large fortune. 琳达为能嫁给一个有钱人而欢欣鼓舞。

【派】 prospective(*adj.* 有望的，潜在的)

pursuit [pə'sjuːt] *n.* 追捕；追求，寻求

【搭】 in pursuit of 为追求…

【例】 He left his home and studied abroad in *pursuit* of his own dream. 他离开家去国外读书是为了寻求自己的梦想。

qualification [ˌkwɒlɪfɪ'keɪʃn] *n.* 资格，学历，资历；限定条件；合格，获得资格

【例】 *qualification* tests 资格考试 // It often happens that a number of applicants with almost identical *qualifications* and experiences all apply for the same position. (TEM-4) 经常发生的情况是，同一职位的一些应征者都具有基本相似的资历和经验。

qualified ['kwɒlɪfaɪd] *adj.* 有资格的，合适的，胜任的；有限度的，有保留的

【例】 Miss Zhang is such a highly *qualified* teacher that we all like her so much. 张女士是一位非常合格的老师，我们都非常喜欢她。

qualify ['kwɒlɪfaɪ] *v.* 使合适，(使)具有资格，证明…合格；准予，授予…权利；限制，限定

【搭】 qualify sb. for sth. 使某人具有(做)某事的资格

【例】 This training course will *qualify* him for a better job. 该培训课程将使他能胜任更好的工作。

【派】 qualifier(*n.* 合格者；资格赛)；qualified(*adj.* 合格的，有资格的)

quit [kwɪt] *v.* 停止；戒除；离开；离任；偿清，回报

【例】 *quit* smoking/drinking 戒烟/酒 // What a pity that a large number of children *quit* school at an early age! 很多孩子年龄很小时就退学，真是很可惜!

【听】 该词是新闻词汇，与 resign 是同义词。

recess [rɪˈses] *n.* 工间休息，休会期，休业期；壁凹，壁龛，壁橱；隐秘处 *v.* 休会，暂停；把…放在壁龛

【例】 During the *recess* the teacher announced that she was going to retire. 课间时，老师宣布她要退休了。

【注】 注意区分形近词 recession。recession 意为"经济衰退；撤退"，虽然两个词形近，但是语义上没有关系。类似的词还有 hospital 和 hospitality，这两个词也"形似而神不似"。

rehabilitate [ˌriːəˈbɪlɪteɪt] *v.* 使康复，使恢复日常生活；恢复…的名誉；修复

【例】 After one year of treatment in the mental clinic, he was *rehabilitated*. 经过在心理诊所为期一年的治疗，他康复了。

resign [rɪˈzaɪn] *v.* 放弃，辞去，辞职；使听任，使顺从

【搭】 resign to 任由…处置，听任

【例】 After the scandal was disclosed, the manager's only recourse was to *resign*. 丑闻被揭发之后，经理的唯一办法就是辞职。

【派】 resignation(*n.* 辞职；听任)

【注】 consign to 的意思与 resign to 的意思相似。但是 consign 有"托运；委托"的含义。

resume [rɪˈzuːm] *v.* 重新开始，继续；重新占有，取回，收回
[ˈrezjumeɪ] *n.* 摘要，概要；履历，简历

【搭】 resume one's spirit 重新振作起来

【例】 After the recess, the Parliament *resumed* the discussions. 休会之后，议员重新开始讨论。

【派】 resumption(*n.* 恢复，重新开始)

reward [rɪˈwɔːd] *n.* 报酬，报答；赏金，酬金 *v.* 给(某人)报酬或奖赏，奖励

【搭】 reward for 为…奖赏或酬谢；give a reward to 奖励，奖赏

【例】 The provincial government *rewarded* the winners with gifts of cars. 省政府以车作为对这些优胜者的奖励。

【派】 rewarding(*adj.* 报答的；有益的；值得的)

【题】 The police have offered a large ___ for information leading to the robber's arrest.

A. award　　B. compensation　　C. prize　　D. reward

答案选 D。award 意为"奖品；奖金"；compensation 意为"补偿金"；prize 意为"奖品，奖赏"；reward 意为"报酬；赏金"。句意为：为了得到任何有助于逮捕抢劫犯的信息，警方开出了一大笔赏金。

routine [ruːˈtiːn] *n.* 常规，惯例；例行公事，刻板的工作 *adj.* 例行的，惯常的，日常的；枯燥的，平淡的

【例】a *routine* task 日常事务 // After becoming accustomed to the *routine* work in the office, she finds it boring. 在熟悉了办公室的日常事务之后，她发现工作很乏味。

【派】routinely(*adv.* 例行公事地)

sack [sæk] *n.* 大口袋，粗布袋；解雇，革职 *v.* 解雇；劫掠，掠夺

【例】Blair was *sacked* for carelessness, and had to live with his parents. 布莱尔因为粗心被解雇，只能跟父母同住。

session [ˈseʃn] *n.* 会议，会期，开庭期；从事某项活动的一段时间

【搭】in session 正在开会

【例】special *session* 特别会议 // Members of the congress met in emergency *session* to discuss how to deal with the crisis. 国会议员召开紧急会议讨论如何应对危机。

staff [stɑːf] *n.* 全体职员，全体工作人员；拐杖，棍棒；参谋，参谋部 *v.* 供以人员，充当职员，为…配备职员

【例】As the manager was away on a business trip, I was asked to chair the weekly *staff* meeting.（TEM-4）由于经理出差了，我受命主持员工周例会。

【派】staffing(*n.* 人事)

【听】staff 常出现在听力中，注意在听的时候不要和 stuff 混淆。此外，staff 常和动词 fire, dismiss, lay off, sack 等连用。

strive [straɪv] *v.* 抗争，搏斗；奋勉，努力

【搭】strive for 奋斗，争取；strive towards a goal 朝着一个目标奋斗

【例】Every night I yearn for sleep, I *strive* for it; yet it flutters on ahead of me like a curtain.（TEM-4）每个夜晚我都渴望睡眠，我努力想要入睡，但睡眠却像一块幕布一样在我头顶晃动。

subordinate [səˈbɔːdɪnət] *adj.* 下级的，附属的；次要的 *n.* 属下 [səˈbɔːdɪneɪt] *v.* 使居次要地位，使隶属

【搭】subordinate to 比…次要，从属于

【例】The chairman handed the case down to one of his *subordinate* officers. 主席把这个案子交给他的一名属下办理。

succession [səkˈseʃn] *n.* 继续，连续；连续的若干事物；继承，继承权

【搭】in succession 连续地；a succession of 一系列的

【例】The *succession* of the seasons is the natural rule. 四季更替是自然法则。

successive [sək'sesɪv] *adj.* 继续的，连续的

【例】The prince of tennis won the World Championship for the third *successive* year. 网球王子连续三年夺得世界冠军。

successor [sək'sesə(r)] *n.* 继承人，接班人，继任者

【例】a *successor* to the manager 经理的继任者 // The chairman of the company has designated Thomas as his *successor*. 公司董事长已经指定托马斯作为他的接班人。

superior [suː'pɪərɪə(r)] *adj.* 更好的，卓越的；数目较大的，较多的；(职位等) 较高的，上级的；傲慢的，自大的，高傲的 *n.* 上司，上级

【搭】superior to 比…好，比…优越

【例】Some found the British calm, reserved, open-minded; others thought they were insular and *superior*. (TEM-4) 有人认为英国人冷静、矜持、思想开放，其他人则认为他们孤僻、高傲。

【派】superiority(*n.* 优越性，优势)

【注】superior 常和介词 to 搭配，其反义词是 inferior。在拼写中注意不要把 or 写为 er。

superiority [suːˌpɪərɪ'ɒrəti] *n.* 优越，优势；优越感，盛气凌人的行为

【搭】superiority in 在…方面的优势

【例】We have *superiority* in rich natural resources and numerous labours. 我们的优势在于丰富的自然资源和众多的劳动力。

supervise ['suːpəvaɪz] *v.* 监督，监管，指导

【例】Children should always be *supervised* by an adult who can swim well. Young children should never be left unattended near a stretch of water. (TEM-4) 儿童应该时刻由游泳水平不错的成人监管，少儿不应在没人照顾的情况下独自待在大片水域附近。

【派】supervision(*n.* 管理，监督)；supervisor(*n.* 管理者，监督者)

suspend [sə'spend] *v.* 悬挂，吊起；暂停，中止；延缓；使停职，暂停权利

【例】The former director of finance was given a seven-month jail sentence *suspended* for three years. 前财务主管被判处七个月监禁，缓刑三年。

【派】suspension(*n.* 暂停，中止；延迟)

【题】Bus services between Town Centre and Newton Housing Estate will be ___ until the motorway is repaired.
A. discontinued   B. suspended   C. halted   D. ceased
答案为 B。discontinue 意为"停止"；suspend 意为"暂停"；halt 意为"停止"；cease 意为"停止"。句意为：市中心和牛顿住宅区之间的公交服务在高速公路修好前将会被暂停。

takeover [ˈteɪkəʊvə(r)] *n.* 接管，接收，收购

【例】 Ryanair has announced a new *takeover* bid for its Irish rival, Aer Lingus. 瑞安航空公司已对它的竞争对手——爱尔兰航空公司——宣布了一项新的收购行动。

【听】 在听的过程中注意重音的位置，和短语 take over(接管)相区别。

temporary [ˈtemprəri] *adj.* 暂时的，临时的

【例】 *temporary* employment 短工，临时岗位 // *temporary* work 临时工作 // I'm looking for some *temporary* work to pass my spare time. 我正在找一些临时工作来打发我的闲余时间。

toil [tɔɪl] *n.* 苦工，苦活；跋涉 *v.* 辛苦工作；艰难跋涉

【例】 The atmosphere of those places was like the breath of hell, and their inhabitants, wasting with heat, *toiled* languidly in the desert.（TEM-4） 那些地方的空气就像是地狱的喘息，居民们在热浪中筋疲力尽，在沙漠里疲惫愈地跋涉。

undergo [ˌʌndəˈgəʊ] *v.* 经历，经受

【例】 The city *underwent* great changes since last year's terrible earthquake. 自从去年可怕的地震过后，这座城市经历了巨大的变化。

undertake [ˌʌndəˈteɪk] *v.* 试图，企图；着手做，从事；承担；接受；同意；保证

【搭】 undertake responsibility 承担责任

【例】 The police station has *undertaken* the task of investigation into the accident. 警察局已经着手对这起事故进行调查。

【派】 undertaking(*n.* 企业；许诺)

unemployment [ˌʌnɪmˈplɔɪmənt] *n.* 失业；失业人数

【例】 The government are trying their best to reduce the *unemployment* rate. 政府正在竭尽全力来降低失业率。

upgrade [ˌʌpˈgreɪd] *v.* 升级；提高…的级别或等级，提高…的档次

【搭】 upgrade sb. to 提拔某人为…

【例】 Nina was *upgraded* to sales manager of our company for her hard work. 因为工作勤奋，尼娜被提升为我们公司的销售经理。

vacant [ˈveɪkənt] *adj.* 空的；空缺的；空虚的，茫然的

【例】 There are about 4 *vacant* offices on the 22nd floor of the building. 大楼的第 22 层大约有 4 个办公室是空的。

welfare [ˈwelfeə(r)] *n.* 幸福，福祉；福利；福利事业

【例】 *welfare* benefits 福利待遇 // It is never too late to develop the public *welfare* for the government. 对于政府来说，任何时候发展公共福利事业都不迟。

【注】与 welfare 读音和拼写都相似的单词是 warfare。warfare 意为"战争，斗争"。

◎ 职场风云 / 认知词

achievement [əˈtʃiːvmənt] *n.* 完成，达到；成就，成绩

【例】an impressive *achievement* 给人印象深刻的成就

adaptable [əˈdæptəbl] *adj.* 能适应新环境的；可改变的

administrative [ədˈmɪnɪstrətɪv] *adj.* 管理的，行政的；政府的；执行的，施行的，施政的

admiral [ˈædmərəl] *n.* 海军上将，舰队司令

allocation [ˌæləˈkeɪʃn] *n.* 分配，配给

amendment [əˈmendmənt] *n.* 修改，修正，改进

analyse/analyze [ˈænəlaɪz] *v.* 分析

【例】The cell samples are *analyzed* by an American lab. 细胞样本由一家美国实验室进行分析。

analytic(al) [ˌænəˈlɪtɪk(l)] *adj.* 分析的，解析的

applicant [ˈæplɪkənt] *n.* 申请人

appreciable [əˈpriːʃəbl] *adj.* 可估计的，可估量的；可察觉到的；相当可观的

apprentice [əˈprentɪs] *n.* 徒弟，学徒，徒工

【例】John convinced a law firm to take him in as an *apprentice*. 约翰说服一家法律事务所让他在那里见习。

astronaut [ˈæstrənɔːt] *n.* 宇航员

athlete [ˈæθliːt] *n.* 运动员

【派】athletic(*adj.* 运动的)

attendant [əˈtendənt] *n.* 侍者，服务员；护理员

availability [əˌveɪləˈbɪləti] *n.* 可用性；可获得

background [ˈbækɡraʊnd] *n.* 背景；个人的背景资料

【例】educational/cultural/family *background* 教育/文化/家庭背景

backup [ˈbækʌp] *n.* 候补，备用物；后备人员，支援者；(计算机)备份 *v.* (文件等的)备份

binder [ˈbaɪndə(r)] *n.* 装订者，装订机；活页封面

binding [ˈbaɪndɪŋ] *n.* 书籍的封皮

blacksmith [ˈblæksmɪθ] *n.* 铁匠

blueprint	[ˈbluːprɪnt] *n.* 蓝图
bonus	[ˈbəʊnəs] *n.* 额外给予的东西；奖金，红利
briefcase	[ˈbriːfkeɪs] *n.* 公文包
briefing	[ˈbriːfɪŋ] *n.* 情况介绍会，传达指示会；详情介绍
briefly	[ˈbriːfli] *adv.* 简短地
cadre	[ˈkɑːdə(r)] *n.* 干部
capable	[ˈkeɪpəbl] *adj.* 有能力的，有才能的

【搭】be capable of 能够，有能力

【例】I'm *capable* of taking care of myself in this strange city. 在这个陌生的城市里，我有能力照顾好自己。

【派】capability(*n.* 本领，能力；性能)；incapable(*adj.* 无能力的)

| career | [kəˈrɪə(r)] *n.* 生涯，经历；事业，职业 |

【例】I've been fortunate to find a *career* that I love. 我很幸运找到了一份自己热爱的职业。

| caretaker | [ˈkeəteɪkə(r)] *n.* (建筑物的)管理员 |

【例】*caretaker* government 过渡时期的政府(或看守政府)

| carrier | [ˈkæriə(r)] *n.* 搬运人，递送人，携带者；运载工具；载重架，托架；传导管；带菌者，媒介物；航空母舰 |

【例】a *carrier* rocket 运载火箭 // HIV *carrier* 艾滋病毒携带者

carton	[ˈkɑːtn] *n.* 纸板盒，纸板箱
chamber	[ˈtʃeɪmbə(r)] *n.* 会议室，会议厅；房间，寝室
chef	[ʃef] *n.* 厨师，主厨
chemist	[ˈkemɪst] *n.* 化学家；药剂师
clip	[klɪp] *v.* 夹住；剪下，修剪 *n.* 夹子，纸夹；片断
closure	[ˈkləʊʒə(r)] *n.* 关闭；终止，结束
colleague	[ˈkɒliːg] *n.* 同事，同僚
collective	[kəˈlektɪv] *adj.* 集体的，共同的，集体主义的 *n.* 集体，集体事业，全体人员

【派】collectivism(*n.* 集体主义)

colonel	[ˈkɜːnl] *n.* 陆军(海军陆战队)；陆军(空军、海军陆战队)上校
compliance	[kəmˈplaɪəns] *n.* 遵从，依照
consultant	[kənˈsʌltənt] *n.* 顾问，专家；会诊医生

【派】consultancy(*n.* 咨询公司；专家咨询)

cop	[kɒp] *n.* 警察
copier	[ˈkɒpiə(r)] *n.* 复印机
creativity	[ˌkriːeɪˈtɪvəti] *n.* 创造力，创造性
crew	[kruː] *n.* 全体船员，全体乘务员
curriculum	[kəˈrɪkjələm] *n.* 课程

【例】*curriculum* vitae（CV）履历，简历

dean	[diːn] *n.* 教务长；(大学的)学院院长，系主任
deposition	[ˌdepəˈzɪʃn] *n.* 免职，废黜；沉淀物，沉积；作证
deputy	[ˈdepjuti] *n.* 代表，代理人；副职，副手；(法国等的)众议员
desktop	[ˈdesktɒp] *n.* 桌面；台式电脑 *adj.* 台式的，桌上用的
direct	[dəˈrekt] *v.* 监督，指导；指示，命令；给…指路；把…对准某一目标；导演 *adj.* 笔直的；最近的；直接的；坦率的 *adv.* 直接地，直截了当地
directory	[dəˈrektəri] *n.* 人名地址录，工商行名录，电话号码簿；董事会；指南

【例】*directory* assistance（service）电话号码查询服务

| dismissal | [dɪsˈmɪsl] *n.* 解散，打发走；解雇，撤职；不予考虑 |

【例】*dismissal* pay 解雇费

| document | [ˈdɒkjumənt] *n.* 文件，证件，文献 |
| duplicate | [ˈdjuːplɪkeɪt] *v.* 复制，复印；重复 [ˈdjuːplɪkət] *adj.* 完全一样的；复印的，副本的 *n.* 完全一样的东西，复制品，副本 |

【搭】in duplicate 一式两份地(的)

【例】I have been making a *duplicate* of my father's books and pictures. 我一直在做我父亲的书画副本。

earnings	[ˈɜːnɪŋz] *n.* 所得，收入；利润，收益
efficiency	[ɪˈfɪʃnsi] *n.* 效率，功效
employment	[ɪmˈplɔɪmənt] *n.* 雇用；职业，工作

【例】*employment* disease 职业病

enclosure	[ɪnˈkləʊʒə(r)] *n.* 围场，圈占地；(信函内的)附件
engaged	[ɪnˈɡeɪdʒd] *adj.* 已订婚的；已订约的；忙的；被占用的
envelop	[ɪnˈveləp] *v.* 包住，裹住，遮盖；围绕，包围
err	[ɜː(r)] *v.* 犯错误，出差错；作恶，犯罪
errand	[ˈerənd] *n.* (小)差事，(简单的)差使

error	[ˈerə(r)] n. 错误，差错，谬误	
【派】	erroneous(adj. 错误的)	
executive	[ɪɡˈzekjətɪv] adj. 执行的，实施的；行政的，经营管理的 n. 行政部门；主管领导，管理人员，经理；行政领导	
【例】	executive report 行政报告	
expectation	[ˌekspekˈteɪʃn] n. 预料，预期；期望，希望，盼望	
expertise	[ˌekspɜːˈtiːz] n. 专门技能(或知识)	
【例】	managerial expertise 管理方法，管理的专门知识	
extension	[ɪkˈstenʃn] n. 延长，扩张，延伸部分；扩展，拓展；(电话的)内线分机	
【例】	the extension of vocabulary 词汇的扩展	
feeder	[ˈfiːdə(r)] n. 饲养员；进料器；河流的支流；支线	
file	[faɪl] v. 把…归档 n. 文件，文件箱，文件夹；档案	
flexibility	[ˌfleksəˈbɪləti] n. 灵活性，机动性，柔韧性	
foreman	[ˈfɔːmən] n. 工头，领班；陪审团团长	
framework	[ˈfreɪmwɜːk] n. 框架，骨架，架构	
fulfil(l)ment	[fʊlˈfɪlmənt] n. 履行，实现，完成	
full-time	[ˈfʊlˈtaɪm] adj. 全部规定时间的；专职的；全日制的	
gild	[ɡɪld] v. 给…镀金，把…漆成金色，使呈金色	
governess	[ˈɡʌvənəs] n. 家庭女教师	
hasten	[ˈheɪsn] v. 催促，(使)赶快；加速	
hindrance	[ˈhɪndrəns] n. 障碍，妨碍，阻碍；妨碍的人(或物)	
improvememt	[ɪmˈpruːvmənt] n. 改善，好转，增进；改进之处	
inability	[ˌɪnəˈbɪləti] n. 无能力，无力	
inaction	[ɪnˈækʃn] n. 无行动，不活跃，懒散	
inadequacy	[ɪnˈædɪkwəsi] n. 不充分，不足；不胜任；毛病，缺陷，弱点	
inaugural	[ɪˈnɔːɡjərəl] adj. 就职的，就任的；开幕的；创始的	
incapable	[ɪnˈkeɪpəbl] adj. 无能力的，不能胜任的；不能克制自己的	
incomplete	[ˌɪnkəmˈpliːt] adj. 不完全的，不完善的，未完成的	
industrialist	[ɪnˈdʌstriəlɪst] n. 工业家，实业家	
inexperienced	[ˌɪnɪkˈspɪəriənst] adj. 无经验的，不熟练的	

informant	[ɪnˈfɔːmənt] *n.* 提供信息或情报的人
inquiring	[ɪnˈkwaɪərɪŋ] *adj.* 好问的，爱查根问底的，爱打听的
inquiry	[ɪnˈkwaɪəri] *n.* 询问，查问，调查；探究，探索

【例】I want to devote all my energy to this *inquiry*. 我想把所有的精力都投入到这项调查中。

inspection	[ɪnˈspekʃn] *n.* 检查，检阅，视察
investigation	[ɪnˌvestɪˈɡeɪʃn] *n.* 调查，研究
laptop	[ˈlæptɒp] *n.* 便携式计算机，笔记本电脑
layman	[ˈleɪmən] *n.* 门外汉
leadership	[ˈliːdəʃɪp] *n.* 领导；领导能力或地位；领导阶层
magician	[məˈdʒɪʃn] *n.* 魔术师；术士
making	[ˈmeɪkɪŋ] *n.* 成功的原因(手段)；发展过程；做，制作

【搭】be the making of sb. 使某人成功；have the making of 有条件成为…；
in the making 在制造、形成或发展的过程中

manpower	[ˈmænpaʊə(r)] *n.* 人力，劳动力
marker	[ˈmɑːkə(r)] *n.* 做标记的人(或工具)；记分员；(旗、杆等)标示物
memo	[ˈmeməʊ] *n.* 备忘录，便函

【例】*memo* pad 记事本

| mode | [məʊd] *n.* 方式，模式；风格 |
| nap | [næp] *n./v.* 小睡，打盹 |

【搭】take/get/have a nap 打个盹，稍睡片刻

| observe | [əbˈzɜːv] *v.* 观察；遵守，奉行；评论 |

【派】observable(*adj.* 应遵守的；看得见的)；observer(*n.* 遵守者；观察者)

| obstacle | [ˈɒbstəkl] *n.* 障碍(物)，干扰 |

【例】overcome *obstacles* 克服障碍 // *obstacle* race 障碍赛

| occupational | [ˌɒkjuˈpeɪʃənl] *adj.* 职业的，职业造成的 |
| operator | [ˈɒpəreɪtə(r)] *n.* 操作人员，接线员 |

【例】a telephone *operator* 电话接线员

| opportunity | [ˌɒpəˈtjuːnəti] *n.* 机会，时机 |

【搭】take the opportunity to do sth./of doing sth. 趁机…，借机…

【例】Meg never had an *opportunity* to distinguish herself till now. 直到现在，
梅格都没有机会出名。

| ordeal | [ɔːˈdiːl] *n.* 严峻的考验，痛苦的经历 |

originality	[əˌrɪdʒəˈnæləti] *n.* 独创性，独特性；新颖，新奇
outcome	[ˈaʊtkʌm] *n.* 结果，后果；成果
overall	[ˌəʊvərˈɔːl] *adj.* 全面的，总的 *adv.* 总体上，总的来说
	[ˈəʊvərɔːl] *n.* 外套；罩衣
paperwork	[ˈpeɪpəwɜːk] *n.* 文书工作
payoff	[ˈpeɪɒf] *n.* 结算，付清；报偿，得益；(事件)结局，了结

【例】*payoff* period 投资回报期

| photocopy | [ˈfəʊtəʊkɒpi] *n.* 影印，影印本 *v.* 影印 |

【派】photocopier(*n.* 影印机)

plenary	[ˈpliːnəri] *adj.* 全体出席的；完全的，绝对的
porter	[ˈpɔːtə(r)] *n.* 脚夫，搬运工；门卫
predecessor	[ˈpriːdɪsesə(r)] *n.* 前任者；被取代的事物
preparation	[ˌprepəˈreɪʃn] *n.* 准备，筹备，安排

【搭】preparation for …的准备

preparatory	[prɪˈpærətri] *adj.* 预备的，筹备的
printer	[ˈprɪntə(r)] *n.* 印刷机，打印机；印刷者
profession	[prəˈfeʃn] *n.* 职业，专业；表白，声明

【派】professional(*adj.* 专业的，职业的；高水准的，内行的 *n.* 专业人员)

| proficiency | [prəˈfɪʃnsi] *n.* 精通，熟练 |

【搭】proficiency in 熟练，精通

【例】*proficiency* test 水平测试

rearrange	[ˌriːəˈreɪndʒ] *v.* 重新安排，重新布置；重新排列
receiver	[rɪˈsiːvə(r)] *n.* 接收者，受领人；电话听筒，受话器；接收机，收音机
receptionist	[rɪˈsepʃənɪst] *n.* 接待员，招待员
recording	[rɪˈkɔːdɪŋ] *n.* 记录，录制
referee	[ˌrefəˈriː] *n.* (足球、拳击等的)裁判员；仲裁者，调解者；(愿为求职者提供证明的)证明人，介绍人

【例】Disappointed people were still cursing the poor *referee*. 失望的人群还在咒骂那位可怜的裁判员。

removable	[rɪˈmuːvəbl] *adj.* 可移动的，可拆卸的；(指人)可免职的；可除去的
reprint	[ˌriːˈprɪnt] *v.* 重印，再版 [ˈriːprɪnt] *n.* 重印，再版；重印本，再版本
resignation	[ˌrezɪɡˈneɪʃn] *n.* 辞职；放弃；辞呈；听任，顺从
retire	[rɪˈtaɪə(r)] *v.* 退休，离职；退却，撤退

【搭】retire from the army 退役

【例】Uncle Tom has worked 25 years for his company and he will *retire* this year. 汤姆叔叔为他的公司效力了 25 年，今年他就要退休了。

【派】retired(*adj.* 退休的；退役的)；retirement(*n.* 退休；撤退)

salary ['sæləri] *n.* 薪水，薪金，薪俸

【派】salaried (*adj.* 领薪水的；付给薪水的)

scanner ['skænə(r)] *n.* 扫描仪

semi-skilled [ˌsemi'skɪld] *adj.* (指工作者)半熟练的，(指工作)为半熟练工作者的

signature ['sɪɡnətʃə(r)] *n.* 签字，签名

software ['sɒftweə(r)] *n.* (电脑)软件

solely ['səʊlli] *adv.* 唯一地，单独地

sponsor ['spɒnsə(r)] *n.* 赞助者，主办者，发起者；负责人，保证人

sportsman ['spɔːtsmən] *n.* 运动员，体育运动爱好者

sportswoman ['spɔːtswʊmən] *n.* 女运动员

springboard ['sprɪŋbɔːd] *n.* (跳水运动的)跳板，(体操运动的)踏跳板；发展事业的起点

staircase ['steəkeɪs] *n.* 楼梯，楼梯间

staple ['steɪpl] *n.* 订书钉；(某个国家或地区买卖的)主要产品；主要成分，主要内容；主食 *v.* 用订书钉订住 *adj.* 主要的，基本的；大宗的

studio ['stjuːdiəʊ] *n.* 摄影棚，录音室，演播室；工作室

stunt [stʌnt] *n.* 特技，绝技；花招，噱头

【搭】pull a stunt 耍花招

subsidiary [səb'sɪdiəri] *adj.* 辅助的；(指业务机构)附设的 *n.* 子公司

【例】She is working for an overseas *subsidiary* of the company. 她为这家公司的一个海外子公司工作。

subsidy ['sʌbsədi] *n.* 补助金，津贴

substitution [ˌsʌbstɪ'tjuːʃn] *n.* 代替；代理

switchboard ['swɪtʃbɔːd] *n.* 电话交换台或总机；配电板

timetable ['taɪmteɪbl] *n.* 时间表，时刻表

trustee [trʌ'stiː] *n.* 受托人；(机构的)管理班子成员

typist ['taɪpɪst] *n.* 打字员

undertaker ['ʌndəteɪkə(r)] *n.* 承担者，承办人；殡葬承办人

unemployed [ˌʌnɪm'plɔɪd] *adj.* 失业的

unqualified	[ˌʌnˈkwɒlɪfaɪd] *adj.* 无资格的，不合格的
unskilled	[ˌʌnˈskɪld] *adj.* 无特殊技能的
usher	[ˈʌʃə(r)] *n.* 引座员；传达员 *v.* 引导，引领
vacancy	[ˈveɪkənsi] *n.* 空，未占用；空白，空间；空虚，茫然；空缺
vacate	[vəˈkeɪt] *v.* 空出，让出
vent	[vent] *n.* 通风孔，排气管；排放，发泄 *v.* 发泄(情感)
【搭】	give vent to 发泄
ventilation	[ˌventɪˈleɪʃn] *n.* 空气流通；通风设备
ventilator	[ˈventɪleɪtə(r)] *n.* 通风设备，通风口
venue	[ˈvenjuː] *n.* 聚集地点，会场
vocation	[vəʊˈkeɪʃn] *n.* 职业；信心，使命感
wage	[weɪdʒ] *n.* 工资 *v.* 进行，开展(斗争等)
wire	[ˈwaɪə(r)] *n.* 金属丝，铁丝；电线；电报 *v.* 给…安装线路；用金属丝缚；发电报给(某人)
workload	[ˈwɜːkləʊd] *n.* 工作负荷，工作量
xerox	[ˈzɪərɒks] *n.* 静电复印(法)；(施乐)静电复印机 *v.* 用静电法复印

Note

....

....

....

....

....

....

....

专四词汇：词以类记

人文社会

◎政治军事　◎文学艺术　◎风俗传统　◎历史变迁

aggressive [ə'gresɪv] *adj.* 侵略的，挑衅的；气势汹汹的，志在必得的

【例】 *aggressive* weapons 攻击性武器 // Children become *aggressive* and nervous—cooped up at home all day, with nowhere to play.（TEM-4）孩子们整日被关在屋子里，没有地方玩耍，变得好斗和不安。

aid [eɪd] *v.* 援助，帮助 *n.* 援助，救援物资；助手，辅助物

【搭】 aid in(doing) sth. 帮助(做)…；offer aid to 向…提供帮助

【例】 first *aid* 急救 // By 2005, nearly all college texts and many high school and junior high books will be tied to Internet sites that provide source material, study exercises, and relevant news articles to *aid* in learning.（TEM-4）截至 2005 年，几乎所有的大学课本和许多初高中和初中课本将和互联网网址连接，这些网址提供源材料、学习练习题以及相关的新闻文章来帮助学习。

authority [ɔː'θɒrəti] *n.* 权力；权威；职权，权限；授权，批准 [*pl.*]当局，官方

【搭】 in authority 掌权，持有权力的地位

【例】 Here in this department only the manager has the *authority* to sign contracts. 在这个部门里只有经理有签署合同的权力。

【派】 authorize(*v.* 批准)

【注】 authority 在作"当局，官方"讲时一般要用复数。

besiege [bɪ'siːdʒ] *v.* 围攻，包围

【例】 Finally, the host of the party *besieged* Debbie with questions. 最后，宴会主持人提出的问题让戴比应接不暇。

betray [bɪ'treɪ] *v.* 背叛，出卖；辜负，不忠于；泄露(秘密等)

【例】 That was not the first time he had *betrayed* us. I think it's high time we took strong actions against him.（TEM-4）那不是他第一次背叛我们，我认为是时候严惩他一下了。

border ['bɔːdə(r)] *n.* 边界, 边境地区; 边, 边沿 *v.* 接界

【搭】border on sth. 毗邻…; 近乎, 濒于

【例】A country's standard of living does not only depend upon the wealth that is produced and consumed within its own *borders*, but also upon what is indirectly produced through international trade. (TEM-4)一个国家的生活水平不仅取决于国内创造和消费的财富, 还取决于通过国际贸易间接创造的财富。

【注】注意几个近义词的区别: border 的意思是"边界, 边境地区"; margin 主要指"书页边缘, 页边的空白"; edge 侧重指"刀口, 利刃"。

bound [baund] *n.* 界限, 分界线, 范围 *v.* 跳动, 跳跃; 跳回, 弹回 *adj.* 必定的; 开往…的

【搭】be bound up with 与…有密切关系; be bound to 必定, 一定

【例】Human rights in general and the right to communicate in particular are *bound* up with the notion of democracy. 普遍的人权, 特别是交流的权利与民主这一观念息息相关。

【派】rebound(*v./n.* 回弹); unbounded(*adj.* 无限的; 不受约束的)

boycott ['bɔɪkɒt] *v./n.* (联合)抵制

【例】Animal rights campaigners are calling on people in north London to *boycott* a circus show. 保护动物权利的活动家正在号召伦敦北部地区的人们抵制马戏团表演。

campaign [kæm'peɪn] *n.* 运动, 有组织的活动; 军事行动; 竞选 *v.* 参加运动, 发起运动

【例】A county-wide poster *campaign* aims to get motorists to be more careful when meeting school crossings. 一场全国范围内的海报张贴运动旨在提醒驾车者在通过学校附近的十字路口时要多加小心。

casualty ['kæʒuəlti] *n.* 意外事故或战争中的伤亡者; 受害者; 毁坏物

【例】Both sides had suffered heavy *casualties*. 双方都伤亡惨重。

collapse [kə'læps] *v.* 崩溃, 瓦解; 倒塌; 病倒; 暴跌 *n.* 倒塌; 崩溃; 衰弱

【例】If this secrecy was ever given up, foreigners would fall over themselves in the rush to withdraw money, and the Swiss banking system would virtually *collapse* overnight. (TEM-4)这个秘密一旦泄露, 外国人就会匆忙将钱取走, 那么瑞士银行最终就会一夜之间垮掉。

commune ['kɒmjuːn] *n.* 公社; (法国等国家)最小的行政区 [kə'mjuːn] *v.* 交换思想、情感(或感受)

【例】Tom's mother *communed* with him last night about his studies. 汤姆的母亲昨晚和汤姆谈了谈他的学习情况。

complicity [kəmˈplɪsəti] *n.* 同谋，串通

【例】Jeff was charged with *complicity* in the murder. 杰夫被指控串通谋杀。

【注】要注意区分形近词 implicity(*n.* 隐含性)。

compromise [ˈkɒmprəmaɪz] *n.* 妥协，和解 *v.* 妥协，互让解决，折中处理；违背；危及，使遭到损害

【搭】reach a compromise on sth. 就某事达成妥协

【例】Congressional leaders have to work out a *compromise* because the President might oppose the plan. (TEM-4)议会领导不得不想出个折中的办法，因为总统可能反对这项计划。

【注】compromise 常和 between 搭配，如：a compromise between the two parties (两党之间达成的妥协)。

concession [kənˈseʃən] *n.* 让步，(退一步)承认；(政府对采矿权、土地使用权等的)特许，特许权；租界，租借地

【搭】make concessions to sth. 对…作出让步

【例】Both sides will have to make *concessions* to some degree. 双方都要在一定程度上作出让步。

conflict [ˈkɒnflɪkt] *n.* 斗争，战斗；抵触，冲突 [kənˈflɪkt] *v.* 冲突，抵触

【搭】conflict with 抵触，冲突；in conflict with 与…发生冲突；a conflict of opinion 意见冲突

【例】Regardless of why people move, migration of large numbers of people causes *conflict*. (TEM-4)不管人们出于何种原因迁移，大量的移民都会造成冲突。

crumble [ˈkrʌmbl] *v.* 弄碎，粉碎；崩溃，瓦解

【例】The leaves *crumbled* to dust and were absorbed into other plants. 叶片腐烂化为尘土，被其他植物吸收了。

delegate [ˈdelɪgət] *n.* 代表，代表团团员 [ˈdelɪgeɪt] *v.* 授权，委派…为代表

【例】*Delegates* at the UN-sponsored conference on population completed final talks on the plan Monday. (TEM-4)出席由联合国举办的人口大会的代表在周一就该计划完成了最后的磋商。

【派】delegation(*n.* 代表团；授权，委托)

demonstrate [ˈdemənstreɪt] *v.* 证明；显示，示范；参加示威游行

【搭】demonstrate one's ability 展示能力

【例】A rare astronomical event has *demonstrated* that Pluto's moon—Charon—has no atmosphere. 一种罕见的天文现象证实了冥王星的卫星"卡戎"没有大气层。

【派】demonstration(*n.* 证明；示范；示威游行)

deploy [dɪˈplɔɪ] v. 部署，调度，调动；施展；有效地利用

【例】I'm sure you won't mind giving me more details on how all these assets were *deployed*. 我确信你不会介意告诉我有关这些资产如何被有效利用的更多细节。

deport [dɪˈpɔːt] v. 打发，把(外国人)驱逐出境；放逐

【例】I suppose you've received information, by bush-telegraph, that the ex-sailor is going to *deport* me as an undesirable immigrant. 我想你已经听到风声说那个前海员认为我是令人讨厌的外来者并打算赶我走。

deter [dɪˈtɜː(r)] v. 威慑住，吓住；阻止，防止

【例】Little bells will be offered to shoppers to be attached to their handbags to *deter* thieves. 商店将会为顾客提供可系在手提包上的小铃铛，希望以此阻止小偷行窃。

disarm [dɪsˈɑːm] v. 缴…的械，解除…的武装；使无害

【例】Somali warlords who have fought for 16 years agree to *disarm*—after a fierce battle, which leaves five dead. 经过一场造成 5 人死亡的激战后，战斗了 16 年的索马里军阀同意解除武装。

discretion [dɪˈskreʃn] n. 谨慎；自行决定的自由，自行决定权

【搭】at discretion 随意，任意；at the discretion of 听凭处理；with discretion 慎重地

【例】Adam could count on his *discretion* to deal with the issue. 亚当可以借助自己的谨慎来处理这件事。

discriminate [dɪˈskrɪmɪneɪt] v. 区别；有差别的对待；歧视

【搭】discriminate against 歧视；discriminate...from... 使…同…区分开

【例】Under federal law, it is illegal to *discriminate* against minorities and women. 联邦法律规定歧视少数民族和妇女属于违法行为。

【派】discrimination(n. 辨别，区别；歧视)

disintegrate [dɪsˈɪntɪɡreɪt] v. 粉碎，瓦解

【例】The back tires *disintegrated* in a trail of burning rubber. 后车胎化为一堆燃烧的橡胶。

disloyal [dɪsˈlɔɪəl] adj. 不忠实的，背叛的，不守信义的

【例】That was *disloyal* of you to leave me there. 你把我丢在那里不管是不守信义之举。

dominant [ˈdɒmɪnənt] adj. 占优势的，支配的；显著的，占首位的；显性的；居高临下的，高耸的

【例】a *dominant* power in the world 世界强国 // Her grandfather was the *dominant* influence in her life. 她的外祖父在她的一生中有举足轻重的影响。

【派】predominant(*adj.* 卓越的，支配的)；dominate(*v.* 支配，占优势)

【注】与 dominant 意思相近的单词还有：preponderant, paramount, preeminent。

dominate [ˈdɒmɪneɪt] *v.* 支配，控制；占首要地位；占据优势

【例】But in recent years it has been *dominated* by Colombian mountain climbers, and American and Irish riders. (TEM-4)但是近几年来，哥伦比亚登山运动员和美国、爱尔兰赛车手已经占据了主导地位。

elect [ɪˈlekt] *v.* 选举，推选；选择，决定 *adj.* 选定的，选中的，候任的

【例】Commonwealth leaders agreed to lift Nigeria's three and a half year suspension on May 29th, the day the military government hands over power to an *elected* president. (TEM-4)联邦共和国领导人同意于 5 月 29 日，也就是军事政府将权力移交给当选总统的日子，恢复尼日利亚被暂停了三年半的成员国资格。

eliminate [ɪˈlɪmɪneɪt] *v.* 消除，去除

【搭】eliminate from 从…中消除(或删去、排除)

【例】A charity says the government may fail in its bid to *eliminate* child poverty unless it changes its approach. 一家慈善机构表示，除非政府改变对策，否则它消除儿童贫困的努力有可能付诸东流。

【派】elimination(*n.* 排除；消除)

emancipate [ɪˈmænsɪpeɪt] *v.* 解放，使不受束缚

【例】I decided to *emancipate* myself from study. 我决定把自己从学习的束缚中摆脱出来。

enlist [ɪnˈlɪst] *v.* 使入伍，征募；获得，赢得

【例】The student *enlisted* a full supervision of a professor in doing this research. 该学生在做这项研究的过程中得到了一位教授的全面指导。

eradicate [ɪˈrædɪkeɪt] *v.* 根除，消灭，杜绝

【例】Actually, you can't *eradicate* this disease from the world during a short time. 事实上，你不可能在短时间内从世上根除这种疾病。

escort [ˈeskɔːt] *n.* 护卫队，护送者；陪伴 [ɪˈskɔːt] *v.* 护送，护卫，护航

【例】The crowd gave the serial killer blank stares as he was *escorted* from the courtroom. 人们茫然地盯着那个连环杀人犯从法庭上被押送出去。

exile ['eksaɪl] v. 流放，放逐，流亡 n. 流放，放逐；流亡国外者，被流放者

【例】The former foreign minister was *exiled* from the nation 20 years ago. 前外交部长 20 年前被驱逐出这个国家了。

explode [ɪk'spləʊd] v. (使)爆炸；(使)爆发，突发

【例】Everyone was killed when the plane *exploded* scattering wreckage over a wide area. 飞机爆炸，残骸散落在大片区域，无一人生还。

【听】2000 年的听力考试中考到，注意区分 explode, exploit 和 explore 的发音。

govern ['gʌvn] v. 统治，管理；抑制，控制(感情等)；指导，支配，决定

【例】Mother suggested that I should not be *governed* by the opinions of others. 妈妈建议我不要受他人想法的支配。

【派】government(n. 政府)；governable(adj. 可以统治的，可以管理的)

grip [grɪp] n. 紧握，紧咬，紧夹；掌握，支配，控制 v. 握(咬、夹)牢；掌握，支配，控制

【例】The cause of the traffic accident was that the car's brakes failed to *grip* and it ran into a truck. 这场交通事故的起因是一辆小汽车因刹车失灵而撞在了一辆卡车上。

imminent ['ɪmɪnənt] adj. 临近的，即将发生的

【例】Anne was brooding in Erik's *imminent* departure so she couldn't focus her attention on her work. 安妮一直在想埃里克马上就要走了，所以无法集中精神工作。

【注】注意区分 eminent(adj. 杰出的，显赫的)。

impeach [ɪm'piːtʃ] v. 弹劾；检举，控告

【例】Parliament has powers to pass legislation and *impeach* the president. 议会拥有通过法律和弹劾总统的权力。

implement ['ɪmplɪment] v. 实行，实施，执行；完成，实现 ['ɪmplɪmənt] n. 工具，器具

【例】*implement* the foreign policy 执行外交政策 // These concerns should be taken into account when *implementing* the new law. 贯彻这项新法律时，要考虑到这些利害关系。

【派】implementation(n. 贯彻，实施)

inaugurate [ɪ'nɔːgjəreɪt] v. 为…举行就职典礼，使正式就任；为…举行开幕式(落成典礼)；开创，开始

【例】The Prime Minister was invited to *inaugurate* the new company. 首相被邀请为新公司举行落成仪式。

influence [ˈɪnfluəns] v. 影响，左右，支配 n. 影响（力），感化力，作用；势力，权势

【搭】influence on 影响，感化

【例】an indirect *influence* 间接影响 // A country's wealth is much *influenced* by its manufacturing capacity. (TEM-4) 一个国家的财富受其制造业生产能力的巨大影响。

institution [ˌɪnstɪˈtjuːʃn] n. (教育、慈善、医院等)社会公共机构；建立，设立，制定；制度，惯例，习俗

【例】*institution* of higher learning 高等院校 // an educational *institution* 教育机构 // The couple tried their best to found an educational *institution* for the poor children. 这对夫妇竭尽全力为贫穷家庭的孩子建造一所教育机构。

【派】institutional(adj. 制度上的；机构性的，团体性的)

【注】近义词 establishment(n. 建立；权力机构；当权派)

integrate [ˈɪntɪɡreɪt] v. 使成一体，使完整，使完善；取消种族隔离，使获得平等待遇

【搭】integrate into 成为一体，把…并入

【例】*integrate* theory with practice 理论联系实际 // *integrated* circuit 集成电路 // The professor always emphasizes that it's important to *integrate* theory with practice. 教授总是强调理论与实践相结合的重要性。

【派】disintegrate(v. 使分裂，使分解)；integration(n. 成为一体)；integrated (adj. 综合的；完整的)

interim [ˈɪntərɪm] adj. 暂时的，临时的，过渡时期的

【例】Jane took the job as an *interim* position while she looked for something better. 简在寻找更好的工作的同时，暂时接受了这个工作职位。

【注】该词经常与 administration, government, measure 和 arrangement 这一类的词搭配。

interior [ɪnˈtɪəriə(r)] n. 内部，室内；内地，内陆；内心，本质 adj. 内（部）的，内陆的；国内的，内政的；本质的，心灵的

【例】*interior* decoration 室内装潢 // *interior* design 室内设计 // They are repainting the *interior* of the building. 他们正在将那栋楼的内部重新粉刷。

internal [ɪnˈtɜːnl] adj. 内部的；国内的；内在的，本质的

【例】*internal* organs 内脏 // This book is the only definitive work on the *internal* structure of Windows 2000. 这本书是关于视窗操作系统 2000 内核构架方面的唯一一本权威性的著作。

interpret [ɪnˈtɜːprɪt] v. 解释，说明；了解，理解；传译，担任口译

【例】The professor asked me to *interpret* the long difficult sentence in front of the class. 教授让我在全班同学面前口头翻译那句长难句。

【派】interpretation(n. 解释；口译); interpreter(n. 口译者；解释者)

interrupt [ˌɪntəˈrʌpt] v. 打断，中止；中断，阻碍

【例】How can I ever concentrate if you are continually *interrupting* me with silly questions? (TEM-4)如果你一直用愚蠢的问题来打断我，我又怎么能集中精力呢?

【派】uninterrupted(adj. 连续的；未受干扰的); interruption(n. 中断；打断)

intervene [ˌɪntəˈviːn] v. 进入，介入；干涉，干预

【搭】intervene in 插手，调停

【例】*intervene* administratively 行政干预 // My parents are democratic and they do not *intervene* in my daily chores. 我的父母很民主，他们不干预我的日常琐事。

【派】intervention(n. 干涉；介入)

intrude [ɪnˈtruːd] v. 侵入，闯入；侵扰，干扰；把…强加于

【搭】intrude into 侵入…

【例】Phone meetings get cancelled or reformed and camera-phones *intrude* on people's privacy. (TEM-4)电话会议被取消或者革新了，拍照手机侵犯了人们的隐私。

invade [ɪnˈveɪd] v. 侵入，侵略；侵害，侵犯(权利等)；侵袭；涌入

【例】The general ordered the army to *invade* the city at dawn. 将军命令军队拂晓侵入该市。

【注】通常在文章中对事情进行叙述时会使用被动语态 be invaded by (被…侵略)。

isolate [ˈaɪsəleɪt] v. 隔离，孤立，使脱离；使绝缘

【搭】isolate from 与…隔离

【例】The six other patients were immediately *isolated* from the infected four patients. 4 名病人受到感染，其余 6 名病人被迅速隔离。

【派】isolated(adj. 隔离的，孤立的); isolation(n. 隔绝，孤立；绝缘)

【注】在实际运用中，该词常用于 be isolated from 的结构中。

liberty [ˈlɪbəti] n. 自由，解放；冒昧；[pl.] 特权，特殊待遇

【搭】at liberty 自由的；有空；take the liberty to do sth. 冒昧地做某事

【例】Students have the right to borrow the books in the library at *liberty*. 学生们有权在图书馆里自由借阅图书。

【注】注意区分形近词 liberal(adj. 开明的；心胸宽大的)。

major ['meɪdʒə(r)] *adj.* 主要的，重大的 *n.* 少校；主修的专业 *v.*（在大学里）主修

【搭】 *major* in 主修，专攻

【例】 *major* proposition 重大议题 // Some of the *major* illnesses and conditions that aspirin or aspirin-like drugs might help prevent are: Alzheimer's disease, diabetes-related heart disease, and heart attack.（TEM-4）阿司匹林或与阿司匹林类似的药物可能防御的主要疾病和症状有：老年痴呆症、与糖尿病有关的心脏方面的疾病和心脏病。

malice ['mælɪs] *n.* 恶意，怨恨

【例】 I know he bears no *malice* to me, but I still feel uncomfortable towards his remarks. 我知道他对我没有恶意，可我还是对他的话感到不舒服。

municipal [mjuː'nɪsɪpl] *adj.* 地方政府的，市政的

【例】 The *municipal* officials showed great concern on this new project. 市政官员对这项新工程表示了极大的关注。

【派】 municipality(*n.* 自治市；市政当局)

nationality [ˌnæʃə'næləti] *n.* 国籍；民族

【例】 minority *nationality* 少数民族 // Lucy has dual *nationality* so that she will be protected by laws from two countries. 露西有双重国籍，因此她将受到两个国家的法律的保护。

nominate ['nɒmɪneɪt] *v.* 提名；任命；指定；命名

【例】 Due to his distinct scientific achievement, he was *nominated* director of the institute. 由于他卓越的科学成就，他被任命为研究所的所长。

notorious [nəʊ'tɔːriəs] *adj.* 臭名昭著的，声名狼藉的

【例】 The city is *notorious* for being the hotbed of crime. 这个城市因其是犯罪活动的温床而臭名昭著。

objection [əb'dʒekʃn] *n.* 反对，异议；反对的理由

【搭】 *objection* to 对…的反对

【例】 The main *objection* to the proposal was that it would take much time. 反对这项提议的主要原因是其花费的时间太多。

【派】 objectionable(*adj.* 会引起反对的；讨厌的)

oppose [ə'pəʊz] *v.* 反对，异议

【搭】 *oppose* to doing sth. 反对做某事；as opposed to 和…对比；*oppose* to/against 反对，对抗

【例】 I am *opposed* to the old tradition that women have to stay at home taking care of children. 我反对女性必须在家照顾孩子的旧传统。

【派】 opposed(*adj.* 反对的); opposing(*adj.* 相反的)

overrule [ˌəʊvəˈruːl] *v.* 否决, 驳回

【例】 The company *overrules* the proposal of raising the minimum wage of the workers. 公司否决了提高工人最低工资的提案。

overthrow [ˌəʊvəˈθrəʊ] *v.* 推翻, 颠覆, 打倒

overwhelm [ˌəʊvəˈwelm] *v.* 战胜, 克服; (感情上)压倒, 控制

【例】 He was *overwhelmed* by the formidable force of the army. 他被军队的强大实力所震撼。

pact [pækt] *n.* 契约, 公约, 条约

【例】 a peace *pact* 和平协定 // In 1977, the Swiss banks announced they had signed a *pact* with the Swiss National Bank (the Central Bank). (TEM 4) 1977 年, 瑞士银行宣布他们与瑞士国家银行(中央银行)签署了条约。

pendent [ˈpendənt] *adj.* 下垂的, 悬挂着的; 未定的

【例】 Even simple *pendent* earrings will produce an effect to your outfit that will enhance your appearance. 甚至一副简单的耳坠也能对你的着装产生效果, 增加你的魅力。

【注】 注意区分形近词 dependent(*adj.* 依靠的, 依赖的)。

perspective [pəˈspektɪv] *n.* 观点, 看法; 前景, 展望; 视角; 透视法, 透视图

【搭】 in perspective 正确地; 符合透视法地

【例】 If you view the issue from a historical *perspective*, you will find some new ideas. 如果你从历史角度看问题, 就会发现一些新观点。

poll [pəʊl] *n.* 民意测验; 选举投票; 投票数 *v.* 对…进行民意测验; 投票, 得票

【例】 In early 2000, a *poll* found, that, where half of white households owned computers, so did fully 43% of African-American households, and their numbers were growing rapidly. (TEM-4)在 2000 年初, 一项民意测试表明不仅半数的白人家庭拥有电脑, 而且43%的非州裔美国人也拥有电脑, 并且这个数字正在快速上升。

poverty [ˈpɒvəti] *n.* 贫困; 缺乏

【例】 *Poverty* is the reason that made him compromise to his father. 贫困是使得他向父亲妥协的原因。

【听】 该词是新闻词汇, poverty-stricken area(贫困地区)这个词组在听力中可能会出现, 要多加注意。

principal ['prɪnsəpl] *adj.* 主要的，首要的 *n.* 校长；本金

【搭】both principal and interest 连本带利

【例】The *principal* is very strict with the attendance of the class. 校长对班级的出勤率管得很严。

【派】principally(*adv.* 主要地)

【题】The moon, being much nearer to the Earth than the Sun, is the ____ cause of the tides.

　　A. principal　　　B. basic　　　C. initial　　　D. elementary

答案为 A。principal 意为"主要的，首要的"；basic 意为"基础的；地基的"；initial 指"初始的；词首的"；elementary 指"基本的；初级的"。句意为：月亮距离地球比距离太阳近得多，它是引起潮汐的主要原因。

priority [praɪ'ɒrəti] *n.* 优先，优先权；优先考虑的事

【搭】give priority to 给…优先权，优先考虑

【例】As a country, its top *priority* should be the education. 作为一个国家，应该优先考虑的是教育事业。

【注】priority concern 表示"首先需要考虑的事，当务之急"，经常在阅读文章中出现。

privilege ['prɪvəlɪdʒ] *n.* 特权，特殊权益，特殊待遇；荣幸

【搭】grant sb. the privilege of doing sth. 赋予某人做某事的特权

【例】an exclusive *privilege* 专有特权 // As a club member, Tom enjoys all the benefits and *privileges*. 作为俱乐部会员，汤姆享有一切利益和特权。

【派】underprivileged(*adj.* 穷困的；社会地位低下的)

protest ['prəʊtest] *n.* 抗议，反对 [prə'test] *v.* 抗议，反对

【搭】protest against 抗议，反对

【例】The strike was held to *protest* against the poor working condition. 举行罢工是为了抗议恶劣的工作环境。

【题】Thousands of people turned out into the streets to ____ against the local authorities' decision to build a highway across the field.

　　A. contradict　　B. reform　　　C. counter　　　D. protest

答案为 D。contradict 意为"同…矛盾"；reform 指"改革；重组"；counter 意为"反击"；protest 意为"抗议，反对"，与 against 搭配。句意为：成千上万的人上街抗议地方政府要横穿田地修建高速公路的决定。

provision [prə'vɪʒn] *n.* 供应；准备，预备；规定，条款；[*pl.*] 粮食，食品

【搭】make provision 做好准备，预先采取措施

【例】The government is responsible for the *provision* of public health care. 政府有责任针对公共卫生保健预先采取相应举措。

【题】 The local authorities realized the need to make ___ for elderly people in their housing programmes.

A. preparation　　B. requirement　C. specification　　D. provision

答案为 D。preparation 意为"准备", make preparations for 的意思是"做(好)…的准备, 为…做准备"; requirement 意为"需要, 要求"; specification 意为"仔细说明"; provision 意为"预备, (预防)措施", 常用搭配为 make provision for, 意思是"为…做好准备, 预先采取措施"。句意为: 地方当局意识到在住房规划上为老年人做准备是必要的。

radical [ˈrædɪkl] *adj.* 根本的, 基本的; 彻底的, 完全的; (政治上)激进

【例】 a *radical* error 根本性错误// Dr. Boyer is one of many who believe that a *radical* revision of the school calendar is inevitable. (TEM-4)博耶博士是认为对学校日程进行彻底改革是不可避免的众多人之一。

【派】 radically(*adv.* 根本上, 根本地)

rank [ræŋk] *n.* 排, 行; 军衔; 地位; 等级, 级别; [*pl.*]士兵; 队形 *v.* 把…分等级, 列为; 把…排列整齐

【例】 As a high-*ranking* officer in the court he has an air of arrogance. 作为宫廷里的高官他表现得很傲慢。

recruit [rɪˈkruːt] *n.* 新兵, 新手 *v.* 征募(新兵), 吸收(新成员)

【搭】 recruit sb. to do sth. 动员某人帮助做某事

【例】 The police are trying to *recruit* more officers from ethnic minorities. 警方正试图在少数民族中招募更多警员。

【派】 recruitment(*n.* 征募新兵)

【注】 表示招募、征募的单词还有: enlist(*v.* 征募; 谋取); enroll(*v.* 登记; 招收; 使入伍); draft(*v.* 挑选; 征兵)。

redeem [rɪˈdiːm] *v.* 赎回, 挽回; 挽救; 恢复

【例】 In his later years, he devoted himself to charity to *redeem* what he did during the war. 为了弥补他在战争期间的罪行, 他在晚年一直致力于慈善事业。

refute [rɪˈfjuːt] *v.* 反驳, 驳斥

【例】 The defendant tried to *refute* the accusations against him. 被告试图反驳对他的指控。

regime [reɪˈʒiːm] *n.* 政权, 政体, 政治制度; 管理体制

【例】 Under the dictatorial *regime*, people can't have their voice heard. 在独裁政府统治下, 人们没有自己的发言权。

【听】regime 经常出现在专四听力的 Section C 新闻部分，如 Taliban Regime(塔利班政权)。

renovate [ˈrenəveɪt] v. 修复，整修，革新

【例】He *renovated* his old apartment after he got promoted. 升职之后他整修了自己的旧公寓。

resist [rɪˈzɪst] v. 抵抗，抵制；抗拒，抵挡住；克制，忍住

【例】*resist* the impact 抵抗冲击 // *resist* the temptation 抵制诱惑// The country tries hard to *resist* the impact of the global economy crisis. 该国努力抵抗世界经济危机的冲击。

【派】irresistible(*adj.* 不可抵抗的，不可抗拒的)；resistible(*adj.* 可以抗拒的，可以抵抗的)

resistance [rɪˈzɪstəns] n. 抵抗，抵抗力；阻力；敌对，反对

【例】obstinate *resistance* 顽强的抵抗 // disease *resistance* 抗病体 // There has been a lot of *resistance* to political change. 有许多人反对政治变革。

responsibility [rɪˌspɒnsəˈbɪləti] n. 责任，义务；任务

【搭】perform one's responsibilities 履行或行使职责

【例】It is a student's *responsibility* to finish his homework on time. 按时完成家庭作业是一个学生的责任。

【派】irresponsibility(*n.* 无责任，不负责任)

responsible [rɪˈspɒnsəbl] adj. 有责任的，应负责的；可靠的，可信赖的；(职位)责任重大的

【搭】be responsible for 承担…的责任，对…负责

【例】Everybody is *responsible* for the prosperity of his country. 每一个人都应以祖国繁荣为己任。

【派】irresponsible(*adj.* 不负责任的；不可靠的)

revenue [ˈrevənjuː] n. 税收收入，财政收入；[*pl.*] 收入总额

【例】anticipated *revenue* 预期收入 // financial *revenue* 财政收入 // The country's *revenue* has increased rapidly ever since the implementation of reform and open policy. 改革开放政策实施以来，该国的税收快速增长。

rid [rɪd] v. 使摆脱，使获得自由

【搭】get rid of 摆脱，除去

【例】In order to get *rid* of sleepiness he drank a lot of coffee. 为了不打瞌睡，他喝了很多咖啡。

scandal [ˈskændl] *n.* 丑事，丑闻；流言蜚语；诽谤

【例】The *scandal* almost ruins the mayor's political career. 这件丑闻几乎葬送了那位市长的政治生涯。

scotch [skɒtʃ] *v.* 粉碎；戳穿

【例】His protest against the enemy *scotched* the rumor that he had betrayed his country. 他对敌人的抗议粉碎了他叛国的谣言。

shelter [ˈʃeltə(r)] *n.* 庇护，遮蔽；庇护物，避难所 *v.* 保护，掩蔽

【例】The famous star would be embarrassed to *shelter* from tax. 这位著名明星会为自己的避税行为感到难堪。

shield [ʃiːld] *n.* 盾；防护物，挡板 *v.* 保护，掩护；给…加防护罩

【搭】shield from 保护，防护

【例】I held my hand above my eyes to *shield* them from the sun. 我将手放在眼睛上方以防止眼睛受到太阳照射。

siege [siːdʒ] *n.* 围困，围攻；包围，封锁；长期困扰

【例】During the enemy's *siege*, no one could enter or leave the city. 在敌人包围期间，任何人都无法出入这座城市。

slander [ˈslɑːndə(r)] *n./v.* 诽谤，诋毁

【例】The public *slandered* the behavior of the government. 公众诋毁了政府的行为。

solicit [səˈlɪsɪt] *v.* 请求，央求；征求；(向某人)拉(选票)

【例】We *solicited* guidance and aid from legal experts. 我们向法律专家寻求指导和帮助。

strategic [strəˈtiːdʒɪk] *adj.* 战略(上)的，策略(上)的；有战略意义的，战略性的

【例】We had to make a *strategic* adjustment to develop our business. 我们需要做一个战略性的调整来发展我们的商业。

strategy [ˈstrætədʒi] *n.* 战略(学)，策略(学)，兵法；策略，妙计

【例】The government has no long-term *strategy* for reducing crime. 政府并没有制定减少犯罪的长期战略。

【派】strategic(*adj.* 战略的，战略上的)

summit [ˈsʌmɪt] *n.* 顶点，极点；尖峰，高峰；政府首脑会议，峰会

【例】The *summit* brought into focus just how important the WTO was. 该政府首脑会议关注的只是世贸组织有多么重要。

testify [ˈtestɪfaɪ] *v.* 作证，证实；表明，证明

【搭】testify to sth. 作为某事的证据，证实某事

【例】 *testify* in court 出庭作证 // Hundreds of other names are more obscure in their meanings and *testify* to the amazing specialisation in medieval arts, crafts and functions. (TEM-4)还有成百上千的姓氏的意思更加晦涩，这证实了中世纪的艺术、工艺和行业职能的专业化程度令人惊异。

torture [ˈtɔːtʃə(r)] *n.* 拷问；折磨，痛苦 *v.* 拷问，拷打；使痛苦

【搭】 put sb. to torture 拷问某人；suffer torture from 因…而受痛苦

【例】 It is a *torture* to sit still and listen to Mr. Smith's lecture. 坐着一动不动地听史密斯先生讲课是一种折磨。

tumble [ˈtʌmbl] *n.* 跌倒，滚落 *v.* 摔倒，滚落；倒塌；暴跌；翻滚

【例】 Uncle Sam *tumbled* down the ladder and badly hurt his wrist. 萨姆大叔从梯子上面跌落下来，严重摔伤了手腕。

unanimous [juˈnænɪməs] *adj.* 一致同意的，一致通过的

【例】 The committee are *unanimous* in the new proposal of building the new road. 委员会成员一致通过关于修建新路的新决议。

【派】 unanimously(*adv.* 全体一致地，无异议地)

veto [ˈviːtəʊ] *n.* 否决权；拒绝认可 *v.* 否决；禁止；反对；拒不接受

【例】 The new project was *vetoed* by the committee members. 新项目被委员会成员们否决了。

vote [vəʊt] *n.* 投票，表决；选票，投票数；选举权 *v.* 投票，表决；一致认为，通过；投票决定

【例】 A new book confirms that Walt Disney was very definitely on the side of ordinary Americans—in the 30s and 40s he *voted* for Franklin Roosevelt, believing he was a champion of the workers. (TEM-4)一本新书证实沃尔特·迪斯尼的确站在美国普通民众一边——在三四十年代，他投票给富兰克林·罗斯福，认为他是工人阶级的领导者。

【派】 voting(*n.* 投票)

◎ 政治军事 / 认知词

accidental [ˌæksɪˈdentl] *adj.* 偶然的，意外的

【例】 *accidental* event 偶然事件

【派】 accidentally(*adv.* 偶然地，意外地)

admiration [ˌædməˈreɪʃn] *n.* 赞赏，钦佩

airbase [ˈeəbeɪs] *n.* 空军基地，航空基地

alliance [əˈlaɪəns] *n.* 同盟，联盟

【搭】 in alliance with 与…联盟

【例】independent organizations and *alliances* 独立组织和联盟

ally [ˈælaɪ] *n.* 同盟国, 同盟者; 伙伴 [əˈlaɪ] *v.* (使)联合, (使)结盟

【搭】ally with 使结盟

ambassador [æmˈbæsədə(r)] *n.* 大使, 特使; 代表

announcement [əˈnaʊnsmənt] *n.* 宣布; 公告, 通知

antagonism [ænˈtægənɪzəm] *n.* 对抗, 对抗性

antagonist [ænˈtægənɪst] *n.* 对抗者, 对手

apologetic [əˌpɒləˈdʒetɪk] *adj.* 道歉的, 认错的

apology [əˈpɒlədʒi] *n.* 道歉, 谢罪; (为信仰等的)辩解

aristocracy [ˌærɪˈstɒkrəsi] *n.* 贵族, 上层阶级

artillery [ɑːˈtɪləri] *n.* (统称)火炮; 炮兵部队

assembly [əˈsembli] *n.* 集合, 会合; 装配, 组装

【例】the General *Assembly* 联合国大会 // the *assembly* line 装配线, 流水线

autonomous [ɔːˈtɒnəməs] *adj.* 自治的; 自主的; 自治区的

autonomy [ɔːˈtɒnəmi] *n.* 自治, 自治权

【例】regional *autonomy* 区域自治

【派】autonomous(*adj.* 自治的)

ballot [ˈbælət] *n.* 选票; (不记名的)投票; 投票总数 *v.* 投票

【例】*ballot* box 投票箱 // The president was elected by *ballot*. 那位总统是投票选举出来的。

banner [ˈbænə(r)] *n.* 旗帜; 横幅

【搭】under the banner of 以…的名义

barrel [ˈbærəl] *n.* 桶; 炮管, 枪管

barrier [ˈbæriə(r)] *n.* 栅栏, 篱笆; 障碍, 障碍物

【例】trade *barrier* 贸易壁垒 // language *barrier* 语言障碍

blockade [blɒˈkeɪd] *n.* 封锁, 堵断; 堵塞物, 障碍物

bodyguard [ˈbɒdigɑːd] *n.* 卫士, 卫队

bomb [bɒm] *n.* 炸弹 *v.* 投弹于, 轰炸

【派】bombard(*v.* 炮轰, 炮击)

borderline [ˈbɔːdəlaɪn] *adj.* 边界的; 两可的 *n.* 分界线

borough [ˈbʌrə] *n.* 享有自治权的市镇; 自治市

boundary [ˈbaʊndri] *n.* 界线, 边界

【例】*boundary* dispute 边界争端// There's no precise *boundary* between my property and hers. 我的住宅和她的住宅之间并没有明确的界线。

bourgeoisie	[ˌbʊəʒwɑːˈziː] *n.* 资产阶级；中产阶级
brigade	[brɪˈɡeɪd] *n.* (军队中的)旅；(担任特殊任务的)队；大部队
bullet	[ˈbʊlɪt] *n.* 枪弹，弹丸
bulletin	[ˈbʊlətɪn] *n.* 公报，公告
bureau	[ˈbjʊərəʊ] *n.* 办公署，局；(附抽屉及活动写字台的)书桌
bureaucrat	[ˈbjʊərəkræt] *n.* 官员，官僚；官僚作风的人
chancellor	[ˈtʃɑːnsələ(r)] *n.* 大臣；法官；(德国、奥地利的)总理；(大学)校长
checkpoint	[ˈtʃekpɔɪnt] *n.* (边防)检查站，关卡
citizenship	[ˈsɪtɪzənʃɪp] *n.* 公民资格，公民身份
civic	[ˈsɪvɪk] *adj.* 城市的，都市的；市民的，公民的
civilian	[səˈvɪliən] *n.* 平民，百姓 *adj.* 民用的；平民的

【例】 *civilian* life 平民生活

civilise/civilize	[ˈsɪvəlaɪz] *v.* 使文明，使开化；教化，教育
coalition	[ˌkəʊəˈlɪʃn] *n.* 政党的联盟，联合
coinage	[ˈkɔɪnɪdʒ] *n.* 造币，铸币；新造的词语
committee	[kəˈmɪti] *n.* 委员会
commonwealth	[ˈkɒmənwelθ] *n.* 全体国民；国家，共和国；联邦
congress	[ˈkɒŋɡres] *n.* (代表)大会；国会，议会；聚会，会议

【例】 the people's *congress* 人民代表大会

conservative	[kənˈsɜːvətɪv] *adj.* 保守的；拘谨的，谨慎的 *n.* 因循守旧者，保守者；保守党党员

【例】 *conservative* ideas/point of view 保守思想/观点

constituency	[kənˈstɪtjuənsi] *n.* 全体选民，选区的选民；选区
constitutional	[ˌkɒnstɪˈtjuːʃənl] *adj.* 体格的，体质上的；构成的；符合宪法的，宪法所规定的
consul	[ˈkɒnsl] *n.* 领事
consulate	[ˈkɒnsjələt] *n.* 领事馆
contradictory	[ˌkɒntrəˈdɪktəri] *adj.* 相互矛盾的，对立的；爱反驳别人的
council	[ˈkaʊnsl] *n.* 理事会，委员会；地方议会

【例】 the UN Security *Council* 联合国安理会

council(l)or	[ˈkaʊnsələ(r)] *n.* 评议员，顾问，参事；(市、镇等议会的)议员

crown [kraʊn] *n.* 王冠，冕；君王，王权，王国政府；头顶；顶部，顶峰
v. 为…加冕；使圆满，使完美

cruiser [ˈkruːzə(r)] *n.* 巡洋舰；有船舱的游艇

declaration [ˌdekləˈreɪʃn] *n.* 宣告，宣言，布告，宣称，宣布，表白

【搭】issue a dedaration 发表声明

defiance [dɪˈfaɪəns] *n.* 违抗，反抗，拒绝服从

【例】Robert said the last sentence with a sort of childish *defiance*. 罗伯特说最后一句话时带着一种孩子般的挑衅。

democracy [dɪˈmɒkrəsi] *n.* 民主政体，民主国家；民主作风，民主精神

democrat [ˈdeməkræt] *n.* 民主主义者，民主人士

denomination [dɪˌnɒmɪˈneɪʃn] *n.* 宗派，教派；(货币)面额，(度量衡等的)单位

dictatorship [ˌdɪkˈteɪtəʃɪp] *n.* 独裁，专政

diplomat [ˈdɪpləmæt] *n.* 外交家，外交官

diplomatic [ˌdɪpləˈmætɪk] *adj.* 外交的；圆滑的

disarmament [dɪsˈɑːməmənt] *n.* 裁军，减减军备

embassy [ˈembəsi] *n.* 大使馆；(统称)使馆官员；大使的地位(职权、使命等)

emigrant [ˈemɪɡrənt] *n.* 移居外国的人，移民

empire [ˈempaɪə(r)] *n.* 帝国

envoy [ˈenvɔɪ] *n.* 使者，代表；使节，(全权)公使

equality [iˈkwɒləti] *n.* 平等，相同

【派】inequality(*n.* 不平等；不等式)

faithful [ˈfeɪθfl] *adj.* 守信的，忠实的

【搭】faithful to 对…忠诚

federal [ˈfedərəl] *adj.* 联邦制的，联邦政府的

【派】federally(*adv.* 联邦地，联邦政府地)

federation [ˌfedəˈreɪʃn] *n.* 联邦；联盟，同盟

feminist [ˈfemənɪst] *n.* 男女平等主义者，女权主义者 *adj.* 主张男女平等的；女权主义的

feudal [ˈfjuːdl] *adj.* 封建的，封建制度的

feudalism [ˈfjuːdəlɪzəm] *n.* 封建主义，封建制度

foe [fəʊ] *n.* 敌人

genocide [ˈdʒenəsaɪd] *n.* 种族灭绝，大屠杀

governor [ˈɡʌvənə(r)] *n.* 统治者，管辖者；地方长官；州长

| high-ranking | [ˈhaɪˌræŋkɪŋ] *adj.* 级别(地位)高的，显要的 |
| independence | [ˌɪndɪˈpendəns] *n.* 独立，自立 |

【例】bid for *independence* 寻求独立 // Wheelchairs can help patients maintain mobility and *independence.* 轮椅能帮助病人保持活动性和独立性。

interference	[ˌɪntəˈfɪərəns] *n.* 干涉，介入；干扰
invasion	[ɪnˈveɪʒn] *n.* 入侵，闯入；侵害，侵犯；涌入
liberation	[ˌlɪbəˈreɪʃn] *n.* 解放
lord	[lɔːd] *n.* 统治者，主人；贵族；（对某些高级官员的尊称）大人，阁下；耶稣基督，上帝

【例】the *lord* chancellor 大法官

majesty	[ˈmædʒəsti] *n.* 陛下（对国王或王后的称呼）；宏伟，庄严
mastery	[ˈmɑːstəri] *n.* 控制权，统治权；精通，掌握
mayor	[meə(r)] *n.* 市长
metropolis	[məˈtrɒpəlɪs] *n.* 大城市；首府

【派】metropolitan(*adj.* 大都市的；宗主国的)

| might | [maɪt] *n.* 力量，威力；势力，强权 |

【派】mighty(*adj.* 强大的，有力的；有势力的)

ministry	[ˈmɪnɪstri] *n.* （政府的）部；牧师的职位；全体牧师
minority	[maɪˈnɒrəti] *n.* 少数；少数民族
nomination	[ˌnɒmɪˈneɪʃn] *n.* 提名，任命

【例】presidential *nomination* 总统提名

opponent	[əˈpəʊnənt] *n.* 对手，敌手；反对者
oppressive	[əˈpresɪv] *adj.* 压迫的，残酷的；抑郁的；难忍的
parish	[ˈpærɪʃ] *n.* 教区；郡以下的行政区
parliament	[ˈpɑːləmənt] *n.* 国会，议会

【例】The *parliament* will hold a second round of voting on Friday. 国会将于星期五举行第二轮表决。

【派】parliamentary(*adj.* 国会的，议会的)

politician	[ˌpɒləˈtɪʃn] *n.* 政治家；政客，玩弄权术者
politics	[ˈpɒlətɪks] *n.* 政治，政治活动；政治学；政见
premier	[ˈpremiə(r)] *n.* 首相，总理 *adj.* 首位的，首要的

【例】the former *premier* 前总理

| presidential | [ˌprezɪˈdenʃl] *adj.* 总统的；总裁的；会长的；校长的 |
| proletarian | [ˌprəʊləˈteəriən] *n./adj.* 无产者(的)，无产阶级(的) |

racial	[ˈreɪʃl] *adj.* 种族的，人种的
	【例】 *racial* conflict 种族冲突
racialism	[ˈreɪʃəlɪzəm] *n.* 种族主义，种族偏见
racism	[ˈreɪsɪzəm] *n.* 种族主义，种族歧视
racist	[ˈreɪsɪst] *n.* 种族主义者 *adj.* 种族主义的
reactionary	[riˈækʃənri] *adj.* 反动的 *n.* 反动分子
rebellion	[rɪˈbeljən] *n.* 反叛，造反
rebellious	[rɪˈbeljəs] *adj.* 反抗的；造反的；难以控制的
refugee	[ˌrefjuˈdʒiː] *n.* 避难者，难民
regiment	[ˈredʒɪmənt] *n.* (军队的)团；一大群 *v.* 严加管理
reinforcement	[ˌriːɪnˈfɔːsmənt] *n.* 增援，加固；[*pl.*] 援军
revelation	[ˌrevəˈleɪʃn] *n.* 揭露，披露；揭露出来(而始料未及)的事物，被曝光的秘密
	【例】 The spokesman was visibly pulling back from too much *revelation*. 很明显，发言人欲言又止，以免透露得太多。
rotational	[rəʊˈteɪʃənl] *adj.* 旋转的，转动的；轮流的，轮换的
Russian	[ˈrʌʃn] *adj.* 俄国的，俄国人的 *n.* 俄国人，俄罗斯民族；俄语
safeguard	[ˈseɪfɡɑːd] *n.* 安全措施，保护性措施 *v.* 保护，保卫
	【例】 They take actions to *safeguard* their right. 他们采取行动来保护自己的权利。
salute	[səˈluːt] *v.* 行军礼；致敬，表示敬意 *n.* 军礼，敬礼
scheme	[skiːm] *n.* 安排；计划，方案；诡计，阴谋 *v.* 设计，策划；图谋，密谋
secretarial	[ˌsekrəˈteəriəl] *adj.* 秘书的；书记的；部长的，大臣的
section	[ˈsekʃn] *n.* 部分；部门；部件，零件；(书、文件等的)节，段；(组织机构中的)处，科；地区，区域
senate	[ˈsenət] *n.* 上议院，参议院；(古罗马的)元老院
sergeant	[ˈsɑːdʒənt] *n.* 士官，中士；警官，巡佐
serviceman	[ˈsɜːvɪsmən] *n.* 军人
slaughter	[ˈslɔːtə(r)] *n./v.* 屠宰，屠杀
sovereignty	[ˈsɒvrənti] *n.* 最高统治权，君权；国家的主权
squadron	[ˈskwɒdrən] *n.* 空军中队；海军中队；骑兵中队，装甲连
stability	[stəˈbɪləti] *n.* 稳固(性)，稳定(性)，安定
	【例】 economic *stability* 经济的稳定 // a long period of *stability* 长治久安
stable	[ˈsteɪbl] *adj.* 坚固的，安定的 *n.* 厩，马房
	【例】 *stable* prices 稳定的物价

stripe	[straɪp] *n.* 条纹，斑纹；（军警等制服上的）级别条纹
stronghold	[ˈstrɒŋhəʊld] *n.* 要塞，堡垒；根据地，大本营
super	[ˈsuːpə(r)] *adj.* 极好的，超级的 *adj.* 特别，格外 *n.* 警官，警长；（大楼的）管理人
superintendent	[ˌsjuːpərɪnˈtendənt] *n.* 督导，总管；监督人
territory	[ˈterətri] *n.* 领土，土地，区域；属地
throne	[θrəʊn] *n.* 宝座，御座；王权，王位
【派】	enthrone（*v.* 立…为王）
triumphant	[traɪˈʌmfənt] *adj.* 胜利的，成功的
tyranny	[ˈtɪrəni] *n.* 暴政；专横；残暴的行为
tyrant	[ˈtaɪrənt] *n.* 专制统治者；恶霸
underdeveloped	[ˌʌndədɪˈveləpt] *adj.* （国家等）经济不发达的
united	[juˈnaɪtɪd] *adj.* 和睦的；团结的，联合的；统一的，结盟的
unity	[ˈjuːnəti] *n.* 单一，个体；统一体；联合，结合；团结，一致
unoccupied	[ˌʌnˈɒkjupaɪd] *adj.* 未被占用的；无人住的；未沦陷的，未被占领的
uphold	[ʌpˈhəʊld] *v.* 举起；支持
veteran	[ˈvetərən] *n.* 老兵，老手 *adj.* 老兵的；富有经验的
warfare	[ˈwɔːfeə(r)] *n.* 战争，作战；（群体、公司等之间的）竞争，冲突
weapon	[ˈwepən] *n.* 武器，兵器
weaponry	[ˈwepənri] *n.* （某类型或某国、某组织的）武器，兵器
wing	[wɪŋ] *n.* 翅膀；机翼；厢房；侧翼；（政党）左翼，右翼 *v.* 飞行，飞翔
withdrawal	[wɪðˈdrɔːəl] *n.* 撤退，退回；提款

◎ 文学艺术 / 核心词

音 频

abridge [ə'brɪdʒ] *v.* 删节，节略；缩短
- 【例】Brown College announced it would *abridge* its 15 weeks spring semester into 7 weeks. 布朗学院宣布把春季学期的 15 周课时缩短到 7 周。

analogy [ə'nælədʒi] *n.* 相似，类似；类推，类比，比拟
- 【搭】by analogy 用类推的方法
- 【例】You can't draw an *analogy* between these two things, because there is a huge difference between them. 你不能把这两样东西做类比，因为它们之间的差别太大。
- 【派】analogous(*adj.* 类似的，相似的)
- 【注】专四的学术类文章中经常会出现各种修辞方法的英文说法，这些词汇对于英语专业的学生来说也是很重要的：

simile 明喻	metaphor 暗喻	analogy 类比
personification 拟人	hyperbole 夸张	understatement 含蓄陈述
euphemism 委婉	metonymy 转喻	synecdoche 提喻
antonomasia 换喻	pun 双关语	

appreciative [ə'priːʃətɪv] *adj.* 有欣赏力的，欣赏的；赏识的；感激的，感谢的
- 【例】The general manager was very *appreciative* of Harry's work. 总经理很欣赏哈里的工作。

artistic [ɑː'tɪstɪk] *adj.* 艺术的；雅致的
- 【例】*artistic* abilities 艺术才能 // Opinions about the *artistic* value of the famous painting have been mixed. 人们对这幅名画的艺术价值所持的观点褒贬不一。

brilliant ['brɪliənt] *adj.* 巧妙的；很成功的；明亮的，鲜艳的；聪颖的
- 【例】Other Europeans found the immigrants conservative, withdrawn, *brilliant*, superficial. (TEM-4)其他欧洲人发现那些移民保守、孤僻、外表光鲜、肤浅。

classic ['klæsɪk] *adj.* 第一流的，最优秀的；典雅的，古典的；典型的，有代表性的 *n.* 经典作品，名著，杰作；优秀的典范 [*pl.*]（古罗马或古希腊的）经典著作

【例】 This winter they'll interact with an expedition exploring Central America in search of the *classic* Maya culture.（TEM-4）今年冬天他们将和一个前往中美洲探索古典玛雅文化的探险队进行互动。

climax ['klaɪmæks] *n.* 顶点，极点；（小说、戏剧等的）高潮 *v.*（使）达到顶点，（使）达到高潮

【例】 It had been a day of rare pleasure for Harry, *climaxed* by lunch with Heather at the villa. 这一天对哈里来说是少有的快乐的一天，而最让他快乐的是在别墅与希瑟共进午餐。

colloquial [kə'ləʊkwɪəl] *adj.* 口语的，会话的；通俗的

【例】 The *colloquial* expressions may be found in standard dictionaries. 在标准字典里可能会找到口语化的表达方式。

compact ['kɒmpækt] *adj.* 紧密的，结实的；小型的，袖珍的；（文体）简洁的，紧凑的 *n.* 契约，合同，协定

【例】 a *compact* car 小型汽车 // a *compact* narration 简明的叙述 // The *compact* represented essentially a tightening-up of banking rules.（TEM-4）合同体现了银行的规章制度在本质上得到了加强。

compile [kəm'paɪl] *v.* 汇编，编纂；收集

【例】 *compile* a dictionary 编纂词典 // *compile* data 收集资料 // Government officials now *compile* and release statistics quarterly, not monthly. 政府官员现在每季度汇编并发布一次统计数据，而不是每月一次。

【听】 听音和拼写时不要和 compel 混淆。

compose [kəm'pəʊz] *v.* 组成，构成；创作，作曲；使镇静

【搭】 be composed of 由…组成

【例】 The library is a comfortable room, *composed* of dark colors. 这个图书馆是一间舒适的深色调的屋子。

【派】 composer(*n.* 作家；作曲家；创作者)

create [kri'eɪt] *v.* 创造，创作；引起，产生，造成

【例】 The reasons for Disney's success are quite a lot, but ultimately the credit belongs to one person—the man who *created* the cartoon and built the company from nothing, Walt Disney.（TEM-4）迪士尼成功的原因有很多，但最终要归功于一个人——那个创造了这个卡通形象并白手起家组建这家公司的沃尔特·迪士尼。

【派】creation(*n.* 创造，创作物)；creationism(*n.* 神创论)

curiosity [ˌkjʊəriˈɒsəti] *n.* 好奇(心)；奇品，珍品，古玩

【搭】out of curiosity 出于好奇

【例】intellectual *curiosity* 求知欲 // Mother opened the envelope and read the letter out of *curiosity*. 母亲出于好奇打开了信封并读了这封信。

depict [dɪˈpɪkt] *v.* 表示；描述；描绘

【例】A rock carving discovered in Arizona might *depict* an ancient star explosion seen by Native Americans a thousand years ago. 在亚利桑那州发现的一处岩石雕刻可能描绘的是一千年前美国土著居民看见的古代星体爆炸。

eminent [ˈemɪnənt] *adj.* 著名的，卓越的，杰出的

【例】Richard was then the most *eminent* boxer in England. 理查德当时是英格兰最著名的拳击手。

【派】preeminent(*adj.* 卓越的)

【注】具有相同含义的单词有 outstanding 和 distinguished。

enchant [ɪnˈtʃɑːnt] *v.* 用魔法迷惑，使着魔；使入迷，使陶醉

【例】She was *enchanted* to see him again after a long period of time. 与他久别重逢，她欣喜不已。

episode [ˈepɪsəʊd] *n.* 插曲，(文艺作品中的)一段情节

【例】I'm delighted an unfortunate *episode* in Nigeria-Commonwealth relations will now come to an end, and Nigeria is resuming its rightful place in the Commonwealth. (TEM-4)很高兴尼日利亚与联邦间关系中的那段不幸插曲现在将要结束了，尼日利亚会重新获得它在联邦中的合法地位。

essence [ˈesns] *n.* 实质，要素；精髓，精华；香精，香料

【搭】in essence 大体上，本质上

【例】The idea is unashamedly to capture more advertising revenue, without giving any thought for the integrity of a sport which relies for its *essence* on the flowing nature of the action. (TEM-4)这个主意就是为了厚颜无耻地获得更多广告收益，却不去考虑体育运动自身的完整性，而其完整性本质上依赖于其连贯性。

fragment [ˈfræɡmənt] *n.* 碎片，断片；片断，(文艺作品等的)残存部分
[fræɡˈment] *v.* 打碎，碎裂；分裂

【例】I overheard a *fragment* of their quarrel last night. 我昨晚无意中听到他们吵架的零星片段。

【派】fragmented(*adj.* 破碎的)

【注】fragment 作为动词，意思与 disintegrate 相近，都可以表示"碎裂；分裂"的意思。

glorify ['glɔːrɪfaɪ] v. 赞美，崇拜；吹捧，吹嘘；美化

【例】Modern people attempted to *glorify* freedom by emphasizing individuality. 现代人试图通过强调个性来美化自由。

hono(u)r ['ɒnə(r)] n. 荣幸；名誉；正义感；崇敬，敬意 v. 尊敬；给予表扬(或奖励)；信守，兑现

【搭】do the honours 执行仪式；in honour of 表示对…的敬意；为庆祝；为纪念；on one's word of honour 以名誉担保；with honours 以优异的成绩(毕业)

【例】It is a great *honour* to be invited to have dinner in a five-star hotel. 受邀在五星级宾馆用餐是莫大的荣耀。

imitation [ˌɪmɪˈteɪʃn] n. 模仿，效仿，仿造；仿制品，赝品

【例】The painting is not an original of Van Gogh; it's an *imitation*. 这幅画不是凡高的真迹，只是一幅赝品。

invaluable [ɪnˈvæljuəbl] adj. 无价的，非常宝贵的，极贵重的

【搭】invaluable advice 宝贵的意见

【例】I want to thank the Hope Project for providing me with this *invaluable* opportunity to go to university. 我想感谢希望工程给我提供了这样一个上大学的宝贵机会。

【题】Once a picture is proved to be a forgery, it becomes quite ___.
A. invaluable   B. priceless   C. unworthy   D. worthless
答案为 D。worthless 意为"没有价值的"；invaluable 意为"非常昂贵的，价值连城的"；priceless 意为"无价的，贵重的"；unworthy 表示"不值得的"。句意为：一旦画被证明是赝品，就毫无价值了。

lofty ['lɒfti] adj. (思想等)崇高的；高耸的；高傲的

【例】When I asked for help, he just gave me a *lofty* smile and turned away. 当我请他帮忙时，他只是冲我傲慢地笑了一下，然后转身离开了。

【派】loftily(adv. 崇高地；傲慢地)；loftiness(n. 高傲；崇高)

magnificent [mægˈnɪfɪsnt] adj. 富丽堂皇的；壮丽的，宏伟的；高尚的

【例】The *magnificent* palace attracts countless tourists to come to visit it every day. 这座富丽堂皇的宫殿每天都能吸引无数的游客前来观光。

marvel ['mɑːvl] n. 令人惊奇的事物 v. 惊奇，惊异

【例】We *marvel* at the magic that the new technique has brought us. 这项新技术给我们带来的魔力让我们感到惊奇。

maternal [mə'tɜ:nl] *adj.* 母亲(般)的，母系的

【例】 Women's *maternal* instincts are shown as they are more likely to love and caress a baby. 女人更加喜欢和爱抚婴儿，这是女性母性的表现。

optimal ['ɒptɪməl] *adj.* 最适宜的，最佳的

【例】 The *optimal* time for studying a second language is between age 2 and 13. 学习第二外语的最佳年龄段为 2 到 13 岁。

paradox ['pærədɒks] *n.* 自相矛盾的事物(或人、情况)；悖论

【例】 He was a *paradox*—a loner who loved to chat with strangers. 他这人真矛盾，生性孤僻却又喜欢和陌生人闲聊。

peak [pi:k] *n.* 巅峰，最高点；山峰 *adj.* 最高的，高峰的；巅峰状态的

【例】 It is amazing to see snowy *peaks* when we fly over the mountains. 飞过群山时，看到白雪皑皑的山巅感觉很令人惊异。

【注】 peak 除了指山的最高峰，还可以指程度的尖端；summit 也有"顶端"的意思，但是指宽泛的顶点或最高处，还可以指成就的顶峰。

portrait ['pɔ:treɪt] *n.* 肖像，画像

【例】 right of *portrait* 肖像权 // She is a famous *portrait* painter and she has published an album of paintings. 她是一位著名的肖像画家，已经出版了一本画册。

portray [pɔ:'treɪ] *v.* 描绘，描写；扮演

【例】 He was *portrayed* as a loyal and valiant hero in the novel. 在这部小说中他被描写为一个忠诚而又勇敢的英雄。

prestige [pre'sti:ʒ] *n.* 威望，威信

【例】 When the scandal was publicized, the political leader lost his *prestige*. 丑闻被公布之后，那位政治领导人失去了威信。

profile ['prəʊfaɪl] *n.* (头像的)侧面；形象，轮廓；人物简介，传略 *v.* 写简介；画…的侧面像

【例】 a high *profile* 鲜明的姿态，高姿态 // I have collected a British stamp which has the Queen's *profile* on it. 我收集到一张有女王侧面像的英国邮票。

profound [prə'faʊnd] *adj.* 深厚的，深深的；知识渊博的；意义深远的

【例】 a *profound* sleep 酣睡 // a *profound* idea 深刻的思想 // The two countries have established a *profound* friendship. 这两个国家建立了深厚的友谊。

prominent [ˈprɒmɪnənt] *adj.* 著名的，杰出的；显著的；凸出的

【例】 Harry played a *prominent* part in the election campaign. 哈里在竞选活动中发挥了重要作用。

【题】 The reception was attended by ___ members of the local community.
A. excellent   B. conspicuous   C. prominent   D. noticeable
答案为 C。excellent 意为"卓越的，极好的"；conspicuous 意为"显著的"，主要指由于太明显而被人注意；prominent 意为"重要的，杰出的"；noticeable 强调的是"引人注目的"，指避不过别人的观察或注意。句意为：当地社区的名流参加了招待会。

realistic [ˌriːəˈlɪstɪk] *adj.* 现实的，实际的；逼真的；可实现的

【例】 We have to be *realistic* about our current situation that we do not have spare money to buy the candy. 我们要正视现状，那就是我们没有多余的钱来买糖果。

【派】 unrealistic(*adj.* 不切实际的，不实在的)

reality [riˈæləti] *n.* 现实，实际情况，真相；实际存在的事物

【搭】 in reality 事实上

【例】 The *reality*, of course, was less idyllic. (TEM-4)现实当然少了几分诗情画意。

remarkable [rɪˈmɑːkəbl] *adj.* 非凡的，显著的，引人注目的

【例】 *remarkable* achievements 了不起的成就//The area is *remarkable* for its beautiful landscapes. 这个地区以风景优美而著称。

【派】 remarkably(*adv.* 非常地；引人注目地)

restrict *v.* 限制，限定；束缚，妨碍

【搭】 restrict...to... 把…限制于…

【例】 Feminists are unsatisfied with the fact that many companies *restrict* their employees to men only. 女权主义者对于许多公司只招男性员工感到不满。

【派】 restricted(*adj.* 受限制的，有限的)；restriction(*n.* 限制，约束)

satire [ˈsætaɪə(r)] *n.* 讥讽；讽刺作品，讥讽文学

【例】 The novel is a *satire* of the dark reality of society. 这部小说是对黑暗社会现实的一种反讽。

satirical [səˈtɪrɪkl] *adj.* 含讽刺意味的，嘲讽的

【例】 Jonathan Swift was a famous writer and he published a *satirical* novel named *Gulliver's Travels*. 乔纳森·斯威夫特是一位著名的作家，他出版了一部讽刺小说《格列佛游记》。

simultaneous [ˌsɪml'teɪnɪəs] *adj.* 同时发生的，同时的，同步的

【例】I'm a *simultaneous* translator for the UN. 我是联合国的一名同声翻译。

【派】simultaneously(*adv.* 同时地)

【题】You must insist that students give a truthful answer ___ with the reality of their world.

A. relevant   B. simultaneous   C. consistent   D. practical

答案为 C。relevant 意为"相关的"；simultaneous 意为"同时发生的"；consistent 意为"与…一致的，与…共存的"，后面常接介词 with；practical 意为"实际的"。句意为：你必须要求学生们给出可信且符合他们生活现实的答案。

spiritual [spɪrɪtʃuəl] *adj.* 精神(上)的，心灵(上)的；宗教的，神圣的

【例】The poor writer cares more about the *spiritual* life than the substantial life. 比起物质生活的丰盈，这位清贫的作家更加注重精神生活。

【派】spiritually(*adv.* 精神上，心灵上)

strangle ['stræŋgl] *v.* 扼死，勒死；抑制，压制；扼杀

【例】Isabel tried her best to *strangle* the unspeakable agony. 伊莎贝尔竭力抑制那无法言表的痛苦。

structure ['strʌktʃə(r)] *n.* 结构，构造；建筑物，构造物

【例】Changes in the social and economic *structure* of society are great. 社会结构和经济结构的变化巨大。

【派】structural(*n.* 结构的，建筑的)；infrastructure(*n.* 下部构造，基础建设)

tortuous ['tɔːtʃuəs] *adj.* 弯弯曲曲的；不直接阐明的，含混不清的

【例】He usually takes one hour on his way to school by taking a *tortuous* road through the mountains. 他通常都要走崎岖的山路，花费一个小时的时间到达学校。

trend [trend] *n.* 趋势，趋向 *v.* 倾向

【例】a downward *trend* 向下的趋势// an upward *trend* 向上的趋势//Few of us are content to accept ourselves as we are, and few are brave enough to ignore the *trends* of fashion. (TEM-4)我们中很少有人欣然接受自己的现状，并且勇敢到无视时尚潮流的地步。

tune [tjuːn] *n.* 曲调，旋律；调和，和谐；声调，语气

【搭】change one's tune 改变调子(或观点)，变卦；in/out of tune 音调正确/不正确；tune in (to sth.) 收听；tune out 思想开小差

【例】 I turn on the radio at 8:00 in the morning to see if I can *tune* in to the weather forecast. 早晨八点我打开收音机，看看是否可以收听到天气预报。

typical ['tɪpɪkl] *adj.* 典型的，有代表性的；平常的；特有的

【搭】 be typical of 是…的典型特征

【例】 The *typical* working man would collect his wages on Friday evening and then, it was widely believed, having given his wife her "housekeeping", would go out and spend the rest on beer and betting. (TEM-4)典型的工人会在每周五的晚上拿到自己的薪水，人们普遍认为他在留给妻子一部分家用后，把剩下的都用于去外面喝啤酒和赌博。

【派】 typically(*adv.* 通常，一般；典型地，有代表性地)

underestimate [ˌʌndərˈestɪmeɪt] *v.* 低估；看轻

【例】 The main reason for losing the game is that I *underestimated* my opponent. 游戏失败的主要原因是我低估了对手。

unique [juːˈniːk] *adj.* 独特的，罕见的；唯一的；特有的；(书籍)孤本的

【例】 a *unique* style 独特的风格 // Edward's performance pointed up his *unique* talent for piano. 爱德华的演出突显了他在钢琴上的独特才华。

◎ 文学艺术 / 认知词

admirable	['ædmərəbl] *adj.* 令人赞叹的，令人钦佩的
aesthetics	[iːsˈθetɪks] *n.* 美学，审美学
amazing	[əˈmeɪzɪŋ] *adj.* 令人惊愕的，使人惊叹的
angel	['eɪndʒl] *n.* 天使；安琪儿；大好人
anthem	['ænθəm] *n.* 圣歌，赞美诗；国歌
architect	['ɑːkɪtekt] *n.* 建筑师，设计师；缔造者
architecture	['ɑːkɪtektʃə(r)] *n.* 建筑学；建筑风格；建筑物
archway	['ɑːtʃweɪ] *n.* 拱道；拱门
autobiographic(al)	[ˌɔːtəˌbaɪəˈgræfɪk(l)] *adj.* 自传的，自传体的
autobiography	[ˌɔːtəbaɪˈɒgrəfi] *n.* 自传；自传文学
axiom	['æksiəm] *n.* 公理，原则
bestseller	['bestˈselə(r)] *n.* 畅销书
biography	[baɪˈɒgrəfi] *n.* 传记；传记文学

【例】 Are you still reading that ridiculous *biography*? 你还在读那本荒唐可笑的传记吗？

【派】biographical (*adj.* 传记的)

bust [bʌst] *n.* 半身雕塑像；乳房，胸部 *adj.* 破碎的，毁坏的；破产了的

【搭】go bust 破产；失败

calligraphy [kə'lɪgrəfi] *n.* 书法，笔迹；书法艺术

canvas ['kænvəs] *n.* 帆布；画布；油画

carve [kɑːv] *v.* 雕刻；切（熟肉），切开

chord [kɔːd] *n.* 和弦，和音；(几何的)弦

classical ['klæsɪkl] *adj.* 古典的；传统的，经典的；简洁优雅的

【例】*classical* dancing 古典舞

conservatism [kən'sɜːvətɪzəm] *n.* 保守，守旧；保守主义

cradle ['kreɪdl] *n.* 摇篮；策源地，发源地

creative [kri'eɪtɪv] *adj.* 有创造力的；创作的

【例】*creative* learning 创造性学习

【派】creativity(*n.* 创造力)

designer [dɪ'zaɪnə(r)] *n.* 设计者，谋划者 *adj.* 由著名设计师设计的，标出设计师姓名的；名牌的

dignified ['dɪgnɪfaɪd] *adj.* 有尊严的；庄重的

drummer ['drʌmə(r)] *n.* 鼓手

edit ['edɪt] *v.* 编辑；剪辑

emerald ['emərəld] *n.* 翡翠；翠绿色

encyclop(a)edia [ɪnˌsaɪklə'piːdiə] *n.* 百科全书

ending ['endɪŋ] *n.* 结局，结尾

epic ['epɪk] *n.* 长诗(电影)，史诗 *adj.* 史诗般的，壮丽的

fable ['feɪbl] *n.* 寓言；虚构的故事；传说，神话

fairy ['feəri] *n.* 小精灵，小仙人，仙子

fiction ['fɪkʃn] *n.* 小说；虚构，构造；杜撰的故事

【例】science *fiction* 科幻小说

flute [fluːt] *n.* 笛，长笛

foreword ['fɔːwɜːd] *n.* 前言，序

gallery ['gæləri] *n.* 美术馆，画廊；顶层楼座

genre ['ʒɑːnrə(r)] *n.* 类型；(文艺作品的)流派，风格

heroine ['herəʊɪn] *n.* 女英雄，女勇士；女主角，女主人公

humo(u)r ['hjuːmə(r)] *n.* 幽默(感)，风趣；心情，情绪 *v.* 迁就，纵容

【派】humo(u)rous(*adj.* 富于幽默的，诙谐的，滑稽的)

idiom [ˈɪdiəm] *n.* 成语，惯用语

【派】idiomatic(*adj.* 合乎习惯用法的，地道的)

illusion [ɪˈluːʒn] *n.* 错觉，幻觉；不现实的想法

imaginable [ɪˈmædʒɪnəbl] *adj.* 可想象的，想象得到的

【例】He is the most suitable person *imaginable*. 他是能想到的最合适的人选。

imaginary [ɪˈmædʒɪnəri] *adj.* 想象中的，虚构的

【例】an *imaginary* character 虚构的人物// *imaginary* number 虚假数字

imagination [ɪˌmædʒɪˈneɪʃn] *n.* 想象力；幻想物

inscribe [ɪnˈskraɪb] *v.* 刻，题赠

inscription [ɪnˈskrɪpʃn] *n.* 刻印文字，碑文；(书或画的)题词，献词

irony [ˈaɪrəni] *n.* 反语(法)，讥讽；有讽刺意味的情况、事情

【例】a touch of *irony* 一点讽刺的意味

【派】ironical(*adj.* 讽刺的，反语的，挖苦的)；ironically(*adv.* 说反话地，讽刺地)

legend [ˈledʒənd] *n.* 传奇(故事)，传说；传说中的人(或事)

【例】a folk *legend* 民间传说

literary [ˈlɪtərəri] *adj.* 文学(上)的

【例】*literary* works 文学作品

literature [ˈlɪtrətʃə(r)] *n.* 文学(作品)；文献

mainstream [ˈmeɪnstriːm] *n.* 主流，主要倾向 *adj.* 主流的

masterpiece [ˈmɑːstəpiːs] *n.* 杰作，代表作

memoir [ˈmemwɑː(r)] *n.* [*pl.*]自传，回忆录

metaphor [ˈmetəfə(r)] *n.* 隐喻

monologue [ˈmɒnəlɒg] *n.* 独白

motto [ˈmɒtəʊ] *n.* 箴言，座右铭

musician [mjuˈzɪʃn] *n.* 音乐家

mystery [ˈmɪstri] *n.* 神秘的事物，奥秘；疑案小说，推理小说

myth [mɪθ] *n.* 神话；神话式的人(或物)；虚构的故事

【例】the Greek *myth* 希腊神话

【派】mythical(*adj.* 神话的；虚构的)

narration [nəˈreɪʃn] *n.* 叙述，讲述

narrative [ˈnærətɪv] *adj.* 叙述的；叙事体的 *n.* 叙述，讲故事；叙事技巧

【例】*narrative* painting 叙事性绘画

narrator	[nə'reɪtə(r)] *n.* 叙述者，讲述者
omission	[ə'mɪʃn] *n.* 省略，删节；遗漏，忽略
opera	['ɒprə] *n.* 歌剧
orchestra	['ɔːkɪstrə] *n.* 交响乐团，管弦乐团
oriental	[ˌɔːri'entl] *adj.* 东方的，来自东方的
photography	[fə'tɒɡrəfi] *n.* 摄影术
playwright	['pleɪraɪt] *n.* 剧作家，编剧家
poetic	[pəʊ'etɪk] *adj.* 诗的；像诗的，诗意的
porcelain	['pɔːsəlɪn] *n.* 瓷，瓷器
pottery	['pɒtəri] *n.* 陶土，陶器
preface	['prefəs] *n.* 前言，序 *v.* 给…作序；作为…的开端

【搭】a preface to …的序言

【例】It's common that the *preface* of such kind of book is very brief. 通常这种书的序言非常简短。

prelude	['preljuːd] *n.* 序言，序曲
prop	[prɒp] *n.* 支柱，支撑物；舞台道具
puzzle	['pʌzl] *v.* 使迷惑，使困惑 *n.* 谜，智力游戏；疑问，不解之谜

【派】puzzlement(*n.* 困惑，迷惘)

radicalism	['rædɪkəlɪzəm] *n.* 激进主义
realism	['riːəlɪzəm] *n.* 现实主义风格(或方式)，现实主义；现实性，逼真
realist	['riːəlɪst] *n.* 现实主义的画家、作家等；现实主义者，务实的人
reasoning	['riːzənɪŋ] *n.* 推理，论证
recital	[rɪ'saɪtl] *n.* 音乐演奏会；详述；背诵，朗诵
renaissance	[rɪ'neɪsns] *n.* 文艺复兴，文艺复兴时期；复兴，再生
renowned	[rɪ'naʊnd] *adj.* 著名的
reputation	[ˌrepju'teɪʃn] *n.* 名誉，名声
resonance	['rezənəns] *n.* 反响，共鸣
rhetoric	['retərɪk] *n.* 修辞，修辞学；华丽的辞藻，虚夸的言辞
rhetorical	[rɪ'tɒrɪkl] *adj.* 修辞的；辞藻华丽的，虚夸的
rhyme	[raɪm] *n.* 押韵；押韵词 *v.* 押韵，与…同韵；使押韵
rhythm	['rɪðəm] *n.* 节奏，韵律；有规律的重复
rhythmic	['rɪðmɪk] *adj.* 有节奏的；间歇的
rhythmical	['rɪðmɪkl] *adj.* 有节奏的；有韵律的

romance	[rəʊˈmæns] *n.* 恋情，浪漫史；传奇故事；爱情故事；传奇色彩，浪漫情调

【例】The leader of the country is a figure of *romance.* 该国的领导人是一位具有传奇色彩的人物。

【派】romantic(*adj.* 浪漫的；不切实际的)

romanticism	[rəʊˈmæntɪsɪzəm] *n.* 浪漫的感情、态度或行为；(文艺作品中的)浪漫主义
satirise/satirize	[ˈsætəraɪz] *v.* 讽刺，讥讽
satirist	[ˈsætərɪst] *n.* 进行讽刺的人，创作讽刺作品的作家
saying	[ˈseɪɪŋ] *n.* 谚语，格言
scepticism	[ˈskeptɪsɪzəm] *n.* 怀疑态度，怀疑主义
script	[skrɪpt] *n.* 手迹，笔迹；手稿，原稿；(尤指)戏剧脚本

【派】scriptwriter(*n.* 编剧，撰稿人)

scroll	[skrəʊl] *n.* 卷轴，长卷纸；(石刻或木刻上的)涡卷形装饰
sculpture	[ˈskʌlptʃə(r)] *n.* 雕刻术，雕塑；雕刻品，雕塑品

【派】sculptor(*n.* 雕塑家，雕刻师)

serial	[ˈsɪəriəl] *adj.* 连续的；连续刊登或播出的 *n.* 连续剧；连载小说
simile	[ˈsɪməli] *n.* 明喻；明喻的运用
solo	[ˈsəʊləʊ] *n.* 独奏(曲)，独唱(曲)；单独表演 *adj.* 独奏(曲)的，独唱(曲)的；单独的
statue	[ˈstætʃuː] *n.* 雕像，塑像
subtitle	[ˈsʌbtaɪtl] *n.* 副标题，小标题；[*pl.*]字幕
suffix	[ˈsʌfɪks] *n.* 后缀
suspense	[səˈspens] *n.* 悬疑，悬而未决；悬念
syllable	[ˈsɪləbl] *n.* 音节
symphony	[ˈsɪmfəni] *n.* 交响乐，交响曲；和声；协调，和谐

【例】a *symphony* orchestra 交响乐团// a *symphony* of autumn colours 和谐的秋色

【派】symphonic(*adj.* 交响乐的)

theatrical	[θiˈætrɪkl] *adj.* 剧场的，戏剧的；夸张的，戏剧性的
trio	[ˈtriːəʊ] *n.* 三人组；三件一套；三重奏，三重唱
trombone	[trɒmˈbəʊn] *n.* 长号，拉管
trumpet	[ˈtrʌmpɪt] *n.* 喇叭
version	[ˈvɜːʃn] *n.* 说法，描述；改编形式，改写本，译本；版本；变形，变体

volume	['vɒljuːm] n. 音量，响度；体积，容积；卷，册；大量，许多
watercolor	['wɔːtəkʌlə(r)] n. 水彩（颜料）；水彩画
weekly	['wiːkli] adj. 每周的，每周一次的 adv. 每周 n. 周刊，周报
writer	['raɪtə(r)] n. 作者；作家
writing	['raɪtɪŋ] n. 笔迹，字迹；文章；写作，创作

Note

音频

baptize [bæpˈtaɪz] *v.* 施洗，授洗，付洗
【例】Jim was *baptized* James, but always called Jim. 吉姆受洗时取名为詹姆斯，但是大家都叫他吉姆。

belief [bɪˈliːf] *n.* 信仰，信条；相信，信心；信念，看法
【搭】beyond one's belief 令某人难以置信
【例】Another *belief* involving the number three has it that it is unlucky to light three cigarettes from the one match. (TEM-4) 关于数字 3 的另外一种说法是同一根火柴点燃三支烟是不吉利的。

bless [bles] *v.* 为…祈神赐福；为…祝福
【搭】be blessed with 赋有(能力等)，享有(幸福等)
【例】If you are *blessed* with a healthy body and healthy mind by getting into exercises like soccer, ice skating, jogging, running, swimming, bicycling or anything that involves lots of activities, you can be confident that you are the "wealthiest", thus the happiest man on the planet earth. (TEM-4) 如果你有幸通过如踢足球、滑冰、慢跑、跑步、游泳、骑自行车或是其他让你做大量运动的锻炼而拥有健康的体魄和心灵，你就可以自信地说你是这个地球上最富有也是最幸福的人。

cardinal [ˈkɑːdɪnl] *adj.* 主要的，基本的；深红的 *n.* 深红色；基数；红衣主教
【例】In the club, the *cardinal* rule is to keep the customers playing. 俱乐部的基本原则是让消费者一直玩下去。

convention [kənˈvenʃn] *n.* 习俗，常规，惯例；大会，集会
【例】social *conventions* 社会习俗 // The *convention* of shaking hands is popular all over the world. 握手的习俗在全世界都很流行。

convert [kənˈvɜːt] *v.* 转变；改变…的信仰；兑换 *n.* 改变信仰者，皈依者
【搭】convert...into/to... 把…转化为…

【例】 We've *converted* the basement to an activity room to give children more room to play. 我们把地下室变成了活动室，以给孩子们更多的活动空间。

【题】 More often than not, it is difficult to ___ the exact meaning of a Chinese idiom in English.

A. exchange　　B. transfer　　C. convey　　D. convert

答案为 C。exchange 意为"交换"；transfer 意为"转移；传输"；convey 意为"传达，传递"，convert 意为"转换"。句意为：很多情况下，用英语都很难表达汉语成语的确切含义。

creed ［kriːd］ *n.* (宗教)信条，教义

【例】 It is not so easy for those people to abide by the *creeds*. 对于那些人而言，要遵守这些教义并不是那么容易。

doctrine ［ˈdɒktrɪn］ *n.* 信条，主义；学说，原理

【例】 These two philosophers held similar *doctrines* about humanity. 这两位哲学家在有关人性方面持类似的观点。

dome ［dəʊm］ *n.* 圆屋顶；圆顶状物

ethnic ［ˈeθnɪk］ *adj.* 种族的，部族的；少数民族的

【例】 The way in which people use social space reflects their social relationships and their *ethnic* identity. (TEM-4)人们使用社交空间的方式反映了他们的社会关系和种族身份。

fidelity ［fɪˈdeləti］ *n.* 忠诚，忠实，忠贞；准确性，精确性

【例】 marital *fidelity* 对婚姻的忠贞 // We ask you to translate this article with the greatest *fidelity*. 我们要求你极为准确地翻译这篇文章。

foretell ［fɔːˈtel］ *v.* 预言，预测

【例】 I cannot *foretell* the future market, but I am sure that we will have many opportunities. 我无法预测未来的市场形势，但我确信我们会有很多机会。

hereditary ［həˈredɪtri］ *adj.* 遗传的，世代相传的；继承的，世袭的

【例】 I can ensure you that the disease is *hereditary*. 我可以向你保证，这种病是遗传的。

【注】 这个词可以和 heritage(*n.* 遗产)联系着记忆。

heritage ［ˈherɪtɪdʒ］ *n.* 遗产；继承物

【例】 cultural *heritage* 文化遗产 // historical *heritage* 历史遗产// These beautiful old palaces are part of our national *heritage*. 这些美丽的古老宫殿是我们民族遗产的一部分。

holy ['həuli] *adj.* 神圣的, 神的; 献身于宗教的; 圣洁的, 至善的 *n.* 神圣的东西; 圣地, 圣殿

【例】The wedding ceremony was a *holy* hour for them and their eyes were wet. 结婚典礼对于他们来说是个神圣的时刻, 他们的眼睛都湿润了。

【注】holy 的神圣含有"纯洁, 圣洁"的含义; 而 divine 的神圣含有"非凡, 超凡"的含义。

humanity [hju:'mænəti] *n.* 人性; 人类; 人道, 仁慈; [*pl.*] 人文学科

【例】Mr. Brown always tells his students to treat people and animals with *humanity*. 布朗先生总是教导他的学生们要仁慈地对待人和动物。

knit [nɪt] *v.* 编织, 针织; 使密接, 使严密, 使紧凑

【例】The argument of the paper was closely *knit* and was hard to retort. 这篇论文的论证非常严密, 很难反驳。

kowtow [ˌkau'tau] *v.* 磕头; 顺从, 唯命是从

【例】The couple *kowtowed* to each other when they married in ancient time. 在古代, 夫妻结婚的时候要对拜。

legacy ['legəsi] *n.* 遗产; 遗留; 后遗症

【例】That necklace was the only *legacy* my grandmother left me. 那条项链是奶奶留给我的唯一遗物。

memorial [mə'mɔːriəl] *n.* 纪念碑; 纪念物, 纪念品 *adj.* 纪念的, 追悼的

【搭】a memorial to sb./sth. ⋯的纪念碑

【例】This *memorial* commemorates those who died in the war. 这块纪念碑是为了纪念那些在战争中牺牲的人们。

【派】immemorial(*adj.* 古老的, 久远的)

origin ['ɒrɪdʒɪn] *n.* 起源, 开端; 血统, 出身

【例】the *origins* of civilization 文明的起源// the *origin* of a dispute 争端的起因// Many English dictionaries give you a brief indication of a word's *origins* in brackets before or after the explanation of the meaning. (TEM-4)许多英文词典会用小括号给出一些词的来源, 标在释义的前面或后面。

original [ə'rɪdʒənl] *adj.* 最初的, 最早的; 独创的, 有创造性的; 原作的, 原件的 *n.* 原版, 原样; 有独创性的人

【例】*original* handwriting 真迹// an *original* viewpoint 全新的观点// The *original* painting is collected in the National Museum. 这幅画的原作珍藏在国家博物馆。

【派】originally(*adv.* 最初, 原先); aboriginal(*adj.* 土著的; 原始的)

originate [ə'rɪdʒɪneɪt] *v.* 发源，发源；创立，创建

【搭】originate in/from 起源于，由…引起，产生

【例】Misunderstanding sometimes *originates* from different thinking patterns. 有时误解的产生是由于思维模式的不同。

【题】The Olympic Games ___ in 776 B.C. in Olympia, a small town in Greece.

A. originated   B. stemmed   C. derived   D. descended

答案为 A。originate 意为"(使)开始，源自，产生"；stem 意为"发生于，起源于"，常用于 stem from/out of 结构；derive 意为"起源(于)"，常与介词 from 连用；descend 意为"由…传下来"。句意为：奥林匹克运动会于公元前 776 年起源于希腊的一个小镇——奥林匹亚。

persecute ['pɜːsɪkjuːt] *v.* (宗教方面的)迫害；困扰，不断麻烦

【例】In old times, those who did not conform to the social norm were *persecuted*. 在古代，那些与社会标准背道而驰的人受到了迫害。

pious ['paɪəs] *adj.* 虔诚的，笃信的；假经的，虚伪的

【例】Besides some *pious* hopes Congress has done nothing constructive. 议会除了提出一些不切实际的希望外，没有给任何建设性的提议。

【注】注意这个词中 iou 的发音。

preach [priːtʃ] *v.* 讲道，布道；说教，宣扬

【例】The priest *preaches* the word of God for his whole life. 这位牧师一生都致力于传播上帝的训诫。

rare [reə(r)] *adj.* 罕见的，稀罕的；稀疏的；极佳的，珍贵的；半熟的

【例】It was a *rare* opportunity for ordinary people to make acquaintance with celebrities. 这是普通人结识名人的一个千载难逢的好机会。

【派】rarity(*n.* 奇事；稀有)；rarely(*adv.* 很少，难得，罕有)

【题】With ___ exceptions, the former president does not appear in public now.

A. rare   B. unusual   C. extraordinary   D. unique

答案为 A。rare 意为"稀少的，罕见的"；unusual 意为"不平常的"；extraordinary 意为"不平常的，特别的"；unique 意为"唯一的，独一无二的"。句意为：除少数情况外，前总统现在不再出现在公共场合。

reside [rɪ'zaɪd] *v.* 居住，定居

【搭】reside in (权利等)归属于…；在于

【例】Peter returned to America in 1960, having *resided* abroad for many years. 彼得在国外定居了很多年，于 1960 年返回美国。

【注】表示"居住，定居"的单词还有 inhabit, dwell。其中 dwell 还有"关注；细想"的意思。

resident [ˈrezɪdənt] *adj.* 居住的，居留的 *n.* 居民，居住者

【例】urban *residents* 城镇居民 // a *resident* doctor 驻院医生 // The leader listened carefully to the complaints from local *residents*. 领导认真听取了当地居民的抱怨。

【注】要表示某个城市的居民就在 resident 前面加上这个城市的名称，如 Beijing resident。

retain [rɪˈteɪn] *v.* 保存，保留；挡住，留住

【例】Early immigrants to America from Europe brought with them a collective style of living, which they *retained* until late in the 18th century. (TEM-4) 早期移民到美洲的欧洲人过着集体生活，他们把这种生活方式一直保留到 18 世纪末。

rural [ˈrʊərəl] *adj.* 乡村的，有乡村特色的

【例】*rural* area 农村地区 // The *rural* scenery was much more beautiful and peaceful than urban landscape. 乡村风景与城市景观比起来更加美丽宁静。

sacrifice [ˈsækrɪfaɪs] *n.* 供奉，祭品；牺牲(品) *v.* 供奉，祭祀；牺牲

【搭】sacrifice sth. (for sb./sth.) 为…牺牲或献出…；make a sacrifice to 为…牺牲，为…献身；make a sacrifice 做出牺牲

【例】Scientists often make personal *sacrifices* for the pursuit of truth. 科学家们通常为了追求真理而作出自我牺牲。

savage [ˈsævɪdʒ] *adj.* 野蛮的，未开化的；凶猛的，残酷的 *n.* 野人，野蛮人

【例】The *savage* behavior in the sports competition is appalling. 运动赛场上的野蛮行为令人震惊。

scatter [ˈskætə(r)] *v.* 使分散，驱散；散播，撒播

【例】The little boy *scattered* his clothes all over the floor before taking a shower. 小男孩洗澡之前把他的衣服扔了一地。

【派】scattered(*adj.* 零散的，分散的)

selection [sɪˈlekʃn] *n.* 选择，选拔；精选集，供选择之物；入选者

【例】natural *selection* 自然选择 // The shop assistant introduced every product so we could make our *selections*. 店员介绍了每种商品，因此我们能够自己作出选择。

selective [sɪˈlektɪv] *adj.* 选择的，选择性的；认真挑选的

【例】Fertilizer encourages weeds as well as crops to grow, so the increasing use of fertilizer promotes the increasing use of *selective* herbicides. 肥料能够促进作物的生长，也可以促进杂草的生长，因此不断增长的肥料用量也就带动了某些严格筛选的除草剂的加大使用。

shed [ʃed] *n.* 棚，小(木)屋 *v.* 流下；脱落；散开

【搭】shed light on sth. 使…被了解，使…被充分理解

【例】I'm going on a diet with more exercises to see if I can *shed* a few kilos. 我正在节食并进行更多运动，想看一下是否可以减掉几公斤体重。

superstition [ˌsuːpəˈstɪʃn] *n.* 迷信，迷信观念(或思想)

【例】The villagers were frightened by all kinds of *superstitions*. 村民们被各种各样的迷信吓坏了。

suppress [səˈpres] *v.* 镇压；制止；抑制；扣留

【例】*suppress* human rights 压制人权 // *suppress* bleeding 止血 // *suppress* information 封锁消息 // Drug trades still flourish here despite international attempts to *suppress* them. 尽管跨国行动试图对其进行压制，但这里的毒品贸易依然猖獗。

symbolise/symbolize [ˈsɪmbəlaɪz] *v.* 作为…符号或标志，象征，代表

【例】Darkness often *symbolizes* evil in literature works. 在文学作品中黑暗常象征邪恶。

unconditional [ˌʌnkənˈdɪʃənl] *adj.* 无条件的，绝对的

【例】Parents are the greatest people in the world, and they give their children *unconditional* love. 父母是世界上最伟大的人，他们给予孩子最无私的爱。

unearth [ʌnˈɜːθ] *v.* 发掘，挖出，使出土；发现，找到

【例】Thousands of terra-cotta figures have been *unearthed* in the province. 成千上万的兵马俑在该省被发掘。

unfold [ʌnˈfəʊld] *v.* 展开，摊开；展现；挑明

【例】The plot of the case *unfolded* before us and we could hardly believe it. 案情展现在我们面前，我们几乎不敢相信。

virtue [ˈvɜːtʃuː] *n.* 德行，高尚的品德，优良品质；优点，好处

【搭】by virtue of 由于…

【例】Disney's other great *virtue* was his company—unlike other big corporations. (TEM-4) 迪斯尼的另一大优点是他的公司——和其他的大公司不同。

◎ 风俗传统 / 认知词

altar	[ˈɔːltə(r)] *n.* 神坛，祭坛
ancestor	[ˈænsestə(r)] *n.* 祖先，祖宗
ancestral	[ænˈsestrəl] *adj.* 祖先的，祖宗的
ancestry	[ˈænsestri] *n.* 祖先，祖宗
anecdote	[ˈænɪkdəut] *n.* 轶事
anniversary	[ˌænɪˈvɜːsəri] *n.* 纪念日
archbishop	[ˌɑːtʃˈbɪʃəp] *n.* 大主教
arena	[əˈriːnə] *n.* (古罗马圆形剧场中央的) 竞技场地，竞技场；活动场所；竞争场所
baptism	[ˈbæptɪzəm] *n.* (基督教的) 洗礼，浸礼；考验
barbarian	[bɑːˈbeəriən] *n.* 野蛮人 *adj.* 不文明的，残暴的
bishop	[ˈbɪʃəp] *n.* (基督教的) 主教；(国际象棋中的) 象
burial	[ˈberiəl] *n.* 埋葬；葬礼
carnival	[ˈkɑːnɪvl] *n.* 狂欢节
carol	[ˈkærəl] *n.* (圣诞) 颂歌
catholic	[ˈkæθlɪk] *adj.* 天主教的 *n.* 天主教徒
	【例】 *catholic* church 天主教堂
cemetery	[ˈsemətri] *n.* 墓地，公墓
christ	[kraɪst] *n.* 基督，耶稣
churchyard	[ˈtʃɜːtʃjɑːd] *n.* 教堂墓地
clan	[klæn] *n.* 氏族；宗派
clergy	[ˈklɜːdʒi] *n.* 牧师；神职人员
coffin	[ˈkɒfɪn] *n.* 棺，柩
commandment	[kəˈmɑːndmənt] *n.* 戒律，圣诫
concubine	[ˈkɒŋkjubaɪn] *n.* (一夫多妻制国家中的) 妾，姨太太，小老婆
conventional	[kənˈvenʃənl] *adj.* 习惯的，常规的
	【例】 a *conventional* greeting 日常问候语
cowboy	[ˈkaubɔɪ] *n.* 牧牛工，牛仔；奸商
craft	[krɑːft] *n.* (特殊的) 技术，手艺，工艺
customary	[ˈkʌstəməri] *adj.* 习惯的，习俗的；独特的，典型的
descent	[dɪˈsent] *n.* 下降，下倾；坡道，斜坡；血统，祖籍
	【例】 There is a steep *descent* to the town below. 这有一条通往下面小镇的陡峭坡道。

destiny [ˈdestəni] *n.* 命运，天命

【例】I will put my own *destiny* in my own hands. 我要自己掌握自己的命运。

dialect [ˈdaɪəlekt] *n.* 方言；行话

disciple [dɪˈsaɪpl] *n.* 信徒，追随者

dye [daɪ] *n.* 染料，染液 *v.* 给…染色

earthly [ˈɜːθli] *adj.* 尘世的，世俗的；可能的

embroider [ɪmˈbrɔɪdə(r)] *v.* 刺绣；润饰

【派】embroidery(*n.* 刺绣，绣制品)

engrave [ɪnˈɡreɪv] *v.* 雕刻；使深深印入，牢记

eve [iːv] *n.* (节日等的)前夜，(重大事件发生的)前夕

【搭】on the eve of 在…的前夕

evil [ˈiːvl] *n.* 邪恶，恶行；不幸，灾难 *adj.* 坏的，罪恶的；有害的，恶毒的；不幸的，不祥的

fate [feɪt] *n.* 命运，结局，天数；毁灭，死亡

ghost [ɡəʊst] *n.* 鬼，幽灵

handicraft [ˈhændɪkrɑːft] *n.* 手工艺；手工艺品

heathen [ˈhiːðn] *n./adj.* 异教徒(的)

hell [hel] *n.* 地狱；(表加强语气)究竟 *int.*(表示愤怒、失望等)见鬼，该死

hermit [ˈhɜːmɪt] *n.* 隐居修道士，隐士

hymn [hɪm] *n.* 赞美诗，赞歌 *v.* 唱赞美诗，颂扬

idol [ˈaɪdl] *n.* 神像；崇拜的对象，偶像

institutional [ˌɪnstɪˈtjuːʃənl] *adj.* 机构的，慈善机构的；由来已久的，习以为常的

lunar [ˈluːnə(r)] *adj.* 月亮的；阴历的

【例】*lunar* calendar 农历

missionary [ˈmɪʃənri] *n.* 传教士

monastery [ˈmɒnəstri] *n.* 修道院，寺院

monk [mʌŋk] *n.* 僧侣，修道士

orthodox [ˈɔːθədɒks] *adj.* 正统的，传统的

【例】They were no longer restrained by *orthodox* ethics. 他们不再受传统道德规范的约束。

paradise [ˈpærədaɪs] *n.* 天堂，乐园

pilgrim [ˈpɪlɡrɪm] *n.* 朝圣者，香客

pray [preɪ] *v.* 祈祷，祈求

priest [priːst] *n.* 牧师；教士

prophet ['prɒfɪt] *n.* 预言家；先知

puritan ['pjʊərɪtən] *n.* 清教徒

race [reɪs] *n.* 比赛；赛跑；人种，种族 *v.* 参加比赛；和…比速度；(使)疾走

racecourse ['reɪskɔːs] *n.* 赛马跑道，跑马场；跑道

racing ['reɪsɪŋ] *n.* 赛跑；赛马

ranch [rɑːntʃ] *n.* 大牧场

religion [rɪˈlɪdʒən] *n.* 宗教信仰；宗教

religious [rɪˈlɪdʒəs] *adj.* 宗教的，信仰宗教的；虔诚的；敬畏神的

rite [raɪt] *n.* (宗教等的)隆重的仪式或典礼

ritual ['rɪtʃʊəl] *adj.* 仪式的；祭典的 *n.* 仪式；祭典；惯例

royal ['rɔɪəl] *adj.* 王室的，皇家的；庄严的，高贵的；盛大的

【例】the *royal* family 王室家族

【派】royalty(*n.* 皇室，王族；版税)

saint [seɪnt] *n.* 圣人，圣徒；极圣洁的人；道德高尚的人

salvation [sælˈveɪʃn] *n.* (对人的灵魂的)拯救，超度；拯救，解困

secular ['sekjələ(r)] *adj.* 世俗的，现世的；教区的；(指教士)不属修道院的

sin [sɪn] *n.* (宗教上的)罪，罪孽；过失，失礼

supernatural [ˌsuːpəˈnætʃrəl] *adj.* 超自然的；神奇的，不可思议的

superstitious [ˌsuːpəˈstɪʃəs] *adj.* 迷信的，由迷信引起的；受迷信思想支配的

symbol ['sɪmbl] *n.* 象征，符号

【派】symbolic(*adj.* 符号的，象征的)；symbolize(*v.* 用符号表示，象征)；symbolism(*n.* 符号的使用；象征主义，象征手法)

taboo [təˈbuː] *n.* 禁忌，忌讳 *adj.* 忌讳的，避讳的

tattoo [təˈtuː] *n.* 纹身 *v.* 刺花纹于

temple ['templ] *n.* 庙宇，神殿；太阳穴

theology [θiˈɒlədʒi] *n.* 神学；宗教研究；宗教信仰

【派】theologian(*n.* 神学家，神学研究者)；theological(*adj.* 神学的)

tradition [trəˈdɪʃn] *n.* 传统，惯例；传说

【派】traditional(*adj.* 传统的，惯例的)；traditionally(*adv.* 传统地，按惯例)

tribal ['traɪbl] *adj.* 部落的，部族的 *n.* (尤指南亚的)部落成员

tribute ['trɪbjuːt] *n.* 致敬；颂词；贡品，贡金

trinity ['trɪnəti] *n.* 三件套；三人小组；三位一体

【例】 the *trinity*（基督教教义中的圣父、圣子、圣灵）三位一体

usage	[ˈjuːsɪdʒ] *n.* 使用，利用；惯用法
victim	[ˈvɪktɪm] *n.* (祭神的)牺牲品，祭品；牺牲者，受害者
vow	[vaʊ] *n.* 誓言，誓约 *v.* 立誓，起誓
witchcraft	[ˈwɪtʃkrɑːft] *n.* 魔法，巫术
worship	[ˈwɜːʃɪp] *n./v.* 崇拜，敬慕

Note

◎ 历史变迁 / 核心词

antecedent [ˌæntɪˈsiːdnt] *adj.* 先前的 *n.* 前情，前事；先人，祖先；先行词

【例】A group of artists proclaimed Picasso as their *antecedent*. 一群艺术家宣称毕加索是他们的祖先。

antique [ænˈtiːk] *adj.* 古董的，古式的 *n.* 古物，古玩

【例】One Saturday morning, Frank visited an *antique* shop in my neighbourhood. 一个星期六的上午，弗兰克参观了我家附近的一家古玩店。

arise [əˈraɪz] *v.* 兴起，出现；站起来，起身

【搭】arise from 从…中产生，由…引起

【例】The question might even *arise* in the parents' minds as to whether the child should be compelled to go to school at all. (TEM-4)关于究竟是否要强迫孩子去上学这个问题甚至可能出现在家长的脑海中。

basis [ˈbeɪsɪs] *n.* 基础，根据

【搭】on the basis of 以…为根据，在…的基础上

【例】Seminars and tutorials are on the whole much smaller than lecture classes and in some departments can be on a one-to-one *basis* (that is, one member of staff to one student). (TEM-4)研讨会和导师辅导课总体来说都比演讲课小得多，在有些系里，还可以是一对一的形式，即一名教员对一名学生。

【注】其复数形式为 bases。

blast [blɑːst] *n.* 一阵，一股；喇叭声，号角声；爆炸 *v.* 爆破；炸毁

【例】a *blast* of wind 一阵强风 // Probe into coal mine *blast* should begin in earnest. 要开始对煤矿爆炸事件认真调查。

charity [ˈtʃærəti] *n.* 慈善机构；慈善；施舍；慈悲，博爱

【例】*charity* donation 慈善捐款 // A cancer *charity* says patients needing regular hospital treatment face financial hardship. 一家癌症慈善机构表示那些需要定期去医院进行治疗的病人面临资金困难。

【派】 charitable(*adj.* 仁慈的)

chronicle ['krɒnɪkl] *n.* 年史，年代记 *v.* 把⋯载入年史，记载

【例】 The priest *chronicled* the knight's story. 这名牧师将骑士的故事编入了史册。

chronological [ˌkrɒnəˈlɒdʒɪkl] *adj.* 按年月顺序排列的

【例】 There is a *chronological* mistake but I never noticed it. 年代顺序有误，我竟然从未察觉。

coincide [ˌkəʊɪnˈsaɪd] *v.* 同时发生；相同，相符；相交，重叠

【例】 The normal human daily cycle of activity is of some 7–8 hours' sleep alternation with some 16–17 hours' wakefulness and that the sleep normally *coincides* with the hours of darkness. (TEM-4)人类每日正常的活动周期是 7 至 8 小时的睡眠与 16 至 17 小时的清醒相交替，并且睡眠时间通常与黑夜时间相一致。

【注】 coincide 后面常跟 with，2004 年的 Cloze 题目考过此用法。

conscience ['kɒnʃəns] *n.* 良心，良知；内疚，愧疚

【搭】 in all/good conscience 凭良心；have a guilty conscience 内疚

【例】 No matter what you do, please don't go against your *conscience*. 无论你做什么，请不要违背自己的良心。

derive [dɪˈraɪv] *v.* 追溯⋯的起源，衍生；推论出，引申出；提取

【搭】 derive from 导出；由⋯而来；衍生，起源于

【例】 In fact, over fifty percent of genuine British surnames *derive* from place names of different kinds. (TEM-4)事实上，真正的英国人的姓氏 50%以上源于不同类别的地名。

descend [dɪˈsend] *v.* 下降，落下；下倾；降临，来临；祖传，是⋯的后裔

【例】 The balloon began to *descend* and landed near an airfield. 气球开始下降，降落在一个机场附近。

destined ['destɪnd] *adj.* 注定的；开往⋯的，前往⋯的

【例】 The discovery of the anaesthetic power of some drugs was *destined* to aid greatly in the progress of medicine. 一些药物具有麻醉能力，这一发现注定对医学的发展有很大帮助。

doom [duːm] *n.* 死亡，毁灭；厄运；判决，定罪 *v.* 注定，使⋯的失败（或毁灭）成为必然；判定，判决

【搭】 be doomed to (do) sth. 注定(做)⋯

【例】 People who are lazy and stupid are *doomed* to die in poverty. 又懒惰又愚蠢的人注定要在贫困中死去。

elapse [ɪˈlæps] *n./v.* (时间)过去，消逝

【例】 Several months *elapsed* before the assignment was completed. 几个月后任务才完成。

emigrate [ˈemɪɡreɪt] *v.* 移居外国(或外地)

【搭】 emigrate from...to... 从…移居到…

【例】 Several dozen applicants per month actually got permission to *emigrate*. 每个月其实都有几十个申请者获得移居国外的许可。

endure [ɪnˈdjʊə(r)] *v.* 忍受；持续，持久

【例】 *endure* hardship 忍受困苦// The climbers were lost in the mountains for ten days, *enduring* hunger, thirst, and intense cold. 登山者在山中走失了 10 天，这期间他们忍受着饥饿、干渴和严寒的折磨。

【派】 enduring(*adj.* 持久的，永久的)

facilitate [fəˈsɪlɪteɪt] *v.* 使容易，使便利；促进

【例】 The US movie industry says it will launch legal action to sue people who *facilitate* downloading illegal movies. 美国电影业表示它将采取法律手段起诉那些推动非法影片下载的人。

foresee [fɔːˈsiː] *v.* 预料，预见，预知

【例】 Scientists *foresee* that humans will be able to live on Mars within 50 years. 科学家预计 50 年内人类将能够在火星上居住。

genuine [ˈdʒenjuɪn] *adj.* 真正的，名副其实的；真诚的，诚实的

【例】 *genuine* signature 亲笔签名// *genuine* leather 真皮 // Nobody will not be glad to receive *genuine* admiration and respect. 没有人会不喜欢真诚的赞美和尊重。

【派】 genuinely(*adv.* 真正地)

grand [ɡrænd] *adj.* 壮丽的，堂皇的；主要的，重要的；伟大的

【例】 the *grand* staircase 主楼梯// The new drama will be staged at the *Grand* Theater. 新戏剧将在大剧院上演。

【注】 这个词与"亲戚称呼"搭配表示"曾，大"，如：grandfather(祖父或外祖父)，grandmother (祖母或外祖母)，grandparents (祖父母或外祖父母)，grand grandfather (曾祖父)。

herald [ˈherəld] *n.* 先兆，预兆；信使 *v.* 宣布；预示(…的来临)

【例】 A slight knock at the door *heralds* a signal. 轻轻的敲门声是一个信号。

hinder [ˈhɪndə(r)] *v.* 阻止，阻碍

【搭】hinder sb. from... 阻止某人……

【例】This was my hope—to *hinder* this war in a literal way. 这就是我的希望——通过书面形式来阻止这场战争。

hinge [hɪndʒ] *n.* 铰链，合页；关键，转折点 *v.* 装上铰链，用铰链接合

【搭】hinge on/upon 有赖于，取决于

【例】The entire achievement *hinged* upon a team effort, not a few superstars. 总成绩取决于全队的共同努力而不是几个超级明星。

hostility [hɒˈstɪləti] *n.* 敌意，敌对，对抗；[*pl.*]战争行为

【例】After weeks of silent *hostility* they finally made an agreement with each other on the issue. 经过数星期的暗地较量，他们最终就此问题达成了协议。

intense [ɪnˈtens] *adj.* 十分强烈的；很大的；热切的，热情的；激烈的；严肃紧张的

【例】*intense* cold 严寒 // The final exam brought an *intense* learning time for most of us. 对于我们大多数人来说，期末考试带来的是一段紧张的学习时间。

【派】intensely(*adv.* 激烈地，强烈地；非常)

【题】The heat in summer is no less ___ here in this mountain region.
A. concentrated   B. extensive   C. intense   D. intensive
答案为 C。concentrated 意为"集中的"；extensive 意为"广阔的，广大的"；intense 意为"强烈的"；intensive 意为"透彻的；密集的"。这里要特别注意不要混淆 intense 和 intensive 这两个形近词。

liberate [ˈlɪbəreɪt] *v.* 解放，使获自由；释放，放出

【例】The doctor helped him to be *liberated* from his dismal mind. 医生帮助他从忧郁的精神状态中解脱出来。

migrate [maɪˈgreɪt] *v.* (鸟等)定期迁徙；移居，迁移

【搭】migrate from...to... 从……迁移到……

【例】With development of the country more and more people *migrate* to urban areas. 随着国家的发展，越来越多的人向市区迁移。

【派】migration(*n.* 移民；迁移)

【注】表示"移民、迁移"的单词还有：expatriate(*v.* 移居国外；逐出国外)；immigrate(*v.* 使移居入境)；exile(*v.* 放逐，流放，使背井离乡)。

milestone [ˈmaɪlstəʊn] *n.* 里程碑；重大事件

【例】The invention of this treatment is the *milestone* in the fight against cancer. 这一治疗方法的发明是与癌症斗争过程中的一个里程碑。

misery ['mɪzəri] *n.* 痛苦，悲惨

【例】 Endless wars bring nothing but *misery* to the ordinary people. 无休止的战争带给老百姓的只有痛苦。

motion ['məʊʃn] *n.* 动作；移动；动议，提议

【搭】 in motion 在开动中，在运转中；set/put in motion 使运转，开始工作

【例】 *motion* picture 电影// Part of the members proposed a *motion* to increase the membership fee to 3000 RMB a year. 部分成员提议将会费增加到3000元每年。

oppress [ə'pres] *v.* 压迫，压制；压抑，使烦恼

【例】 Children can't be *oppressed* of their nature by studying all day long. 儿童不能整天学习，这样会压抑他们的天性。

【注】 oppress 与 depress 意思相近，oppress 强调由于强大的压力或者不公正的权力压迫而感到压抑；depress 形容事物时表示没有活力，形容人时表示因为失败、挫折等而心情低落。

overturn [,əʊvə'tɜːn] *v.* 翻倒，打翻，推翻，颠覆

【搭】 turn over 打翻；颠覆

【例】 The car skidded off the road for suddenly speeding up and *overturned*. 汽车因为突然加速而滑出公路翻了车。

【注】 表达"推翻，颠覆"的单词还有：topple(*v.* 使…翻倒)；overthrow(*v.* 打倒，推翻，颠覆)；subvert(*v.* 彻底推翻)

primitive ['prɪmətɪv] *adj.* 原始的；粗糙的；纯朴的 *n.* 文艺复兴前的艺术家（或作品）

【例】 *primitive* society 原始社会// *Primitive* tribes have their own customs which are undisturbed by modern society. 原始部落有自己的习俗，不受现代社会的干扰。

【注】 original 侧重指"独创的，新颖的"；primitive 侧重指"原始的"；historical 意为"历史的，有关历史的"；crude 强调"天然的，未经加工的"。

recede [rɪ'siːd] *v.* 逐渐远去；逐渐减弱

【例】 The importance of the university education will *recede* in the future. 大学教育的重要性将来会有所下降。

reign [reɪn] *n.* 君主统治时期；任期 *v.* 统治，当政；盛行

【搭】 reign over 统治，支配

【例】 Queen Victoria *reigned* over Britain for more than sixty years. 维多利亚女皇统治英国60多年。

remains [rɪ'meɪnz] *n.* 剩余物，残余；(古建筑等的)遗迹，废墟；遗体，遗骸

【例】 The *remains* of the lunch were taken away by the waiters. 午餐吃剩的饭菜被服务员收走了。

【题】 *All the President's Men* ___ one of the important books for historians who study the Watergate Scandal.

A. remain　　B. remains　　C. remained　　D. is remaining

答案为 B。考查时态，注意空格前为书名。句意为：对于研究水门丑闻的历史学家来说，《总统班底》仍是重要的书籍之一。

represent [ˌreprɪˈzent] v. 代表；描绘；表现；象征，表示；意味着，相当于…

【例】 The 29th Olympic Games attracted over 10,000 players *representing* more than 200 different countries. 第 29 届奥运会吸引了 200 多个国家的一万多名运动员代表。

restore [rɪˈstɔː(r)] v. 归还，交还；恢复，复兴；修复，重建；使复职或复位

【例】 Dialogues beween the two countries have been *restored* to normal state. 两国间的对话已经恢复正常状态。

【派】 restorative(*adj.* 恢复健康或体力的；整形的 *n.* 滋补品)

【题】 Jimmy earns his living by ___ works of art in the museum.

A. recovering　　B. restoring　　C. renewing　　D. reviving

答案选 B。restore 意为"（使）恢复原样，修复（艺术品等）"；recover 意为"康复"；renew 意为"翻新，更新"；revive 意为"复活，再流行"。句意为：吉米靠修复博物馆里的艺术品来谋生。

retreat [rɪˈtriːt] v./n. 撤退，退却；退缩，改变决定

【搭】 retreat from 从…撤退；retreat from real life 逃避现实

【例】 A real man will not *retreat* from his obligations and commitments. 一个真正的男人不会逃避自己的责任和承诺。

reverse [rɪˈvɜːs] v. 反转，翻转 n. 相反，相对；（硬币等的）反面，背面 adj. 颠倒的；相反的；背面的

【搭】 in reverse 顺序相反，反向；in reverse order 以颠倒的次序

【例】 It normally takes from five days to one week for a person to adapt to a *reversed* routine of sleep and wakefulness, sleeping during the day and working at night. (TEM-4) 一个人要适应颠倒的作息时间，即白天睡觉，晚上工作，一般需要五天到一周的时间。

【派】 reversal(*n.* 倒置，反转)；reversely(*adv.* 相反地)

sequence [ˈsiːkwəns] n. 一连串，一系列；（事情发生的先后）次序，顺序

【搭】 in sequence 依次，逐一；a sequence of 一系列

【例】 There is a particular *sequence* for me to perform these tasks. 我有一个特定的顺序来完成这些任务。

settlement [ˈsetlmənt] n. （解决纷争的）协议；移民；殖民；定居点；协议；解决，处理；支付

【例】 reach a *settlement* 达成协议 // Representatives from two companies are talking with each other in order to reach a peace *settlement*. 两个公司的代表正在交谈，希望能够达成和解。

situate [ˈsɪtʃueɪt] *v.* 使…建于；坐落在

【例】The young couple wanted to buy a house which was *situated* in the center of the city. 那对年轻的夫妇想在市中心买房。

sovereign [ˈsɒvrɪn] *adj.* 最高的，无上的；独立的，有主权的 *n.* 君主，统治者

【例】*sovereign* state 主权国家 // You are my best friend, and my *sovereign* lord. 你是我最好的朋友，也是我至高无上的主人。

【派】sovereignty (*n.* 主权)

【听】要注意该词的拼写和发音。

subdue [səbˈdjuː] *v.* 征服，制伏；克制，抑制

【例】You know, it was hard for me to *subdue* my excitement about the upcoming holiday. 你知道，对我来说，克制那因即将到来的假期而产生的兴奋很难。

subsequent [ˈsʌbsɪkwənt] *adj.* 后来的，随后的，继起的

【例】Those explosions must have been *subsequent* to our departure, because we didn't hear anything. 这些爆炸案一定发生在我们离开之后，因为我们没有听到任何声音。

【派】subsequently (*adv.* 随后，后来)

【注】subsequent 和 consequent 词形相近，注意区别。subsequent 指"后来的"，而 consequent 的意思是"随之发生的，作为后果的"。

topple [ˈtɒpl] *v.* (使)失去平衡而坠落，倒下，倒塌；推翻，打倒

【例】The dictator was hated by the people and his statue was *toppled* over by the crowds. 人们憎恨这个独裁者，就连他的雕像都被众人推倒了。

treaty [ˈtriːti] *n.* (国与国间缔结的)条约；(人与人之间的)协定，协议

【例】bilateral *treaty* 双边协定 // a *treaty* of friendship 友好条约 // Leaders from two countries have signed a peace *treaty* with each other. 两国领导人共同签署了一份和平协议。

trigger [ˈtrɪɡə(r)] *n.* (枪的)扳机；触发器；起因，诱因 *v.* 激起，引起，触发，发动

【例】*trigger* (off) an armed clash 引起武装冲突 // Father's blame *triggered* a severe response from the son. 父亲的责备激起了儿子的强烈反应。

triumph [ˈtraɪʌmf] *n.* 凯旋，胜利，成功；喜悦 *v.* 打败，战胜；成功

【搭】 triumph over 得胜，战胜；in triumph 胜利地，耀武扬威地

【例】 The country's diving team achieved a complete *triumph* in the Olympic Games. 该国的跳水队在奥运会上取得全面胜利。

undermine [ˌʌndəˈmaɪn] *v.* 损毁…的地基；逐渐削弱

【例】 A series of scandals of the film star have *undermined* people's affection for her. 这位电影明星的一系列丑闻已经削弱了人们对她的喜爱。

unify [ˈjuːnɪfaɪ] *v.* 使成一体，使统一

【例】 The new leader of the political party hopes to *unify* all the party members. 该政党的新领导希望统一党内的所有成员。

weaken [ˈwiːkən] *v.* 变弱；削弱

【例】 Nothing can *weaken* my resolution to become a pop singer. 没有什么可以削弱我想成为一名流行歌手的决心。

withdraw [wɪðˈdrɔː] *v.* 提，取(款)；(使)撤退；(使)退出；收回，撤消

【例】 Government troops were forced to *withdraw* from the small country near the border. 政府军被迫从边界附近的小国撤军。

【派】 withdrawal(*n.* 提款；收回；撤退)

◎ 历史变迁 / 认知词

ancient [ˈeɪnʃənt] *adj.* 古代的；古老的

【例】 an *ancient* city 一座古城

annals [ˈænlz] *n.* 编年史，年鉴

antiquity [ænˈtɪkwəti] *n.* 古老；高龄；古物，古迹

archaeologist [ˌɑːkiˈɒlədʒɪst] *n.* 考古学家

archaeology [ˌɑːkiˈɒlədʒi] *n.* 考古学

bandit [ˈbændɪt] *n.* 土匪，强盗

battlefield [ˈbætlfiːld] *n.* 战场

beacon [ˈbiːkən] *n.* 灯标，灯塔；(导航)无线电信标台；烽火

bloody [ˈblʌdi] *adj.* 血淋淋的，出血的；血腥的，残暴的

bondage [ˈbɒndɪdʒ] *n.* 奴役；束缚

brass [brɑːs] *n.* 黄铜；黄铜制品；铜管乐器

bronze [brɒnz] *n.* 青铜，古铜；青铜制品；青铜色 *v.* (使)变成青铜色

cannon [ˈkænən] *n.* 大炮

cavalry [ˈkævlri] *n.* 骑兵，骑兵部队

chariot	[ˈtʃærɪət] *n.* 古时的双轮马车(或战车)
colonial	[kəˈləʊnɪəl] *adj.* 殖民地的，关于殖民地的；(美国独立前)十三州时代的，美国初期的；拥有殖民地的
【例】	Many of the earliest *colonial* houses are still standing there. 许多早期殖民时期的房子仍然矗立在那里。
conquest	[ˈkɒŋkwest] *n.* 征服；占领；战利品；征服的地区；被俘虏的人
【例】	We were not talking about battles and *conquests*. 我们那时没有在讨论战争和征服。
continental	[ˌkɒntɪˈnentl] *adj.* 大陆上的，大陆性的；大陆风俗的
cornerstone	[ˈkɔːnəstəʊn] *n.* 基石，奠基石；基础
crusade	[kruːˈseɪd] *n.* 十字军东征；运动；斗争 *v.* 长期坚定不移地奋斗
dagger	[ˈdægə(r)] *n.* 匕首，短剑 *v.* 用匕首刺
【搭】	at daggers drawn 剑拔弩张，势不两立
decade	[ˈdekeɪd] *n.* 十年，十年期
defence/defense	[dɪˈfens] *n.* 保护，防御；防御工事；答辩，辩词
despot	[ˈdespɒt] *n.* 有至高无上权力的统治者，暴君
duel	[ˈdjuːəl] *v./n.* 决斗，斗争
dynasty	[ˈdɪnəsti] *n.* 王朝，朝代
epoch	[ˈiːpɒk] *n.* 时代，纪元
【例】	a new *epoch* 新纪元
epoch-making	[ˈiːpɒkˌmeɪkɪŋ] *adj.* 划时代的，轰动一时的
era	[ˈɪərə] *n.* 时代，纪元
【例】	the Victorian *era* 维多利亚时代
erase	[ɪˈreɪz] *v.* 擦除，清除
evolution	[ˌiːvəˈluːʃn] *n.* 进展；演变；进化
【例】	the theory of *evolution* 进化论
【派】	evolutionary(*adj.* 进化的；发展的)；evolutionist(*n.* 进化论者)
expanse	[ɪkˈspæns] *n.* 广阔，大片地区，宽广的空间
expansion	[ɪkˈspænʃn] *n.* 扩张，膨胀；扩展，扩大；区域
famine	[ˈfæmɪn] *n.* 饥荒
far-reaching	[ˈfɑːˈriːtʃɪŋ] *adj.* 影响深远的
fatalism	[ˈfeɪtəlɪzəm] *n.* 宿命论
fossil	[ˈfɒsl] *n.* 化石
【例】	a living *fossil* 活化石
founder	[ˈfaʊndə(r)] *n.* 奠基者；缔造者

gunpowder [ˈɡʌnpaʊdə(r)] n. 火药

historic [hɪˈstɒrɪk] adj. 历史上有名的，历史性的

【例】 *historic* significance 历史意义

historical [hɪˈstɒrɪkl] adj. (关于)历史的；历史学的；历史题材的

【例】 Mary was impressed by this city's many *historical* associations. 这座城市众多的历史社团给玛丽留下了深刻的印象。

imperial [ɪmˈpɪəriəl] adj. 王室的，帝国的，帝皇的

【派】 imperialism(n. 帝国主义); imperialist(n. 帝国主义者 adj. 帝国主义的)

landowner [ˈlændəʊnə(r)] n. 地主，土地所有者

martyr [ˈmɑːtə(r)] n. 烈士，殉道者；长期受折磨者

medieval [ˌmediˈiːvl] adj. 中世纪的

millennium [mɪˈleniəm] n. 千年，千年期；太平盛世

monarch [ˈmɒnək] n. 君主，帝王

monument [ˈmɒnjumənt] n. 纪念碑，纪念馆；遗迹；永久的典范

nobility [nəʊˈbɪləti] n. 贵族；贵族身份(或气质)；高贵的品质，崇高

persian [ˈpɜːʃn] adj. 波斯的；波斯语的 n. 波斯语；波斯人

powder [ˈpaʊdə(r)] n. 粉末；火药

prehistoric [ˌpriːhɪˈstɒrɪk] adj. 史前的

【派】 prehistorically(adv. 史前地)

prince [prɪns] n. 王子；(封建时代的)诸侯

princess [ˌprɪnˈses] n. 公主，王妃

puppet [ˈpʌpɪt] n. 木偶，布偶；傀儡

realm [relm] n. 王国，国土；领域；场所

【例】 beyond the *realms* of possibility 超出可能范围

rebirth [ˌriːˈbɜːθ] n. 新生，复兴，复活；再生

rebuild [ˌriːˈbɪld] v. 重建

reconstruct [ˌriːkənˈstrʌkt] v. 重建，恢复；(根据证据或想象)重现

redevelopment [ˌriːdɪˈveləpmənt] n. 重新规划，改造

relic [ˈrelɪk] n. 遗迹，遗风，遗俗；圣者遗物

renew [rɪˈnjuː] v. 更新，更换；继续，重新开始；延长…期限；重申

【派】 renewal(n. 更新；重建；延期，续期)

renovation [ˌrenəˈveɪʃn] n. 修复，整修；革新，更新；使恢复元气，使复活

【例】 They were delighted with the *renovation* of their houses. 他们对房屋的整修感到很高兴。

representation	[ˌreprɪzenˈteɪʃn] *n.* 表现；描写；代表；支持；[*pl.*] 申述；抗议
residual	[rɪˈzɪdjuəl] *adj.* (作为剩余物)存留下来的，残余的
restoration	[ˌrestəˈreɪʃn] *n.* 归还原主；恢复；重新采用；修复，整修
revival	[rɪˈvaɪvl] *n.* 更新；重新开始；重演

【例】 The *revival* of the old film attracted a huge amount of audience. 那部老电影的重演吸引了大批观众。

| revivify | [riːˈvɪvɪfaɪ] *v.* 给予新生命或活力，复兴 |
| revolutionary | [ˌrevəˈluːʃənəri] *adj.* 革命的，带来变革的 |

【例】 *revolutionary* discipline 革命纪律

showdown	[ˈʃəʊdaʊn] *n.* (为解决争端的)最后较量
skirmish	[ˈskɜːmɪʃ] *n.* 小规模战斗，军事小冲突 *v.* 发生小规模战斗或冲突，发生小争论
solidarity	[ˌsɒlɪˈdærəti] *n.* 团结，一致
solitude	[ˈsɒlɪtjuːd] *n.* 独居，单独；人迹罕至之处
strife	[straɪf] *n.* 麻烦，困难；争斗，冲突
survival	[səˈvaɪvəl] *n.* 生存，幸存；残存物，幸存事物
tactic	[ˈtæktɪk] *n.* [*pl.*] 战术，兵法；策略
tactical	[ˈtæktɪkl] *adj.* 战术上的，策略上的；善于筹划的；(指武器、炸弹等)短程的，战术的
trench	[trentʃ] *n.* 沟渠，壕沟；战壕

【派】 entrenched(*adj.* 确立的，不容易改的)

trophy	[ˈtrəʊfi] *n.* (为竞赛获胜者颁发的)奖品，奖杯；(狩猎或战争等中获得的)纪念品，战利品
unrest	[ʌnˈrest] *n.* 不安，动乱，动荡
unveil	[ˌʌnˈveɪl] *v.* 除去…的面纱；揭开；为…揭幕
victorious	[vɪkˈtɔːriəs] *adj.* 获胜的，胜利的
victory	[ˈvɪktəri] *n.* 胜利，成功
win	[wɪn] *v.* 赢，获胜；赢得，获得 *n.* 胜利，成功

专四词汇：词以类记

自然科学

◎科技普及

◎自然环境

acid ['æsɪd] *adj.* 酸味的；酸性的；尖刻的 *n.* 酸

【例】sulfuric *acid* 硫酸 // an *acid* tone of voice 尖酸的声调 // Lemons have a strange *acid* taste. 柠檬有一种怪怪的酸味。

arid ['ærɪd] *adj.* 干旱的，干燥的；枯燥乏味的，毫无新意的

【例】There are serious problems of land degradation in some *arid* zones. 在一些干旱地区存在严重的土地退化问题。

atmosphere ['ætməsfɪə(r)] *n.* 空气；大气，大气层；气氛，环境

【例】a friendly/romantic *atmosphere* 营造友好/浪漫的气氛 // In such an *atmosphere*, the partners grow further and further apart, both love and liking disappearing. (TEM-4)在这样的氛围下，夫妻双方会越来越疏远，爱和喜欢也会相继消失。

【派】atmospheric(*adj.* 大气的；令人激动的)

awaken [ə'weɪkən] *v.* 叫醒，闹醒；醒来，觉醒；唤起

【搭】awaken sb. to sth. 使…认识到…

【例】I was *awakened* with terrible cramps in my belly last night. 昨晚，一阵剧烈的腹痛把我痛醒了。

bare [beə(r)] *adj.* 赤裸的，裸露的；无遮蔽的；空的；仅够的；荒芜的 *v.* 揭开，脱掉(衣服)

【例】a *bare* possibility 极小的可能性 // When the leading actor *bared* his heart to the leading actress, the movie reached a climax. 当男主角向女主角表白的时候，电影达到了高潮。

blink [blɪŋk] *v.* (星星)闪烁；(眼睛)眨眼

【例】Skinny steps out the door and *blinks* in the dazzling sunlight. 斯金尼踏出门外，在耀眼的阳光下眨了眨眼睛。

bloom [blu:m] *n.* (常指供观赏的)花；开花；青春；香味 *v.* 开花；变得健康

【搭】in full bloom 鲜花盛开

【例】 Elizabeth has already lost her *bloom*. 伊丽莎白的青春美貌已经逝去。// Roses in the park are in *bloom*. 公园里的玫瑰正值开花期。

blossom [ˈblɒsəm] *n.* 花朵 *v.* 开花；变得更健康(或自信、成功)

【搭】 be in blossom 开花(强调状态)；come into blossom 开花(强调动作)

【例】 At this time of the year, many apple trees are in *blossom*. 每年的这个时候许多苹果树都鲜花盛开。

brink [brɪŋk] *n.* 边缘；初始状态；(河流等的)边沿

【搭】 on the brink of 濒临…，正要…之际

【例】 Just when she had been on the *brink* of despair, one of her rich customers had given her a handsome order. 正当她处于绝望的边缘之际，她的一位有钱的客户从她那里订购了数量可观的一批货。

brood [bruːd] *n.* 一窝鸟，一窝动物；一大家孩子 *v.* 孵(蛋)，孵出；焦虑，忧思

【例】 Quail still *broods*, and Bennie tries to cheer him up. 奎尔还是闷闷不乐，本尼试图让他振作起来。

bruise [bruːz] *n.* (人体、水果或植物等碰撞后产生的)青肿或伤痕；(感情等方面的)挫伤 *v.* 使(皮肉)青肿；撞伤，擦伤；损伤(水果、植物等)；打击，挫伤(感情等)

【例】 The men were getting *bruised* from tackling each other and being hit with equipment. (TEM-4)男人们在相互扭打并撞到设备时受了伤。

catastrophe [kəˈtæstrəfi] *n.* (突然的)大灾祸，大灾害

【例】 It is a *catastrophe* that carried many children off. 这是一场夺走了许多孩子生命的大灾难。

chew [tʃuː] *v.* 咀嚼，嚼碎；深思，体味

【搭】 chew over 思量

【例】 Robert tried to quickly *chew* the food in his mouth. 罗伯特想快点嚼碎嘴里的食物。

【注】 口香糖为 chewing gum；泡泡糖为 bubble gum。

chill [tʃɪl] *n.* 着凉，受寒；寒冷，寒意 *v.* 使变冷，使感到寒冷；使恐惧，吓唬；(使)冷却

【例】 The car slowed down and a *chill* swept over her body as she caught a glimpse of the driver. 小轿车放慢行驶速度，她瞥了一眼司机，全身打了个冷战。

choke [tʃəʊk] *v.* (使)窒息，噎住；使哽咽，使不能出声

【搭】 choke back 忍住，抑制

【例】 You live in a once-quiet suburban town that has become *choked* with auto traffic as outlying development has brought with it many new area residents. 你住在一个曾经僻静的郊区小镇，而其周边新型居住区的出现让这里变得车满为患。

circumstance [ˈsɜːkəmstəns] *n.* [*pl.*] 状况，环境，条件；境况，经济条件

【搭】 in/under the circumstances 在这种情况下；in/under no circumstances 在任何情况下都不，决不

【例】 Appearance is still important in certain *circumstances* and then we must choose our clothes carefully.（TEM-4）在某些特定环境中外表还是很重要的，我们必须认真地挑选衣服。

climate [ˈklaɪmət] *n.* 气候；（社会）风气，思潮，倾向，气势

【例】 economic *climate* 经济环境 // We need to create a *climate* in which services can prosper. 我们需要创造一个有利于服务业繁荣发展的环境气氛。

【派】 climatic(*adj.* 气候的，与气候有关的)

【题】 In the present economic ___ we can make even greater progress than previously.
A. air   B. mood   C. area   D. climate
答案为 D。air 常意为"空气"，也指"气氛"；mood 意为"心情"；area 意为"地区；范围"；climate 为"气候"，它既可以表示"经济气候"，又可以表示"政治气候"。在本题中指的是"经济环境"。句意为：就目前的经济环境来看，我们能够取得比以前更大的进步。

cluster [ˈklʌstə(r)] *n.* 串，簇，团；群，组 *v.* 群集；丛生

【例】 a *cluster* of stars 星团 // We *cluster* around Jack, chattering about the upcoming party. 我们围在杰克身边，讨论着即将到来的派对。

【派】 supercluster (*n.* 超星系团)

conserve [kənˈsɜːv] *v.* 节约，节省；保存，保护，保藏

【例】 Recycling helps *conserve* natural resources, especially the non-renewable resources. 回收利用有助于保护自然资源，特别是不可再生资源。

contaminate [kənˈtæmɪneɪt] *v.* 污染，玷污，弄脏

【例】 The chemicals will *contaminate* water resources when drained into the river. 这些化学物质如果被排放到河里会污染水资源。

current [ˈkʌrənt] *adj.* 现在的，目前的；通用的，流行的 *n.* 水流，气流；思潮，倾向

【例】 air *currents* 气流 // *current* affairs 时事 // I am asked to leave my *current* address and they will send a letter to me. 我被要求留下我目前的住址，他们会寄信给我。

【派】 currently(*adv.* 目前，当前); currency(*n.* 流通；货币)

damp [dæmp] *adj.* 潮湿的；消沉的，沉闷的 *n.* 潮湿，湿气 *v.* 使潮湿；使沮丧；减弱，抑制

【例】 Last night, after what seemed hours of *damp* turmoil, I got up and crept slipperless down the stairs, feeling my way in the faint street light that came through the window. (TEM-4)昨晚，经过了仿若几小时的辗转无眠之后，我爬起来，借着从窗户透进来的昏暗街灯光线，光着脚摸索着走下楼梯。

decay [dɪˈkeɪ] *v.* 使腐朽，使腐烂；使衰弱，衰败 *n.* 腐烂；衰退

【例】 I have to drill enough to prevent from *decay*. 为了防止衰老，我不得不进行足够的锻炼。

desert [dɪˈzɜːt] *v.* 放弃；离弃；逃跑 [ˈdezət] *n.* 沙漠；荒原

【例】 Large numbers of soldiers *deserted* as defeat became inevitable. 战败已成定局，许多士兵开小差跑了。

desolate [ˈdesələt] *adj.* 孤独凄凉的，忧伤的；荒凉的，无人居住的

【例】 We can use an astronomical telescope to see the *desolate* surface of the moon. 我们可以用天文望远镜看到月球荒凉的表面。

deteriorate [dɪˈtɪəriəreɪt] *v.* 恶化，(使)变坏，退化

【例】 Sociologists warn that the drug crisis of the country will *deteriorate* further if a new approach is not taken soon. 社会学家警告称如果不马上采取新的措施，该国的毒品危机将进一步恶化。

【派】 deterioration(*n.* 退化，恶化，变坏)

detriment [ˈdetrɪmənt] *n.* 损害，伤害

【例】 The manager of that company will not hire you, to his own *detriment*. 那家公司的经理不雇用你是他的损失。

discard [dɪsˈkɑːd] *v.* 丢掉，舍弃

【例】 The librarian has recently had to *discard* around 199 social science books because they were woefully out of date. 这名图书管理员不得不在近期丢掉了大约199本社科类书籍，因为它们已经过时许久。

disgust [dɪsˈɡʌst] *n.* 厌恶，作呕，反感 *v.* 使讨厌，使作呕，使反感

【例】 I hate this character but I can't tell what *disgusts* me the most in him. 我讨厌这个人物，但是也说不清楚他哪点最让我反感。

disposal [dɪˈspəʊzl] *n.* 清除，丢掉；处置，布置

【搭】 at one's disposal 任某人处理，供某人支配

【例】 The difficulty of disposing household waste is one of the biggest problems in rubbish *disposal* currently. 家庭生活垃圾的处理是当前垃圾处理中最大的问题之一。

diversify [daɪ'vɜːsɪfaɪ] v. 使不同，使多样化

【例】 We are going to *diversify* our products and service for further development. 我们打算使我们的产品和服务多样化以获得进一步的发展。

downfall ['daʊnfɔːl] n. 大阵雨（或雪）；垮台，毁灭，衰败

【例】 The old man witnessed the *downfall* of the British monarchy and the disintegration of the empire. 那位老人见证了英国君主制的衰败以及大英帝国的瓦解。

doze [dəʊz] v. 打瞌睡，昏昏欲睡，小睡 n. 瞌睡，小睡

【搭】 doze off 打盹儿，打瞌睡

【例】 I had a *doze* in the subway on my way home. 我在回家的地铁上打了个盹。

drain [dreɪn] v.（使）流光，放干；喝干；使精疲力竭，使耗尽 n. 排水管，下水道；消耗；（人才等的）外流

【搭】 drain away 排水；渐渐枯竭；down the drain 被浪费掉，化为乌有

【例】 a brain *drain* 人才流失 // It depends on how soon I can finish the *drains* at the office building. (TEM-4)这取决于我要多久才能修好办公大楼的排水管。

drizzle ['drɪzl] v. 下毛毛雨；洒落 n. 毛毛细雨

【例】 The *drizzle* has now become heavy. 毛毛雨现在开始下大了。

dump [dʌmp] v. 倾倒，倾卸；丢弃；倾销，抛售；推卸 n. 垃圾场，废物堆；脏乱的地方；倾倒；倾销

【例】 refuse *dump* 垃圾场，垃圾堆 // General Motors, Ford, and Chrysler had planned to accuse Japanese companies of *dumping* cars below market prices in the U.S. (TEM-4)通用、福特以及克莱斯勒已经计划状告日本公司以低于市场价格在美国倾销汽车。

dwarf [dwɔːf] n. 小矮人；侏儒；矮星 v. 使（显得）矮小，使相形见绌

【例】 Scientists have discovered a dim brown *dwarf* just 16.2 light years from Earth. 科学家在距地球 16.2 光年的地方发现了一颗昏暗的棕矮星。

ebb [eb] n. 退潮，落潮 v. 退，落；衰落，减退

【搭】 at a low ebb 处于低潮，处于衰退状态；the ebb and flow 兴衰，起伏；on the ebb 正在衰落（或减弱）；ebb away 退去

【例】 Dick was snoring peacefully as the music *ebbed* and flowed. 在起落有致的音乐声中，迪克正平静地打着鼾。

eclipse [ɪˈklɪps] *n.* 日食，月食；暗淡，黯然失色 *v.* 遮住…的光；使黯然失色，使相形见绌

【例】solar *eclipse* 日食 // Speed has revolutionized the transmission and reception of communications so that local news often takes a back seat to national news, which itself is often almost *eclipsed* by international news. (TEM-4)速度改变了交流信息的传输与接收，因此地方新闻常常让位于全国性新闻，而全国性新闻也几乎经常被国际新闻所取代。

【注】be eclipsed by 意为"落后于…，不如…"。

engulf [ɪnˈɡʌlf] *v.* 吞没，淹没

【例】Flames *engulfed* the factories and caused many casualties. 火焰吞没了这些工厂，导致大量人员伤亡。

erode [ɪˈrəʊd] *v.* 腐蚀，侵蚀，风化；削弱，损害

【例】The growth of independent wealth will *erode* the Party's control of the people. 个人可支配财富的增长会削弱党对人民的控制。

erupt [ɪˈrʌpt] *v.* (火山、喷泉等)喷发，喷出，迸发；爆发，突然发生

【例】The violence has *erupted* occasionally throughout a summer of sectarian tension in northern Belfast. (TEM-4)在贝尔法斯特北部地区，暴力事件偶尔伴随着宗派主义者之间的紧张状态达到白热化时爆发出来。

evaporate [ɪˈvæpəreɪt] *v.* (使)蒸发，挥发；消失，衰减

【例】The liquid expands, or in other words, becomes less dense; some of it *evaporates*. (TEM-4)液体膨胀，换句话说，就是变得稀薄；有些还会挥发。

evolve [iˈvɒlv] *v.* (使)发展，进化；逐渐演变，使逐步形成；引申出，推出

【例】Unlike most sports, which *evolved* over time from street games, basketball was designed by one man to suit a particular purpose. (TEM-4)与大部分从街头比赛演化而来的体育运动不同，篮球是某人为了特殊目的而设计的。

exceptional [ɪkˈsepʃənl] *adj.* 异常的，例外的；优秀的，杰出的，卓越的

【例】*exceptional* achievements 卓越的成就 // *exceptional* children 残障儿童 // School governors allow parents to withdraw pupils in *exceptional* circumstances. 在特殊情况下，学校领导允许家长为学生办理退学。

【派】exceptionally(*adv.* 例外地，异常地)

exhale [eks'heɪl] v. 呼(气)，呼出

【例】 Mrs. Green *exhaled* in relief when she saw her daughter come back safely. 看到女儿平安归来，格林太太松了口气。

extinct [ɪk'stɪŋkt] adj. 灭绝的，绝种的；(火山)死的，熄灭的；消亡的，破灭的

【搭】 go extinct 绝迹

【例】 an *extinct* species 已灭绝的物种// The panda is an endangered species, which means that it is very likely to become *extinct* without adequate protection. 大熊猫是濒危物种，这就意味着如果它得不到足够的保护便很可能会绝种。

【派】 extinction(n. 灭绝)

【听】 在 2002 年关于森林消失的听写文章中出现了这个词，这个词在那篇文章中是中心词，记笔记时应先把它记下。

filth [fɪlθ] n. 肮脏，污物；粗话，下流话

【例】 The waiter wiped the *filth* from the table. 服务员把桌子上的脏东西擦掉。

flap [flæp] v. 拍打；摆动；振(翅)；垂下；忧虑 n. 拍打；(鸟的)振翅；下垂物；封盖，(袋)盖，(帽)边，信封口盖；忧虑

【搭】 a flap over sth. 对…的不安

【例】 If wearing a jacket, an inside pocket is the best place to use. If not, your possessions are safest in a pocket with a button-down *flap*.（TEM-4）如果穿夹克，最好使用衣内的口袋；如果不穿夹克，你的随身财物放在有盖、带纽扣的衣兜里最安全。

flare [fleə(r)] v. (火焰)摇曳，(火光)闪耀；加剧；突发 n. 闪烁，火光；闪光信号；照明弹

【搭】 flare up 突然旺起来；突然发怒

【例】 NASA's Swift satellite has seen a giant *flare* explode from a nearby star, an event so powerful that it would have sterilized any local planets. 美国国家航空航天局的雨燕卫星观测到附近一颗恒星爆炸产生的巨大火光，该爆炸的威力足以摧毁其周边的任何行星。

flash [flæʃ] v. 闪光，闪耀；突发；闪现；飞驰，掠过 n. 闪亮，闪现；刹那，转瞬间

【搭】 a flash in the pan 昙花一现的人物；一时的成功；in a flash 转瞬间，立刻

【例】 US chip manufacturing giant Intel and European rival STMicro are merging their *flash* memory businesses. 美国芯片生产巨头英特尔与欧洲竞争对手意法半导体公司正拟定合并它们的闪存业务。

fluff [flʌf] *n.* 松软的绒毛团，柔毛 *v.* 抖松，拍松；把…弄糟，出错

【例】When the singer started singing, he did *fluff* in some lines. 这位歌手在开始唱歌时的确唱错了几句歌词。

ford [fɔːd] *n.* 浅滩 *v.* 驶过，涉过

【例】You can see the pebbles in the *ford*. 在浅滩处你可以看见鹅卵石。

frosty ['frɒsti] *adj.* 霜冻的，严寒的；冷淡的，冷若冰霜的

【例】We found a warm heart beneath his *frosty* exterior. 在他冰冷的外表下，我们发现了一颗火热的心。

【注】可用来描述人的眼神等，如 frosty stare/look 冷冷的眼神；frosty tone 冷淡的语调。

fume [fjuːm] *n.* [*pl.*]烟；气，汽 *v.* 冒烟；冒气；发怒，发火

【搭】fume at/about/over... 对…十分恼火

【例】You may *fume* and be upset as you please. 你生气也罢，烦躁也罢，随你便。

gaze [geɪz] *v.* 凝视，盯 *n.* 凝视，注视

【例】Psychologists find that the human *gaze* conveys a wealth of information about a person's mental state. 心理学家发现人的凝视的目光能传达出其心理状况方面的大量信息。

【注】stare, glare, gaze, observe, peep 的区别：stare 表示一般意义上的盯着看，看得比较仔细，有时候也带有吃惊的意味去看，常与 at, into 等介词连用；glare 有"怒目而视"的含义；gaze 意为"盯着"，多用于表示近视眼的人看东西，或是比较滑稽地看；observe 意为"观察，观测"；peep 意为"窥视，偷窥"。

glare [gleə(r)] *v.* 瞪眼，怒视；令人炫目地照射，闪耀 *n.* 令人目眩的光，强烈的阳光；瞪眼，怒视

【例】Although I had made some mistakes, no one complained or even *glared* at me. 尽管我犯了一些错误，但却没有人抱怨我，甚至都不曾怒视我。

glaring ['gleərɪŋ] *adj.* 耀眼的，炫目的；显眼的，显著的；怒目而视的

【例】There are some *glaring* errors in your report. 你的报告中存在一些明显的错误。

gleam [gliːm] *n.* 微光，闪光；一线，一丝；（感情的）表露，闪现 *v.* 闪烁，隐约闪光；表露，（在眼中）闪现

【例】A few faint *gleams* of sunshine lit up the gloomy afternoon. 几束隐约的阳光使阴暗的下午有些明亮。

glimmer ['glɪmə(r)] v. 发出闪烁的微光 n. 闪烁的微光，微弱的闪光；微弱的迹象

【例】Some rays of light *glimmered* through the windows. 一些微弱的光线从窗户透过来。

glint [glɪnt] v./n. 闪光，闪亮；闪现

【例】Derek's eyes *glinted* when he saw the money. 德里克看到钱时，眼睛一亮。

glisten ['glɪsn] v./n. 闪耀，闪光；反光

【例】The olive oil made the model's skin *glisten* under the light. 橄榄油使得模特的皮肤在灯光下闪闪发光。

glitter ['glɪtə(r)] v./n. 闪光，闪耀；闪现

【例】Janice's eyes *glittered* as she turned to look towards her parents and said goodbye. 贾尼丝回头向她父母告别时，双眸熠熠发亮。

【注】gleam, glint, glisten, glitter, shine 的区别：gleam 指"微光，柔光，光泽"；glint 表示的闪光是短暂的光；glisten 表示的光是由反射引起的反光；glitter 表示的光是绚丽的，给人华而不实的感觉；shine 通常指太阳光或镁光灯的光。

glow [gləʊ] v. 发暗淡的光；灼热；容光焕发，脸红，发热 n. 暗淡的光；容光焕发，兴高采烈

【例】At night, the flame in the town gave off a *glow* which could be seen for miles. 夜里，这个城镇里的火焰发出光芒，几英里以外都能看得见。

【派】glowing(adj. 热烈赞扬的；热情洋溢的)

gnaw [nɔː] v. 咬，啃；消耗，侵蚀；折磨，(使)烦恼

【例】Judging from Fred's restless expressions, something *gnaws* at his soul. 从弗雷德不安的表情可以看出，有些事让他心神不宁。

【注】gnaw 指"啃噬；侵蚀"；bite 指"用牙咬"；chew 指"咀嚼"。

grit [grɪt] n. 砂，砂砾；坚毅，决心 v. 撒沙砾；咬紧牙关

【例】Bessie *gritted* her teeth and put more effort into her accent. 贝西咬紧牙关，更用力地强调了一遍。

hail [heɪl] n. (冰)雹 v. 下冰雹；招手；称颂，赞扬；跟…打招呼，向…喊；欢呼

【搭】hail from 来自，出生于

【例】The sports competition was *hailed* as a great success. 人们欢呼运动会取得了巨大的成功。

hardy ['hɑːdi] adj. 能吃苦耐劳的，适应能力强的；坚强的；耐寒的

【例】I wish I were a girl again, half savage and half *hardy*, and free. 我希望能再回到身为女孩的时期，一半疯野，一半坚强，而且自由自在。

【注】 注意拼写上与 handy 区分，可以组合成 hand-handy, hard-hardy 来记忆。

harmful ［ˈhɑːmfl］ *adj.* 有害的

【例】 We customers should use our minds to make good use of advertisements and to resist the temptation of spending too much money on the products that may turn out to be useless or even *harmful* to us. (TEM-4) 我们消费者应该好好想想怎么利用好广告，抵制住诱惑，不花太多的钱购买最终对我们毫无用处甚至是有害的商品。

【派】 unharmful(*adj.* 无害的)；harmfully(*adv.* 有害地，伤害地)

【题】 Dreams are ___ in themselves, but when combined with other data, they can tell us much about the dreamer.
A. uninformative　　B. startling　　C. harmless　　D. uncontrollable
答案为 A。uninformative 意为"不提供信息的"；startling 意为"令人吃惊的"；harmless 意为"无害的"；uncontrollable 意为"不可控制的"。句意为：梦本身是不能传递信息的，但当把梦同其他数据联系起来时，它们可以告诉我们许多有关做梦者的信息。

hemisphere ［ˈhemɪsfɪə(r)］ *n.* (地球、天体等的)半球；半球上的国家(或居民)；(活动、知识等的)范围，领域

【例】 the right *hemisphere* of the brain 右脑 // the northern *hemisphere* 北半球 // This country is the most powerful in the western *hemisphere.* 这个国家是西半球最强大的国家。

hound ［haʊnd］ *n.* 猎犬，猎狗；卑鄙的人 *v.* 追踪，追逐；纠缠

【例】 Francis searched the room like a *hound.* 弗朗西斯像只猎犬一样搜寻了这个房间。

【注】 狗在欧美国家是正直(honesty)、忠实(loyalty)的代表。关于狗的谚语也很多：like a dog with two tails 形容非常高兴；treat sb. like a dog 形容对某人不尊重。

impact ［ˈɪmpækt］ *n.* 冲击(力)，撞击；影响；效果

【例】 The industrial revolution had *impact* on the western world. (TEM-4) 工业革命对西方国家产生了影响。

intensify ［ɪnˈtensɪfaɪ］ *v.* 加强，增强，加剧

【例】 Companies gradually realized that financial management could *intensify* the competition force. 企业逐渐意识到财务管理能够增强竞争力。

intensive ［ɪnˈtensɪv］ *adj.* 密集的，集中的；深入细致的；彻底的；精耕细作的；集约的

【例】 *intensive* training 强化训练 // *intensive* reading 精读// The waiters have to take a two-week *intensive* training before working. 服务员上岗前必须要参加一次为期两周的强化训练。

【派】 energy-intensive(*adj.* 能源密集型的)；intensively(*adv.* 彻底地；集约化地)

interval [ˈɪntəvl] *n.* 间隔，间歇；幕间休息

【搭】 at intervals 不时，间或；at long intervals 间或；at short intervals 常常

【例】 There are stations where runners can get water at *intervals* throughout the marathon. 在马拉松全程中，每隔一定距离的地方设有水站，运动员可以在那里补充水分。

jungle [ˈdʒʌŋgl] *n.* 丛林，密林；混乱的一堆

【例】 *jungle* law 弱肉强食的原则 // The Yanomami people live in the South American *jungle.* 亚诺玛米人居住在南美的丛林之中。

【注】 还有许多词表示树林：grove 意为"果园，小树林"；woodland 意为"林地"；forest 意为"森林"；timberland 意为"林地"，尤指拥有具有商业价值的木材的林地。

kindle [ˈkɪndl] *v.* 点燃，着火，开始燃烧；激起(兴趣、感情等)；发展起来

【例】 A little spark *kindles* a great fire. 星星之火，可以燎原。

lap [læp] *n.* 膝部；(跑道的)一圈；轻拍 *v.* 包围；拍打；折叠

【例】 The sea *lapped* at our ankles as we walked along the beach. 我们沿着海滩散步，海浪轻拍着我们的脚踝。

lay [leɪ] *v.* 放，搁；设置，布置；铺，砌；下蛋，产(卵)

【搭】 lay aside 把…搁置一边；储蓄；lay down 献出；制定，规定；放下；铺设；lay off (临时)解雇；lay out 安排，布置，设计；摆开，展示

【例】 Mom told me to *lay* out the knives and forks at the lunch-table before guests arrived. 妈妈让我在客人到来之前把刀叉摆放在午餐桌上。

【听】 该词与 lie(*v.* 撒谎)的过去式同形同音，在听力中要注意区分。

leap [liːp] *v./n.* 跳，跳跃；(数字等)激增

【搭】 look before you leap 三思而后行；leap to one's feet 突然站起来

【例】 Many cities in the US grew by *leaps* through the 19th century. 美国很多城市都在 19 世纪得到了快速发展。

liquid [ˈlɪkwɪd] *n.* 液体 *adj.* 液体的；清澈的；清脆的；流畅的

【例】 You'd better treat your flowers once a week with *liquid* fertilizer. 你最好每周给你的花上一次液态肥料。

litter [ˈlɪtə(r)] *n.* 乱丢的废弃物；一胎所生的小动物 *v.* 在…上乱丢东西，乱丢

【例】 There are laws against *littering* and against making the air and water dirty. (TEM-4)法律禁止乱丢垃圾，禁止污染空气和水。

loom [luːm] *v.* 隐隐呈现；赫然耸现；阴森地逼近 *n.* 隐隐呈现的形象；织布机

【搭】loom large 令人忧虑，令人惊恐

【例】The terror of war *loomed* large in everyone's mind; even those who were living in the mountain area were frightened. 战争的恐怖笼罩在每个人的心头，甚至那些居住在山区的人都惴惴不安。

magnify ['mægnɪfaɪ] *v.* 放大，扩大；夸大

【例】Some people always like to *magnify* their contributions. 有些人总是喜欢夸大自己的功劳。

maintain [meɪn'teɪn] *v.* 维修，保养；赡养，供养；维持，保持；坚持认为，主张

【例】*maintain* world peace 维护世界和平 // *maintain* one's health 保持健康 // To some extent, the principle of secrecy had been *maintained*. (TEM-4) 从某种程度上来说，秘密原则得到了维持。

【注】maintain 强调状态，意为"维持(已有的水平、标准等)"；retain 强调"保留"；sustain 强调"支撑；维持"。

maintenance ['meɪntənəns] *n.* 维修，保养；维持，保持

【例】vehicle *maintenance* 车辆的保养 // The house owner pays for heating and the *maintenance* of the house. 房主支付房子的取暖以及维修费用。

melt [melt] *v.* (使)融化，(使)熔化；(使)消散，(使)消失；使(态度等)软化，变得温柔

【例】Global warming has caused the icebergs to *melt* at a faster speed. 全球变暖导致冰山以更快的速度融化。

【派】melting(*adj.* 融化的，熔化的)

【注】melt 表示的"融化"是指由于加热或温度升高，使固体变为液体；dissolve 是"溶解"的意思，即固体溶解于液体。

moan [məʊn] *v.* 呻吟；抱怨 *n.* 呻吟(声)，呜咽(声)；抱怨

【例】Each time she moved her back she let out a *moan* for pain. 每次她动一下背，就会发出痛苦的呻吟声。

murmur ['mɜːmə(r)] *n.* 低语；咕哝；接连的低沉的声音 *v.* 低声说；连续发出低沉的声音；发牢骚，抱怨

【搭】murmur against sb./sth. 小声抱怨…

【例】After the announcement released, there was a low *murmur* among the people. 公告发表之后，人群里窃窃私语。

neglect [nɪˈglekt] *v.* 忽略，忽视；遗忘

【搭】 neglect one's duty 玩忽职守

【例】 He was dismissed right away for *neglecting* his duty at work. 因为在工作中玩忽职守，他被立即革职。

obligation [ˌɒblɪˈgeɪʃn] *n.* 责任，义务

【搭】 obligation to do... 有做…的义务

【例】 I do not have the *obligation* to tell him what happened before. 我没有义务告诉他之前发生了什么事情。

obscure [əbˈskjʊə(r)] *adj.* 模糊的，不清楚的；费解的；不出名的 *v.* 使朦胧；使隐晦，使难理解

【例】 He has risen from an *obscure* nobody to a powerful political leader. 他从一个无名小卒一跃成为强大的政治领袖。

【注】 obscure 指使物体模糊不清，也可以用来指理解不了的事情；dim 强调光线的减弱使视觉能力减弱，从而导致看不清楚。

obvious [ˈɒbviəs] *adj.* 明显的，显而易见的

【例】 Our ape-men forefathers had no *obvious* natural weapons in the struggle for survival in the open. (TEM-4)我们的猿人祖先在野外艰难生存时没有使用明显的天然武器。

odd [ɒd] *adj.* 古怪的，不同寻常的；奇数的

【例】 an *odd* number 奇数 // He behaved like a seriously *odd* person, talking off the top of his head. (TEM-4)他表现得非常怪异，讲一些不着边际的话。

outlet [ˈaʊtlet] *n.* (液体或气体的)排泄口，出口；路子；表现机会；专营店

【搭】 outlet for sth. …的出路；…的表现机会

【例】 The leader of the company needed to find an *outlet* for his many potential commodities. 公司的领导需要为他的许多有潜力的商品寻找出路。

overflow [ˌəʊvəˈfləʊ] *v.* (使)溢出，(使)泛滥，涌出；挤满了人

【例】 On New Year's Day, the street was *overflowed* with people watching the parade. 元旦那天，街上挤满了观看游行的人。

penetrate [ˈpenətreɪt] *v.* 刺入，进入；看穿，识破；渗透

【例】 The aroma of the flowers *penetrated* the whole living room. 起居室里到处散发着鲜花的香味。

perch [pɜːtʃ] *v.* (鸟)栖息；位于高处 *n.* (鸟的)栖木；高的地位或位置

【例】 A sparrow was singing and hopping around on its *perch*. 一只麻雀在它的栖木上叽叽喳喳，跳来跳去。

permanent [ˈpɜːmənənt] *adj.* 永久的，持久的

【例】*Permanent* education is practical because there are no age limits. (TEM-4)
终生教育很实用因为它没有年龄限制。

【派】permanently(*adv.* 永久地，不变地)

perpetual [pəˈpetʃuəl] *adj.* 持续的；一再反复的；终身的，永久的

【例】We took our photo taken at the graduation ceremony as a *perpetual* symbol of our maturity. 我们把在毕业典礼上照的照片视为我们成熟的永久象征。

phase [feɪz] *n.* 阶段，时期；方面；(月相)盈亏 *v.* 使分阶段进行

【例】The company has decided to *phase* in the new concept of management in three years. 公司决定在三年内逐步实行新的管理理念。

preserve [prɪˈzɜːv] *v.* 保存，保护；维护，维持

【例】*preserve* one's eyesight 保护视力//People call for *preserving* the distinct identities of the old ethic minority. 人们号召维护这个古老的少数民族的特有风貌。

pressure [ˈpreʃə(r)] *n.* 压力，气压；(精神上的)压力，压迫感

【搭】under pressure 处于压力之下；put pressure on 给…施加压力

【例】atmospherial *pressure* 大气压//If you were under *pressure* to be perfect, you are terrified of falling in the most public of ways. (TEM-4)如果你追求完美却身处压力之下，那么你会为自己陷入大众化而感到恐惧。

【派】pressurize(*v.* 逼迫，使迫不得已)

【注】"迫于压力要成为…"可表达为 be under the pressure to be...。

prey [preɪ] *n.* 猎物，牺牲品；捕食 *v.* 捕食；(疾病等)折磨，困扰

【搭】prey on 捕食；欺凌；fall/be prey to... 被…捕食，成为…的猎物

【例】The new born deer fell *prey* to a fierce lion. 新出生的小鹿沦为了凶猛的狮子的猎物。

prick [prɪk] *v.* 戳，刺；扎破，刺破；竖起；(使)感到刺痛 *n.* 刺痛；刺痕，刺孔

【搭】prick up one's ears 竖起耳朵听

【例】He *pricked* his ears whenever his name was mentioned. 只要有人提到他的名字，他就会竖起耳朵听。

prohibit [prəˈhɪbɪt] *v.* 禁止；阻止，妨碍

【搭】prohibit...from... 禁止(或阻止)…做…

【例】Internet bars are *prohibited* to admit minors to come in. 网吧被禁止允许未成年人进入。

【注】 prohibit 是比较正式地通过法律或政府指令来禁止，接宾语时的结构是 prohibit sb. from doing sth.；forbid 后接宾语时的结构为 forbid sb. to do sth. 或 forbid sb. from doing sth.；ban 的语气最强，接宾语时的结构为 ban sb. from sth./from doing sth.。

range [reɪndʒ] *n.* 排；系列；射程，距离；山脉；范围，幅度 *v.* 排列，使成行；(在一定范围内)变化；漫游，徘徊；延伸，绵延

【搭】 range over 包括；range between 范围在…与…之间不等；at close range 近距离；in (within) range 在射程内；range from A to B 在 A 和 B 之间变化或变动；包括从 A 到 B 之间的各类事物；a wide range of 范围广泛的，各式各样的

【例】 Exciting new studies suggest that aspirin can help fight a wide *range* of serious illnesses. (TEM-4) 令人兴奋的新研究显示阿司匹林能够帮助治疗多种疾病的重症患者。

【听】 a range 与 arrange 的读音相同，在听力中要注意区分。

ravage [ˈrævɪdʒ] *v.* 毁坏，严重损害；蹂躏；掠夺 *n.* 毁坏；蹂躏；毁坏的结果

【例】 The ancient architectures were nearly *ravaged* by the war. 古老的建筑几乎都被战争毁坏了。

scarce [skeəs] *adj.* 缺乏的，供不应求的；稀有的，罕见的

【例】 Hotel accommodation was *scarce* during the Olympic Games. 奥运期间，旅馆住宿供不应求。

【派】 scarcity(*n.* 缺乏；稀有)

scenery [ˈsiːnəri] *n.* 风景，景色；(舞台的)布景

【例】 Yellowstone National Park is famous for its natural *scenery*. 黄石国家公园以它的自然景观而著称。

seal [siːl] *n.* 海豹；印记，印章；封蜡，火漆 *v.* 盖章于，盖印于；封，加封

【例】 Don't *seal* the parcel. You need to leave it open so that the driver can check the contents when he collects it. (TEM-4) 不要封上包裹，你需要让它开着以便司机在收到它的时候可以检查里面的东西。

【听】 seal 作"海豹"之意时常出现在涉及"环境保护"的文章中，考生需注意与之相关的词汇：polar bear (北极熊)，penguin (企鹅)，global warming (全球变暖)，carbon dioxide (二氧化碳)，greenhouse gases (温室气体)。

shadowy [ˈʃædəʊi] *adj.* 多阴影的，阴暗的；朦胧的

【例】 People sat in the *shadowy* porch, enjoying the cool. 人们坐在有阴凉处的门廊里纳凉。

shallow [ˈʃæləʊ] *adj.* 浅的；浅薄的，肤浅的

【例】Stephen looked at them with an acrid smile as the two girls had a *shallow* talk. 这两个女孩的谈话很肤浅，斯蒂芬看着她们，冷冷一笑。

【派】shallowness(*n.* 浅；肤浅)

snap [snæp] *n.* 猛咬；折断；折断声，脆裂声；快照 *v.* 咬，啮；折断；发出清脆声

【搭】snap at sth. 向…咬去；迫不及待地抓住…

【例】The guard dog was snarling and *snapping* when it heard strangers approaching. 当看门狗听见陌生人走近的时候就开始狂吠了。

span [spæn] *n.* 跨度 *v.* 横跨；架桥于…

【例】The expected life-*span* of Beijing residents has gone up by 1.1 years compared with that a decade earlier. (TEM-4)与十年前相比，北京居民的寿命期望值增加了1.1年。

sparkle [ˈspɑːkl] *v.* 闪闪发光，闪耀 *n.* 闪烁(或闪耀)的光；生动，亮点

【搭】sparkle with 闪耀，闪烁

【例】I saw Mom's wedding ring *sparkle* in the sunlight. 我看到妈妈的结婚戒指在阳光下闪闪发光。

【注】sparkle 和 twinkle 二者都有"闪耀"之意，区别在于：sparkle 指钻石等发出璀璨的光；twinkle 常指星星等忽明忽暗地闪烁或眼睛闪闪发光。

spectacular [spekˈtækjələ(r)] *adj.* 壮观的，引人入胜的

【例】a *spectacular* victory 辉煌的胜利 // From the town house, you can see a *spectacular* view of the sea. 从这座镇上的房子，你能够看到大海壮观的景象。

spill [spɪl] *v.* (使)洒出，泼出，(使)溢出，(使)溅出

【例】It's forbidden to *spill* toxic chemicals into the river. 禁止将有毒化学物品倒入河中。

【注】spill 的过去式和过去分词有两种：spilled 和 spilt，注意拼写。

spit [spɪt] *v.* 吐出，吐唾液；怒斥

【搭】spit at/on sb. 向…吐唾液

【例】Bob ate the watermelon as he walked and *spat* the seeds out everywhere. 鲍勃边走边吃西瓜，把西瓜籽吐得到处都是。

splash [splæʃ] *v.* 溅，泼洒；(指液体)飞溅 *n.* 飞溅，溅污的斑点；有颜色的斑点；重点文章

【搭】make a splash 引人注目，引起轰动

【例】 The milk *splashed* over the rim of the servant's glass. 牛奶从仆人杯子的边缘溅了出来。

spray [spreɪ] *n.* 水雾，浪花；喷液；喷雾器 *v.* 喷，喷洒

【例】 Someone had *sprayed* blue paint over the car. 有人给轿车喷上了蓝色油漆。

sprout [spraʊt] *v.* 发芽，萌芽；使生长 *n.* 新芽，籽苗

【例】 Some yellow and white flowers *sprout* up overnight. 一些黄色和白色的小花一夜之间长了出来。

squat [skwɒt] *v.* 蹲下，蹲坐；(指动物)蜷伏

【例】 He points to the handsome man *squatting* in the room. 他指向房间里那名蹲着的英俊男子。

stem [stem] *n.* (植物的)茎，干 *v.* 遏止，阻止(液体流动等)；起源于，来自

【搭】 stem from 来自，来源于

【例】 The fries' distinctive taste does not *stem* from the kind of potatoes that McDonald's acquires and the technology that processes them. (TEM-4) 炸薯条的独特香味并不是来自麦当劳购买的那种土豆，也不是来自制作它们的工艺。

stifle [ˈstaɪfl] *v.* 使窒息，室闷；压制，抑制，遏止

【例】 No one can silence me and *stifle* the truth. 没有人能让我保持沉默，也不能掩盖真相。

swallow [ˈswɒləʊ] *n.* 燕子；吞，咽 *v.* 吞下，咽下；吞没，淹没；耗尽，花光

【例】 I *swallowed* all the pills with some water. 我就着水将所有药片吞了下去。

swarm [swɔːm] *n.* (昆虫等的)群，人群 *v.* 拥挤，蜂拥而行

【搭】 a swarm of 一大堆，一大群

【例】 *Swarms* of journalists followed the film stars and kept taking photos. 成群的记者跟随着电影明星并且不停地拍照。

【注】 swarm, herd, brood 都有"群"之意，注意区别。swarm 指"昆虫"等的一群；herd 指"兽群"；brood 指"鸟类"的一窝。

swell [swel] *v.* 膨胀，肿胀；增加，增大；(使)鼓出

【例】 My face was beginning to *swell* up because the bee had stung me. 我的脸因为被蜜蜂蜇了而开始肿胀起来。

swing [swɪŋ] *v.* (使)来回摆动，摇荡；(使)旋转，(使)回旋 *n.* 摇摆；回旋；秋千

【例】 The Little Orange Lamp *swung* in the cold wind, which brought a little warm in my heart. 小橘灯在寒风中摆动，给我的心里带来一丝暖意。

【听】swing 的过去式和过去分词都是 swung，注意拼写。

teem [ti:m] *v.* 充满，遍布；倾注，倾泻

【例】The ponds around our village are *teeming* with all kinds of fish. 我们村附近的池塘里有各种各样的鱼。

temperate ['tempərət] *adj.* (指气候)温和的，温带的；心平气和的；自我克制的

【例】Hawaii has a *temperate* climate which is suitable for holiday. 夏威夷气候温和，适合度假。

thaw [θɔ:] *v.* (使)解冻，融化；变得随和，无拘束 *n.* 解冻(期)，融雪(期)

【例】The economy of the country was slowly *thawing* out after the long cold winter. 这个国家的经济经过了漫长的严冬后终于慢慢开始复苏了。

【注】同义词是 melt，反义词是 freeze。

trot [trɒt] *v.* (马等)疾走；小跑，快步走 *n.* (马)快步，小跑，疾走

【例】Poor little Tony *trotted* along behind his uncle. 可怜的小托尼一路小跑，紧跟着他的叔叔。

vital ['vaɪtl] *adj.* 生命的，与生命有关的；紧要的，关系重大的；致命的；生气勃勃的

【例】The police had found out some evidence of *vital* importance to prosecute the corrupt official. 警方已经找到了一些重要证据来检举这名腐败官员。

wind [wɪnd] *n.* 风 [waɪnd] *v.* 转动，卷绕；蜿蜒，迂回前进；上…的发条

【搭】get wind of 听到…的风声；in the wind 即将发生，正在酝酿；wind down (钟或表)慢下来；使逐步结束；放松一下；wind up 结束(讲话、会议等)；以…告终

【例】It takes some time to *wind* him down after so many days of intensive training. 经过很多天的强化训练之后，他需要花上一些时间来放松一下。

【派】unwind(*v.* 展开，伸直)

◎ 自然环境 / 认知词

altitude ['æltɪtju:d] *n.* 高，(指海拔)高度；高级，高等

antarctic [æn'tɑ:ktɪk] *adj.* 南极的，南极地区的

【例】the *Antarctic* 南极地区 // the *Antarctic* Circle 南极圈

ape [eɪp] *n.* 类人猿 *v.* 模仿，学样

【搭】play the ape 模仿别人，学样

aquatic [ə'kwætɪk] *adj.* 水中(生)的

arctic ['ɑ:ktɪk] *adj.* 北极的，北极地区的

【例】 the *Arctic* 北极地区

ascent [ə'sent] *n.* 上升；攀登；上坡，上坡路

avalanche ['ævəlɑːnʃ] *n.* 雪崩 *v.* 崩落；涌至

axis ['æksɪs] *n.* 轴；轴线；核心，中心

axle ['æksl] *n.* 轴，车轴

bait [beɪt] *n.* 铒；引诱物，诱惑物 *v.* 用铒引诱

bamboo [ˌbæm'buː] *n.* 竹子，竹竿

bay [beɪ] *n.* 海湾，湾

【例】 *bay* area 海湾地区

beast [biːst] *n.* (四足)兽；牲畜；凶残的人；举止粗鲁的人

beetle ['biːtl] *n.* 甲壳虫

binoculars [bɪ'nɒkjələz] *n.* 双筒望远镜

biotechnology [ˌbaɪəʊtek'nɒlədʒi] *n.* 生物工艺学，生物工程

botanical [bə'tænɪkl] *adj.* 植物学的

botany ['bɒtəni] *n.* 植物学

bouquet [bu'keɪ] *n.* 花束

breeze [briːz] *n.* 微风 *v.* 吹微风

bristle ['brɪsl] *n.* 硬而粗的毛发

buck [bʌk] *n.* 雄鹿；公兔 *adj.* 雄性的，公的

bud [bʌd] *n.* 芽，萌芽状态；蓓蕾

bug [bʌg] *n.* 小虫；小病；窃听器；(电脑等的)故障，程序错误，缺陷 *v.* 装窃听器；不断地烦扰，纠缠

buzz [bʌz] *n.* 嗡嗡声；嘈杂声 *v.* 发出嗡嗡声；发出嘈杂声

【例】 Bees *buzzed* lazily among the flowers. 蜜蜂在花丛中懒洋洋地嗡嗡叫着。

calf [kɑːf] *n.* 小牛，牛犊；(人腿的)腓，小腿肚

camel ['kæml] *n.* 骆驼

cane [keɪn] *n.* 细长而有节的茎；手杖

canine ['keɪnaɪn] *adj.* 犬的，似犬的 *n.* 犬，似犬动物

cellular ['seljələ(r)] *adj.* 网状的，网眼的；细胞的，由细胞组成的

cherry ['tʃeri] *n.* 樱桃；樱桃树

chestnut ['tʃesnʌt] *n.* 栗子；栗树；栗木

claw [klɔː] *n.* (鸟兽的)爪 *v.* 抓，挠

【搭】 claw at 抓…

cliff [klɪf] *n.* 悬崖，峭壁

clone [kləʊn] *n.* (动植物)无性繁殖系；复制品 *v.* (使)无性繁殖；克隆

cockroach ['kɒkrəʊtʃ] *n.* 蟑螂

coincidence [kəʊ'ɪnsɪdəns] *n.* 巧合，巧事；并存；一致

【例】 *coincidence* in opinion 意见一致

comet ['kɒmɪt] *n.* 彗星

conservation [ˌkɒnsə'veɪʃn] *n.* 保持；保护；保存；(对自然环境的)保护

【例】 *conservation* of wildlife 野生动物保护

constellation [ˌkɒnstə'leɪʃn] *n.* 星座，星群

consumption [kən'sʌmpʃn] *n.* 消费(量)；消耗

【例】 *consumption* pattern 消费模式 // *consumption* of electricity 耗电量

coral ['kɒrəl] *n.* 珊瑚

cornea ['kɔːniə] *n.* 角膜

cosmic ['kɒzmɪk] *adj.* 宇宙的

cosmos ['kɒzmɒs] *n.* 宇宙

cow [kaʊ] *n.* 母牛；大型雌性动物 *v.* 使害怕，恐吓

crack [kræk] *v.* (使)裂开，(使)破裂；(使)发出噼啪声；打碎，砸开；(嗓子)变嘶哑；猛击 *n.* 裂缝，裂口；爆裂声，轰隆；猛烈的一击

【搭】 crack down on 镇压，取缔，严厉打击

【例】 Lydia peeped through the *crack* in the window. 莉迪娅透过窗户的缝隙窥视。

【派】 cracking(*n.* 分裂)；cracked(*adj.* 破裂的；沙哑的)

crag [kræg] *n.* 悬崖，峭壁

creature ['kriːtʃə(r)] *n.* 创造物；生物；动物

creek [kriːk] *n.* 小溪，小河

crest [krest] *n.* 鸟冠，羽冠；山顶，顶峰；(信纸等上面的)纹章，饰章

cycle ['saɪkl] *n.* 循环；自行车；整套 *v.* 循环，轮转；骑自行车

【例】 ecological *cycle* 生态循环 // business *cycle* 商业周期

cyclone ['saɪkləʊn] *n.* 旋风，飓风

daybreak ['deɪbreɪk] *n.* 黎明，破晓

daylight ['deɪlaɪt] *n.* 日光，白昼

【搭】 in broad daylight 在光天化日之下

delta ['deltə] *n.* (河口的)三角洲

dinosaur ['daɪnəsɔː(r)] *n.* 恐龙；(过时而不好用的)东西

dioxide [daɪˈɒksaɪd] *n.* 二氧化物

【例】 carbon *dioxide* 二氧化碳

dissolution [ˌdɪsəˈluːʃn] *n.* 解除，终止；溶解；解体，瓦解

dove [dʌv] *n.* 鸽子；主和派人士

downpour [ˈdaʊnpɔː(r)] *n.* 倾盆大雨

drip [drɪp] *v.* 滴下，滴水；溢出，充满 *n.* 滴下，滴水声；水滴

drought [draʊt] *n.* 旱灾，干旱

dusk [dʌsk] *n.* 黄昏；幽暗

ecosystem [ˈiːkəʊsɪstəm] *n.* 生态系统

embryo [ˈembriəʊ] *n.* 胚胎

【搭】 in embryo 在萌芽中；在胚胎阶段；在筹划中

emergence [iˈmɜːdʒəns] *n.* 出现，露出，显露

environment [ɪnˈvaɪrənmənt] *n.* 环境，周围状况

【派】 environmentalist(*n.* 环保主义者)

erosion [ɪˈrəʊʒn] *n.* 侵蚀，腐蚀

evergreen [ˈevəɡriːn] *n.* 常绿树，常绿植物 *adj.* 常绿的；永葆青春的

female [ˈfiːmeɪl] *n.* 女子，雌性动物(植物) *adj.* 女(性)的；雌(性)的；能结果实的；阴的；凹的

finite [ˈfaɪnaɪt] *adj.* 有限制的，有限的；(动词)限定式的

【例】 I heard the *finite* details of the story. 我只听到了这个故事的某些细节。

flea [fliː] *n.* 跳蚤

foggy [ˈfɒɡi] *adj.* 有雾的；模糊不清的

freezing [ˈfriːzɪŋ] *adj.* 极冷的；冰冻的

freshwater [ˈfreʃwɔːtə(r)] *adj.* 淡水的；无经验的 *n.* 淡水

frost [frɒst] *n.* 霜冻；严寒天气；霜 *v.* 结霜；给(糕饼)覆上糖霜

frozen [ˈfrəʊzn] *adj.* 结冰的；严寒的；冷冻的，冷藏的；吓呆的，惊呆的

fruitless [ˈfruːtləs] *adj.* 不结果实的；徒劳的，没有成果的，无结果的

gale [ɡeɪl] *n.* 大风，强风；(突发的)一阵

gap [ɡæp] *n.* 豁缝，缺口；空白，缺口；间隙；隔阂；分歧

【搭】 gap in/between …的差距

【例】 We have enormous *gaps* in understanding what is going on there. 对于那里正在发生的事情，我们在理解上存在巨大的分歧。

gender [ˈdʒendə(r)] *n.* 性别；(语法的)性

geographic(al) [ˌdʒiːəˈɡræfɪk(l)] *adj.* 地理(学)的

glacier [ˈglæsiə(r)] *n.* 冰川

growl [ɡraʊl] *v.* 嗥叫，低声吼叫；(雷、炮等)轰鸣；咆哮，咆哮着说 *n.* (狗等的)嗥叫声；(人的)咆哮；(雷、炮等的)轰鸣声

gulf [ɡʌlf] *n.* 海湾；鸿沟；巨大的分歧

gust [ɡʌst] *n.* 一阵强风；迸发，爆发 *v.* 猛刮，劲吹

habitat [ˈhæbɪtæt] *n.* (动植物的)生活环境，栖息地

【例】 the destruction of wildlife *habitats* 野生动物栖息地的毁坏

【派】 habitation(*n.* 居住)

headwind [ˈhedwɪnd] *n.* 逆风，顶头风

highland [ˈhaɪlənd] *n./adj.* 高地(的)；高原(的)

【例】 the *Highlands* of Scotland 苏格兰高地

hop [hɒp] *v.* (人)单脚跳；(鸟、蛙等)双足跳跃，跳上 *n.* 跳(跃)；(尤指飞机的)短途旅行

【例】 *hop* into a bus 跳上汽车；*hop* out of bed 猛然起床

horn [hɔːn] *n.* (动物的)角，角质；(角制的)号角，(乐器)号；(汽车等的)喇叭，警报器

【搭】 blow one's own horn 自吹自擂

【派】 horned(*adj.* 有角的)

howl [haʊl] *v.* 吠，咆哮；嗥叫；怒吼；(风)呼啸

humid [ˈhjuːmɪd] *adj.* 潮湿的，湿润的

【例】 *humid* air 湿气

humidify [hjuːˈmɪdɪfaɪ] *v.* 使潮湿，使湿润

hurricane [ˈhʌrɪkən] *n.* 飓风，旋风

inhale [ɪnˈheɪl] *v.* 吸入；吸气

inland [ˈɪnlænd] *aaj.* 内地的，内陆的 [ˌɪnˈlænd] *adv.* 在内地，在内陆；向内地，向内陆

inlet [ˈɪnlet] *n.* 湾，水湾；入口，进口

insect [ˈɪnsekt] *n.* 昆虫

ivory [ˈaɪvəri] *n.* 象牙，长牙；象牙色，乳白色 *adj.* 象牙制的；乳白色的

junk [dʒʌŋk] *n.* 无用的或无价值的东西；废旧杂物

lamb [læm] *n.* 羔羊；羔羊肉；温顺的人

larva [ˈlɑːvə] *n.* 幼虫；幼体

lava [ˈlɑːvə] *n.* (火山喷出的)岩浆，熔岩

lawn [lɔːn] *n.* 草坪，草地

lightning [ˈlaɪtnɪŋ] *n.* 闪电 *adj.* 闪电式的

lime [laɪm] *n.* 石灰

【派】limestone(*n.* 石灰石）

mainland ['meɪnlænd] *n.* 大陆，(不包括附近岛屿的)国土的主体

mammal ['mæml] *n.* 哺乳动物

marble ['mɑːbl] *n.* 大理石 [*pl.*] 弹子游戏；理智，智力 *adj.* 大理石的，大理石般的

marsh [mɑːʃ] *n.* 沼泽，沼泽地区

mist [mɪst] *n.* 薄雾；水汽；朦胧，模糊

misty ['mɪsti] *adj.* 有薄雾的，薄雾笼罩的；朦胧不清的，模糊的

moist [mɔɪst] *adj.* 潮湿的，多雨的

【派】moisture(*n.* 潮气，水气，水分）

moor [mɔː(r)] *n.* 荒野，旷野 *v.* 使(船)停泊

mosquito [məˈskiːtəʊ] *n.* 蚊子

mountainous ['maʊntənəs] *adj.* 多山的，山地的；巨大的，山一般的

mud [mʌd] *n.* 泥，泥浆

mushroom ['mʌʃrʊm] *n.* 蘑菇，菌类植物 *v.* 迅速生长，快速增长

nest [nest] *n.* 窝，穴；掩体，藏匿处；安乐窝

offshore [ˌɒfˈʃɔː(r)] *adj.* 近海的；离岸的；投放国外的 *adv.* 在近海；在境外

paw [pɔː] *n.* 脚爪，爪子 *v.* 用爪抓或扒

peacock ['piːkɒk] *n.* 孔雀

peck [pek] *v.* (鸟)以喙啄 *n.* 啄；匆匆的吻

penguin ['peŋgwɪn] *n.* 企鹅

peninsula [pəˈnɪnsjələ] *n.* 半岛

placid ['plæsɪd] *adj.* 安静的；温和的，平和的

plain [pleɪn] *adj.* 朴素的；简单的；明白的，清楚的；坦白的，直率的；相貌平常的 *n.* 平原，旷野

【例】The meaning of the passage is very *plain*. 这段话的意思非常清楚。

plateau ['plætəʊ] *n.* 高原

poisonous ['pɔɪzənəs] *adj.* 有毒的，有害的

polar ['pəʊlə(r)] *adj.* 南极的，北极的，极地的，近地极的；完全相反的

【例】*polar* bear 北极熊 // The new *polar* route will take just 12 hours. 这条新的极地路线将只花 12 个小时。

pole [pəʊl] *n.* 杆，柱；地极，极；(看法等)截然相反

pollutant [pəˈluːtənt] *n.* 污染物，污染物质

pollute [pə'luːt] *v.* 污染，弄脏

【派】pollution(*n.* 污染)

pond [pɒnd] *n.* 池塘

pool [puːl] *n.* 水塘，水池；游泳池；共用的资源 *v.* 把…集中在一起

quarterly ['kwɔːtəli] *adj./adv.* 每季的(地)，每季一次的(地) *n.* 季刊

raindrop ['reɪndrɒp] *n.* 雨点

rainfall ['reɪnfɔːl] *n.* 降雨量

rainproof ['reɪnpruːf] *adj.* 防雨的

rainy ['reɪni] *adj.* 多雨的，阴雨的，下雨的

【搭】prepare for a rainy day 未雨绸缪

ramp [ræmp] *n.* 斜坡

recycle [ˌriː'saɪkl] *v.* 再循环，再利用

【例】Would you like to help me *recycle* some bottles? 你愿意帮我回收一些瓶子吗？

region ['riːdʒən] *n.* 地区，区域；领域，范围

【派】regional(*adj.* 地区的，地方的)；regionally(*adv.* 地区性地)

rejection [rɪ'dʒekʃn] *n.* 拒绝；排斥；废弃物，排出物

reproduce [ˌriːprə'djuːs] *v.* 复制，再现；生殖，繁殖

【例】Harry's work was *reproduced* on newspapers and magazines. 哈里的作品被报刊转载了。

reptile ['reptaɪl] *n.* 爬行动物

respiration [ˌrespə'reɪʃn] *n.* 呼吸；(植物的)呼吸作用

ridge [rɪdʒ] *n.* 山脊，山脉；隆起，脊，垄；高压脊

ripple ['rɪpl] *v.* (使)起微波，(使)起涟漪；扩散，传开 *n.* 波纹，细浪，涟漪；水的潺潺声

rot [rɒt] *v.* 腐烂，枯朽；使腐烂；使破损；使无用

【搭】rot away 腐烂

scant [skænt] *adj.* 微小的；不足的，缺少的

scarcity ['skeəsəti] *n.* 缺乏，匮乏，稀罕

scenic ['siːnɪk] *adj.* 风景(优美)的；天然景色的；舞台布景的

scour ['skaʊə(r)] *v.* 擦拭，擦亮；冲刷，疏通 *n.* 擦拭；冲刷

seaport ['siːpɔːt] *n.* 海港；海港城市

seashell ['siːʃel] *n.* 海贝壳

seashore ['siːʃɔː(r)] *n.* 海岸，海边

seaward [ˈsiːwəd] *adj.* 向海的；(风)从海面吹来的 *adv.* 向海 *n.* 朝海的方向

sediment [ˈsedɪmənt] *n.* 沉淀，沉淀物；沉积物(如沙、砾石、泥等)

serenity [səˈrenəti] *n.* 平静，宁静

setting [ˈsetɪŋ] *n.* 安放，安置；背景；环境

sheer [ʃɪə(r)] *adj.* 纯粹的，地道的；陡峭的，峻峭的 *v.* 使急转向，避开

【搭】 by sheer chance 纯属偶然地

【例】 As soon as Luke saw his teacher coming, he *sheered* off in the opposite direction. 卢克一看到他的老师过来，掉头就走。

shell [ʃel] *n.* 壳，甲，贝壳；框架，骨架；炮弹 *v.* 剥壳，去壳；炮击

sleet [sliːt] *n.* 雨夹雪 *v.* 下雨加雪

smog [smɒg] *n.* 烟雾

smokeless [ˈsməʊkləs] *adj.* (燃烧时)无烟的；(环境)无烟的

snail [sneɪl] *n.* 蜗牛

【搭】 at a snail's pace 以很慢的速度

source [sɔːs] *n.* 河源，水源；来源，出处；[*pl.*] 原始资料；消息来源

spa [spɑː] *n.* 矿泉；矿泉疗养地

【例】 *spa* water 矿泉水

species [ˈspiːʃiːz] *n.* 物种；种类

spring [sprɪŋ] *n.* 春，春季；跳，跳跃；泉水；弹簧，发条；弹性，弹力 *v.* 跳，跳跃；生长；涌现

stalk [stɔːk] *n.* (植物的)茎，秆；叶柄，果实的柄

steep [stiːp] *adj.* 陡峭的，险峻的；过高的；不合理的，过分的；急剧的

【例】 a *steep* hill 陡峭的山

sterility [stəˈrɪləti] *n.* 荒瘠；无生殖力；无菌

sterilize [ˈsterəlaɪz] *v.* 为⋯消毒或杀菌；使绝育

sting [stɪŋ] *v.* 刺，叮 *n.* 刺伤，刺痛

strait [streɪt] *n.* 海峡；困境

stream [striːm] *n.* 河，溪流；流动 *v.* 倾注；流出；飘扬，招展

stump [stʌmp] *n.* 树桩，残株；残余部分

swamp [swɒmp] *n.* 沼泽，沼泽地

swan [swɒn] *n.* 天鹅

thermal [ˈθɜːml] *adj.* 热的，热量的；(指衣物)保暖的，防寒的 *n.* 热气流

【例】 a *thermal* spring 温泉；*thermal* energy 热能

thorn [θɔːn] *n.* 刺，棘；荆棘

thrush [θrʌʃ] *n.* 画眉

thunder [ˈθʌndə(r)] *n.* 雷，雷声；轰隆声；怒吼 *v.* 打雷；轰轰作响；大声说，吼叫

【派】thunderstorm(*n.* 雷暴)

thunderstorm [ˈθʌndəstɔːm] *n.* 雷暴，雷雨

tide [taɪd] *n.* 潮水，潮汐；潮流，趋势

【派】tidal(*adj.* 潮汐的；潮流的)

tornado [tɔːˈneɪdəʊ] *n.* 龙卷风

tortoise [ˈtɔːtəs] *n.* 乌龟

trickle [ˈtrɪkl] *v.* 滴流，滴淌；缓慢地移动

tropic [ˈtrɒpɪk] *n.* 回归线；[*pl.*] 热带地区

tropical [ˈtrɒpɪkl] *adj.* 热带的

trunk [trʌŋk] *n.* 树干，躯干；大衣箱；象鼻；车尾箱

turtle [ˈtɜːtl] *n.* 海龟，甲鱼

twilight [ˈtwaɪlaɪt] *n.* (日出前或日落后的)微明，薄暮

typhoon [taɪˈfuːn] *n.* 台风

upper [ˈʌpə(r)] *adj.* 上(面)的，(河)上游的

vanish [ˈvænɪʃ] *v.* 突然消失，消散；消逝，绝迹

variable [ˈveəriəbl] *adj.* 变化的，易变的；变量的 *n.* 可变的事物；变量

variation [ˌveəriˈeɪʃn] *n.* 变化，变动

variety [vəˈraɪəti] *n.* 多样；变化；品种，种类；变种

【例】We can apply this principle to a *variety* of fields of our lives. 我们可以把这一原则运用到生活中的各种领域。

various [ˈveəriəs] *adj.* 不同的，各种各样的；多方面的

vein [veɪn] *n.* 静脉；叶脉；矿脉；纹理，纹路；气质，风格

verge [vɜːdʒ] *n.* 边缘，边际 *v.* 接近，濒临

【搭】on the verge of 濒于，濒临

【例】I'm on the *verge* of a new breakthrough in my research. 我的研究就要有新的突破了。

violet [ˈvaɪələt] *n.* 紫罗兰 *adj.* 紫罗兰色的

volcano [vɒlˈkeɪnəʊ] *n.* 火山

walnut [ˈwɔːlnʌt] *n.* 胡桃；胡桃木；胡桃树

waterfall [ˈwɔːtəfɔːl] *n.* 瀑布

watermelon	[ˈwɔːtəmelən] n. 西瓜
watershed	[ˈwɔːtəʃed] n. 分水线，分水岭
wild	[waɪld] adj. 野的，野生的；荒凉的；凶猛的；狂热的，着迷的；任性的，缺乏管教的
willow	[ˈwɪləʊ] n. 柳，柳树
windy	[ˈwɪndi] adj. 多风的，风大的
wither	[ˈwɪðə(r)] v. (使)枯萎，(使)凋谢
wreath	[riːθ] n. 花环，花圈
zebra	[ˈzebrə] n. 斑马

【例】zebra crossing 斑马线

| zone | [zəʊn] n. 地区，地带；区域；部分；邮区；时区 |

Note

addition [əˈdɪʃn] *n.* 加，加法；添加，增加

【搭】 in addition 另外；in addition to 除…之外

【例】 In *addition* to these problems, we still face more difficulties. 除了这些问题，我们还面临更多的困难。

【派】 additive(*adj.* 添加的 *n.* 添加剂）

【注】 subtraction 减法；multiplication 乘法；division 除法

advanced [ədˈvɑːnst] *adj.* 高深的，高级的；高龄的，老迈的；先进的；晚期的

【例】 Having students "discover" why a civilization as *advanced* as the Maya collapsed in the 9th century is one key goal for the leader of the Maya Quest expedition. (TEM-4)让学生们探索为什么像玛雅这样先进的文明会在公元 9 世纪瓦解是玛雅探险队领队的一个主要目标。

【注】 elementary(初级的), intermediate(中级的), advanced(高级的)这三个词经常用来形容课程、考试等内容，是专四考查的重点之一。

amplify [ˈæmplɪfaɪ] *v.* 详述，详加解说；放大，增强(音量等)

【例】 *amplifying* lens 放大镜 //Associated with each lecture course are seminars, tutorials and laboratory classes which draw upon, analyze, illustrate or *amplify* the topics presented in the lectures. (TEM-4)与每场演讲相关的活动有研讨会、辅导课和实验课，它们利用、分析、说明或详述在演讲上提出的话题。

apparatus [ˌæpəˈreɪtəs] *n.* 器械，装置，设备；机构，组织

【例】 chemical *apparatus* 化学仪器// remote control *apparatus* 遥控装置// The *astronauts* were wearing special breathing apparatus during their stay in the space shuttle. 宇航员们在航天飞船里停留期间携带着特殊的呼吸装置。

approximate [əˈprɒksɪmət] *adj.* 大约的，近似的

【搭】 approximate to 接近…

【例】 He should have an *approximate* idea about the pronunciation of his source language even if this is restricted to knowing how proper names and place names are pronounced. (TEM-4)他应该对源语言的发音有个大概的了解，即使这仅限于知道正确人名和地名的发音。

【派】 approximately(*adv.* 近似地，大约)

blaze [bleɪz] *n.* 火，火焰；火灾；光辉，灿烂；迸发，爆发 *v.* 熊熊燃烧，冒火焰；发光，放光彩；发怒，怒火中烧

【例】 The fireman rushed back into the *blazing* house to rescue the baby. 消防员又冲进熊熊燃烧着的房子去营救那个婴儿。

bleach [bliːtʃ] *v.* 漂白，变白；使变色 *n.* 漂白；漂白法；漂白剂

【例】 Though I never iron my clothes, I like to *bleach* them till they are as white as snow. 虽然我从不熨衣服，但我喜欢把它们漂得雪白。

buoy [bɔɪ] *n.* 浮标，浮筒 *v.* 使浮着；鼓励，支持

【例】 The speedboat struck a *buoy*, but it continued to move very quickly across the water. 快艇撞上了一个浮标，但继续非常迅速地划过水面。

circuit ['sɜːkɪt] *n.* 巡回，环行；电路

【例】 integrated *circuit* 集成电路 // transistor *circuit* 晶体管电路 // The professionals do not pose much of a problem for the store detectives, who, assisted by closed *circuit* television, two-way mirrors and various other technological devices, can usually cope with them. (TEM-4)专业窃贼不会给商店侦探造成太多麻烦，侦探们通常能够借助闭路电视、双向镜和各种各样的其他技术设备对付他们。

【派】 circuitry(*n.* 电线，线路)

circulate ['sɜːkjəleɪt] *v.* (使)循环，环流；散布；流传；传阅；传递，传播

【例】 The company's internet system allows information to *circulate* rapidly. 这家公司的企业内部互联网可以迅速地传播信息。

【派】 circulation(*n.* 循环；流通)

compute [kəm'pjuːt] *v.* 计算；估算

【例】 Explanations of how the numbers have been *computed* are given in the notes below the table. 表格下方的注释解释了这些数字是如何计算出来的。

【派】 computation(*n.* 计算；计算过程); computerized(*adj.* 计算机化的)

concentrate ['kɒnsntreɪt] *v.* 使…集中(或集合、聚集)；集中(注意力)，聚精会神

【搭】 concentrate on (doing)... 集中注意力(做)…，全神贯注于…

【例】I can't *concentrate* on reading with the noise around. 周围太吵，我无法集中精力阅读。

concept [ˈkɒnsept] *n.* 概念；观念，思想

【例】After setting himself up in Hollywood, he single-handedly pioneered the *concepts* of branding and merchandising—something his company still does brilliantly today. (TEM-4)在好莱坞立足之后，他靠自己的双手独自开拓了品牌和广告策划的概念，如今他的公司依然在这方面成就辉煌。

concrete [ˈkɒnkriːt] *adj.* 混凝土制的；具体的；有形的；明确的 *n.* 混凝土；凝结物 *v.* 用混凝土修筑

【例】reinforced *concrete* 钢筋混凝土 // The scientist had no *concrete* data to support his theory. 那位科学家没有具体数据来支持他的理论。

constant [ˈkɒnstənt] *adj.* 经常的，不断的，连续发生的；固定的，恒定的，不变的

【例】*constant* temperature 恒温// a *constant* value 常量，恒定值 // Breathing, the action of the pulse, growth, decay, the change of day and night, as well as the *constant* flow of physical action—these all testify to the fundamental role that movement plays in our lives. (TEM-4)呼吸、脉搏的跳动、成长、衰败、昼夜的交替，还有身体活动持续不断的循环流通，这些都证实了运动是我们生活的基础。

【派】constantly(*adv.* 不变地；经常地；坚持不懈地)；inconstancy(*n.* 反复无常)

construct [kənˈstrʌkt] *v.* 建造，修建；创建，创立；构(词)，造(句)

【例】*construct* a model 制作模型// *construct* a theory 创立理论 // The new buildings are *constructed* with concrete. 新的大楼是用混凝土建造而成的。

【派】constructive(*adj.* 建设性的；积极的)；construction(*n.* 构造；建造)

decode [ˌdiːˈkəʊd] *v.* 译解(密码)；从事破译工作

【例】They came in as she attempted to *decode* the document. 当她试图破译文件的时候，他们进来了。

density [ˈdensəti] *n.* 稠密；浓度；密度

【例】population *density* 人口密度// The *density* of population in this area is very low. 这个地区的人口密度非常低。

detect [dɪˈtekt] *v.* 发现，发觉；查明；测出

【例】When people who fear snakes are shown a picture of a snake, sensors on their skin will *detect* sweat, a sign of anxiety, even though the people say they do not feel fear. (TEM-4)当怕蛇的人看到蛇的图片时，虽然他们说并不感到害怕，但其皮肤上的传感器测出他们在流汗，这是焦虑状态的信号。

diffuse [dɪˈfjuːs] *adj.* 弥漫的，四散的；（文章等）冗长的，啰嗦的
[dɪˈfjuːz] *v.* 传播，普及；扩散，弥漫

【例】The wind quickly *diffused* toxic vapors that have leaked out. 风使泄漏的有毒气体迅速扩散。

【派】diffusion(*n.* 扩散；传播)

dimension [daɪˈmenʃn] *n.* 维，尺寸；规模，程度，范围；方面，侧面

【例】the *dimensions* of the room 房间面积 // three *dimensions* 三维（空间）// We need the weight and *dimensions* of the parcel, that's height, width, and length, and the value of the goods and the full description. (TEM-4) 我们需要知道包裹的重量和尺寸，即它的高度、宽度和长度，还有货物的价值以及对它全面的描述。

dissolve [dɪˈzɒlv] *v.* 使溶解，使液化；解散；终止；（使）消失，消散；解决

【搭】dissolve sth. (in sth.) 使…溶解(于…)

【例】In the nineteenth century, one theory maintained that a liquid could be "*dissolved*" in a vapor without losing its identity, and another theory held that the two phases are made up of different kinds of molecules. (TEM-4)19 世纪，一种理论认为液体可以在不失去特性的情况下发散为蒸汽，而另一种理论却说这两种状态是由不同种类的分子组成的。

distil(l) [dɪˈstɪl] *v.* 蒸馏，用蒸馏法提取；吸取…的精华，提炼，浓缩

【例】My father gave me his useful advice *distilled* from his lifetime's experience. 我的父亲把浓缩他一生经验的有益建议传授给了我。

drift [drɪft] *v.* 漂流，漂移；顺其自然地做；吹积，堆积 *n.* 吹聚物；漂流物；漂流；趋势，倾向；大意，要点

【搭】drift into 不知不觉地进入；drift to 漂流到；drift away from 渐渐离开

【例】Thousands of people *drift* through life suffering from the effects of too little sleep; the reason is not that they can't sleep. (TEM-4)成千上万的人忍受着睡眠不足带来的影响度过一生，而原因并不是他们无法入睡。

【派】drifting(*adj.* 随波逐流的)

element ['elɪmənt] *n.* 要素，基本部分；基本原理；元素；适宜的环境

【搭】in one's element 很适应；out of one's element 处于不适宜的环境，不得其所

【例】He taught me the *elements* of map-reading. 他教我看地图的基本方法。

emit [i'mɪt] *v.* 发出，射出；散发

【例】No smoke can *emit* from the chimney. 烟无法从烟囱里排放出去。

【派】emission(*n.* 散发；发射)

encircle [ɪn'sɜːkl] *v.* 环绕，围绕，包围

【例】Ross, place this ring in Emily's hand as a symbol of the love that *encircles* you forever. 罗斯，把这枚戒指戴在埃米莉的手上作为爱情的象征，让爱永远围绕着你们。

extent [ɪk'stent] *n.* 范围，广度，大小；程度，限度

【搭】to a large extent 在很大程度上；to some extent 在某种程度上

【题】In spite of the treatment, the pain in his leg grew in ___.

　　A. gravity　　　　B. extent　　　　C. intensity　　　　D. amount

　　答案为 C。gravity 意为"地心引力"；extent 意为"程度"；intensity 意为"强度；强烈"，grow in intensity 指"加剧，加重"；amount 意为"数量"。句意为：他尽管得到了治疗，但腿上的疼痛还是加剧了。

format ['fɔːmæt] *n.* 格式，版式；总体安排 *v.* 编排格式；使(电脑硬、磁盘)格式化

【例】the *format* of a programme 节目的编排 // The product can play music digitized into the popular MP3 *format*. 该产品可以播放流行的数码 MP3 格式的音乐。

【注】在阅读与完形中可能出现与排版相关的文章，与此相关的词语还有：edit (编辑，校订)；typeset (排版)；style (风格)；publish (出版)。

frequency ['friːkwənsi] *n.* 次数，重复发生率；频繁；频率，周率

【例】the *frequency* of the pulse 脉搏跳动的次数 // Rail bosses act after Lake District residents complain about the *frequency* of loud train horns. 英国湖区居民抱怨震耳欲聋的火车汽笛声过于频繁，铁路大亨们随即采取了行动。

friction ['frɪkʃn] *n.* 摩擦；摩擦力；争执，不和

【搭】the friction between... ……之间的摩擦

【例】There has been serious *friction* between the two famous scientists, though they are good friends. 尽管这两位著名的科学家是好朋友，他们之间也存在着严重的分歧。

function [ˈfʌŋkʃn] *n.* 功能，用途；官能，机能；宴会，社交聚会 *v.* 运转，工作；行使职责，起作用

【搭】function as... 起…的作用；具有…的功能

【例】*function* key 功能键// Research showed that these two halves of the brain had different *functions*. (TEM-4) 研究显示，左右脑的功能不同。

【派】functional(*adj.* 功能的；起作用的)；functioning(*n.* 运行；机能)

fundamental [ˌfʌndəˈmentl] *adj.* 基础的，基本的；十分重大的，根本的 *n.* 基本原理，根本法则，纲要

【例】*fundamental* innovation 根本性的创新// *fundamental* process 基本过程// *fundamental* element 基本元素// The book gives an introduction to the *fundamentals* of the design of weapons. 这本书介绍了武器设计的基本原理。

【派】fundamentally(*adv.* 基础地；根本地)

【注】elementary 意为"初步的；基本的"，指事物处于基础或开始的阶段；crucial 意为"极紧要的；决定性的"；rudimentary 意为"基础的；初期的"；fundamental 意为"基础的；根本的"。

galaxy [ˈɡæləksi] *n.* 星系；银河系；一群(杰出或著名的人物)

【例】Three England footballers wed on the same day, surrounded by a *galaxy* of famous friends. 三名英格兰足球选手在同一天结婚，身边围满了有名的朋友。

graphic [ˈɡræfɪk] *adj.* 生动的；详细的；绘画的，图样的

【例】*graphic* designer 平面造型设计师// The *graphic* record shows the tendency of the price of the stock. 这个图表记录显示了这只股票的价格走势。

gravity [ˈɡrævəti] *n.* 重力，地球引力；严重性

【例】the center of *gravity* 重心 // Using space-based measurements of *gravity*, scientists show Antarctica is losing ice into the oceans. 通过使用太空重力测量法，科学家们向人们展示了南极洲的冰层正在融化，流入海洋。

【派】antigravity(*n.* 反引力；无重量)

grope [ɡrəʊp] *v.* (暗中)摸索，搜寻，摸索着前行；探索 *n.* 摸索

【搭】grope for 摸索；探索

【例】There was a power cut and I was *groping* for my shoes in the dark. 停电了，我在黑暗中摸索着找我的鞋。

【注】这个单词的拼写不要与 grape(*n.* 葡萄)混淆。

infinite ['ɪnfɪnət] *adj.* 无限的，无穷的；巨大的；无数的

【例】The discovery of new oil-fields in various parts of the country filed the government with *infinite* hope. (TEM-4)这个国家不同地区的新油田的发现给政府带来无限的希望。

【派】infinitely(*adv.* 无限地，无穷地)

【注】区分形近词 infinitive(*n.* 不定式)。

innovate ['ɪnəveɪt] *v.* 革新，创新

【例】Conservatism becomes rigidity and inability to *innovate*. 保守主义日趋僵化，无力创新。

input ['ɪnpʊt] *n.* 输入(信息、程序等)；投入 *v.* 输入

【例】*input* and output 输入和输出；投入与产出//We don't *input* all the data into a computer. 我们不会把全部数据输入电脑。

【注】通常会和 data, device, signal 等词一起考。

insert [ɪn's3ːt] *v.* 插入，塞入；添加 ['ɪns3ːt] *n.* 插页；插入物

【例】*Insert* the correct coins, then select the drink you want and press the button. 塞入正确钱数的硬币，然后选择您想要的饮料并按下按钮。

magic ['mædʒɪk] *n.* 魔术，法术；魔力，魅力 *adj.* 魔术的；不可思议的

【例】His voice with *magic* brings down the house, and charms the audience greatly. 他富有魅力的声音赢得满堂喝彩，让听众如痴如醉。

【听】听力中可能出现词组 Orlando Magic (奥兰多魔术队)。

measurement ['meʒəmənt] *n.* 测定，测量；(量得的)尺寸，大小

【例】The overall *measurement* of this housing unit is 96 square meters. 这栋单元房的总面积是 96 平米。

minus ['maɪnəs] *prep.* 减去；(气温)零下 *adj.* 负的；负面的；低于…的

【例】With the temperature dropping to *minus* 5 degrees in the north, most birds fly to the warm south to spend the winter. 随着北方的气温降到零下 5 度，大多数鸟类都飞到温暖的南方过冬。

multiple ['mʌltɪpl] *adj.* 数量多的，多种多样的 *n.* 倍数

【搭】in multiple(s) 成倍地

【例】*multiple* choice 多项选择//Those ancient Greeks believed that all numbers and their *multiples* had some mystical significance. (TEM-4)那些古希腊人认为所有数字和它们的倍数都有某种神秘的意义。

【注】endless 意为"无休止的"；multiple 意为"多的，多样的"；uncountable 意为"不可数的；无数的"；numerous 意为"许多的，众多的"。

multiply [ˈmʌltɪplaɪ] *v.* 使相乘，乘以；成倍增加；繁殖，增殖

【搭】 multiplied by 与…相乘

【例】 To *multiply* the profit, we should increase efficiency and cut costs. 为了成倍增加我们的利润，我们应该提高效率、降低成本。

nuclear [ˈnjuːklɪə(r)] *adj.* 原子核的，运用核能的；核心的，中心的

【例】 *nuclear* weapons 核武器 // *nuclear* family 核心家庭（指只由父母和子女两代人组成的家庭）// *Nuclear* experts dedicated themselves to research of *nuclear* weapons. 核专家们致力于核武器的研究。

parallel [ˈpærəlel] *adj.* 平行的；对应的；相似的 *n.* 平行线；纬线；相似特征；极相似的人或事物 *v.* 与…相似；媲美，比得上

【搭】 parallel to/with 与…平行；in parallel 平行，并列；draw a parallel 作比较

【例】 There are *parallels* between the contributions of the two scientists. 这两位科学家的贡献有相似之处。

phenomenon [fəˈnɒmɪnən] *n.* 现象；奇才

【例】 Economic globalization is a significant *phenomenon* of the last century. 经济全球化是上世纪的一个显著现象。

【注】 该词的复数形式为 phenomena。

possibility [ˌpɒsəˈbɪləti] *n.* 可能，可能性；可能的事

【搭】 possibility of (doing) sth. (做)某事的可能性

【例】 There's little *possibility* of going to a new show or the latest movie. (TEM-4)去看一场新的表演或者最新上映的一部电影的可能性很小。

【注】 近义词有：probability, likelihood。

practicable [ˈpræktɪkəbl] *adj.* 行得通的，可以实施的；实际的，实践的

【例】 Is it *practicable* to beat some sense into that stubborn old man? 让那位固执的老汉理智些能行得通吗？

precise [prɪˈsaɪs] *adj.* 精确的；恰好的；认真的，一丝不苟的

【例】 He was very *precise* in his word choice when writing an essay. 在写文章的时候，他用词很恰当。

【派】 precisely(*adv.* 精确地；恰好地；确实如此)

【注】 precise 常用于描写人或天气预报等；exact 强调极高的精确性，无论在质量上还是数量上；accurate 形容通过努力才能达到的程度，而且程度与某一标准相符。

precision [prɪˈsɪʒn] *n.* 精确(性)，精密(度)

【搭】 with precision 精确地，确切地

【例】 It is a high *precision* work; there mustn't be the smallest mistakes. 这是一项高精确度的工作，容不得半点差错。

probe [prəʊb] *n.* 探针；探测飞船；探究，彻底调查 *v.* 探查，查看；盘问，追问

【搭】 probe into 探查

【例】 The investigators *probed* deep into the matter to find out the cause of it. 调查人员深入调查了这一事件，以寻找它的起因。

qualitative [ˈkwɒlɪtətɪv] *adj.* 质量的；定性的；性质的，本质的

【例】 There are *qualitative* differences between the two products although they have the same name. 这两种产品尽管名字相同却有着本质的区别。

【派】 qualitatively(*adv.* 性质上地)

quantify [ˈkwɒntɪfaɪ] *v.* 以数量表达，确定数量，量化

【搭】 quantify the risks of... 量化…的风险

【例】 It is very difficult to *quantify* the damage of the terrible earthquake. 很难量化这场可怕的地震造成的损失。

radiate [ˈreɪdieɪt] *v.* 发光；放热；辐射；散发；显出，流露；向周围伸展

【搭】 radiate from 从…发出；由…向外延伸

【例】 The energy and vitality that *radiated* from her also affected me. 她身上散发出的能量和活力也感染了我。

【派】 radiation(*n.* 放射，辐射)

remote [rɪˈməʊt] *adj.* 遥远的，时间久远的；偏远的，偏僻的；疏远的，冷淡的；远程的

【例】 *remote* control 遥控(器)// He lived in a *remote* mountain village without TV and computer. 他住在一个偏远的山村，没有电视和电脑。

revolve [rɪˈvɒlv] *v.* (使)旋转，(使)绕转；反复考虑，深思

【搭】 revolve around... 绕…旋转；以…为中心

【例】 The discussion is *revolving* around who should be to blame for the accident. 讨论一直围绕着谁该对此次事故负责而展开。

sample [ˈsɑːmpl] *n.* 样品，样本，货样 *v.* 取…的样品，采样；尝，品尝；尝试

【例】 There are people in the street handing out free *samples* of the perfume. 街上有人发放免费的香水样品。

saturate [ˈsætʃəreɪt] *v.* 浸透，浸湿；使饱和

【例】 After the morning jogging his sweatshirt was *saturated* with sweat. 晨跑之后，他的运动衫都被汗浸湿了。

【派】 saturation(*n.* 饱和；浸透)；saturated(*adj.* 饱和的，充满…的)

scale [skeɪl] *n.* 标度，刻度；等级，级别；比例，比率；规模，范围；音阶，音列；[*pl.*] 天平，磅秤 *v.* 称体重；爬，攀，到达…的顶点；去鳞

【搭】 on a large scale 大规模地；on a small scale 小规模地；in scale 成比例，相称；out of scale 不成比例，不相称；scale down 按比例缩小（或缩减）；on the scale of...to... 按…比…的比例

【例】 Before the war every country invloved recruited soldiers on a large *scale*. 战争之前每个参战国都大规模征兵。

【派】 upscale(*adj.* 高档的，高级的)

shutter [ˈʃʌtə(r)] *n.* (照相机的)快门；百叶窗，活动护窗

【例】 press the *shutter* 按下快门 // The photographer pressed the *shutter* quickly to record the happy moment. 摄影师迅速按下快门记录下这幸福的时刻。

solar [ˈsəʊlə(r)] *adj.* 太阳的，与太阳有关的；太阳能的

【例】 *solar* calendar 阳历 // a *solar* stove 太阳灶 // *solar* system 太阳系 // *solar* energy 太阳能 // *Solar* energy is a new kind of energy which is safe and clean. 太阳能是一种安全清洁的新能源。

soluble [ˈsɒljəbl] *adj.* 可溶的；可解决的，可解答的

【例】 It's thought that vitamins which are water *soluble* are harmless. 人们认为水溶性维生素是无害的。

spark [spɑːk] *n.* 火星，火花；电火花 *v.* 发出火花；产生电火花；引发，触发

【例】 The reason why the electric wire often *sparks* on a cloudy day is unclear now. 电线经常在阴天冒火花的原因现在还不清楚。

stir [stɜː(r)] *v.* 搅拌，搅动；激发；打动；(某种感情)产生；(使)微动；拨弄是非 *n.* 搅拌，搅动；激动；骚乱

【搭】 stir up 激励(某人)；激起(感情)；挑起(争端)

【例】 All music has this feature：it is based upon the power of sound to *stir* our senses and feelings. (TEM-4)所有的音乐都有这样一个特点：借助声音的力量激起我们的感觉与情感。

【派】 stirring(*adj.* 激动人心的；活跃的)

【注】 stir 的过去式和过去分词要双写 r 加 ed，现在分词要双写 r 加 ing。

submerge [səbˈmɜːdʒ] *v.* (使)沉入或潜入水中，淹没；湮灭，掩盖

【例】 That deadly flood *submerged* the entire village. 那场致命的洪水淹没了整个村庄。

substance ['sʌbstəns] *n.* 物质，物品；实质；主旨，要点

【例】a chemical *substance* 化学物质// the *substance* of a speech 讲话的要点// The special *substance* could withstand so high temperatures. 这种特殊的物质可以经受如此高的温度。

【派】substantial(*adj.* 实质的，真实的；大而坚固的；大量的；重大的)

substitute ['sʌbstɪtjuːt] *n.* 代理人；代替物 *v.* 代替，取代

【搭】substitute...for... 以…代替…

【例】The course teaches you the theory but there's no *substitute* for practical experience. 这门课程教给你理论知识，但是不能代替实践经验。

【派】substitution(*n.* 代替，取代)

subtract [səb'trækt] *v.* 减去，扣除

【例】To convert the temperature into Celsius, *subtract* 32, then multiply by 5 and divide by 9. 要将温度转换为摄氏度，先减去 32，然后乘以 5 再除以 9。

synthesize ['sɪnθəsaɪz] *v.* 用合成法制造；合成；综合

【例】The new kind of protein is *synthesized* by two elements through a chemical process. 这种新型的蛋白质是由两种元素经过一个化学过程合成的。

trace [treɪs] *v.* 跟踪，追踪；追查；追溯；探索，探查；描绘 *n.* 踪迹，痕迹；微量，少许

【搭】without trace 无影无踪；trace sth. back to... 某事可追溯到…，找出…的根源

【例】His fear of motorcycles can be *traced* back to a childhood accident. 他对摩托车的恐惧可以追溯到小时候的一场事故。

twinkle ['twɪŋkl] *v.* 闪烁，闪耀；(指眼睛)闪光，发亮 *n.* 闪烁，闪光；闪亮

【例】We often lie on the grass and stare up at the stars *twinkling* in the sky. 我们经常躺在草地上仰望夜空中一闪一闪的星星。

ultimate ['ʌltɪmət] *adj.* 最后的，最终的；极端的；最好的；基本的，根本的

【例】the *ultimate* authority 最高当局// an *ultimate* principle 基本原理// All of us here will accept *ultimate* responsibility for whatever happens. 无论发生什么事情，我们这里的所有人愿意承担全部责任。

【派】ultimately(*adv.* 最后，终于；根本上)

【注】ultimate 和 last 词义相近，注意区别。ultimate 指一系列事情或过程的最终结果或目标；last 指同类事情中最晚或最后的。

vary ['veəri] *v.* 不同，有别，相异；改变，变更，变动

【例】The same push-pull factors and obstacles operate differently on different people, sometimes because they are at different stages of their lives, or just because of their *varying* abilities and personalities. (TEM-4)同样的影响因素和困难对不同的人的影响不同，有时因为他们处在不同的生活阶段，或者只是因为他们自身的能力和个性不同。

【派】varied(*adj.* 各式各样的); varying(*adj.* 不同的；变化的)

【注】change, alter, vary 三个词都含有"改变"的意思。change 是常用语，多指有本质的改变；alter 指外观、性质、用途等稍作改变，但本质不变；vary 指事物的部分不规则或反复的改变，强调因变化而产生不同。

vibrate [vaɪ'breɪt] *v.* (使某物)颤动，振动；颠簸；(使某物)振动出声或发颤音

【例】The road is so rough that the car has been *vibrating*. 这条路太崎岖了，小汽车一直在颠簸。

whirl [wɜːl] *v.* 使旋转，回旋，打转；(头脑、思想等)混乱不清，恍惚 *n.* 旋转，晕眩；接连不断的动作或活动

【例】Lily cannot sleep for there are so many crazy ideas *whirling* around in her mind. 莉莉睡不着觉，因为她满脑子都是疯狂的想法。

◎ 科技普及 / 认知词

affect [ə'fekt] *v.* 影响，起作用；侵袭；使感染；感动，打动，激起…的情绪；假装，装作

【例】Many domestic troubles *affected* his work. 很多家庭纠纷影响了他的工作。

ammeter ['æmiːtə(r)] *n.* 安培计，电流表

amplifier ['æmplɪfaɪə(r)] *n.* 放大器；扩音器

antenna [æn'tenə] *n.* 触须，触角；天线

astronomer [ə'strɒnəmə(r)] *n.* 天文学家

astronomy [ə'strɒnəmi] *n.* 天文学

【派】astronomical(*adj.* 天文学的；天文的；极其巨大的)

atom ['ætəm] *n.* 原子；微粒；微量

atomic [ə'tɒmɪk] *adj.* 原子的；原子能的；原子武器的

audio ['ɔːdiəʊ] *adj.* 音频的，声音的

aural ['ɔːrəl] *adj.* 听觉的，听力的
【例】*aural* skills 听力技巧

aviation [ˌeɪvi'eɪʃn] *n.* 航空；航空学

biochemistry [ˌbaɪəʊ'kemɪstri] *n.* 生物化学

breadth [bredθ] *n.* 宽度，阔度；幅度，范围；宽宏大量，宽容

byte [baɪt] *n.* (二进制)字节，(二进)位组

carbon ['kɑːbən] *n.* 碳
【例】*carbon* dioxide 二氧化碳

cassette [kə'set] *n.* 盒子，小匣；录音带盒；盒式录音带
【例】*cassette* tape recorder 盒式录音机

channel ['tʃænl] *n.* 海峡；航道；沟渠；管道；渠道，途径
【例】the English *channel* 英吉利海峡

chip [tʃɪp] *n.* 碎片，薄片；芯片

conical ['kɒnɪkl] *adj.* 圆锥的，圆锥形的

core [kɔː(r)] *n.* 果核，果心；核心

crystal ['krɪstl] *n.* 水晶；结晶

cursor ['kɜːsə(r)] *n.* (电脑屏幕上可移动的)光标

curve [kɜːv] *n.* 曲线；弯曲；转弯 *v.* 转弯；弯曲；使成弧形

dam [dæm] *n.* 堤坝 *v.* 筑堤坝；阻止，抑制(情感等)

data ['deɪtə] *n.* 资料，数据
【例】We have promised to share *data*. 我们已经承诺要数据共享。

database ['deɪtəbeɪs] *n.* 资料库，数据库

decimal ['desɪml] *n.* 小数，十进位小数 *adj.* 小数的；十进位的

dial ['daɪəl] *n.* (仪表等的)刻度盘；表盘；(电话机的)拨号盘，转盘 *v.* 调频道；收听，收看；拨(电话号码)，与…通电话

diameter [daɪ'æmɪtə(r)] *n.* 直径；放大率

dichotomy [daɪ'kɒtəmi] *n.* 一分为二，对分；分裂；分歧；二分法

digit ['dɪdʒɪt] *n.* (0到9中的任何一个)数字，数位；手指；脚趾

digital ['dɪdʒɪtl] *adj.* 数字的，数字显示的；手指(或脚趾)的

ecologist [i'kɒlədʒɪst] *n.* 生态学研究者，生态学家

ecology [i'kɒlədʒi] *n.* 生态；生态学
【派】ecological(*adj.* 生态的；生态学的)

electrical [ɪ'lektrɪkl] *adj.* 电的；用电的；发电的

electrician [ɪˌlek'trɪʃn] *n.* 电器技师；电气专家

| electron | [ɪˈlektrɒn] *n.* 电子 |
| electronic | [ɪˌlekˈtrɒnɪk] *adj.* 电子的；电子仪器的 |

【例】*electronic* publishing 电子出版

【派】electronics(*n.* 电子学；电子工程)；electronically(*adv.* 电子地)

electronics	[ɪˌlekˈtrɒnɪks] *n.* 电子学；电子工程
equation	[ɪˈkweɪʒn] *n.* 方程式，等式；相等；均势
equator	[ɪˈkweɪtə(r)] *n.* 赤道

【派】equatorial(*adj.* 赤道的)

expedition	[ˌekspəˈdɪʃn] *n.* 探险，远征；远征军，探险队
exploratory	[ɪkˈsplɒrətri] *adj.* 勘探的，探测的
fabric	[ˈfæbrɪk] *n.* 织物，织品；质地；结构
fingerprint	[ˈfɪŋgəprɪnt] *n.* 指纹 *v.* 取…的指纹
fission	[ˈfɪʃn] *n.* 分裂，裂开；裂变，原子核分裂
fluid	[ˈfluːɪd] *adj.* 流动的，液体的；不固定的，易变的 *n.* 流体(液体与气体的总称)，流质

【例】*fluid* capital 流动资本

fluorescent	[ˌflɔːˈresnt] *adj.* 荧光的，发荧光的
footnote	[ˈfʊtnəʊt] *n.* 脚注
formation	[fɔːˈmeɪʃn] *n.* 组成，形成；组合，结构
formula	[ˈfɔːmjələ] *n.* 公式，方程式；处方，配方；方法，方案；惯例，常规；惯用语，俗套话
gallon	[ˈgælən] *n.* 加仑
gene	[dʒiːn] *n.* 遗传因子，基因

【派】genetic(*adj.* 基因的；遗传的)

| genetic | [dʒəˈnetɪk] *adj.* 基因的；遗传的；遗传学的 |

【例】*genetic* science 基因科学

【派】genetically(*adv.* 由基因决定地)

genetics	[dʒəˈnetɪks] *n.* 遗传学
geologist	[dʒiˈɒlədʒɪst] *n.* 地质学家，地质学者
germ	[dʒɜːm] *n.* 细菌，病菌；种子，幼芽，胚
glasshouse	[ˈglɑːshaʊs] *n.* 温室，暖房
graph	[grɑːf] *n.* 图，图表，图解，曲线图

【派】graphics(*n.* 制图法；图表算法)

| greenhouse | [ˈgriːnhaʊs] *n.* 暖房，温室；花房 |

【例】*greenhouse* effect 温室效应

headroom ['hedruːm] n. 头上空间，顶部空间；净空高度

horizontal [ˌhɒrɪ'zɒntl] adj. 水平的；平坦的；同一阶层的

【例】horizontal bar 单杠

horsepower ['hɔːspaʊə(r)] n. 马力

hydrogen ['haɪdrədʒən] n. 氢

inertia [ɪ'nɜːʃə] n. 无活力；惰性；惯性

inexact [ˌɪnɪg'zækt] adj. 不精确的，不准确的

innovation [ˌɪnə'veɪʃn] n. 革新，创新；新方法，新发明

【例】technological innovation 技术革新

insecticide [ɪn'sektɪsaɪd] n. 杀虫剂

insulation [ˌɪnsju'leɪʃn] n. 隔离；隔热(音)；绝缘(隔热、隔音等)的材料

intensity [ɪn'tensəti] n. 强烈，激烈；(电、热、光、声等的)强度

invent [ɪn'vent] v. 发明，创造；捏造，虚构

【派】invention(n. 发明，创造；发明物；编造，虚构)

laser ['leɪzə(r)] n. 激光；激光器

【例】laser printer 激光打印机

latitude ['lætɪtjuːd] n. 纬度，纬线

linear ['lɪniə(r)] adj. (直)线的；线状的；长度的

【例】a linear descendent 直系后代；a linear design 线条设计

longevity [lɒn'dʒevəti] n. 长寿，长命；寿命

longitude ['lɒŋgɪtjuːd] n. 经度

magnet ['mægnət] n. 磁铁，磁石；有吸引力的人(或物)

【例】adjustable magnets 可调磁铁

【派】magnetism(n. 磁力，磁性；磁学)

magnetic [mæg'netɪk] adj. 磁的，有磁性的；有吸引力的，有魅力的

mathematical [ˌmæθə'mætɪkl] adj. 数学(上)的

mercury ['mɜːkjəri] n. 水银(柱)；水星

metric ['metrɪk] adj. 公制的；米制的；公尺的

【例】a metric conversion chart 一张公制换算表

microchip ['maɪkrəʊtʃɪp] n. 微型芯片；集成电路片

microcomputer ['maɪkrəʊkəmpjuːtə(r)] n. 微型电脑

microprocessor [ˌmaɪkrəʊ'prəʊsesə(r)] n. 微型处理机，微处理器

microwave ['maɪkrəweɪv] n. 微波 adj. 微波的

【例】microwave oven 微波炉

milky [ˈmɪlki] *adj.* 奶的；奶制的；像奶的，如奶般的

【例】the *Milky* Way 银河

miscalculate [ˌmɪsˈkælkjuleɪt] *v.* 误算，失算

mobility [məʊˈbɪləti] *n.* 机动性；流动性，移动性

modem [ˈməʊdem] *n.* 调制解调器

molecule [ˈmɒlɪkjuːl] *n.* 分子；微粒

【例】A *molecule* usually consists of two or more atoms. 一个分子通常由两个或多个原子组成。

【派】molecular(*adj.* 分子的，由分子构成的)

nitrogen [ˈnaɪtrədʒən] *n.* 氮

numeral [ˈnjuːmərəl] *n.* 数字；数码 *adj.* 数字的，表示数的

numerical [njuːˈmerɪkl] *adj.* 数字的，数值的；用数字表示的

【派】numerically(*adv.* 用数字；在数字上)

observatory [əbˈzɜːvətri] *n.* 天文台，气象台

opening [ˈəʊpnɪŋ] *n.* 孔，洞；开始，开端；开幕式；开放；机遇；(职位的)空缺 *adj.* 开篇的，开始的

optical [ˈɒptɪkl] *adj.* 视力的，视觉的；光学的

orbit [ˈɔːbɪt] *n.* 轨道；(活动)范围 *v.* 环绕…的轨道运行，沿轨道运行

【派】orbital(*adj.* 轨道的)

ounce [aʊns] *n.* 盎司；少量，少许

outer [ˈaʊtə(r)] *adj.* 外围的，远离中央的；外表的

oxide [ˈɒksaɪd] *n.* 氧化物

oxygen [ˈɒksɪdʒən] *n.* 氧气

ozone [ˈəʊzəʊn] *n.* 臭氧

【例】*ozone* layer 臭氧层

particle [ˈpɑːtɪkl] *n.* 分子

password [ˈpɑːswɜːd] *n.* 口令

perpendicular [ˌpɜːpənˈdɪkjələ(r)] *adj.* 垂直的，成直角的；矗立的

petroleum [pəˈtrəʊliəm] *n.* 石油

plastic [ˈplæstɪk] *n.* 塑料 *adj.* 塑料的；可塑的

protein [ˈprəʊtiːn] *n.* 蛋白质

purity [ˈpjʊərəti] *n.* 纯度；纯洁；纯粹

quantitative [ˈkwɒntɪtətɪv] *adj.* 量的，数量的；定量的

【派】quantitatively(*adv.* 数量上)

quart [kwɔːt] *n.* 夸脱

radar [ˈreɪdɑː(r)] *n.* 雷达

radial [ˈreɪdiəl] *adj.* 辐射状的；放射状的

radioactive [ˌreɪdiəʊˈæktɪv] *adj.* 放射性的；有辐射的

radioactivity [ˌreɪdiəʊækˈtɪvəti] *n.* 放射性；放射现象；放射能力

radiochemical [ˌreɪdiəʊˈkemɪkl] *adj.* 放射化学的

radius [ˈreɪdiəs] *n.* 半径；半径范围

reactor [riˈæktə(r)] *n.* 反应器，反应堆；反应物，反应剂

reassemble [ˌriːəˈsembl] *v.* 重新收集；重新装配

recreate [ˌriːkriˈeɪt] *v.* 重新创造，再创造

rectangle [ˈrektæŋgl] *n.* 长方形，矩形

【例】 You have to multiply the length by the width to get the area of the *rectangle*. 你必须把长和宽相乘，方可得出长方形的面积。

【派】 rectangular(*adj.* 长方形的，矩形的)

red-hot [ˈredˈhɒt] *adj.* 热得通红的，炙热的；极其激动的；(指新闻等)最新的，最近的

reflex [ˈriːfleks] *n.* 反射作用，条件反射；映像，倒影

relativity [ˌreləˈtɪvəti] *n.* 相对性，相关性

resistor [rɪˈzɪstə(r)] *n.* 电阻器

rim [rɪm] *n.* (圆形物的)外缘，边缘

rocket [ˈrɒkɪt] *n.* 火箭 *v.* 突然急速上升，火箭式上升

rotary [ˈrəʊtəri] *adj.* 旋转的，转动的；轮流的

rotate [rəʊˈteɪt] *v.* (使)旋转，转动；(使)轮流，循环

【例】 They *rotate* their positions and change their points of view. 他们交换立场，改变观点。

【派】 rotating(*adj.* 旋转的)；rotation(*n.* 旋转)

rust [rʌst] *n.* 锈 *v.* 生锈，使生锈

rusty [ˈrʌsti] *adj.* 生锈的，锈蚀的；锈色的；荒废的；迟钝的

satellite [ˈsætəlaɪt] *n.* 卫星；人造卫星

scope [skəʊp] *n.* (问题、学科等的)范围，领域；余地，机会；视野

short-circuit [ˌʃɔːtˈsɜːkɪt] *v.* 发生短路，使短路；走捷径

short-wave [ˈʃɔːtˈweɪv] *n.* 短波

signal [ˈsɪɡnəl] *n.* 信号，暗号；标志；预示；指示灯，信号灯 *v.* 发信号，示意；表明，预示；表示

silicon [ˈsɪlɪkən] *n.* 硅

【例】*Silicon* Valley (美国)硅谷

solution [səˈluːʃn] *n.* 解答，解决方法；溶解，溶解过程；溶液

specimen [ˈspesɪmən] *n.* 标本，范例；样品；抽样，取样

【例】fossil *specimens* 化石标本

speedometer [spiːˈdɒmɪtə(r)] *n.* (机动车等的)速度计

sphere [sfɪə(r)] *n.* 球体，球形；范围，领域

standardize [ˈstændədaɪz] *v.* 使标准化，使符合规格

standstill [ˈstændstɪl] *n.* 停止，停顿

static [ˈstætɪk] *adj.* 静止的；稳定的；静力的；静态的 *n.* 天电干扰；静电

stationary [ˈsteɪʃənri] *adj.* 不动的，静止的；固定的

streak [striːk] *n.* 条纹，纹理；特质，癖性 *v.* 在…上加条纹；飞奔，疾驰

submarine [ˌsʌbməˈriːn] *n.* 潜水艇，潜水舰 *adj.* 海下的，海底的

【例】nuclear *submarine* 核潜艇

sundial [ˈsʌndaɪəl] *n.* 日晷仪，日晷

supersonic [ˌsuːpəˈsɒnɪk] *adj.* 超声波的；超音速的

【例】*supersonic* aircraft 超音速飞机

symmetry [ˈsɪmətri] *n.* 对称，对称性；匀称

【派】symmetric(*adj.* 对称的)

technology [tekˈnɒlədʒi] *n.* 科学；工艺；技术；工艺学；应用科学

【派】biotechnology(*n.* 生物科技)

telecommunication [ˌtelikəˌmjuːnɪˈkeɪʃn] *n.* 电讯；远程通信

thermostat [ˈθɜːməstæt] *n.* 恒温器

tissue [ˈtɪʃuː] *n.* 织物；(动植物的)组织；薄纸；纸巾，面纸

【例】nervous *tissue* 神经组织 // facial *tissue* 面巾纸

torpedo [tɔːˈpiːdəʊ] *n.* 鱼雷，水雷 *v.* 用鱼雷轰击

transmission [trænsˈmɪʃn] *n.* 传送，传导；电视或无线电播送；传播；传染

【例】The *transmission* of diseases mainly has two ways: through air and through water. 疾病的传播主要有两种方式：空气传播和水源传播。

transparency [trænsˈpærənsi] *n.* 透明，透明度；透明物

tube [tjuːb] *n.* 管，筒；软管；地下铁道

【例】a test *tube* 试管

【派】tubing(*n.* 管道系统)

ultraviolet	[ˌʌltrə'vaɪələt] *adj.* 紫外的；紫外线的
underwater	[ˌʌndə'wɔːtə(r)] *adj.* 水下的；用于水下的；水下行动的
universal	[ˌjuːnɪ'vɜːsl] *adj.* 全体的；普遍存在的；宇宙的，全世界的；万能的，通用的

【派】universalize(*v.* 使一般化，使普遍化)；universally(*adv.* 普遍地；到处)

universe	['juːnɪvɜːs] *n.* 宇宙，天地万物；全人类；星系，银河系
update	[ˌʌp'deɪt] *v.* 更新；修正；使现代化 *n.* 更新；最新信息

【搭】update sb. on sth. 向某人提供最新的某物

【例】We plan to *update* manufacturing procedures. 我们计划更新制造程序。

vacuum	['vækjuəm] *n.* 真空；空白

【例】*vacuum* cleaner 真空吸尘器 // *vacuum* flask 保温瓶

vaporise/vaporize	['veɪpəraɪz] *v.* (使)汽化，(使)蒸发
vertical	['vɜːtɪkl] *adj.* 垂直的，直立的 *n.* 垂直线；垂直面；垂直，直立
vibration	[vaɪ'breɪʃn] *n.* 震动，颤动；共鸣
visibility	[ˌvɪzə'bɪləti] *n.* 可见度，能见度；明显性
visible	['vɪzəbl] *adj.* 可见的，看得见的；明显的，显然的
vision	['vɪʒn] *n.* 视力，视觉；远见，眼光；想象，幻想
visual	['vɪʒuəl] *adj.* 视觉的，视力的；看得见的
vocal	['vəʊkl] *adj.* 嗓音的；发声的；口头的；畅所欲言的，直言的；歌唱的 *n.* (乐曲中的)歌唱部分；元音
voltage	['vəʊltɪdʒ] *n.* 电压，伏特数
X-ray	['eks reɪ] *n.* X射线，X光 *adj.* X射线的，X光的 *v.* 用X光检查
yardstick	['jɑːdstɪk] *n.* (计量的)码尺；衡量标准，准绳
zinc	[zɪŋk] *n.* 锌；锌片 *v.* 镀锌于…

专四词汇：词以类记

社会发展

◎金融贸易　◎工农业　◎新闻传媒　◎法律与犯罪

◎ 金融贸易 / 核心词

accelerate [əkˈseləreɪt] *v.* (使)加速, 加快; 加剧; 促进

【例】 The new race car can *accelerate* from 0 mph to 120 mph in several seconds. 这辆新赛车可以在几秒之内由静止加速到 120 英里每小时。

【派】 accelerated(*adj.* 加速的); acceleration(*n.* 加速度)

accumulate [əˈkjuːmjəleɪt] *v.* 积聚, 积累; 逐渐增加

【例】 *accumulate* wealth 积累财富 // I have come to realize that none of the things we *accumulate* belongs to us. 我开始意识到我们所积累的东西都不属于我们。

【派】 accumulation(*n.* 积累, 集聚; 堆积物)

amount [əˈmaʊnt] *n.* 金额; 数量, 数额 *v.* 合计, 总共; 相当于, 等于

【搭】 amount to 合计, 总共达; an amount of 大量的

【例】 The new project will take a huge *amount* of time and money. 新项目将耗费大量的时间和金钱。

【题】 In spite of the treatment, the pain in his leg grew in ___.
  A. gravity　　　　B. extent　　　　C. intensity　　　　D. amount
  答案为 C。gravity 意为"引力, 重力"; extent 意为"程度"; intensity 意为"剧烈, 强度"; amount 意为"数量"。句意为: 尽管接受了治疗, 他的腿痛还是加剧了。

annual [ˈænjuəl] *adj.* 每年的, 年度的

【例】 *annual* report 年度报告 // *annual* rainfall 全年降雨量 // The current rate of *annual* increase in the world population is about 90 million. (TEM-4) 目前世界人口的年增长量大约是 9000 万。

【听】 2003 年 Dictation 部分就出现了 annual 一词, 里面考到的词组为 the annual trip up the rivers。

asset [ˈæset] *n.* 资产, 财产; 有价值的人(或事物)

【例】 liquid *assets* 流动资产 // net *assets* 净资产 // The newly-established real estate company has \$2 billion in net *assets*. 新成立的房地产公司的净资产为二十亿美元。

assure [əˈʃʊə(r)] *v.* 使放心，向…保证；弄清，查明；确保，保障

【搭】assure sb. of sth. 向…保证…

【例】I can *assure* you of the accuracy and reliability of the news. 我可以向你保证这条消息的准确性和可靠性。

【派】assured(*adj.* 自信的；确定的)；assuredly(*adv.* 肯定)

auction [ˈɔːkʃn] *n.* 拍卖 *v.* 以拍卖方式出售，拍卖掉

【例】My house, furniture and everything I'd owned was *auctioned* off to pay debts. 为了还债，我的房子、家具以及拥有的一切都被拍卖了。

balance [ˈbæləns] *v.* (用天平)称；(使)平衡；使均等；权衡，比较；结算，清账 *n.* 天平，秤；平衡，抵消；结余，余额

【搭】lose one's balance 失去平衡；balance oneself 保持自身平衡；on balance 总的来说

【例】I wandered through the front room, the dining room, the parlour, hand on the wall for *balance*. (TEM-4)我手扶着墙保持着平衡，穿过前厅、餐厅和客厅。

【派】counterbalance(*n.* 平衡力)；well-balanced(*adj.* 均衡的；神智健全的)

bankrupt [ˈbæŋkrʌpt] *v.* 使破产 *adj.* 破产的

【例】go *bankrupt* 破产 // The company went *bankrupt* with the debt as much as ten billion dollars last year. 去年，那家公司因负债多达一百亿美元而破产。

【听】bankrupt 也是专四新闻听力中的一个高频词，其名词形式为 bankruptcy，be forced into bankruptcy 意为"被迫破产"。

benefit [ˈbenɪfɪt] *n.* 利益，好处；恩惠；津贴，救济金；保险赔偿费；慈善(或公益)活动 *v.* 有益于，使受益

【搭】benefit from/by 从…得益或受益；for the benefit of 为了…的利益

【例】material *benefits* 物质利益 // social *benefits* 社会利益 // Because of *benefits* of using solar energy as a new fuel, we should spend more money on the research which can make our dream come true. (TEM-4) 由于使用作为新能源的太阳能有好处，我们应该投入更多的金钱来进行能实现我们的梦想的研究。

bid [bɪd] *v.* 命令，吩咐；喊(价)，出(价)；企图 *n.* 出价投标；努力争取

【搭】bid for 竞标…，投标…

【例】A takeover *bid* for the international grain company was launched last month. 对这家国际粮食公司的收购竞标在上个月就开始了。

【派】bidding(*n.* 出价；叫牌；命令)；overbid(*v.* 出价过高)

【题】The multinational corporation was making a take-over ___ for a property company.

A. application   B. bid   C. proposal   D. suggestion

答案为 B。application 意为"申请"；bid 意为"投标，报价"，make a bid for 的含义是"出价买，企图获得"；proposal 意为"提议"；suggestion 意为"建议"。句意为：这家跨国公司正出价要收购一家房地产公司。

bilateral [ˌbaɪˈlætərəl] *adj.* 双边的，双方的

【例】The government plans to widen the scope of the *bilateral* Indo-Nepal treaty for trade. 政府计划拓宽印度与尼泊尔双边贸易条约的适用范围。

bleak [bliːk] *v.* 荒凉的；裸露的；无望的，黯淡的；阴冷的，阴沉的

【例】a *bleak* desert 荒漠 // a *bleak* future 黯淡的前途 // The lighted shop windows threw a *bleak* illumination on to the empty pavements. 商店的灯光透过窗户给空荡荡的街道投下微弱的亮光。

【听】bleak 是专四英语新闻听力中较常出现的一个单词，其近义词有 dim, weak, hopeless 等。

brisk [brɪsk] *adj.* 活跃的，轻快的；清新的，凉爽的；兴旺的，生气勃勃的 *v.* 使活泼，活跃；兴旺

【例】a *brisk* wind/breeze 一阵凉爽的风 // a *brisk* business 生意兴隆 // Catharine is sitting by an open window, enjoying the *brisk* winter air. 凯瑟琳正坐在一扇敞开的窗户边，享受着冬日清新的空气。

bubble [ˈbʌbl] *n.* 泡，水泡，气泡 *v.* 吹泡，起泡

【例】*bubble* economy 泡沫经济 // Golf hit its peak in Japan at the height of the *bubble* economy in the late 1980s. 20 世纪 80 年代末，高尔夫在日本的发展达到了巅峰，这时候泡沫经济也发展到顶点。

budget [ˈbʌdʒɪt] *n.* 预算；预算费，预算拨款 *v.* 做预算，安排开支

【搭】cut down the budget 减少预算；plan a budget 做预算

【例】*budget* deficit 预算赤字 // The Senate bill aims to end the large *budget* deficit within the next seven years. (TEM-4)议会议案的目的是为了在未来七年内解决高额预算赤字的问题。

bull [bʊl] *n.* 公牛；看好股市者；胡说八道 *adj.* 公的，雄性的；哄抬价格的，行情上涨的 *v.* 强力实现；进行投机使(证券等)价格上涨

【例】The *bull* failed and became penniless finally. 那个看好股市的人最终赔得身无分文。

calculate ['kælkjuleɪt] *v.* 计算；预测，推测

【例】 Researchers *calculated* that the old people in this region were at a higher risk of hyperlipidemia. 研究人员推测该地区的老年人得高血脂的风险较大。

【派】 calculation(*n.* 计算); calculator(*n.* 计算机，计算器)

cancel ['kænsl] *v.* 取消；删去，省略

【搭】 cancel out 抵偿，抵消

【例】 Phone meetings get *cancelled* or reformed and camera-phones intrude on people's privacy. (TEM-4)电话会议被取消或被革新了，而拍照电话侵犯了人们的隐私。

commercial [kə'mɜːʃl] *adj.* 商业(上)的，商务的 *n.* 电台(电视)中的广告节目

【例】 *commercial* intercourse 通商 // the *commercial* venture 商业投资// The movie really makes a great *commercial* success. 这部电影着实取得了巨大的商业成功。

【派】 commercialized(*adj.* 商业化的)

commission [kə'mɪʃn] *n.* 委任，代办，授权；委员会；佣金 *v.* 委任，委托

【搭】 in commission 可使用，在使用中；out of commission 不可使用，不在使用中

【例】 An independent *commission* is appointed to oversee plans to harness tidal power off Alderney. 一个独立委员会被指派监管奥尔德尼岛潮汐发电计划的实施情况。

【听】 commission 一词经常出现在听力中，在新闻中常作"委员会"讲，注意在 Dictation 部分该词的正确拼写。

commodity [kə'mɒdəti] *n.* 商品；日用品

【例】 *commodity* economy 商品经济 //*commodities* fair 商品交易会 // Information is the primary *commodity* in more and more industries today. (TEM-4)今天，在越来越多的行业中，信息都是重要的商品。

【注】 commodity 指抽象意义的商品，goods 指具体意义上的商品。

compensate ['kɒmpenseɪt] *v.* 补偿，弥补；赔偿

【注】 compensate 后常接介词 for，常出现在完形填空中。

conclude [kən'kluːd] *v.* 结束，终止；推断出，断定；达成；订立

【搭】 conclude from 根据…推断；conclude an agreement with sb. 与某人达成协议

【例】 The latest survey *concludes* that the extent and type of hospital teaching available differ a great deal across the country. (TEM-4)最新的调查显示，医院教学的程度和类型在全国范围内存在很大的差异。

【派】conclusive(*adj.* 决定性的；确定的)；inconclusive(*adj.* 非决定性的，不确定的)

conduct [ˈkɒndʌkt] *n.* 行为，举止，品行；指导；实施办法，经营方式 [kənˈdʌkt] *v.* 引导，带领，陪伴(游客等)；指导；实施，经营；指挥(乐队等)；传导(热、电等)

【例】rules of *conduct* 行为准则 // Biologists are *conducting* research where psychologists have given up. (TEM-4)生物学家正在研究心理学家所放弃的领域。

confidential [ˌkɒnfɪˈdenʃl] *adj.* 机密的，秘密的，保密的；极受信任的，委以机密的

【例】a *confidential* report/document 秘密报告/文件 // *confidential* information 机密 // The content of these documents is strictly *confidential*, which can not be spread outside the company. 这些文件的内容是严格保密的，不可以在公司以外传播。

consistent [kənˈsɪstənt] *adj.* 一致的，始终如一的；连贯的；相符的

【搭】consistent with 与…相符；与…一致

【例】You must insist that students give a truthful answer *consistent* with the reality of their world. (TEM-4)你必须坚持要学生给出一个与他们的现实世界相一致的答案。

【派】consistently(*adv.* 一贯地，一致地)

consolidate [kənˈsɒlɪdeɪt] *v.* 巩固，加强；综合，合并；结合，联合

【例】The meeting of top management will contribute to *consolidating* the good relationship between our two countries. 高层会晤将有助于巩固我们两国间的良好关系。

【派】consolidation(*n.* 巩固；合并)

contract [ˈkɒntrækt] *n.* 契约，合同 [kənˈtrækt] *v.* 订立合约，签订合同；使缩小，(使)收缩；感染，得病

【搭】carry out contracts 履行合约；abide by contracts 遵守合同

【例】The two parties just had a verbal agreement but no written *contract*. 双方只有一个口头的协议，但是没有书面上的合同。

crisis [ˈkraɪsɪs] *n.* 危机；危难时刻；决定性时刻，转折点

【搭】an economic crisis 经济危机

【例】Solar energy with its endless supply is one of our solutions to the energy *crisis*. (TEM-4)利用无限的太阳能是我们解决能源危机的途径之一。

【题】We realized that he was under great ___, so we took no notice of his bad temper.

A. excitement B. stress C. crisis D. nervousness

答案为 B。能与介词 under 搭配的只有 stress。句意为：我们意识到他处在巨大压力下，所以我们不在意他的坏脾气。

debt [det] *n.* 债，欠债；恩情

【搭】be in debt 欠债；欠情；in debt to sb./in one's debt 欠某人的债

【例】The poor little girl is working as a singer to try to pay off her father's *debts*. 可怜的小女孩正在通过做歌手来努力还清她父亲欠下的债。

【派】debtor(*n.* 债务人)；indebted (*adj.* 蒙恩的；负债的)

【注】与 debt 对应的单词是 credit；与 debtor(债务人)对应的单词是creditor(债权人)。

decline [dɪ'klaɪn] *v.* 衰退；减少；拒绝，婉辞；倾斜 *n.* 下降，减少；衰退，衰落；斜面，倾斜

【搭】on the decline 在衰退中；in decline 下降

【例】Researchers examined 50 years of mortality data and found a long-term *decline* in death rates. (TEM-4)研究者们调查了 50 年的死亡率数据，发现死亡率长期以来是下降的。

【派】declining(*adj.* 倾斜的；衰退中的)

【题】During the famine, many people were ___ to going without food for days.
A. sunk   B. reduced   C. forced   D. declined
答案为 B。解析：reduce 与介词 to 搭配，意为"使陷入不好的境遇"；sink 意为"下沉"；force 意为"迫使"，常带有主观色彩；decline 意为"衰落；降低"。根据句意和句中的介词 to，本句应选 reduced。句意为：在饥荒中，许多人沦落到数日无饭可吃的地步。

deficit ['defɪsɪt] *n.* 赤字，亏损；不足额

【例】a budget *deficit* 预算赤字 // a trade *deficit* 贸易逆差 // We had a huge annual *deficit* in spending. 我们在花销上出现了巨大的年度赤字。

dependent [dɪ'pendənt] *adj.* 依赖的，依靠的；取决于…的；有瘾的

【搭】be dependent on/upon 依靠，取决于

【例】The personal income tax you pay is *dependent* on how much you earn. 个人所得税的支付额取决于你赚的多少。

deposit [dɪ'pɒzɪt] *v.* 放下，放置；使沉淀，使沉积；存储；寄存；(预付)定金 *n.* 沉淀物；寄存物；存款；订金，押金

【例】fixed *deposit* 定期存款// verified *deposits* 探明的储量// She refused to hand over the door key to the landlady until she got back her *deposit*. (TEM-4)在拿回押金之前她拒绝将门钥匙还给女房东。

【派】depositor(*n.* 存款人)

depress [dɪˈpres] *v.* 使消沉，使抑郁；压下，按下；减少，降低；使萧条

【例】You need never feel *depressed* if you don't look like the latest fashion photo.(TEM-4)如果你的样子与最新的时尚照片不相似，你根本不需要感到郁闷。

【派】depression(*n.* 沮丧；经济萧条)；depressant(*n.* 镇静剂)

diminish [dɪˈmɪnɪʃ] *v.* 减少，(使)减弱，降低；贬低，轻视

【例】I didn't mean to *diminish* the importance of their contribution; I just set out the facts. 我没有贬低他们贡献的重要性的意思，我只是陈述事实。

【派】diminishing(*adj.* 逐渐缩小的)

distribute [dɪˈstrɪbjuːt; ˈdɪstrɪbjuːt] *v.* 分发，分配；分散，散布；分（开），把…分类；分销

【例】*distribute* expenses 分配经费//This kind of catering magazine is widely *distributed* within the country. 这种饮食杂志在这个国家发行很广。

【派】distribution(*n.* 分配，分布)

drastic [ˈdræstɪk] *adj.* 激烈的，猛烈的；严厉的

【例】take a *drastic* step 采取严厉的步骤 // a *drastic* reduction in employment 大量的裁员 // Many big corporations have taken a *drastic* reduction in employment to deal with the financial crisis. 许多大公司都进行了大量裁员以应对金融危机。

economic [ˌiːkəˈnɒmɪk] *adj.* 经济(上)的；经济学的；合算的，有利可图的

【例】*economic* reform 经济改革// *economic* depression 经济萧条// As the century wore on, public sentiment began to turn against the railroads—against their *economic* and political power and high fares as well as against their callousness toward individuals. (TEM-4)随着时代变迁，人们在情绪上开始反感铁路——反感它们的经济政治权力和高收费以及它们对个别乘客无情的对待。

【派】uneconomic(*adj.* 非经济的)；socioeconomic(*adj.* 社会经济学的)

【听】economic sanction(经济制裁)和 economic take-off(经济腾飞)是出现在英语经济新闻中的两个高频词组。

economical [ˌiːkəˈnɒmɪkl] *adj.* 节俭的，节约的；经济的，实惠的；省钱的，精打细算的

【例】We must find the most *economical* way to use energy to relieve the energy crisis. 我们必须找到最节约的能源利用方法来缓解能源危机。

economy [ɪ'kɒnəmi] *n.* 经济；节约，节省

【例】market *economy* 市场经济//As a developing country, we must keep pace with the rapid development of the world *economy*. (TEM-4)作为发展中国家，我们必须跟上世界经济快速发展的步伐。

【派】economist(*n.* 经济学家)

embargo [ɪm'bɑːgəʊ] *n.* 对…实行禁运；禁止(通商)

【例】Last week, the ship was *embargoed* by the government. 上个星期，政府对该船实行禁运。

expire [ɪk'spaɪə(r)] *v.* 期满；终止；死亡；呼出，吐气

【例】An e-mail told me the net page would *expire* after 30 days. 我从一封电子邮件中得知这个网页30天后将过期。

【派】expiration(*n.* 终止；期满)

fair [feə(r)] *n.* 集市；商品交易会；就业展览会 *adj.* 公平的，合理的；晴朗的；淡色的，浅色的；相当大(或多)的；秉公办事的

【例】vanity *fair* 名利场 //To be *fair*, the little actors behaved better than we expected. 公平地说，小演员们的表现超出我们的期望。

feat [fiːt] *n.* 功绩，英勇事迹；武艺，技艺

【例】Glenn McGrath believes Australia could achieve a *feat* never to be matched if they win their third World Cup in a row. 格伦·麦格拉思认为如果澳大利亚连续第三次赢得世界杯的话，那将是前所未有的壮举。

feedback ['fiːdbæk] *n.* 反馈，反应，回应

【例】*Feedback* from consumers is very helpful for improving the quality of the goods. 消费者的反馈信息对于改善产品的质量很有帮助。

finance ['faɪnæns] *n.* 财政，财务，金融；资金，经费；[*pl.*]财源，财力 *v.* 为…提供资金(或经费)

【例】college of *finance* and economics 财经学院// *finance* education 支付教育费用// The Minister of *Finance* is believed to be thinking of imposing new taxes to raise extra revenue. (TEM-4)人们认为财政部长正考虑征收新税来增加额外收入。

【派】financing(*n.* 筹资；提供资金)

【题】The president explained that the purpose of taxation was to ___ government spending.

A. finance   B. expand   C. enlarge   D. budget

答案为 A。finance 意为"提供资金"；expand 意为"扩张"；enlarge 意为"扩大"；budget 意为"预算"。句意为：总统解释说收税的目的是为了给政府开销筹集资金。

financial [faɪˈnænʃl] *adj.* 财政的，金融的

【例】*financial* assistance 经济援助 // *financial* crisis 金融危机 // We are facing a *financial* crisis at the moment. 此刻我们正面临着金融危机。

【派】financially(*adv.* 财政上，金融上)

firm [fɜːm] *n.* 公司；商行，商号 *adj.* 结实的，坚硬的；稳固的，牢固的；坚定的，坚决的；严格的

【例】take *firm* actions 采取坚决的行动 // People no longer need to make *firm* plans about when and where to meet. (TEM-4)关于见面的时间和地点，人们不再需要制订严格的计划。

【派】infirm(*adj.* 虚弱的；不坚固的)

flourish [ˈflʌrɪʃ] *n./v.* 茂盛，繁荣，兴旺；挥舞，挥动；炫耀

【例】Half of the world's nations do not have stable conditions for business to *flourish* in, a report claims. 一份报告称，世界上半数国家不具备商业繁荣所需的稳定环境。

fluctuate [ˈflʌktʃueɪt] *v.* 波动，变动，涨落；(使)不稳定

【例】Those days my mood *fluctuated* from day to day. 那些日子我的情绪天天在变。

【题】Shares on the stock market have ___ as a result of a worldwide economic downturn.

A. turned   B. changed   C. floated   D. fluctuated

答案为 D。turn 意为"旋转，转动"；change 意为"改变"；float 意为"漂浮"；fluctuate 意为"波动，起伏"。句意为：全球经济的低迷导致了股票市场上的股票(价格)涨落不定。

gamble [ˈgæmbl] *v.* 赌博，打赌；冒险，投机 *n.* 赌博；投机，冒险

【搭】gamble away 赌博输掉，输光

【例】*gambling* house 赌场 // *gamble* in stocks 股票投机 // That strategy has been proved to be a successful *gamble*. 那个策略被证实是一次成功的赌博。

【注】gamble 一般仅用来指赌博或投机；bet 也可指赌博，此外在口语中 I bet that...表示对某事很肯定。

global ['gləʊbl] *adj.* 球形的；全球的，全世界的；综合的，全面的

【例】*global* warming 全球变暖 // It would help fight *global* warming by cutting down on fuel consumption as hitchhikers would be using existing fuels. (TEM-4)搭便车有助于通过减少燃料的消耗来阻止全球变暖，因为搭便车消耗的是现有燃料。

【派】globally (*adv.* 全球地，世界性地)；globalization (*n.* 全球化)；anti-globalization (*n.* 反全球化)

gross [grəʊs] *adj.* 总的，毛的；严重的；令人恶心的 *n.* (一)罗(计量单位，等于 12 打)

【例】*gross* weight 毛重 // My mother's *gross* annual income, before tax, is just over $10,000. 我妈妈税前年度总收入刚刚过 1 万美元。

【注】GDP 和 GNP 中的 G 就是 gross 的缩写，GDP 代表 Gross Domestic Product(国内生产总值)；GNP 代表 Gross National Product(国民生产总值)。

hazard ['hæzəd] *n.* 危险，冒险；危害物 *v.* 冒失提出；冒险猜测；使担风险

【例】a fire/safety *hazard* 火灾/安全隐患 // noise *hazards* 噪音危害 // War correspondents sometimes *hazard* their lives. 战地记者有时要冒生命危险。

【派】hazardous (*adj.* 危险的；冒险的)

imply [ɪm'plaɪ] *v.* 暗指，暗示；说明，表明；必然包含

【例】I don't mean to *imply* that Professor White is wrong. 我没有说怀特教授错了的意思。

【注】区分 imply, denote, signify：imply 指通过符号或词语给出暗示；denote 指符号本身所表示的意义；signify 侧重于暗示区别性。

import [ɪm'pɔːt] *v.* 进口，输入，引进；有重大关系，有重要性；意味着 ['ɪmpɔːt] *n.* 进口(商品)，输入(物)；意义，重要(性)

【搭】import...from... 从…进口…

【例】the full *import* 全部的意义 // We *import* a large number of electronic products from Japan. 我们从日本进口了大量的电子产品。

impose [ɪmˈpəʊz] *v.* 推行，采用，强制实行；征(税)；把…强加于，迫使；利用，占便宜

【搭】impose on 把(赋税、责任等)强加在…上

【例】The government has *imposed* rigid controls over the export of flour. 政府对面粉的出口采取了严格的管制。

incorporate [ɪnˈkɔːpəreɪt] *v.* 把…合并，并入，收编；包含；注册成立

【搭】incorporate into/in 合并，纳入

【例】Naismith decided to invent a game that would *incorporate* the most common elements of outdoor team sports without having the real physical contact. (TEM-4)奈史密斯决定发明一种游戏，将室外团队运动的最具普遍性的元素结合起来，但并不进行实际的身体接触。

increase [ˈɪŋkriːs] *n.* 增加，增长，增强 [ɪnˈkriːs] *v.* 增进，增加，增大

【例】The current rate of annual *increase* in the world population is about 90 million. (TEM-4)目前世界人口的年增长量大约是 9000 万。

【听】这个词在新闻听力中经常会考到，通常会考它的名词形式，如 with huge increases; a good increase 等；在某方面有所增长通常会用到 an increase in...；另外也可能考它的过去分词作形容词的用法，如 increased unemployment 失业增长，而听力中考它常见的动词形式则较为少见。

index [ˈɪndeks] *n.* 索引；标志；指标，指数 *v.* 编索引；使指数化；表明

【例】commodity price *index* 商品价格指数// Look under E in the *index* to see if the word English is covered in the book. 在索引中找 E，看一下书中有没有包括"English"这个词条。

【注】其复数形式为 indexes 或 indices。

indicate [ˈɪndɪkeɪt] *v.* 标示，指示，指出；表明，显示；暗示

【例】Government figures *indicate* that the rise in house prices is continuing. 政府的数据表明住房价格仍在继续上涨。

【派】indicator(*n.* 标志，迹象；指示器)

【听】该词是新闻词汇，常与 research, experience, chancellor 等词搭配。

indicative [ɪnˈdɪkətɪv] *adj.* 标示的，表明的；陈述的

【搭】be indicative of 表明，标志

【例】Their ignorance is *indicative* of their lack of interest in the new products. 他们的忽视表明他们对新产品不感兴趣。

ineffective [ˌɪnɪˈfektɪv] *adj.* 无效果的，不奏效的，不起作用的

【例】International efforts against Serbia have been *ineffective* because ships carrying illegal supplies still sail along the river. (TEM-4)国际上孤立塞尔维亚的努力并没有奏效，因为运送非法物资的船只仍在这条河上通行。

inefficient [ˌɪnɪˈfɪʃnt] *adj.* 效率低的，浪费的；能力差的，不称职的

【例】 He said he worked long exhausting hours, and felt very *inefficient*. 他说他工作了很长时间，疲惫不堪，而且感觉效率非常低。

inflate [ɪnˈfleɪt] *v.* 使充气，膨胀；鼓吹；使通货膨胀

【例】 The tyre *inflated* in a few seconds and finally exploded. 轮胎几秒钟内就膨胀了起来，最后爆炸了。

inquire [ɪnˈkwaɪə(r)] *v.* 询问，打听；查究，调查

【搭】 inquire after 问候；inquire into 查究，调查

【例】 All the relatives called to *inquire* after the baby. 所有亲戚都打电话来打听婴儿的情况。

invalid [ɪnˈvælɪd] *adj.* 无效的，不承认的；站不住脚的 [ˈɪnvəlɪd] *n.* 病人，弱者，残废者 *v.* (因伤病)退役

【例】 Damaged or marked ballots were regarded as *invalid*. 损坏或有标记的选票都被视为无效。

【派】 invalidate(*v.* 使无效，使作废)；invalidity(*n.* 无效力)

【注】 注意这个词有两种不同的发音，特别要注意重音位置和元音的发音。

inventory [ˈɪnvəntri] *n.* (物品的)目录，清单；(商品的)库存，盘存

【例】 We offer a detailed *inventory* of books searchable on the Web by keywords in Chinese. 我们提供了书籍的详细目录，可在网上输入中文关键字进行搜索。

inverse [ˌɪnˈvɜːs] *n.* 相反，颠倒，反面 *adj.* 相反的，反向的

【例】 Strangely, the sales volume of the newspaper seems to be in *inverse* ratio to that of the news it contains. 说来奇怪，这份报纸的销量似乎与刊登的新闻数量成反比。

invert [ɪnˈvɜːt] *v.* (使)倒转，倒置，颠倒

【例】 Should the image formed on the retina be *inverted*? 在视网膜上形成的图像应该是倒置的吗？

invest [ɪnˈvest] *v.* 投资；投入(时间、精力等)；耗费；授予(权利、权力等)

【搭】 invest...in 将…投资于

【例】 Many people said it was lucky that they had not *invested* much money in the stock market. 很多人都说他们没有向股票市场投入很多钱是幸运的。

【派】 investor(*n.* 投资者)；investment(*n.* 投资)；disinvestment(*n.* 撤资)

【听】 该词是新闻词汇，investor 和 investment 在新闻听力中出现的频率较高，通常与 capital(资产)，economic(经济的)等一类词搭配出现。

irresistible [ˌɪrɪˈzɪstəbl] *adj.* 不可抗拒的，无法抑制的；富有诱惑力的

【例】 There was a widely-held belief that Switzerland was *irresistible* to wealthy foreigners, mainly because of its numbered accounts and bankers' reluctance to ask awkward questions of depositors. (TEM-4) 人们普遍认为瑞士对于有钱的外国人来说是不可抗拒的，因为银行用编码账户，银行不询问储户难以回答的问题。

item [ˈaɪtəm] *n.* 条，项目，条款；(新闻等的)一条，一则；一件商品

【例】 The news *item* is mainly about a joint venture between a US company and a UK company. (TEM-4)这条新闻主要是关于一家美国公司与英国公司组建合资企业的事件。

launch [lɔːntʃ] *v.* 发射，投射；使(船)下水；开始从事，发起，展开，开办 *n.* 发射，(船)下水

【搭】 launch into (热情地)开始做，投入

【例】 The successful *launch* of the satellite cheered all Chinese people up. (人造)卫星的成功发射让所有中国人都感到振奋。

【听】 该词为新闻词汇，可能与 project, campaign, attack, rocket, satellite 等词一起考。

lessen [ˈlesn] *v.* (使)减少，(使)缩小；(使)减轻，(使)减弱

【例】 As technology improves, distances between people seem to *lessen*. 随着科技的进步，人们之间的距离似乎缩短了。

levy [ˈlevi] *v.* 征收(税等) *n.* 征收

【例】 To *levy* higher tax will, to some extent, influence the economy. 征收更高的税将在某种程度上影响经济。

maximum [ˈmæksɪməm] *n.* 最大值，最大限度 *adj.* 最大的，最高的，最多的

【搭】 to the maximum 最大限度地

【例】 Our slogan is "to achieve the *maximum* of efficiency with the minimum manpower". 我们的口号是"用最少的人力创造最大的效益"。

merge [mɜːdʒ] *v.* (使)合并，(使)并入

【例】 *Merging* the two companies helps to enhance the efficiency. 将这两个公司合并有助于提高效率。

【派】 merger(*n.* 合并，归并)；emerge(*v.* 浮现)；submerge(*v.* 淹没)

minimum [ˈmɪnɪməm] *n.* 最小量，最低限度 *adj.* 最低的，最小的，最低限度的

【例】 This kind of work requires a *minimum* of three workers to finish it. 这项工作至少需要3名工人来完成。

【题】 The majority of nurses are women, but in the higher ranks of the medical profession women are in a ___.

A. minority   B. scarcity   C. rarity   D. minimum

答案为 A。minority 意为"少数"，in a minority 意为"占少数"；scarcity 意为"缺乏，不足"；rarity 是"稀有"的意思；minimum 意为"最小值"。句意为：大部分护士都是女性，但在医疗行业的高层人员中，女性却占少数。

minor ['maɪnə(r)] *adj.* 较少的；较小的；较次要的 *v.* 辅修

【搭】minor in 辅修…

【例】a *minor* matter 小事 // Professor Zhang made a few *minor* adjustments to my composition. 张教授对我的作文做了一些很小的改动。

mission ['mɪʃn] *n.* 使命，任务；代表团，特使团；传教机构

【搭】carry out one's mission 执行任务

【例】The sacred *mission* of a university is teaching and research. 一所大学的神圣使命就是教学和研究。

【注】表示"代表"的单词还有 delegate, representative, agent；表示"使命，任务"的单词还有：task, assignment。

monetary ['mʌnɪtri] *adj.* 货币的，金钱的，金融的

【例】*monetary* policy 货币政策 // The *monetary* unit of the United States is the dollar. 美国的货币单位是美元。

monopolise/monopolize [mə'nɒpəlaɪz] *v.* 垄断，独占

【例】The company had *monopolized* the electronics market for fifty years. 这家公司垄断电子产品市场已经有五十年了。

【派】monopolization(*n.* 垄断)；monopoly(*n.* 垄断；垄断者；专利权)

mutual ['mjuːtʃuəl] *adj.* 相互的；共同的，共有的

【例】*mutual* benefit 共同利益 // *mutual* fund 共有基金 // Real love is established on the basis of *mutual* understanding and respect. 真正的爱情是建立在相互理解和尊重的基础上的。

【派】mutually(*adv.* 相互地；共有地)

negotiate [nɪ'gəʊʃieɪt] *v.* 谈判，协商

【搭】negotiate with 和…进行谈判

【例】He *negotiated* with the superintendent to prevent the workers from unjust treatment. 他与主管谈判，以期能使工人免受不公平待遇。

【派】negotiation(*n.* 协商，谈判)；negotiator(*n.* 谈判代表)

offset ['ɒfset] *v.* 补偿；抵消；形成分支 *n.* 分支，旁系；补偿；抵消

【例】Big enterprises all make plans to *offset* the impact of the economic crisis. 大企业都在制订计划来抵消经济危机的打击。

owing [ˈəʊɪŋ] *adj.* 该付的；未付的，拖欠的

【搭】 owing to 由于

【例】 *Owing* to their bad manners we could hardly make agreement with each other. 由于他们态度恶劣，我们双方几乎没办法达成一致。

patent [ˈpætnt] *n.* 专利；专利权；专利证书 *v.* 获得专利；授予专利
[ˈpeɪtnt] *adj.* 专利的；特许的；赤裸裸的，显然的

【例】 *patent* office 专利局// apply for a *patent* 申请专利// The government *patented* the new design to its designer. 政府给这个新设计的设计者授予了专利权。

【注】 注意与形近词 potent(*adj.* 强有力的)区分。

payable [ˈpeɪəbl] *adj.* 应付的，可支付的

【例】 This purse is worth 800 dollars, *payable* in euros by credit card. 这个钱包值 800 美元，可以通过刷信用卡以欧元支付。

【题】 The tutition fees are ___ to students coming from low-income families.
A. approachable   B. payable   C. reachable   D. affordable
答案为 D。approachable 意为"可接近的；平易近人的"；payable 意为"可支付的"；reachable 意为"可达成的"；affordable 意为"买得起的，可承担的"。句意为：来自低收入家庭的学生能支付得起该学费。

payment [ˈpeɪmənt] *n.* 支付；付款额；报答；偿还

【例】 *payment* by installments 分期支付// The *payment* of the new house can be payable in installments. 可以采取分期付款的方式缴纳新房费用。

【派】 repayment(*n.* 偿还的款项；报答；报复)

【注】 首付通常用 down payment 来表达；贷款买房(或车)可用 mortgage 来表达。

preference [ˈprefrəns] *n.* 偏爱，爱好；优先权；偏爱的事物

【搭】 give preference to 给…优惠，优待；preference for 对…的偏爱

【例】 The HR manager usually gives *preference* to those with work experience. 人力资源经理通常是优先考虑那些有工作经验的人。

【注】 "表达对…的偏爱"可以用 express one's preference for...。

profit [ˈprɒfɪt] *n.* 利润；收益；益处 *v.* 获益，有益于

【例】 After the new CEO took office, the company turned from losing money to making *profit*. 新首席执行官上任之后，公司扭亏为盈。

quota [ˈkwəʊtə] *n.* 定量，限额，配额

【例】There is strict *quota* restriction on importing foreign cars. 进口外国汽车有严格的数额限制。

quote [kwəʊt] *v.* 引用…的话，引证，引述；报…的价，开价；把…放入括号内 *n.* 引文，引语；牌价，报价

【例】The speaker *quotes* a few lines from the famous poem *Ode to the West Wind*. 演讲者引用了著名诗篇《西风颂》的几行诗。

【派】quotation(*n.* 引用，引证；引语)

rate [reɪt] *n.* 速度；比率，率；费用，价格；等级；[*pl.*]房产税

【搭】at any rate 无论如何；at the rate of 以…速度

【例】interest *rate* 利率// At any *rate*, the food supplies will reach the rescue spot in a day or two. 不管怎样，食物供给会在一两天之内送到营救地点。

【听】该词是新闻词汇，在新闻中常会出现 interest rate（利率）；crime rate（犯罪率）；a fixed rate（固定比率）等词组；另外在听音时要注意 at the rate of 中 rate 与 of 的连读。

reciprocal [rɪˈsɪprəkl] *adj.* 互惠的，相互的

【例】Under *reciprocal* cooperation, the two companies reached an agreement. 在互利合作的条件下，这两家公司达成了协议。

representative [ˌreprɪˈzentətɪv] *adj.* 典型的，具有代表性的；代议政治的，代议制的 *n.* 例子；代表

【例】Miss Lee is our company's sales *representative* and she is very capable. 李小姐是我们公司的销售代表，她非常能干。

retail [ˈriːteɪl] *n.* 零售，零卖 *v.* 零售 [rɪˈteɪl] *v.* 详说，述说

【例】*retail* price 零售价// *retail* trade 零售贸易// There is a great difference between *retail* price and wholesale price for this kind of product. 这种商品的零售价和批发价有很大的区别。

【派】retailer(*n.* 零售商人)

risk [rɪsk] *n.* 风险，危险 *v.* 使…冒危险；冒…的风险

【搭】run the risk of... 冒…的风险；at the risk of 冒着…的危险

【例】The manager runs the *risk* of losing all his money to invest in that project. 这名经理冒着血本无归的风险投资那项工程。

【派】risky(*adj.* 有危险的，有风险的)

rival [ˈraɪvl] *n.* 竞争者，对手 *v.* 比得上

【搭】without a rival 无可匹敌

【例】Tom and I were *rivals* for the post of sales assistant. 汤姆和我是销售助理这个职位的竞争对手。

【注】rival, equal, match, compare 容易以四个选项的形式出现在完形填空题目中：rival 意为"与…相匹敌，比得上"，常用的搭配是 rival sb./sth. for/in sth.; equal 意为"比得上"，常用的搭配是 be equal to; match 意为"和…相配; 和…相比"; compare 意为"比较; 对照"。

setback ['setbæk] *n.* 挫折，挫败; 阻碍

【例】The team suffered a major *setback* when their best player was injured. 最优秀的队员受了伤，使得这支队伍的实力大打折扣。

slack [slæk] *adj.* 松弛的，没拉紧的; 萧条的，清淡的; 懈怠的，不用心的

【例】a *slack* student 懒散的学生 // *slack* muscles 松弛的肌肉 // The business was *slack* during the economic crisis. 生意在经济危机期间很萧条。

slacken ['slækən] *v.* (使)变得松弛，放松; (使)放慢，减缓

【例】They swim a long distance, but the pace does not *slacken*. 他们游了很远，但速度并没有放慢。

soar [sɔː(r)] *v.* 高飞，翱翔; 急升，猛增

【例】Over the recent years, the house prices have *soared* by almost fifty percent. 近些年来，房价已经飙涨了将近 50%。

【派】soaring(*adj.* 剧增的)

【注】soar 在考试中常指"(数量) 剧增"之意，表示"增加"的词还有 increase, rise 等，表示"下降"的词有 fall, drop, decrease, decline 等。

speculate ['spekjuleɪt] *v.* 猜测，推测，推断; 投机，做投机生意

【搭】speculate on/about 猜测，推测; speculate in/on 投机

【例】The detective story is boring, because you can *speculate* about the ending when you start reading. 这个侦探故事没意思，因为从一开始你就能推断出它的结局。

【派】speculation(*n.* 猜测，推测); speculative(*adj.* 推断的，推测的)

spiral ['spaɪrəl] *n.* 螺旋形，螺旋式; 逐渐加速上升(或下降) *adj.* 螺旋形的，盘旋的 *v.* 螺旋式移动，盘旋移动; 急剧增长

【例】Too much that Mike couldn't explain was happening; things were *spiralling* out of his control. 发生了太多迈克无法解释的事情; 所有事情都脱离他的掌控。

spur [spɜː(r)] *n.* 马刺，靴刺；激励，鞭策 *v.* 以马刺策马加速；鞭策，激励

【搭】spur sb. to do sth. 鼓励某人去做某事；on the spur of the moment 一时冲动之下

【例】The government has many policies to *spur* consumption. 政府有很多政策刺激消费。

【注】spur 作名词时常和介词 to 搭配。

stabilize ['steɪbəlaɪz] *v.* 使稳定，使安定

【例】The most important issue of *stabilizing* the economy is to stabilize prices of commodities. 稳定经济最重要的方面就是稳定物价。

stake [steɪk] *n.* 桩，柱；利害关系；赌注

【搭】at stake 成败难料，有风险

【例】The group have been playing high-*stakes* gambling all the year round. 这个团伙全年都在进行高风险的赌博活动。

steady ['stedi] *adj.* 稳步的，持续的；规律的；稳定的，稳固的；沉稳的，可靠的 *v.* (使)稳定，(使)稳固

【例】*steady* growth 稳步增长 // There is a *steady* increase in the village's economy during the past 5 years. 在过去的五年里，这个村子的经济保持着稳定增长。

【派】steadily(*adv.* 稳定地)

stock [stɒk] *n.* 贮存，储备；存货，现货；股票

【搭】in stock 现有，备有

【例】*stock* certificate 股票，证券 // *stock* dividend 红利，股息 // The local shop has a low food *stock* and residents there buy the food in other towns. 当地商店的食品存货很少，当地居民都在其他镇上买食物。

subscribe [səb'skraɪb] *v.* 定期订购(或订阅)；申请，预订；认购(股份)；认捐；应募

【搭】subscribe for 认购；subscribe to 同意，赞成

【例】The enterpriser *subscribed* a large sum to several charities. 这位企业家向几家慈善机构捐赠了大量资金。

【派】subscription(*n.* 订阅)；subscriber(*n.* 订阅者；定期捐款者)

【注】subscribe 常和介词 to 连用，表示订阅杂志、报纸等。

substantial [səb'stænʃl] *adj.* 牢固的，坚实的；大量的，丰富的；实质的

【例】Those people who master up-to-date technology have acquired *substantial* profits in this field. 那些掌握最新技术的人在该领域收益颇丰。

【派】substantially(*adv.* 大大地；实质上；大体上)

sum [sʌm] *n.* 总数，总计；金额，款项 *v.* 总计，合计；总结，归纳

【搭】in sum 总而言之；sum up 总结，概括；a sum of 一定数量的…

【例】In *sum*, we have no other choice but to defeat our opponent. 总而言之，我们没有其他选择，只能赢下我们的对手。

surge [sɜːdʒ] *v.* 汹涌，涌动；使强烈地感到；急剧上升，飞涨 *n.* 突然的向上运动；突然发生；激增，急剧上升

【例】Tom *surged* past the other runners at the beginning of the cross-country race. 在越野赛的最初阶段汤姆突然发力超过了其他运动员。

surplus [ˈsɜːpləs] *n.* 剩余，过剩；余款，余额 *adj.* 多余的，盈余的

【例】*surplus* labor 剩余劳动力 // Trade makes it possible for Britain's *surplus* manufactured goods to be traded abroad for the agricultural products that would otherwise be lacking. (TEM-4)贸易使英国将其过剩的工业制品销到国外换取其所缺乏的农产品成为可能。

【听】surplus 常出现在与"贸易"相关的新闻听力材料中，相关的词汇有：trade deficit 贸易逆差；trade surplus 贸易顺差；supply and demand 供需。

tariff [ˈtærɪf] *n.* 关税；(酒店、餐馆等的)价目表

【例】The government decided to impose a protective *tariff* on imported vehicles. 政府决定对进口车辆征收保护性关税。

【听】在新闻听力中常会涉及贸易壁垒(trade barriers)的问题，这时考生要特别注意以下相关词汇：tariff 关税；quota 配额；trade imbalance 贸易不平衡；slump 疲软。

thrive [θraɪv] *v.* 兴盛，繁荣

【搭】thrive on 蓬勃发展，繁荣

【例】Any business cannot *thrive* without good management. 任何生意没有良好的管理都不会红火。

transaction [trænˈzækʃn] *n.* 办理，处理；业务，交易，买卖

【例】extensive *transaction* 巨额交易 // The bank charges a fixed rate for each *transaction*. 银行对每一笔交易都收取固定费用。

transform [trænsˈfɔːm] *v.* 使改变形态；使改变性质；使改观

【搭】transform...from...into... 把…由…变成…

【例】 The builders *transformed* the area into a beautiful garden within 3 months. 建筑工人在三个月内将这片地区变成了一座美丽的花园。

【派】 transformation(*n.* 变化,改观,转变)

【注】 convert, transform 都有"改变"之意,不要混淆。convert 主要用来表示某物的形式、用途等发生的细节、属性上的变化;transform 表示形式、外表或本质的彻底改变。

transition [træn'zɪʃn] *n.* 转变,变迁,过渡

【搭】 transition from...to... 从…到…的过渡(或转变)

【例】 period of *transition* 过渡期 // The country is in the process of the *transition* from planned economy to market economy. 这个国家正在经历计划经济向市场经济过渡的时期。

turnover ['tɜːnəʊvə(r)] *n.* (一定时期的)营业额,成交量;(商店的)货物周转率;人事变动率

【例】 sales *turnover* 营业额 // The shopping mall has a *turnover* of 300,000 RMB per day. 这家商场每天的营业额达到 30 万元人民币。

【注】 注意该词的重音,与短语 turn over 在读音和意思上相区别。

◎ 金融贸易 / 认知词

acting ['æktɪŋ] *adj.* 临时代理的 *n.* 表演

additional [ə'dɪʃnl] *adj.* 增加的;附加的,追加的,额外的

【例】 *additional* charges 附加费用 // *additional* outlay 额外开支

advertise ['ædvətaɪz] *v.* 登广告

【派】 advertising(*n.* 广告活动;广告业); advertisement(*n.* 广告); advertiser (*n.* 广告商,登广告者)

advertising ['ædvətaɪzɪŋ] *n.* 广告宣传;广告业

agency ['eɪdʒənsi] *n.* 经办,代理;中介,代理处,代理机构

【例】 an employment *agency* 职业介绍所 // Xinhua News *Agency* 新华社

agenda [ə'dʒendə] *n.* (会议的)议程;日程表

agent ['eɪdʒənt] *n.* 代理人,代理商

【例】 *agent* bank 代理银行

audit ['ɔːdɪt] *v.* 审查,检查;稽查,审计

【派】 auditor(*n.* 审计员;旁听生)

banking ['bæŋkɪŋ] *n.* 银行业;银行业务

beneficial [ˌbenɪ'fɪʃl] *adj.* 有益的，有好处的

【搭】be beneficial to/for 对…有益，有利于

【例】The action may sound strange, but for them, it is more *beneficial* than hiding the facts. 这行动可能听起来奇怪，但是对于他们来说，这比隐瞒事实要更有益。

billion ['bɪljən] *num.* 十亿 *n.* 无数，大量

boom [buːm] *v.* 隆隆作响，轰鸣；激增；繁荣，兴旺 *n.* 帆的下桁；激增；繁荣；突然风靡的时期；水栅

【例】The economic *boom* has made many people rich. 经济的繁荣使很多人都富起来了。

brand [brænd] *n.* 商标，牌子；烙印，标记 *v.* 在…上打烙印，标印记

【例】Regular *brands* of coffee have too much caffeine. 普通牌子的咖啡含有太多的咖啡因。

broaden ['brɔːdn] *v.* 放宽，加阔，(使)扩大

【例】We can *broaden* our search scope a little. 我们可以稍微扩大一下搜索范围。

bullish ['bʊlɪʃ] *adj.* (行情等)看涨的，上涨的

cash [kæʃ] *n.* 现金，现款 *v.* 把…兑现

clearance ['klɪərəns] *n.* 清除，清理；许可

【例】a *clearance* sale (商店)清仓大甩卖

commerce ['kɒmɜːs] *n.* 商业，贸易

commitment [kə'mɪtmənt] *n.* 承担的义务；承诺，许诺，保证；委托；献身

【例】Our *commitment* to peace cannot end as soon as there is a warfare. 只要有战争，我们为之献身的和平事业就不能停止。

copper ['kɒpə(r)] *n.* 铜；铜币

corporate ['kɔːpərət] *adj.* 团体的，全体的；公司的

corporation [ˌkɔːpə'reɪʃn] *n.* 公司，企业，社团，法人

【例】*corporation* tax 企业所得税 // *corporation* law 公司法 // multinational *corporation* 跨国公司

currency ['kʌrənsi] *n.* 货币；通货；流通

【例】The government took actions to avoid the *currency* crisis. 政府采取措施避免货币危机。

decrease [dɪ'kriːs] *v.* (使)减少，减弱，减轻 ['diːkriːs] *n.* 减少，减少额

depreciation [dɪˌpriːʃi'eɪʃn] *n.* 降低；跌价，贬值

depressed [dɪ'prest] *adj.* 抑郁的，沮丧的；不景气的，萧条的；压下的；抑制的

【例】When John is *depressed*, he just sits there, staring off into the sky. 每当约翰感到沮丧的时候，他就会坐在那里凝视天空。

dime	[daɪm] *n.* (美国、加拿大的)十分铸币;少量的钱
duty-free	[ˈdjuːtiˈfriː] *adj./adv.* 免税的(地)
economise/economize	[ɪˈkɒnəmaɪz] *v.* 节省,节约,紧缩开支
elimination	[ɪˌlɪmɪˈneɪʃn] *n.* 消除,去除;淘汰
enlargement	[ɪnˈlɑːdʒmənt] *n.* 扩大,放大;扩建部分
exception	[ɪkˈsepʃn] *n.* 例外,除外;反对,异议

【搭】with the exception of 除…之外; *without exception* 无例外地

【例】Everyone stares at Mary, with the *exception* of Jay. 每个人都盯着玛丽看,除了杰伊。

expenditure	[ɪkˈspendɪtʃə(r)] *n.* 经费,费用;支出,消耗,花费

【例】balance between income and *expenditure* 收支平衡

financier	[faɪˈnænsɪə(r)] *n.* 财政家,金融家
foam	[fəʊm] *n.* 泡沫;(马等的)汗珠;泡沫塑料 *v.* 起泡沫;冒汗;吐白沫,唾沫四溅
heighten	[ˈhaɪtn] *v.* 加深;提高;增加,增大;加强

【例】The Christmas encounter *heightened* Mary's frustration. 圣诞节的遭遇加深了玛丽的挫败感。

imbalance	[ɪmˈbæləns] *n.* 不平衡,不均衡
instal(l)ment	[ɪnˈstɔːlmənt] *n.* (分期连载的)部分;分册;分期付款
insured	[ɪnˈʃʊəd] *n.* 被保险人,保户,投保人 *adj.* 已投保的
investment	[ɪnˈvestmənt] *n.* 投资;投资额(或物);投入
joint	[ˈdʒɔɪnt] *n.* 连接处;关节;大块肉 *adj.* 联合的,共同的

【例】a *joint* venture 合资企业

【派】jointly(*adv.* 共同地,联合地)

juicy	[ˈdʒuːsi] *adj.* 多汁的;有趣味的;赚钱的,获利的
liberalism	[ˈlɪbərəlɪzəm] *n.* 自由主义;开明的思想或见解
loan	[ləʊn] *n.* 借出,借予;借出之物;贷款 *v.* 借出;贷款

【搭】on loan 暂借,借用,借调

【例】The girl *loaned* her uniform to her younger sister. 这个女孩把她的制服借给她的妹妹了。

management	[ˈmænɪdʒmənt] *n.* 管理,经营;管理人员;管理部门
merchandise	[ˈmɜːtʃəndaɪs; ˈmɜːtʃəndaɪz] *n.* 商品,货物

【例】What's the most economical way to send samples of our *merchandise* to Taiwan? 要把我们的货物样品寄到台湾,什么方法最省钱?

| merchant | [ˈmɜːtʃənt] *n.* 商人 *adj.* 商业的，商人的 |

| monopoly | [məˈnɒpəli] *n.* 垄断；独占；专卖权 |

【例】In some countries, the sale of stamps is a government *monopoly*. 在一些国家，邮票是政府的专卖品。

| overdraft | [ˈəʊvədrɑːft] *n.* 透支(额) |

| ownership | [ˈəʊnəʃɪp] *n.* 物主身份；所有权 |

| partner | [ˈpɑːtnə(r)] *n.* 搭档，伙伴；合伙人，合股人，合作者；配偶 |

| patron | [ˈpeɪtrən] *n.* 赞助人，资助人；老顾客，主顾 |

【派】patronage(*n.* 赞助；保护)

| profitable | [ˈprɒfɪtəbl] *adj.* 有利可图的；有益的 |

【例】*profitable* firm 盈利企业

【派】profitability(*n.* 收益性；利益率)

| proprietor | [prəˈpraɪətə(r)] *n.* 所有人；业主 |

| protection | [prəˈtekʃn] *n.* 保护，防护；防护物 |

| protective | [prəˈtektɪv] *adj.* 保护的，防护的 |

| receipt | [rɪˈsiːt] *n.* 收到；收据，收条；[*pl.*]进款，收入 |

【例】accountable *receipt* 正式收据

| reduction | [rɪˈdʌkʃn] *n.* 减少，缩减，降低 |

| remainder | [rɪˈmeɪndə(r)] *n.* 剩余物；剩下的人；余数 |

【例】I gave the begger the *remainder* of that milk and bread. 我把那剩余的牛奶和面包给了那个乞丐。

| requirement | [rɪˈkwaɪəmənt] *v.* 需要，需求；必要条件 |

| revaluation | [ˌriːvæljuˈeɪʃn] *n.* 重新估价；重新评价 |

| savings | [ˈseɪvɪŋz] *n.* 储金，储蓄 |

| scoop | [skuːp] *n.* 铲子，勺；抢先报道的新闻 *v.* 舀出；抢先报道 |

| sector | [ˈsektə(r)] *n.* 扇形；部门；战区，防区 |

| self-employed | [ˌselfɪmˈplɔɪd] *adj.* 自己经营的，个体户的 |

| shareholder | [ˈʃeəhəʊldə(r)] *n.* 股东 |

| shipment | [ˈʃɪpmənt] *n.* 装船，装运；装运的货物量 |

| shipping | [ˈʃɪpɪŋ] *n.* 船舶；船运，海运 |

| shortage | [ˈʃɔːtɪdʒ] *n.* 不足，缺乏，缺少 |

| skyrocket | [ˈskaɪrɒkɪt] *v.* 猛升；(使)物价飞涨 |

| slogan | [ˈsləʊgən] *n.* 标语，口号 |

| sluggish | [ˈslʌgɪʃ] *adj.* 行动迟缓的；无精打采的；不景气的，萧条的 |

speculative	[ˈspekjələtɪv] *adj.* 思考的；推测的；投机的，投机生意的
speculator	[ˈspekjuleɪtə(r)] *n.* 投机者，投机商
statement	[ˈsteɪtmənt] *n.* 陈述，声明；报表，结算表
【派】	understatement(*n.* 保守的陈述；轻描淡写)
sterling	[ˈstɜːlɪŋ] *adj.* (指硬币、贵金属)标准纯度的；(指品质)令人钦佩的 *n.* 英国货币
stockholder	[ˈstɒkhəʊldə(r)] *n.* 股东，股票持有人
subtraction	[səbˈtrækʃn] *n.* 扣除，削减
tag	[tæg] *n.* 标签，附签；松散或不完整的末端
【搭】	be tagged as 被认为是…
【例】	price *tag* 价签
taxation	[tækˈseɪʃn] *n.* 课税；税款
terminate	[ˈtɜːmɪneɪt] *v.* (使)终止，(使)结束；解雇
【例】	*terminate* a contract 终止合同，解除合约 // Once you want to leave, your contract of employment is *terminated* forthwith. 一旦你想离开，你的雇佣合同就即刻终止。
tourism	[ˈtʊərɪzəm] *n.* 旅游业
trademark	[ˈtreɪdmɑːk] *n.* 商标
uncooperative	[ˌʌnkəʊˈɒpərətɪv] *adj.* 不愿合作的
unload	[ˌʌnˈləʊd] *v.* 卸下货物；解除…的负担
upward(s)	[ˈʌpwəd(z)] *adj.* 向上的；上升的 *adv.* 向上；超过
vendor	[ˈvendə(r)] *n.* 小贩，沿街叫卖的商贩；(房屋、土地等的)卖主
venture	[ˈventʃə(r)] *n.* 冒险；冒险事业 *v.* 冒险；大胆提出
voucher	[ˈvaʊtʃə(r)] *n.* 证件；证人；代金券，折价券；凭证，收据
wholesale	[ˈhəʊlseɪl] *n./v.* 批发 *adj.* 批发的；大规模的 *adv.* 以批发形式；大规模地

◎ 工农业 / 核心词

abound [əˈbaʊnd] *v.* 大量存在；丰富，富足；盛产

【搭】abound in/with 充满，富于

【例】Opportunities for employment *abound* in the metropolis. 大都市里就业机会很多。

affluent [ˈæfluənt] *adj.* 富裕的，富有的

【例】That famous painter was born in an *affluent* family. 那位著名画家出生在一个富裕的家庭。

annex [əˈneks] *v.* 并吞（土地等），强占

【例】The islands were *annexed* by the US in 1898 and since then Hawaii's native peoples have fared worse than any of its other ethnic groups. (TEM-4)美国在 1898 年并吞了这些岛屿，自此以后，夏威夷的本地人就过上了比美国其他民族更加悲惨的生活。

assemble [əˈsembl] *v.* 聚集，集合；装配(机器等)

【例】The workshop is running smoothly and the team is preparing to *assemble* their first automobile powered by the new energy. 车间运行良好，小组正在准备组装第一辆以新能源为动力的汽车。

assess [əˈses] *v.* 评估，评定(性质、质量)；评判；估算，核定

【例】The real purpose of an interview is not to *assess* the assessable aspects of each candidate but to make a guess at the more intangible things, such as personality, character and social ability. (TEM-4)面试的真正目的不是要评判每个候选人可估量的方面，而是为了推测更多无形的东西，比如性格、品质和社交能力。

【派】assessable(*adj.* 可估价的)；assessment(*n.* 估价)

barren [ˈbærən] *adj.* (土地)贫瘠的；不孕的，不育的；不结果实的；无益的，无效果的

【例】According to a report, Africa's farmland is rapidly becoming *barren* and incapable of sustaining the continent's already hungry population. 一份

· 350 ·

报告指出，非洲地区的农田贫瘠化加速，已无力为该大陆已经饥饿不堪的人们提供维持生命所需的食物。

bind [baɪnd] *v.* 捆，缚，绑；包扎；装订；使受（法律、誓言等）约束；（使）联系在一起

【例】 Country life, differs from the kind of isolated existence in that a sense of community generally *binds* the inhabitants of small villages together. (TEM-4)乡间生活又和这种孤立的存在不一样，因为社区意识通常能够将小村庄里的居民联系在一起。

【派】 binding(*adj.* 有法律约束力的)

breed [briːd] *n.* 品种，种类 *v.* 繁殖，育种；饲养；养育，培养，教养

【例】 The shoal swam upstream against very strong currents to reach their *breeding* areas. 鱼群迎着激流逆流而上到达它们的繁殖区。

capitalize ['kæpɪtəlaɪz] *v.* 用大写字母写；为…提供资金；变卖资产

【搭】 capitalize on 利用

【例】 The team failed to *capitalize* on their early lead. 这个队未能充分利用开场初期领先的优势。

combine [kəm'baɪn] *v.* 使结合；合并；使化合 ['kɒmbaɪn] *n.* 联合企业；联合收割机

【搭】 combine with 与…联合

【例】 Dreams are uninformative in themselves, but, when *combined* with other data, they can tell us much about the dreamer. (TEM-4)梦本身是不提供任何信息的，但当梦和其他数据结合起来的时候，就能告诉我们关于做梦人的很多事情。

【派】 recombine(*v.* 重组); combination(*n.* 结合，联合；混合体)

component [kəm'pəʊnənt] *adj.* 组成的，构成的 *n.* 组成部分，成分；元件

【例】 Protons and neutrons are the nuclear *components* of atoms. 质子和中子是原子核的组成部分。

compound ['kɒmpaʊnd] *n.* 混合物；复合词；用围墙圈起的建筑物（或场地）*adj.* 复合的，合成的；多功能的

【例】 We usually need to join simple statements together to make a *compound* statement. 我们通常需要把简单的陈述合起来做成一个综合的陈述。

compress [kəm'pres] *v.* 压紧，压缩；（把思想、文字等）浓缩

【例】 Chinatown was small and *compressed* in physical dimensions, but boundless in spirit. 唐人街的面积狭小而局促，但在精神方面的作用却是无穷的。

condense [kən'dens] *v.* （使气体）冷凝，（使）凝结；使浓缩；压缩，缩写（文章等）

【例】 Hot water vapor *condensed* on the earth's surface. 热水蒸气在地表凝结。

cooperative [kəʊˈɒpərətɪv] *n.* 合作社，合作团体 *adj.* 合作的，协作的；合作社的

【搭】 make a cooperative effort 同心协力

【例】 *cooperative* enterprises 合作企业// The players are not very *cooperative* with our suggestions on playing their music softly. 这些演奏者对于我们要求其轻柔地弹奏音乐的建议并不是很配合。

cultivate [ˈkʌltɪveɪt] *v.* 耕，耕作；栽培，养殖；培养，修习，陶冶

【例】 In particular, under the traditional education system, the students' thinking ability was not well *cultivated*. 尤其是在传统的教育体系下，学生的思考能力没有得到很好的培养。

【派】 cultivation(*n.* 培养，教养；培植)

detach [dɪˈtætʃ] *v.* 拆卸；挣脱；派遣

【搭】 detach from 从…分离；拆下；使分开

【例】 Workers *detached* the old, rotten electric lines from the telegraph poles. 工人们将陈旧、腐烂的电线从电线杆上拆了下来。

【派】 detached(*adj.* 单独的；冷漠的；独立式的)

device [dɪˈvaɪs] *n.* 装置，器具，仪器；手段，花招，诡计；手法；图案

【搭】 leave...to one's own devices 听任…自便，让…自行发展

【例】 The report was a *device* used to hide rather than reveal problems. 这份报告不是揭露问题而是为掩盖问题而耍的花招。

【注】 注意辨别易混词 devise (*v.* 设计，发明；策划)。device 和 devise 读音、拼写和意思相似，但是词性不同。

dwindle [ˈdwɪndl] *v.* 渐渐减少，缩小

【例】 Mr. Corbett's wealth *dwindled* into almost nothing. 科比特先生的财富减少到几乎分文不剩了。

enclose [ɪnˈkləʊz] *v.* 围住，圈起；附上，附入

【搭】 enclose sth. with the letter 随信附上某物

【例】 Write a note to your friend, George, explaining why you are sending the *enclosed* ticket to him and telling him briefly how to get there. 给你的朋友乔治写个便条，解释你为什么要给他寄随信附上的那张门票，并简单告诉他如何到那儿。

enlarge [ɪnˈlɑːdʒ] *v.* 扩大，扩展；放大(照片)

【例】 In order to *enlarge* my vocabulary, I read *China Daily* and other English newspapers every day. 为了扩大词汇量，我每天都看《中国日报》和其他英文报纸。

【题】 The president explained that the purpose of taxation was to ____ government spending.

A. finance   B. expand   C. enlarge   D. budget

答案为 A。finance 作动词时意为"为…提供经费"；expand 意为"扩张"；enlarge 意为"扩大" budget 意为"把…编入预算"。句意为：总统解释说，税收的目的是为政府开销提供资金。

excess [ɪkˈses] n. 过多，过度；过分，无节制；超过，超额量 [ˈekses] adj. 过量的，额外的

【搭】 in excess of 超过；in excess 过度地，过分

【例】 Baggage in *excess* of 80kg will be charged extra money. 超过 80 公斤的行李要支付额外的钱。

【注】 excess 作形容词时表示"额外的"，而 excessive 主要是强调"过多的"。

excessive [ɪkˈsesɪv] adj. 过多的，过分的，过度的

【例】 To reduce pressure, many people engage in risk-taking behaviors that include smoking or drinking *excessive* amounts of alcohol. 很多人用诸如抽烟或酗酒等存在风险的行为来缓解压力。

【派】 excessively(adv. 过分地)

【注】 这个词含有"超过正常或合理的值"的含义，注意把握它的感情色彩。

exploit [ɪkˈsplɔɪt] v. 开拓，开发，开采；利用；剥削

【例】 Tom *exploited* his father's fame to get himself a job. 汤姆利用他父亲的名声为自己谋得了一份工作。

【派】 exploitation(n. 开发，开采); unexploited(adj. 未被开发的，未经开采的)

【题】 The diversity of tropical plants in the region represents a seemingly ___ source of raw materials, of which only a few have been utilized.

A. exploited   B. controversial C. inexhaustible D. remarkable

答案为 C。exploited 意为"被开发的"；controversial 意为"引起争论的，有争议的"；inexhaustible 意为"用不完的，无穷无尽的"；remarkable 意为"异常的，非凡的"。句意为：这个地区热带植物的多样化代表了其原材料似乎用之不尽，其中只有一小部分已经被开发利用了。

explore [ɪkˈsplɔː(r)] v. 探究，探索，探讨；勘探，探险，探测

【例】 This book *explores* ways of achieving these objectives. 这本书探讨了达到这些目标的方法。

【派】exploration(*n.* 勘探；探究，探索)；explorer(*n.* 探险家，探测者；探测器)

extend [ɪkˈstend] *v.* 延长，延期；伸，伸展，拉开；扩大，扩充，扩展

【例】an *extended* family 一个三世或四世同堂的家庭 // life *extending* technology 延长寿命的技术 // The farmers were forced to leave their lands in order to *extend* the reservation area for birds. 为了扩大鸟类居留地，农民被迫离开了自己的土地。

【派】extended(*adj.* 扩大的，延伸的)

facility [fəˈsɪləti] *n.* [*pl.*]设备，工具；简易，方便，便利；技能，熟练

【例】communication *facilities* 通讯设施 // The translator must have an excellent, up-to-date knowledge of his source languages and full *facility* in the handling of his target language. (TEM-4)翻译人员必须出色地掌握并及时更新他的源语言，对驾驭目标语言也应轻车熟路。

fell [fel] *v.* 击倒；打倒；砍伐，砍倒

【例】He *felled* his opponent with a single blow. 他一举打倒了对手。

fertile [ˈfɜːtaɪl] *adj.* 肥沃的，富饶的，多产的；可繁殖的，能生育的；想象力丰富的

【例】*fertile* land/fields/soil 肥沃的土地 // *fertile* eggs 受精卵 // Some regions of the world are well supplied with coal and minerals, and have a *fertile* soil and a favorable climate; other regions possess none of them. (TEM-4) 世界上一些地区拥有丰富的煤矿和矿石、肥沃的土地和适宜的气候，而其他地区却什么也没有。

【注】productive, rich, fertile 这三个词都与"丰富"有关。productive 强调生产能力，指"多产的"；rich 多指财物上的丰富；fertile 与"繁殖"有关，强调"能生育的；肥沃的"。

filter [ˈfɪltə(r)] *v.* 过滤，滤除；筛选；透过；(消息等)泄漏 *n.* 过滤器，过滤装置；滤光器，滤色镜

【例】The ozone layer *filters* harmful UV rays from the sun. 臭氧层将来自太阳的有害紫外线过滤掉。

flame [fleɪm] *n.* 火焰，火舌；激情 *v.* 燃烧；(使)变红

【搭】in flames 燃烧着

【例】Gigantic waves of *flame* that covered entire neighborhoods and filled the skies over southern California with ash have killed at least 13 people.

(TEM-4) 巨大的火焰笼罩了整个地区，烟尘布满了南加州的天空，已经造成至少 13 人丧生。

flock [flɒk] *n.* 兽群，鸟群，羊群；一伙人；大量 *v.* 群集，成群行动，蜂拥
【搭】flock to 聚集在…；a flock of 一群…
【例】Forty years ago people used to *flock* to the cinema, but now far more people sit at home and turn on the TV to watch a programme. (TEM-4) 四十年前，人们常蜂拥着去电影院，而今，更多人会坐在家中打开电视收看节目。
【注】flock 用法比较广泛，泛指"大量"；而 herd 一般指牧群，特别是牛群。

forge [fɔːdʒ] *v.* 伪造，假冒；锤炼，制作；塑造
【例】The directors want to *forge* the company's image. 主管们想要塑造公司形象。
【派】forgery(*n.* 伪造物)

grease [griːs] *n.* 动物油脂；油脂状物，润滑油 *v.* 涂油脂于，用油脂润滑，使润滑
【例】You should *grease* your brake, since it doesn't work well. 你该给你的车闸抹些润滑油了，都不好刹车了。

hoist [hɔɪst] *v.* 升起，吊起；使上升 *n.* 升起，吊起；起重机
【例】The national flag is *hoisted* every morning and lowered every afternoon with dignity. 国旗每天早晨被庄严地升起、下午被庄严地降下。

hook [hʊk] *n.* 钩，挂钩 *v.* 钩住，(用钩)吊挂
【搭】on the hook 陷入困境；by hook or crook 不择手段地，千方百计地；off the hook 脱离险境或困境，脱身
【例】Tim hung his coat on the *hook* behind the door. 蒂姆将他的外套挂在了门后的衣帽钩上。

industrial [ɪnˈdʌstriəl] *adj.* 工业的，产业的；用于工业的
【例】the *Industrial* Revolution 工业革命 // Steel and gasoline are *industrial* products. 钢和汽油都是工业产品。
【派】preindustrial(*adj.* 工业化之前的); industrialism(*n.* 工业主义)

industrialise/industrialize [ɪnˈdʌstriəlaɪz] *v.* (使)工业化
【例】Many factories in the coastal area are beginning to *industrialize*. 沿海地区的许多工厂开始实行工业化了。

inspect [ɪnˈspekt] *v.* 检查，审视；检阅，视察
【例】We heard that the top brass will come to *inspect* our company. 我们听说那位高级官员要来我们公司视察。
【派】inspector(*n.* 检查员，巡视员；巡官)
【注】inspect 一般指官方检查；examine 是表示检查的最常用单词，后面跟宾语后再接介词 in 或 on；investigate 则强调通过多方的"调查取证"而进行的检查。

intersect [ˌɪntəˈsekt] v. 横断，横切，贯穿；相交，交叉

【例】Some astronomers found that some of those cometary orbits *intersect* earth's path. 一些天文学家发现那些彗星的一部分轨道与地球轨道相交。

leak [liːk] v. (使)渗漏；使泄露出去 n. 漏洞，缝隙；泄漏，透露

【例】After the heavy rain, a builder was called to repair the roof, which was *leaking*. (TEM-4)大雨过后，一名建筑工人被叫来修理正在渗水的屋顶。

【派】leakage(n. 泄露，漏)

【听】该词是新闻词汇，常与 data 等与电脑信息相关的词一起考查。

lever [ˈliːvə(r)] n. 杠杆；手段 v. 用杠杆撬动

【例】In extreme pain, he struggled to *lever* the first-aid box open with the barrel of his rifle. 在极度痛苦中，他挣扎着用枪管撬开了急救箱。

lubricate [ˈluːbrɪkeɪt] v. 使润滑，给…上油；起润滑作用

【例】You should *lubricate* your engine regularly or else it will seize up. 你应该定期为你的发动机加润滑油，不然它就会卡住而失灵。

lumber [ˈlʌmbə(r)] v. 缓慢而笨拙地移动 n. 木材；废旧家具，不用的大件物品

【例】A heavy-loaded red van *lumbered* down the crowded street. 一辆载满货物的红色小货车缓慢而笨拙地驶过拥挤的街道。

machinery [məˈʃiːnəri] n. (统称)机器；机械(设备)；(政府、政党等)机构，组织

【例】maintenance of *machinery* 机器保养// the *machinery* of the law 法律机制// These agricultural *machineries* require constant maintenance. 这些农业设备需要进行经常性的维修。

manipulate [məˈnɪpjuleɪt] v. 熟练地使用，巧妙地处理；操纵，摆布

【例】Software is designed to make it easier for people to *manipulate* digital products. 软件的研发是为了使人们能更简便地使用数码产品。

【派】manipulation(n. 操作；处理)；manipulative(adj. 操纵的，控制的)

【注】区分该词与 handle 的含义：manipulate 指用技巧来操作，同时它还含有贬义色彩，有"操纵，摆布"的含义；但是 handle 仅指具有驾驭的能力。

manufacture [ˌmænjuˈfæktʃə(r)] v. (大量)生产，制造 n. 大量制造，批量生产；[pl.]工业品

【例】Nowadays, digital products are increasingly easy to *manufacture* and obtain. 现而今，数码产品越来越容易生产和获得。

【派】manufacturer(*n.* 制造者，生产商)；manufacturing(*n.* 制造业)

【听】该词是新闻词汇，多与 computer, software 等词放在一起考查。

mechanic [məˈkænɪk] *n.* 机械师，技工

【例】The *mechanic* made a few readjustments to make sure that the car could run faster. 机械师做了几处调整以确保小汽车能行驶得更快。

【派】mechanics(*n.* 力学，机械学)

mechanics [məˈkænɪks] *n.* 力学，机械制造学；手法，技巧

【例】The *mechanics* of literature writing are complicated and challenging. 文学写作技巧既复杂又富有挑战性。

mechanise/mechanize [ˈmekənaɪz] *v.* 使(过程、工厂等)机械化

【例】The wheat harvest process is now highly *mechanized*. 现在小麦的收割过程已经被高度机械化了。

mechanism [ˈmekənɪzəm] *n.* 机械装置；结构，机制，机构

【例】self-protecting *mechanism* 自我保护机制 // Yesterday, the two countries agreed to establish a long-term *mechanism* for dialogue. 昨天，两国同意建立一个长期的对话机制。

output [ˈaʊtpʊt] *n.* 产量，产出；产品；输出，输出量

【例】input and *output* system 输入和输出系统 // input and *output* balance 投入和产出平衡// Manufacturing *output* has increased by 6% compared with last year. 与去年相比，制造业产量增加了6%。

outrage [ˈaʊtreɪdʒ] *n.* 暴行，残暴；(暴行激起的)义愤 *v.* 使震怒，激怒

【例】People are *outraged* by the corruption of some government officers. 人民对一些政府官员的腐败现象感到义愤填膺。

package [ˈpækɪdʒ] *n.* 包，包裹；一整套

【例】a *package* deal 一揽子交易 // Your mother has just posted a large *package* for you. 你妈妈刚刚给你邮寄了一个大包裹。

permission [pəˈmɪʃn] *n.* 许可，同意

【搭】without permission 未经许可

【例】special *permission* 特许// Ann dares not to go out to play with her friends without her father's *permission*. 没有父亲的许可，安不敢出去和她的朋友们玩。

【题】2002 年 TEM-4 真题中就出现过含有 permission 的对话：

A：You seem to be restless the whole day today. What's up?

B：Later in the afternoon, they will announce who will get permission for the study trip to Africa.

A：看起来你今天一整天都坐立不安，发生什么事情了？

B：今天下午晚些时候，他们将会宣布获得去非洲学习之旅许可的人员名单。

polish ['pɒlɪʃ] v. 磨光，擦亮；使完善，提高，润色 n. 上光剂；(磨后的)光泽

【例】 *polish* one's English 提高英语水平 // He *polished* his paper over and over again before turning it in. 他在交论文之前，一遍又一遍地进行润色。

pound [paʊnd] n. 英镑；磅 v. 连续猛击，猛打；捣碎；(心脏)怦怦地跳

【例】 Her heart was *pounding* at the sight of the bloody conflict. 看到血腥的冲突场面，她的心怦怦直跳。

premise ['premɪs] n. 前提；[pl.]房屋(及其附属建筑、基地等)

【搭】 on the premise that... 在…的前提下；on the premises 在建筑物内；off the remises 在建筑物外

【例】 He acted on the *premise* that his order was carried out thoroughly. 他行动的前提是他的命令被彻底执行。

【注】 注意该词的拼写，不要与 promise 混淆。

product ['prɒdʌkt] n. 产品；结果；产物

【例】 an end/finished *product* 成品 // home/domestic *products* 国内产品 // The company decided to advertise for its new *products*. 这家公司决定为它的新产品做广告。

productive [prə'dʌktɪv] adj. 多产的；富有成效的；出产…的，产生…的

【例】 *productive* writer 高产的作家 // *productive* meeting 富有成效的会议 // Writers tend to be more *productive* when they are undisturbed. 作家在不受干扰的状态下往往更有效率。

【派】 productively(adv. 有结果地，有成果地)

productivity [ˌprɒdʌk'tɪvəti] n. 生产效率，生产率

【例】 Compared with last year, agricaltural productivity has been increased by 28%. 与去年相比，农业生产率提高了 28%。

project ['prɒdʒekt] *n.* 方案，计划；工程，项目 [prə'dʒekt] *v.* 发射；投掷；投(影)；突出；规划

【搭】draw up a project 拟订计划；carry out a project 执行方案

【例】The *project* of establishing a new park will cost 2.3 million RMB. 建造一座新公园的项目将花费 230 万人民币。

proportion [prə'pɔ:ʃn] *n.* 比例；均衡，匀称；份额，部分

【搭】in/out of proportion to sth. 与某物成/不成比例

【例】Most Europeans agreed that the Germans had the highest *proportion* of good qualities. (TEM-4)大多数欧洲人都赞同德国人具备最多的优良品质。

【派】proportionately(*adv.* 相称地；成比例地)；disproportionate(*adj.* 不成比例的)

【题】His expenditure on holidays and luxuries is rather high in ___ to his income.
A. comparison   B. proportion   C. association   D. calculation
答案为 B。proportion 意为"比例"，in proportion to 意为"与…成比例"；comparison 意为"比较"，常用于 by/in comparison with 结构中，意为"与…相比"；association 意为"联系；合伙"，常用于 in association with 结构中，意为"与…联系；与…合伙"；calculation 意为"计算"。句意为：他在度假和奢侈品上的开支与其收入比较起来是相当高的。

ratio ['reɪʃiəʊ] *n.* 比率，比例

【例】the *ratio* of sales 销售比率// sex *ratio* 性别比率// Based on the *ratio* of boys to girls in the class, the P. E. teachers designed their activities. 体育老师基于班级男女的比例来制订活动方案。

ration ['ræʃn] *n.* 定量，配给限额；[*pl.*]（军队等每日的）口粮 *v.* 限定，配给；定量配给（供应物）

【例】I have used up my *ration* of petrol for this week. 我已经用光了这周定量的汽油。

raw [rɔ:] *adj.* 生的，未煮熟的；未加工的，天然的；未经训练的，无经验的；擦掉皮的；技艺上不成熟的；原始的

【例】*raw* materials 原料// in the *raw* 不加掩饰；处于自然状态；赤身裸体// The information is only the *raw* data and needs further analysis. 该信息只是原始数据，还需要进一步进行分析。

rear [rɪə(r)] *n.* 后部，背面 *v.* 饲养；抚养

【搭】at/in the rear of... 在…的后面

【例】 He saw a man running after him from the *rear*-view mirror. 他从后视镜里他看到一名男子在追他。

reclaim [rɪˈkleɪm] *v.* 要回，回收；开垦，改造(荒地)；感化，挽救

【例】 *reclaim* scraps 回收废料 // The technique of *reclaiming* land from the sea is very costly. 填海造陆技术的费用非常昂贵。

refine [rɪˈfaɪn] *v.* 提纯，精炼；改进，改善

【例】 *refine* oil 炼油 // Her *refined* speech and graceful manner made her the center of the ball. 她优雅的谈吐和仪态使她成为舞会的焦点。

【派】 refinement(*n.* 精炼，精制，提炼)；refinery(*n.* 精制厂)

render [ˈrendə(r)] *v.* 致使，使成为；给予，提供

【例】 His immature behavior *rendered* him unfit for the post. 他不成熟的行为使他不适合这一职位。

reserve [rɪˈzɜːv] *n.* 储备(量)，保存(量)；保留；内向，矜持 *v.* 贮备，保存；保留，留作专用；预订

【例】 gold *reserve* 黄金储备 // all rights *reserved* 版权所有 // Some found the British calm, *reserved*, open-minded, others thought they were insular and superior. (TEM-4)有些人认为英国人冷静、内敛、心胸宽广，其他人则认为他们孤僻傲慢。

【派】 reserved(*adj.* 保留的；有节制的)

resource [rɪˈsɔːs] *n.* [*pl.*]资源，财力；才智，谋略

【例】 human *resources* 人力资源 // We should make full use of natural *resources* to develop our country. 我们应该充分利用自然资源来发展我们的国家。

【注】 区分形近词 recourse (*n.* 求援，求助)。

resourceful [rɪˈsɔːsfl] *adj.* 善于随机应变的，机敏的，机智的

【例】 The manager is *resourceful* and brave in negotiating with foreign companies. 在与外国公司谈判中，那名经理机智又勇敢。

specialize [ˈspeʃəlaɪz] *v.* 专攻，专门研究(或从事)

【例】 The consulting company *specializes* in making practical development plans for local enterprises. 这家咨询公司专门为地方企业制订实用的发展计划。

【注】 specialize 常和介词 in 搭配，意思是"专攻…，专门从事…"，常出现在完形填空中，注意介词的选择。

specialty ['speʃəlti] *n.* 专业，专长；特色菜，特产

【例】This kind of dish is the most famous *specialty* of British cuisine. 这种菜肴是英国菜系中最有名的特色菜。

spin [spin] *v.* 纺(纱)；(使)快速旋转；杜撰，撰述 *n.* 高速旋转

【例】The *spinning* wheel is a Chinese invention. 纺车是中国人的发明。

stall [stɔːl] *n.* 摊位；畜舍，马厩；剧场正厅的前排座位 *v.* 抛锚，停止转动；拖延；搁置

【例】a market *stall* 市场的摊位 // There is a sound of explosion near the *stall*. 那个货摊附近传来了一声爆炸声。

sterile ['steraɪl] *adj.* 无生殖能力的，不育的；不毛的，贫瘠的；无结果的，无效的；无菌的，消过毒的

【例】This lot is small and *sterile*. 这块地面积狭小又贫瘠。

streamline ['striːmlaɪn] *v.* 使成流线型；使效率更高

【例】The institution helped to *streamline* government and reform welfare. 这个机构帮助提高政府工作效率和改革福利。

strengthen ['streŋθn] *v.* 巩固，增强，加强

【例】Traditionally, the woman has held a low position in marriage partnerships. Today the move is to liberate the woman, which may in the end *strengthen* the marriage union. (TEM-4) 女性在传统婚姻关系中的地位较低。现今的趋势是妇女解放，这也许将最终巩固婚姻双方的关系。

stuff [stʌf] *n.* 东西；材料，原料；特质，根本 *v.* 填满，塞满；吃得过多

【搭】stuff...with... 用…填满(或塞满)…

【例】The builders have left all their *stuff* round the back of the house. 建筑工人把所有的材料都堆在屋子后面。

【注】stuff 是不可数名词，在拼写时要注意双写 f。

sufficient [sə'fɪʃnt] *adj.* 足够的，充分的

【搭】be sufficient for 对…来说足够

【例】As in all friendship, a husband and wife must try to interest each other, and to spend *sufficient* time sharing absorbing activities to give them continuing common interests. (TEM-4) 与所有的友谊一样，丈夫与妻子必须努力引起对方的关注，并有充分的时间在一起分享能给他们带来持久的共同兴趣的活动。

【派】sufficiently(*adv.* 足够地；充分地)；insufficient(*adj.* 不足的)

surmount [sə'maʊnt] *v.* 克服，解决；处于或置于…的顶端

【例】I firmly believe that most of the problems in the study can be *surmounted.* 我坚信大多数学业上的问题都是可以被克服的。

surpass [sə'pɑːs] *v.* 超越，胜过，优于

【搭】surpass the bounds 超出界限

【例】The film's success has *surpassed* everybody's expectations. 这部电影取得的成功超出了所有人的期望。

【派】unsurpassed(*adj.* 无可比拟的，无法超越的)

thrash [θræʃ] *v.* 打(谷物)，脱谷；抽打；击败；激烈扭动

【例】The little child was screaming in pain and *thrashing* her head from side to side. 小孩子痛得尖叫，小脑袋猛烈地摇来摇去。

warehouse ['weəhaʊs] *n.* 仓库，货栈

【搭】warehouse stock 仓库存货

【例】The goods have been stored in the *warehouse* for months because of the heavy rain. 由于大雨，这批货物已经在仓库里存了好几个月了。

waterproof ['wɔːtəpruːf] *adj.* 不透水的，防水的 *n.* 防水衣物 *v.* 使不透水，使防水

【搭】waterproof material 防水材料

【例】The coat was made of *waterproof* material that has the function of raincoat. 这件上衣是采用防水材料制成的，作用相当于雨衣。

【注】-proof 表示"防备…的，具备免受…的"，例如：bulletproof（防弹的）；fireproof（耐火的，防火的）。

weave [wiːv] *v.* 织，编织；编造，编排；迂回行进 *n.* 编法，织法；编织式样

【例】I *wove* a hat by strips of willow to cover up myself. 我用柳条编了顶帽子来遮盖自己。

weld [weld] *v.* 焊接，熔接；使连成整体

【搭】hand welding 人工焊接

【例】Some parts of the water pipe need to be *welded* together. 水管的一些零部件需要焊到一起。

yield [jiːld] *v.* 结出(果实)，产生(收益、效益等)；放弃；缴出；屈服，让步 *n.* 产量；利润

【搭】yield to 屈服，服从

【例】I *yielded* to the temptation and enjoyed a big meal. 我禁受不住诱惑大吃了一顿。

【注】yield 后常接介词 to，注意吞音。表示"屈服"之意的短语还有：submit to, give in, give way to。

◎ 工农业 / 认知词

agricultural	[ˌægrɪˈkʌltʃərəl] *adj.* 农业的；农艺的；农学的
alloy	[ˈælɔɪ] [əˈlɔɪ] *n.* 合金 [əˈlɔɪ] *v.* 把…铸成合金
almighty	[ɔːlˈmaɪti] *adj.* 全能的；极大的
alumin(i)um	[ˌæljəˈmɪniəm] *n.* 铝
ammonia	[əˈməʊniə(r)] *n.* 氨
aperture	[ˈæpətʃə(r)] *n.* 小孔，缝隙；孔径
automate	[ˈɔːtəmeɪt] *v.* (使)自动化
automatic	[ˌɔːtəˈmætɪk] *adj.* 自动的；无意识的

【例】 *automatic* focus 自动对焦

【派】 automatically(*adv.* 自动地)

automation	[ˌɔːtəˈmeɪʃn] *n.* 自动化
automobile	[ˈɔːtəməbiːl] *n.* 汽车
barge	[bɑːdʒ] *n.* 平底载货船，驳船
barn	[bɑːn] *n.* 谷仓；畜棚
baron	[ˈbærən] *n.* 男爵；(工商业)巨头
barracks	[ˈbærəks] *n.* 营房，兵营；(一片)简陋的大房子
base	[beɪs] *n.* 基础；基地；根基 *v.* 把…设在，以…为基地 *adj.* 卑鄙的，不道德的

【搭】 base on/upon 以…为基础，以…为根据

【例】 The spaceship did one circuit of the earth and returned to *base*. 太空飞船绕地球飞行一周后返回基地。

batch	[bætʃ] *n.* 一批，一组，一群

【搭】 in batches 分批，分组

【例】 That's my last *batch* of books. 那是我的最后一批书。

booth	[buːð] *n.* 临时货摊；公用电话亭；(餐馆中的)火车座，卡座
builder	[ˈbɪldə(r)] *n.* 建筑工人，施工人员；建设者，建立者
bulldozer	[ˈbʊldəʊzə(r)] *n.* 推土机
by-product	[ˈbaɪˌprɒdʌkt] *n.* 副产品
cargo	[ˈkɑːgəʊ] *n.* (船或飞机装载的)货物，船货
cement	[sɪˈment] *n.* 水泥；胶合剂

ceramic	[səˈræmɪk] n. 陶瓷器，陶瓷物品
checklist	[ˈtʃeklɪst] n. 清单；检查表；备忘录；目录册
checkout	[ˈtʃekaʊt] n. (超级市场的)付款台，结账处
clamp	[klæmp] n. 钳，夹子 v. 钳紧，夹住
clay	[kleɪ] n. 粘土，泥土
crane	[kreɪn] n. 鹤；吊车，起重机
crate	[kreɪt] n. 柳条箱，木(板条)箱
cylinder	[ˈsɪlɪndə(r)] n. 圆筒，圆柱体；戏剧性场景或事件
disembark	[ˌdɪsɪmˈbɑːk] v. (使)下船，登岸
drainage	[ˈdreɪnɪdʒ] n. 排水，放水；排水系统

【例】 automatic *drainage* 自动排水

drama	[ˈdrɑːmə] n. 戏剧(作品)；剧本；戏剧性场景功事件
dramatist	[ˈdræmətɪst] n. 剧作家，编剧
dramatize	[ˈdræmətaɪz] v. 把(小说等)改编成剧本；使戏剧化，戏剧性地表现
drill	[drɪl] n. 钻孔机，钻头；操练，训练 v. 打眼，钻孔；操练，训练
dynamo	[ˈdaɪnəməʊ] n. 发电机；精力充沛的人
elasticity	[ˌiːlæˈstɪsəti] n. 弹性，弹力；灵活性，适应性
engine	[ˈendʒɪn] n. 引擎，发动机；机车，火车头
engineering	[ˌendʒɪˈnɪərɪŋ] n. 工程(学)

【例】 electronics *engineering* 电子工程学

exposition	[ˌekspəˈzɪʃn] n. 解释，讲解，说明；展销，商品交易会
farming	[ˈfɑːmɪŋ] n./adj. 农业(的)，耕种(的)，农事(的)
farmyard	[ˈfɑːmjɑːd] n. 农家庭院
fasten	[ˈfɑːsn] v. 扎牢，扣紧，系牢

【搭】 fasten sth. to/on sth. 把…固定到…

【例】 The passengers were *fastening* their seat belts. 旅客们正在系安全带。

fastening	[ˈfɑːsnɪŋ] n. 连接；纽扣；拉链；扣件；扣法
fatten	[ˈfætn] v. 使长肥，育肥，使长胖
fertilizer	[ˈfɜːtəlaɪzə(r)] n. 化肥，肥料
furnace	[ˈfɜːnɪs] n. 熔炉，火炉，锅炉
fuse	[fjuːz] n. 保险丝，熔丝 v. 熔(化)，熔合；混合；(由于保险丝烧断而)电路不通，中断工作
gear	[ɡɪə(r)] n. 齿轮；一套用具 v. 接上齿轮；使适合，调整

【搭】 gear sth. to/towards sth. 使…与…相适应

【例】 The administration is *gearing* up for a long-term economic depression.
行政部门正在做调整，以应对长期的经济萧条。

giant [ˈdʒaɪənt] *adj.* 巨大的 *n.* 巨人；巨兽；卓越人物

【例】 industrial *giants* 工业巨头

grain [greɪn] *n.* 谷物，谷类，粮食；谷粒；粒，细粒

grassland [ˈɡrɑːslænd] *n.* 草原，草地，草场

graze [greɪz] *v.* (动物)吃草；放牧

grind [graɪnd] *v.* 碾，磨碎；磨光；使锋利；摩擦

grinder [ˈgraɪndə(r)] *n.* 磨工；碾磨器械，磨床

groundwork [ˈgraʊndwɜːk] *n.* 基础工作，准备工作

growth [grəʊθ] *n.* 生长，成长，发育；增长，增大，发展；种植，栽；生长物，产物；瘤，赘生物

harden [ˈhɑːdn] *v.* (使)变硬，(使)硬化；(使)变坚强，加强；使麻木不仁

hatch [hætʃ] *v.* 孵，孵化；酝酿(计划)，筹划 *n.* (门、地板、墙等上的)开口

headquarters [ˌhedˈkwɔːtəz] *n.* 司令部，指挥部；(企业、机构等)总部，总店

hectare [ˈhekteə(r)] *n.* 公顷

hedge [hedʒ] *n.* 篱笆，树篱；防护(物)，预防措施 *v.* 用树篱围住；回避

herd [hɜːd] *n.* 兽群，牧群（尤指牛群）；芸芸众生；大批，大量 *v.* 使向…移动；牧放

【例】 A *herd* of passengers rushed to the coming train. 火车来了，一大批乘客冲了过去。

hunt [hʌnt] *n./v.* 打猎，狩猎；寻找，搜索，追获

【搭】 hunt for 狩猎；搜寻，寻找

【派】 hunter(*n.* 猎手)

immeasurable [ɪˈmeʒərəbl] *adj.* 不可计量的；无限的；无边际的

infertile [ɪnˈfɜːtaɪl] *adj.* 不肥沃的；不能生育的；不结果实的

irrigate [ˈɪrɪgeɪt] *v.* 灌溉；冲洗(伤口)

【例】 The ancient Egyptians used a variety of techniques to *irrigate* the land. 古埃及人用多种技术灌溉土地。

【派】 irrigation(*n.* 灌溉；冲洗)

kit [kɪt] *n.* 行装；配套元件，成套用品(或工具) *v.* 装备

【搭】 kit sb./sth. out 给某人/某物装备…

labo(u)r [ˈleɪbə(r)] *n.* 劳动；劳工，工人；分娩 *v.* 劳动，辛勤工作；尽力去做

【派】 labour-intensive 劳动密集型的

livestock [ˈlaɪvstɒk] *n.* 牲畜

log	[lɒg] n. 原木；航海或飞行日志

【派】 logging(n. 伐木作业)

loosen	[ˈluːsn] v. (使)松开，解开；放宽(限制)，使松散
meadow	[ˈmedəʊ] n. 草地，牧地
mechanical	[məˈkænɪkl] adj. 机械的，机械驱动的；机械学的；呆板的

【例】 *mechanical* skills 机械方面的技能

mill	[mɪl] n. 碾磨机，磨坊；工厂 v. 碾磨，磨碎
modernize/modernise	[ˈmɒdənaɪz] v. 使现代化

【派】 modernization(n. 现代化)

mow	[məʊ] v. 割(草、禾)，修剪
multinational	[ˌmʌltiˈnæʃnəl] adj. (公司等)跨国的，涉及多国的 n. 跨国公司

【例】 *multinational* corporation 跨国公司

orchard	[ˈɔːtʃəd] n. 果园
paddock	[ˈpædək] n. (放牧的)围场；(赛马前)马集中的场地
patch	[pætʃ] n. 补丁，碎片；小块土地；眼罩
pest	[pest] n. 害虫；讨厌的人
pump	[pʌmp] n. 泵，抽水机；打气筒 v. 用泵打入或抽出；为…打气
punch	[pʌntʃ] n. 冲床；打孔机；重拳击打 v. 打孔；用拳猛击

【例】 *punch* the card 刷卡，划卡

purify	[ˈpjʊərɪfaɪ] v. 使纯净，净化

【例】 *purified* water 纯净水

reap	[riːp] v. 收割(谷物)；收获；得到，获得

【例】 It seems inevitable that they will *reap* the dividends of the wartime economy. 他们会得到战时经济额外津贴似乎是必然的。

redistribute	[ˌriːdɪˈstrɪbjuːt] v. 重新分配
reel	[riːl] n. 线轴，卷盘 v. 卷，绕
refined	[rɪˈfaɪnd] adj. 精炼的，精制的；有教养的，优雅的
repertory	[ˈrepətri] n. 轮演剧目；全部节目；仓库，库存，贮存
reservoir	[ˈrezəvwɑː(r)] n. 蓄水池，水库；(大量的)储备
ripen	[ˈraɪpən] v. (使)成熟，(变)成熟
saddle	[ˈsædl] n. 马鞍；(自行车等的)车座

【搭】 in the saddle 在职，掌权

saw	[sɔː] n. 锯子 v. 用锯子锯

screw [skru:] *n.* 螺丝钉，螺丝；对螺丝的旋拧 *v.* (用螺丝)固定，(用螺钉)钉住；扭紧，旋紧

seam [si:m] *n.* 缝，接缝

shepherd [ˈʃepəd] *n.* 牧羊人，羊倌

shipyard [ˈʃɪpjɑːd] *n.* 船坞，造船厂，修船所

shovel [ˈʃʌvl] *n.* 铲，铁铲 *v.* 铲起，铲

sickle [ˈsɪkl] *n.* 镰刀

smokestack [ˈsməʊkstæk] *n.* (工厂或轮船的)大烟囱

spade [speɪd] *n.* 铲，铁锹；纸牌中的黑桃

【搭】call a spade a spade 直言不讳，实话实说

stack [stæk] *n.* 整齐叠起的一堆；许多

storage [ˈstɔːrɪdʒ] *n.* 贮藏，保管

straw [strɔː] *n.* 稻草，麦秸；(喝饮料的)吸管

sulphur [ˈsʌlfə(r)] *n.* 硫(矿)，硫黄

synthesis [ˈsɪnθəsɪs] *n.* 综合；(人工的)合成；综合体

synthetic [sɪnˈθetɪk] *adj.* 综合的，综合性的；(人工)合成的，人造的

tame [teɪm] *adj.* 驯良的，驯服的；顺从的，温顺的 *v.* 驯服，驯化

【例】a *tame* personality 温顺的性格 // *tame* animals 家畜

terrace [ˈterəs] *n.* 梯田，阶地；(梯级宽且矮的)台阶；排房

textile [ˈtekstaɪl] *n.* 纺织品

【例】*textile* industry 纺织工业；cotton *textiles* 棉织品

thresh [θreʃ] *v.* (用机器)脱粒，(尤指旧时以手持工具)打麦；翻滚

tighten [ˈtaɪtn] *v.* (使)变紧，紧缩；加固

【例】*tighten* the economy 紧缩经济 // *tighten* one's belt 节约度日；勒紧裤带

timber [ˈtɪmbə(r)] *n.* 木材，木料；树木

tow [təʊ] *n./v.* 拖，拉，牵引

transistor [trænˈzɪstə(r)] *n.* 晶体管；晶体管收音机

【例】*transistor* circuit 晶体管电路

trawl [trɔːl] *n.* 拖网；查阅 *v.* 用拖网或排钩捕鱼；查阅

uneven [ʌnˈiːvn] *adj.* 不平坦的；不均衡的；不公平的

uproot [ˌʌpˈruːt] *v.* 将…连根拔起；(使)离开家园

【搭】uproot sb./oneself 迫使某人/自己离开家园

vice [vaɪs] *n.* 罪行；堕落；台钳

virgin	['vɜːdʒɪn] n. 处女 adj. 处女的；未开发的；首次的
weed	[wiːd] n. 杂草 v. 除去杂草
widen	['waɪdn] v. 变宽，加宽
width	[wɪdθ] n. 宽度
workshop	['wɜːkʃɒp] n. 车间，工场；研讨会，进修班
yarn	[jɑːn] n. 纱；纱线

Note

音频

abstract [ˈæbstrækt] *adj.* 抽象的 *n.* 摘要，概要；抽象，抽象概念
[æbˈstrækt] *v.* 提取，抽取；摘录…的要点
【搭】in the abstract 理论上，抽象地；make an abstract of 写出…的摘要
【例】Natalie's suggestion is available in the *abstract*; but it is not easy to put it into practice. 纳塔莉的建议在理论上是可行的，但是实施起来不容易。
【派】abstraction(*n.* 抽象概念；提取)

account [əˈkaʊnt] *n.* 账户，账号；报道，描述；原因 *v.* 以为是，视为
【搭】account for 解释，说明(原因等)；(数量上，比例上)占；on account of 因为，由于；give sb. an account of 向某人说明，解释(理由)；take...into account 考虑；on any account 无论如何
【例】An intruder accessed our whole system by using a superuser *account*. 一名入侵者利用一个超级用户账号进入了我们的整个系统。
【派】accountability(*n.* 可说明性；有责任)；accountant(*n.* 会计人员)
【题】It will take us twenty minutes to get to the railway station, _____ traffic delays.
A. acknowledging　B. affording　C. allowing for　D. accounting for
答案为 C。acknowledge 意为"承认，供认"；afford 意为"提供，给予"，allow for 意为"考虑，顾及"；account for 意为"对…作出解释"。句意为：考虑交通延误的话，到达火车站需要花费我们 20 分钟。

alien [ˈeɪliən] *n.* 外侨，外国人 *adj.* 外国的，异邦的；外星的；敌对的
【搭】be alien to 与…不相容，与…相抵触；alien from 与…相异
【例】After the *alien* spaceship had hovered over the city for several minutes, it vanished. 那个外星飞船在城市上空盘旋了几分钟后就消失了。
【注】exotic 也可以表示"外国的，异国的"，但是多为中性或褒义，而 alien 多含贬义。

anonymous [əˈnɒnɪməs] *adj.* 匿名的，不透露姓名的；不知姓名的

【搭】 anonymous letter 匿名信

【例】 The money was donated by a local businessman who wished to remain *anonymous.* 这笔款是当地一位不愿意透露姓名的商人捐赠的。

avenge [əˈvendʒ] *v.* 为…报仇，向(某人)报仇

【搭】 avenge oneself on 报(某事)之仇；向(某人)报仇

【例】 The young man *avenged* his brother's death by exploding that car. 那个年轻男子炸了那辆汽车，为自己死去的兄弟报了仇。

【注】 revenge 和 avenge 都有"复仇"之意，但 revenge 和 avenge 的具体含义和使用场合并不相同：revenge 在多数情况下都为自己报仇，有报复的意思；avenge 大都是为别人复仇，复仇的动机不是为了自己。

breach [briːtʃ] *n.* 违背，违犯；破坏；辜负；缺口，突破口 *v.* 违反，违背；在…上打开缺口

【例】 You commit this incredible *breach* of ethics. 你做了这种违反道德伦常的事情，真是让人难以置信。

bully [ˈbʊli] *v.* 欺侮，欺辱；恐吓，胁迫 *n.* 恃强凌弱的人

【例】 Six police officers accused of *bullying* a woman on a train denied the charge of disorderly conduct. 六名警察被控在列车上欺辱一名妇女，但他们对行为不检的控告表示了否认。

capture [ˈkæptʃə(r)] *v.* 捕获，俘获；夺得，占领；赢得，引起(注意) *n.* 捕获，(被)俘；战利品；俘房

【搭】 capture one's attention 引起…的注意

【例】 The penalty for these *captured* aid workers could range from expulsion to a jail term, or death sentence. (TEM-4)那些被捕的外援工人面临的刑罚可能是驱逐出境、入狱或死刑。

【派】 recapture(*n./v.* 取回，夺回)

cease [siːs] *v.* 停止，结束 *n.* 停止

【搭】 cease doing/to do sth. 停止做…；without cease 不停地，不断地

【例】 A teaching union has said the state should *cease* to fund newly created faith schools from 2020. 一家教育协会表示从 2020 年起国家将不会为新成立的宗教类学校提供资金。

【注】 cease-fire(停火)在新闻听力部分出现频率较高。

chase [tʃeɪs] *v./n.* 追逐，追赶，追击

【例】 The kids *chased* each other around the kitchen table. 孩子们围着厨房的桌子相互追逐嬉戏。

clash [klæʃ] *v.* 冲突 *n.* 冲突；争论

【搭】clash with 与…发生冲突 cultural clash 文化冲突；clash of opinions 意见冲突

【例】Ten protesters were injured in the *clash* with the police. 十个抗议者在与警方的冲突中受伤了。

【注】同义词：dispute, debate, argument 等。

combat [ˈkɒmbæt] *n.* 战斗，格斗 *v.* 跟…战斗；极力反对

【例】Army officers discovered that the wrist watch was most practical for active *combat*. 军队军官发现手表在主动作战中是最实用的。

command [kəˈmɑːnd] *v.* 指挥，统帅；命令；控制，对…有支配权；俯瞰 *n.* 控制，指挥；命令；运用能力

【搭】command sb. to do sth. 命令…做…；in command (of) 指挥，控制；take command of（开始）指挥

【例】We should have the power to *command* our own fates. 我们应该有能力掌握自己的命运。

comment [ˈkɒment] *n./v.* 评价，评论

【搭】comment on 对…发表评论

【例】Judy could not immediately be reached for further *comment*. 朱迪不能立即做出进一步评论。

【派】commentator(*n.* 评论员，讲解员)

comprise [kəmˈpraɪz] *v.* 包含，包括；由…组成，构成

【搭】be comprised of 包括，由…组成

【例】Women *comprise* the majority of the company's employees. 女性占该公司员工的大多数。

conceal [kənˈsiːl] *v.* 隐藏；隐瞒

【搭】conceal sth. from sb. 向某人隐瞒某事

【例】They were endowed with enormous *concealed* advantages of a kind not possessed by any of their competitors. (TEM-4)他们被赋予了潜在的巨大优势，而这正是任何其他竞争对手所不具备的。

conference [ˈkɒnfərəns] *n.* 讨论，会谈；(正式的)会议，讨论会

【例】press *conference* 记者招待会 // John was invited to join the annual sales *conference* held in Guangzhou. 约翰受邀参加在广州举行的一年一度的销售会议。

【派】teleconference(n. 电话会议)

confront [kən'frʌnt] v. (困难等)临头；(使)面对，(使)面临；勇敢地面对，正视

【例】Susan always seeks for a quick, easy and practical solution when she is *confronted* with a challenge. 遇到挑战的时候，苏珊总会寻求快捷、简单并且实用的解决办法。

【派】confrontation(n. 对抗，对峙，冲突)

conquer ['kɒŋkə(r)] v. 征服，攻克，战胜；克服(困难等)；破除(坏习惯等)

【例】The scientist used to be overwhelmed by a sense of frustration, but he has succeeded to *conquer* it. 这位科学家过去常常受挫败感的打击，不过他已经成功地克服了这一点。

corrupt [kə'rʌpt] adj. 腐败的，贪污的；堕落的 v. 使败坏，使腐败；使堕落

【搭】corrupt morals 败坏风俗；corrupt government 腐败的政府

【例】Some scholars believe that the core philosophy of modern society is *corrupted* by the nature of human individual selfishness. 一些学者认为现代社会的核心哲学体系被人类个体的自私自利本性所腐化。

【派】corruption(n. 腐败，贪污)

counter-attack ['kaʊntər ə,tæk] n./v. 反攻，反击

【例】The coach quickly came up with a cunning *counterattack*. 教练很快就给出了巧妙的反击。

counterpart ['kaʊntəpɑ:t] n. 相对应的人或物

【搭】be the counterpart of... 和…一样，相当于…

【例】The London Stock Exchange discussed a $2 billion bid for its Italian *counterpart*, say sources quoted by Reuters. 路透社援引消息称伦敦证券交易所讨论以20亿美元竞标意大利证券交易所。

critical ['krɪtɪkl] adj. 从事评论的；评论性的；对…表示谴责的，对…感到不满的；紧要的，关键性的；严重的

【搭】be critical of 挑剔…，批评…

【例】The combination of temperature and pressure at which the densities become equal is called the *critical* point. (TEM-4)当压力和温度达到一个固定值的时候，(液体和气体的)浓度就相等了，而这个固定值叫做临界点。

【派】critically(adv. 批评地；危急地)

criticism ['krɪtɪsɪzəm] n. 评论文章，评论；批评，指责，非难

【搭】criticism from 来自…的批评

【例】 The government must accept constructive *criticism* from the public. 政府必须接受公众建设性的批评意见。

criticise/criticize [ˈkrɪtɪsaɪz] *v.* 批评，批判；评论

【例】 New regulations are always widely *criticized* by the public. 新规定总是受到公众的广泛批评。

crush [krʌʃ] *v.* 压碎；压坏，压伤 *n.* 压碎；拥挤的人群；压榨

【例】 A boy is in a serious but stable condition after suffering *crush* injuries during a road accident. 一个男孩在一次交通事故中身体受到挤压，虽然伤势严重但是情况已经稳定。

curb [kɜːb] *n.* 勒马绳；控制，约束 *v.* 给(马)系上勒马绳，勒住；控制，约束

【例】 The aim of the agreement was to prevent the improper use of the country's bank secrecy laws, and its effect was to *curb* severely the system of secrecy. (TEM-4)协议的目的是防止对国家银行保密法的滥用，它的作用是严格约束保密系统。

demolish [dɪˈmɒlɪʃ] *v.* 拆毁，毁坏，弄破；推翻；贪婪地吃

【例】 My father gave me a punching bag, which I *demolished* a week later. 爸爸给了我一个拳击沙袋，一周后我就把它打破了。

detail [ˈdiːteɪl] *n.* 细节，详情；细枝末节；(人员的)选派；分配 *v.* 详细说明；派遣

【搭】 in detail 详细地；go into detail(s) 详细叙述

【例】 The man explained his project in *detail* to his boss. 这名男子向他的老板详细地解释了他的方案。

disorder [dɪsˈɔːdə(r)] *n.* 杂乱，混乱；散乱；骚动；失调，不适 *v.* 使零乱，扰乱；使失调，使不适

【搭】 in disorder 慌乱地，狼狈不堪

【例】 The country's civil war came at the end of a long period of social and economic *disorder*. 经历了长时间的社会和经济混乱后，这个国家爆发了内战。

dispel [dɪˈspel] *v.* 驱散，消除

【例】 The morning sun has *dispelled* the last of the night's fog. 早晨的太阳已经驱散了夜晚的残雾。

dispute [dɪˈspjuːt] *n./v.* 争吵，争论，争夺；质疑，反对；阻止，反抗

【搭】 in dispute 在争论中，尚未解决；dispute with 与…争论，与…争执；beyond dispute 毫无争议

【例】 Many officials say that by accepting this payment the agency has given up its claims to legally own the land. The OHA has vigorously *disputed* this. (TEM-4)很多官员表示，接受了该款项就意味着该机构放弃了合法拥有这片土地的要求。夏威夷事务局对此表示强烈反对。

【派】 disputable(*adj.* 有争议的)

enquire/inquire [ɪnˈkwaɪə(r)] *v.* 调查；打听

【例】 All the relatives called to *enquire* after the baby. 所有的亲戚都打电话来打听婴儿的情况。

estimate [ˈestɪmeɪt] *v.* 估算；估计⋯的意义或价值；评价 [ˈestɪmət] *n.* 估计，估算，评价，评估

【例】 From this survey, one can *estimate* that fewer than one in five children have some contact with a hospital teacher—and that contact may be as little as two hours a day. (TEM-4)从这份调查可以估算出与驻院教师有过接触的孩子不足五分之一，就算有接触，接触时间也少到只有每天两个小时而已。

【派】 estimation(*n.* 估计；预算); underestimate(*n./v.* 低估)

【注】 "估价"可表达为 an estimated price。

exclude [ɪkˈs
kluːd] *v.* 排除；对⋯不予考虑；驱逐，开除

【搭】 exclude sb./sth. from sth. 阻止⋯参加⋯；把⋯排除在外

【例】 If a headmaster *excludes* a pupil from school, he must notify the child's parents. 如果校长要开除学生，他必须通知其家长。

【派】 exclusion(*n.* 排除；排斥性)

exclusion [ɪkˈskluːʒn] *n.* 排除在外，排斥

【搭】 to the exclusion of 排斥；不涉及

【例】 Freeman plays tennis to the *exclusion* of all other sports. (TEM-4)弗里曼不参与其他任何运动，只打网球。

exclusive [ɪkˈskluːsɪv] *adj.* 除外的，排外的；专有的，独占的，唯一的

【搭】 exclusive of 不包括

【例】 *exclusive* interview 独家采访，专访 // His mother had told the newspaper about the cause of his death in an *exclusive* interview. 他的母亲通过这家报纸的独家专访告知了他的死因。

【派】 exclusively(*adv.* 专有地；排外地)

【注】 exclusive 的反义词是 inclusive；同义词包括 monopolistic, undivided 等。

explosion [ɪkˈspləʊʒn] *n.* 爆炸，炸裂，爆发；（大规模地、迅猛地）扩张，激增

【搭】 information explosion 信息爆炸；population explosion 人口激增

【例】 Fifty people were killed in the *explosion* caused by the fuel leak. 有五十个人在燃油泄露导致的爆炸中丧生。

export [ɪkˈspɔːt] *v.* 输出，运走，出口 [ˈekspɔːt] *n.* 输出，出口；输出品

【例】 Mr. White works with a chemicals import and *export* company, but he has been working for this industrial fair since he is on leave.（TEM-4）怀特先生在化学制品进出口公司工作，但是自从他休假以来，便一直为这个工业博览会工作。

express [ɪkˈspres] *v.* 表达，表示，表白 *n.* 特快列车 *adj.* 明白的，确切的；快速的

【例】 The way that people spend their money, and the objects on which they spend it, are the last areas where free choice and individuality can be *expressed*.（TEM-4）人们花钱的方式和花钱购得的物品是张扬自由选择与个性的最后的领域。

【听】 词组 express disappointment at（对…感到失望）通常用于演讲等比较正式的场合，在 1999 年的新闻听力中曾出现。

extinguish [ɪkˈstɪŋgwɪʃ] *v.* 熄灭，扑灭；使破灭，毁灭

【例】 Hope for his safe arrival was slowly *extinguished*. 他平安到达的希望慢慢地破灭了。

focus [ˈfəʊkəs] *n.* 焦点，焦距；中心，集中点 *v.* 聚焦，集中；调节…的焦距

【搭】 focus on 使聚集于；聚焦于

【例】 *Focusing* your energy on taking care of yourself with proper exercise is the best way to not just transform your body but to lift your spirits.（TEM-4）集中精力做合适的运动是修塑体型及陶冶情操的最好方法。

【注】 该词为新闻中的常用词汇，表示人们关注的焦点，如 Artificial intelligence has been the focus of much hype since the early 1980s. 自从 20 世纪 80 年代初以来，人工智能一直被大肆宣传。

foundation [faʊnˈdeɪʃn] *n.* 创立，设立；基础，根据；基金会，机构；[*pl.*]地基，房基

【搭】 on the foundation of 在…的基础上

【例】The *foundations* of a building should be solid enough to sustain its weight. 一栋大楼的地基应该足够坚固以能够承受它的重量。

fund [fʌnd] *n.* [*pl.*]资金，现款；公债；基金；专款；储备 *v.* 为…提供资金，资助

【搭】raise funds 筹集资金；additional/extra fund 额外款项；mutual fund 互助基金

【例】By canceling the debts owed to her, Britain intends to review a similar scheme proposed by the International Monetary *Fund*. (TEM-4) 在取消了应得的债款后，英国有意重新考虑国际货币基金组织提出的一个相似计划。

【派】funding(*n.* 拨款)；overfunding(*n.* 过度拨款)；underfunding(*n.* 拨款不足)

【听】专有名词 International Monetary Fund (IMF)指国际货币基金组织，该词是新闻听力中较常出现的词语，一般出现在与经济有关的新闻中，建议牢记。

harmony ['hɑːməni] *n.* 协调，和谐；和睦，融洽

【搭】in harmony with 与…协调；与…和睦相处

【例】As a famer you will appreciate the importance of living in *harmony* with nature. 作为一个农民，你会重视与自然和平共处的重要性。

【派】harmonious(*adj.* 协调的；和睦的)；disharmony(*n.* 不和谐；不协调)

headline ['hedlaɪn] *n.* (报刊的)大字标题，(书的)页头标题，头版头条新闻；[*pl.*](广播的)新闻摘要 *v.* 加标题

【例】A *headline* on the front page draws the most attention from the public. 报纸的头版头条可以吸引最多的公众注意力。

inevitable [ɪn'evɪtəbl] *adj.* 不可避免的，必然的

【例】In such a fiercely competitive environment, it's *inevitable* that some companies will go out of business. 在一个竞争如此激烈的环境里，一些公司倒闭是不可避免的。

【派】inevitably(*adv.* 不可避免地)

interfere [ˌɪntə'fɪə(r)] *v.* 干涉，干预，介入；妨碍，阻挠，打扰

【搭】interfere with/in 干预，干涉

【例】Many college students feel that mothers *interfere* in their adult life and treat them like children. 许多大学生觉得母亲妨碍了他们的成年人生活并把他们当作小孩子来看待。

【派】interference(*n.* 干涉，干预；妨碍，打扰)

issue [ˈɪʃuː; ˈɪsjuː] *v.* 发布，宣布，发表；出版，发行；供给 *n.* 发行；分发；问题，担扰；议题；子女，后嗣

【搭】 issue a statement 发表声明 // issue shares 发行股票 // at issue 讨论中，待解决

【例】 *Issues* of price, place, promotion, and product are among the most conventional concerns in planning marketing strategies. (TEM-4)价格、地点、促销和产品是营销策略计划中最常规的考虑因素。

【注】 首先要注意该词有两种不同的发音；另外，注意区分 issue, problem, question 这三个词：issue 是指"有争议的问题或难点"；problem 通常指"生活中所遇到的问题"；而 question 一般指提出的"问题"。

knot [nɒt] *n.* (绳索等的)结；木头上的节瘤；发髻；一小群人 *v.* 把…打成结，把…扎牢

【搭】 the knot of the matter 问题的症结

【例】 The man *knots* the two ends of the cord round two posts. 这个人把绳子的两端牢牢地系在两根柱子上。

medium [ˈmiːdiəm] *adj.* 中等的，中号的 *n.* 媒介，手段；介质，环境

【搭】 the medium of radio/television 广播/电视媒介

【例】 The small and *medium* sized enterprises should focus on integrating their businesses with high technology. 中小型企业应该着重于将高科技整合到商业中。

menace [ˈmenəs] *n.* 威胁，危险；恐吓；烦人的人或物 *v.* 威胁到，危及

【搭】 a menace to sb./sth. 对…的威胁

【例】 The constant conflicts among different countries constitute a *menace* to the development of the world. 不同国家间的不断冲突对世界发展造成了威胁。

missile [ˈmɪsaɪl] *n.* 导弹；发射物

【搭】 nuclear missile 核导弹；missile base 导弹基地

【例】 The navy launched a long-range *missile* on the enemy. 海军部队向敌人发射了一颗远程导弹。

moral [ˈmɒrəl] *adj.* 道德上的；有道德的 *n.* (故事等的)教训，寓意

【搭】 moral standards 道德标准；moral code 道德准则

【例】 It is the witness's moral obligation to tell the police what he/she knows. 证人有道德义务告知警察他/她所知道的事情。

【派】 morally(*adv.* 道德上，道义上)；immoral(*adj.* 不道德的)

outbreak [ˈaʊtbreɪk] *n.* 突然发生，爆发

【例】 The *outbreak* of a new highly contagious disease terrifies the whole nation. 一种传染性很强的新型疾病的爆发使整个国家陷入恐惧之中。

outset [ˈaʊtset] *n.* 开始，开端

【搭】 at the outset 一开始

【例】 At the *outset*, people are cheated into believing that the millionaire is a good guy. 一开始人们被蒙蔽了，认为那个百万富翁是个好人。

panic [ˈpænɪk] *n.* 恐慌，惊恐 *v.* (使)恐慌，惊慌失措

【搭】 in a panic 在惊慌中

【例】 In a *panic* that woman ran for her life, leaving all her belongings in the half burnt house. 在恐慌中，那名女子逃生自保，把她所有的家当都落在了烧毁了一半的房子里。

parade [pəˈreɪd] *n.* 游行行列，游行；阅兵 *v.* 列队行进；游行

【搭】 dress parade 时装表演，阅兵式

【例】 It is the old tradition to hold a *parade* every year on Thanksgiving Day. 每年在感恩节举行游行是一项古老的传统。

precaution [prɪˈkɔːʃn] *n.* 预防，预防措施；防备

【搭】 fire precautions 防火措施；precaution against 对…的预防

【例】 We should take some *precautions* in advance to prevent the teenagers from doing something crazy. 我们应该提前采取预防措施以防止青少年做出一些出格的事。

predict [prɪˈdɪkt] *v.* 预言，预告，预测

【例】 Citizens of the world's wealthiest countries may live longer than previously *predicted*, according to a study sponsored by the National Institute on Aging. (TEM-4)根据国家老年协会发起的一项调查，世界上最富裕国家的公民的寿命将比先前预测的还要长。

【派】 prediction(*n.* 预言，预报)；predictably(*adv.* 可预见地)；unpredictable (*adj.* 不可预知的)；unpredictability(*n.* 不可预言)

press [pres] *v.* 压，按；紧握；榨；催促；熨平(衣服等) *n.* 新闻界，报界；压；印刷机；出版社；报道

【搭】 press sb. for sth. 敦促或迫切要求某人做某事；press forward 挤向前；奋力继续；press on 重重地压在…上

【例】 Uncle told me to *press* the green button to start the machine. 叔叔告诉我按下绿色按钮来启动机器。

【听】 新闻听力中常出现 Press Office(新闻办公室)，press conference(记者招待会)等表达。

prime [praɪm] *adj.* 主要的；优质的；首选的 *n.* (某人的)鼎盛期

【搭】 prime example 最好的例证；in the prime of life 盛年，年富力强的时期；prime time 黄金时间

【例】 In the *prime* of his life he was elected as the president of America. 在一生中的最辉煌时期，他当选为美国总统。

【听】 该词为新闻词汇，新闻听力中常出现 Prime Minister (首相，总理)。其他常见头衔有：President (总统)；Foreign Minister (外交部长)。

raid [reɪd] *n.* 突袭；打劫 *v.* 袭击；劫掠；突然搜查

【搭】 make a raid on 突袭…

【例】 air *raid* 空袭 // Yesterday evening, the police made a *raid* on the port looking for smuggling of drugs. 昨晚，警方突然搜查港口寻找走私毒品。

【听】 该词是新闻词汇，经常与 attack, robbery 一起出现。

reconcile [ˈrekənsaɪl] *v.* 使和解，使和好；调和，使一致

【搭】 reconcile to 顺从，服从

【例】 Angla refused to *reconcile* with her boyfriend although he had admitted his error and begged her pardon. 安格拉拒绝跟她的男朋友和好，尽管他已经认错并请求她的原谅。

【派】 reconciliation(*n.* 和解，调和)

reform [rɪˈfɔːm] *n./v.* 改造，改革，改良，革新

【例】 Phone meetings get cancelled or *reformed* and camera-phones intrude on people's privacy. (TEM-4)电话会议被取消或被革新了，拍照手机侵犯了人们的隐私。

【派】 reformatory(*adj.* 改革的，革新的)

【听】 该词是新闻词汇，在新闻中可能会涉及社会上的一些改革，比如 housing reform (住房改革)。

refuge [ˈrefjuːdʒ] *n.* 庇护，避难；避难所

【搭】 political refuge 政治避难；harbour of refuge 避风港

【例】 The innocent people were forced to seek *refuge* from the war. 无辜的人们被迫去寻找远离这场战争的避难所。

【听】 refugee 意为"难民"，曾出现在 2001 年的新闻听力中。

reinforce [ˌriːɪnˈfɔːs] *v.* 增加，加强，加固；增兵，增援

【例】 Schools should *reinforce* students' senses of honor and trust. 学校应该加强学生的荣誉感和信任感。

【听】 reinforce 经常出现在新闻听力部分，如 reinforce economic sanctions (加强经济制裁)。

relay [ˈriːleɪ] *n.* 轮换者；中继设备；接力赛 *v.* 转送，转发；转播

【搭】relay race 接力赛

【例】I joined the 4×100m *relay* in the school sports meet last year. 我去年参加了校运动会的 4×100 米接力。

release [rɪˈliːs] *v.* 释放，免除；放出；发布，公开，公布 *n.* 释放，免除；排放，泄漏；发行

【搭】release news 发布新闻

【例】The singer hasn't yet decided on a fixed date for *releasing* her album. 这名歌手还没有确定发行专辑的确切日期。

repel [rɪˈpel] *v.* 逐退，驱逐；排斥；唾弃；使厌恶，使反感

【搭】repel temptation 抵制诱惑；repel cancer 抗癌

【例】It is hard to *repel* temptations of fame and wealth. 抵制名利和财富的诱惑很难。

rescue [ˈreskjuː] *n./v.* 解救，挽救，营救

【搭】rescue sb. from danger 营救某人脱险

【例】Teddy came to my *rescue* with a cheque of $100 to pay my room rate, after I phoned him that my wallet had been stolen. (TEM-4)我给特迪打电话说我钱包被偷之后，他用 100 美元支票帮我付了房租，把我(从窘境中)救了出来。

【注】与 resuce 意思相近的还有：salvage, liberate, redeem。

resolution [ˌrezəˈluːʃn] *n.* 坚决，果断；决议，提案；决心，决定；解决

【例】Thomas always makes good *resolutions* but never carries them out. 托马斯总是下很大的决心，但从来没有实践过。

【听】the UN Resolution 是英语新闻中的一个高频词组，意为"联合国决议案"，在 2004 年的新闻听力中出现过。

revolt [rɪˈvəʊlt] *n./v.* 反抗，反驳

【搭】revolt against 反抗

【例】The peasants *revolted* against the landowner and finally won. 农民反抗地主，最终取得了胜利。

scramble [ˈskræmbl] *v.* 爬行，攀登；扰乱(思维)；争夺，抢占 *n.* 攀爬，爬行；争夺，抢占

【搭】scramble for 争夺，抢夺

【例】 The housewives all *scrambled* for the best bargains. 家庭主妇都在争夺最合算的特价商品。

【注】 scramble 与 for 搭配表示"争夺，抢夺"时，与 jockey for 意思相近。

secure [sɪˈkjʊə(r)] *adj.* 安全的，保险的；稳固的，牢靠的 *v.* 使安全，使可靠；获得，取得

【搭】 secure from 不受…

【例】 The capital intended to broaden the export base and *secure* efficiency gains from international trade was channeled instead into uneconomic import substitution. (TEM-4) 这笔原来用于扩大出口基地并能有效地从国际贸易中获取利润的资金后来被用在了无法取得经济效益的进口代理上。

【派】 insecure(*adj.* 不可靠的，不安全的)

security [sɪˈkjʊərəti] *n.* 安全，平安；治安防卫(部门)；担保，保证

【搭】 public security 公共安全；sense of security 安全感

【例】 The gang of scoundrels severely threatened the public *security*. 那帮无赖严重危害公共安全。

【派】 insecurity(*n.* 不安全)

series [ˈsɪəriːz] *n.* 一连串，一系列，连续

【搭】 a series of 一系列，一连串

【例】 The movie consisted of a *series* of doubtful points. 这部电影疑点重重。

【注】 series 这个词单复数同形，注意其拼写，常见的搭配有 a TV series，意为"电视连续剧"。

smuggle [ˈsmʌɡl] *v.* 走私，偷运

【例】 The thieves planned carefully to *smuggle* the stolen expensive jade out of their country but failed. 这群小偷周密地计划着把偷来的贵重的玉走私到外国，但是失败了。

【注】 走私者为 smuggler，通常涉及的走私物品有 gun(枪支)，arms(武器)，ammunition(弹药)，drug(毒品)等。

starve [stɑːv] *v.* (使)挨饿，(使)饿死

【搭】 starve to death 饿死

【例】 The patient *starved* himself to death to escape the misery of blindness. 这位病人让自己饿死以摆脱失明之苦。

【派】starvation(*n.* 饥饿；饿死)

surrender [sə'rendə(r)] *v.* 投降，认输；交出；放弃 *n.* 交出；投降

【例】It is unbelievable that the thieves would rather commit suicide than *surrender* themselves to the police. 窃贼们宁可自杀也不向警方投降，真是令人难以置信。

survive [sə'vaɪv] *v.* 幸存，存活；比…长寿

【例】The brave little girl was lucky to *survive* the terrible earthquake. 这个勇敢的小女孩很幸运在这场可怕的大地震中幸存了下来。

【派】survival (*n.* 生存，幸存)

transmit [træns'mɪt] *v.* 播送，转播；传送，输送；发射；传染；传播；传(热、声等)；透(光等)

【例】The Olympic opening ceremony was *transmitted* live by satellite to over fifty countries. 奥运会开幕式将通过卫星转播，在五十多个国家进行现场直播。

trap [træp] *n.* 捕捉器，陷阱；诡计，圈套 *v.* 设陷阱捕捉；诱骗，使坠入圈套；使陷入困境

【例】European visitors are constantly falling into this *trap*. (TEM-4)欧洲游客经常陷入这个圈套。

【注】注意 trap 的过去式和过去分词的拼写，要双写 p 后加 ed。

uncover [ʌn'kʌvə(r)] *v.* 移去遮盖物，揭开盖子；揭露，发现，侦破

【例】Police have *uncovered* a plot that Mr. Li was the real murderer. 警方已经侦破这一阴谋：李先生是真正的凶手。

voluntary ['vɒləntri] *adj.* 自愿的，自发的，志愿的

【例】More and more people devote themselves to *voluntary* work at the local community. 越来越多的人投身于当地社区的志愿工作。

volunteer [ˌvɒlən'tɪə(r)] *n.* 志愿者；志愿兵 *v.* 自愿效劳，自告奋勇；自动说出

【例】There are many *volunteers* here to help the traffic police maintain order. 这里有许多志愿者帮助交警维持秩序。

wreck [rek] *n.* 失事的船只，残骸；破灭，毁坏 *v.* 摧毁，破坏

【例】The newly-built vacation village was *wrecked* by last night's storm. 新建的度假村被昨晚的风暴摧毁。

◎ 新闻传媒 / 认知词

aggression [əˈgreʃn] *n.* 侵略，侵犯；攻击性

ammunition [ˌæmjuˈnɪʃn] *n.* 弹药

anchor [ˈæŋkə(r)] *n.* 锚；顶梁柱；(电视节目等的)主持人

anchorwoman [ˈæŋkəwʊmən] *n.* 新闻节目女主持人

caption [ˈkæpʃn] *n.* (图片、漫画等的)说明文字

celluloid [ˈseljulɔɪd] *n.* 赛璐珞(塑料的一种)；拍成的电影

census [ˈsensəs] *n.* 人口调查，人口普查

【例】 A new *census* will be carried out next month. 下个月将进行新的人口普查。

chaos [ˈkeɪɒs] *n.* 混乱状态

【搭】 in chaos 处于混乱状态，一片狼藉

【例】 The school was in *chaos* after the fire. 火灾之后，那所学校一片狼藉。

column [ˈkɒləm] *n.* 柱，支柱；(报刊等中的)专栏；纵队，小分队

【例】 I wanted to have my own *column* in the magazine. 我想在杂志上开设自己的专栏。

correspondent [ˌkɒrəˈspɒndənt] *n.* 通信者，(新闻)通讯员，记者

critic [ˈkrɪtɪk] *n.* 批评家，评论家

crosscheck [ˌkrɒsˈtʃek] *v.* 反复核对，查证

destruction [dɪˈstrʌkʃn] *n.* 毁坏，消灭

destructive [dɪˈstrʌktɪv] *adj.* 破坏(性)的，非建设性的

disaster [dɪˈzɑːstə(r)] *n.* 灾难，不幸；彻底失败的人(或事)；祸患

【例】 the air *disaster* 飞机失事，空难 // a natural *disaster* 天灾

disastrous [dɪˈzɑːstrəs] *adj.* 灾难性的，极坏的

documentary [ˌdɒkjuˈmentri] *adj.* 文件的，书面(证明)的；(影片、电视节目等)纪实的，纪录的 *n.* 纪录影片，纪实广播(或电视)

donor [ˈdəʊnə(r)] *n.* 捐赠者；献血者

【例】 Have you ever heard me refer to these heart *donors*? 你曾经听我提起过这些心脏捐赠者吗？

dynamite [ˈdaɪnəmaɪt] *n.* 炸药；轰动一时的人或物；具有爆炸性的事物 *v.* 炸毁，破坏

editorial [ˌedɪˈtɔːriəl] *adj.* 编辑的，主编的 *n.* (报纸的)社论，评论

emergency [ɪˈmɜːdʒənsi] *n.* 紧急情况，非常时刻

【例】 *emergency* funding 应急基金

emergent [ɪˈmɜːdʒənt] *adj.* 刚出现的，新兴的

equip [ɪˈkwɪp] *v.* 配备，装备；使有所准备

【搭】 equip sb./sth. with sth. 用…装备…

【例】 The school library is *equipped* with fire exits at both ends. 学校图书馆两端都设有安全出口。

【派】 equipment(*n.* 设备)

eruption [ɪˈrʌpʃn] *n.* 喷发；(战争、情感等)爆发

eventful [ɪˈventfl] *adj.* 充满大事的；多变故的

explosive [ɪkˈspəʊsɪv] *n.* 炸药 *adj.* 爆炸性的；激增的；一触即发的

【例】 an *explosive* situation 一触即发的形势 // *explosive* news 爆炸性新闻

exposure [ɪkˈspəʊʒə(r)] *n.* 暴露，显露；揭露，揭发；(软片等的)曝光，曝光时间

firsthand [ˌfɜːstˈhænd] *adj.* 直接的，第一手的 *adv.* 直接地

flagship [ˈflæɡʃɪp] *n.* 旗舰

flee [fliː] *v.* 逃跑，逃离；逃避

【例】 As the principal, you should not *flee* from responsibility. 作为校长，你不应该逃避责任。

frontier [ˈfrʌntɪə(r)] *n.* 边境，边疆，边远地区；边缘；[*pl.*](知识等)未开发的领域

happening [ˈhæpənɪŋ] *n.* 事情，事件

head-on [ˌhedˈɒn] *adj.* 正面相撞的 *adv.* 正面相撞

heroin [ˈherəʊɪn] *n.* 海洛因

hold-up [ˈhəʊldʌp] *n.* 停顿；阻碍；持械抢劫

hostage [ˈhɒstɪdʒ] *n.* 人质；抵押品

humankind [ˌhjuːmənˈkaɪnd] *n.* 人，人类

immigrant [ˈɪmɪɡrənt] *n.* (外来的)移民，侨民 *adj.* (从国外)移民来的，侨民的

immigrate [ˈɪmɪɡreɪt] *v.* (从外国)移入，移居入境

【例】 Every year a large number of foreigners *immigrate* to America. 每年大量的外国人移民到美国。

【派】 immigration(*n.* 移居，移民)

incident [ˈɪnsɪdənt] *n.* 事情，事件；事故，事变

【例】 a touching *incident* 感人的事件 // tragic *incident* 惨剧

injure [ˈɪndʒə(r)] *v.* 伤害，损害

【派】injured(*adj.* 受伤的，受到损害的); injury(*n.* 伤害，损伤，挫伤)

italic [ɪˈtælɪk] *adj.* 斜体的

【派】italics(*n.* 印刷的斜体字母)

journal [ˈdʒɜːnl] *n.* 杂志，期刊

【派】journalism(*n.* 新闻业)

landmark [ˈlændmɑːk] *n.* 地标，路标；里程碑，重大的事件或发现

lieutenant [lefˈtenənt] *n.* 尉级军官；副官

local [ˈləʊkl] *adj.* 本地的；局部的

locality [ləʊˈkæləti] *n.* 地区；地方，地点

marshal [ˈmɑːʃl] *n.* 元帅；司仪 *v.* 安排；组织

massacre [ˈmæsəkə(r)] *n./v.* 大屠杀

massive [ˈmæsɪv] *adj.* 巨大的；魁梧的；大量的；强大的

【例】The company refused to give *massive* investment on this project. 那家公司拒绝在这个项目上投入巨资。

media [ˈmiːdiə] *n.* [*pl.*](电视、报纸等)大众传播媒介

military [ˈmɪlətri] *adj.* 军事的，军队的 *n.* 军人，军方

【例】*military* intelligence 军事情报

mob [mɒb] *n.* 喧嚷的民众；(尤指)暴民，匪帮

monthly [ˈmʌnθli] *adj.* 每月的，每月一次的 *n.* 月刊

nationwide [ˌneɪʃnˈwaɪd] *adj.* 全国性的 *adv.* 遍及全国

naval [ˈneɪvl] *adj.* 海军的

【例】*naval* warfare 海战

navy [ˈneɪvi] *n.* 海军

newscast [ˈnjuːzkɑːst] *n.* 新闻广播

newsletter [ˈnjuːzletə(r)] *n.* 简讯，时事通讯

numerous [ˈnjuːmərəs] *adj.* 大量的，为数众多的

occurrence [əˈkʌrəns] *n.* 事件，发生的事情；发生，出现

onlooker [ˈɒnlʊkə(r)] *n.* 旁观者

parachute [ˈpærəʃuːt] *n.* 降落伞 *v.* 用降落伞降落，空投

patriotic [ˌpeɪtriˈɒtɪk] *adj.* 爱国的

【例】We all have *patriotic* feelings of some kind. 我们都有某种爱国主义情结。

【派】patriotism(*n.* 爱国精神，爱国心)

pentagon [ˈpentəgən] *n.* 五角形，五边形；五角大楼

periodical [ˌpɪəriˈɒdɪkl] *adj.* 定期的，周期的 *n.* 期刊，杂志

pictorial [pɪkˈtɔːriəl] *adj.* 有图的，有插图的；图画的

【例】*pictorial* detail 图像细节

plague [pleɪɡ] *n.* 瘟疫，祸患

plunder [ˈplʌndə(r)] *v.* 掠夺，抢劫 *n.* 掠夺，掠夺物

popularity [ˌpɒpjuˈlærəti] *n.* 通俗性，普及；受欢迎

【例】This hair-style is gaining *popularity*. 这款发型正在流行。

powerful [ˈpaʊəfl] *adj.* 强有力的，强大的；有影响力的；效力大的

【例】Allan's the most *powerful* person in the club. 艾伦是俱乐部里最有影响力的人。

【派】powerfully(*adv.* 强烈地，强有力地)

prosperity [prɒˈsperəti] *n.* 繁荣，昌盛

questionaire [ˌkwestʃəˈneə(r)] *n.* (调查情况用的)问卷，调查表

raider [ˈreɪdə(r)] *n.* 袭击者，抢劫者

reconnaissance [rɪˈkɒnɪsns] *n.* 侦察；搜索

research [rɪˈsɜːtʃ] *n.* 研究，探索 *v.* 调查研究

resistant [rɪˈzɪstənt] *adj.* 抵抗的，有抵抗力的

riot [ˈraɪət] *n.* 暴动，骚动

scandalous [ˈskændələs] *adj.* 丢脸的，可耻的；造谣中伤的

scout [skaʊt] *n.* 侦察员；侦察舰；童子军；物色人才者，星探 *v.* 侦察

【搭】scout around/about 搜索；侦察

shipwreck [ˈʃɪprek] *n.* 船难，海难 *v.* 使遭船难，使毁于船难

siren [ˈsaɪrən] *n.* 汽笛，警报器

slum [slʌm] *n.* 贫民区，贫民窟

submission [səbˈmɪʃn] *n.* 归顺，服从；提交，呈送

tank [tæŋk] *n.* 大容器，水槽；坦克，战车

【例】think *tank* 智囊团

throng [θrɒŋ] *n.* 聚集的人群，一大群人 *v.* 群集，拥塞

torrent [ˈtɒrənt] *n.* 急流，湍流；(感情等的)爆发，迸发

tragedy [ˈtrædʒədi] *n.* 悲剧，悲剧作品；灾难，惨案

troop [truːp] *n.* (人、动物的)群；军队

turbulence [ˈtɜːbjələns] *n.* 动荡，骚乱；(空气和水的)湍流，涡流

turbulent [ˈtɜːbjələnt] *adj.* (空气或水)汹涌的，猛烈的；混乱的，骚动的

unofficial [ˌʌnəˈfɪʃl] *adj.* 非官方的，非正式的

uproar	[ˈʌprɔː(r)] *n.* 骚乱，骚动；吵闹，喧嚣
utility	[juːˈtɪləti] *n.* 实用，效用；公用事业 *adj.* 多效用的，多用途的
verify	[ˈverɪfaɪ] *v.* 核实，查证
violation	[ˌvaɪəˈleɪʃn] *n.* 违反；亵渎；强奸
violence	[ˈvaɪələns] *n.* 狂暴，猛烈；暴力，暴行
violent	[ˈvaɪələnt] *adj.* 剧烈的，猛烈的；厉害的，极端的；暴戾的；暴力造成的；(感情、言语等)激昂的，强烈的
warning	[ˈwɔːnɪŋ] *n.* 预告；预兆，警告
warrior	[ˈwɒriə(r)] *n.* 武士，战士
warship	[ˈwɔːʃɪp] *n.* 军舰，战舰
wipe	[waɪp] *v.* 抹，擦；消除

【搭】 wipe off 除掉，去掉；wipe out 消灭，歼灭

Note

abolish [əˈbɒlɪʃ] v. 废除，废止（法律、制度、习俗等）

【例】The need to run the railways on time meant that local time was *abolished*, and clocks showed the same time all over the country.（TEM-4）列车运行准时的需求意味着当地时间被废除，全国所有的时钟都显示同一个时间。

absolve [əbˈzɒlv] v. 赦免；免除，解除

【例】The lady was finally *absolved* from an obligation. 该女士最终被免除了一项义务。

【注】absolve 后面常加 from 和 of，表示"使某人免除…的责任"。

abuse [əˈbjuːz] v. 辱骂，咒骂；滥用，妄用；虐待 [əˈbjuːs] n. 辱骂，咒骂；滥用，妄用；虐待；弊病，恶习

【例】drug *abuse* 滥用药物 // *abuse* one's authority/office 滥用权威/职权 // child *abuse* 虐待儿童 //Although a great deal of the material communicated by the mass media is very valuable to the individual and to the society of which he is a part, the vast modem network of communication is open to *abuse*.（TEM-4）虽然大众媒体传播的大量信息对于个人及其所在的社会都很有价值，但这种大型现代传播网还是有可能被滥用。

accuse [əˈkjuːz] v. 指责，谴责；控诉，控告

【搭】be accused of 被控犯有…罪

【例】John was *accused* of immortal conduct toward the teacher. 约翰被控告对那位老师实施了不道德行为。

【派】accusing（*adj.* 责难的，问罪的）

adopt [ə'dɒpt] *v.* 采用，采取(态度等)；收养；接受(习俗)；正式通过

【例】 *adopt* a policy 采取政策 // *adopt* a new technique 采用新技术// John *adopted* a different approach to the problem. 约翰采用了一种不同的方法来解决这个问题。

【注】 区别形近词 adapt(*v.* 使适应)。

advocate ['ædvəkeɪt] *v.* 拥护，提倡 ['ædvəkət] *n.* 提倡者，拥护者

【例】 Many psychologists *advocate* rewarding children for good behaviour. 许多心理学家提倡对于孩子好的表现予以奖赏。

amenable [ə'miːnəbl] *adj.* 温顺的；顺从的，服从的，听从的

【例】 That *amenable* child became a little strange these days. 那个温顺的孩子最近变得有点奇怪。

amend [ə'mend] *v.* 修改，修正，改进

【例】 Congress has the power to *amend* these rules. 国会有权修改这些法规。

【派】 amendment(*n.* 修改，改正)

annul [ə'nʌl] *v.* 宣告(婚姻、条约、契约等)无效；废除

【例】 Lawmakers voted to *annul* privilege laws. 立法者们投票决定要废除特权法。

【听】 英语新闻偏向于用一些小词，常用 annul 替代 abolish 或 cancel 来表示"废除"。

appeal [ə'piːl] *n.* 感染力，吸引力；恳求，呼吁；上诉 *v.* 呼吁；上诉；有吸引力

【搭】 appeal to 要求，请求，呼吁；向…上诉；favor an appeal for 赞成对…的呼吁

【例】 Is there any position that particularly *appeals* to your daughter? 有什么你女儿特别感兴趣的职位吗？

approach [ə'prəʊtʃ] *v.* 靠近，接近；与…打交道；对付，处理 *n.* 靠近，接近；途径，方法

【搭】 approach to 解决…的方法

【例】 All three teams adopted different *approaches* to the problem, and they got different results. 三个队处理这个问题的方法各不相同，结果也不尽相同。

arrest [ə'rest] *v.* 逮捕，扣留；吸引(注意)；阻止，抑制

【例】 Peter was *arrested* when police found drugs in his car. 当警察在彼得车里发现毒品时，他被逮捕了。

assault [ə'sɔːlt] *n.* 猛烈地攻击，突袭 *v.* 突击，袭击；殴打；强奸

【搭】 assault on sb. 攻击某人

【例】 Mary kneels down to examine the *assault* on her car. 玛丽跪下来仔细检查她的车受到袭击的情况。

ban [bæn] *v.* 禁止，取缔 *n.* 禁令，禁忌

【搭】 ban sb. from sth./doing sth. 禁止…做…；a ban on …的禁令

【例】 There is a *ban* on smoking in the theatre. 剧院里禁止吸烟。

【注】 ban 的过去式和过去分词要双写 n 后加 ed。

behalf [bɪˈhɑːf] *n.* 代表；利益

【搭】 on behalf of sb./sth. 代表；为了…的利益

【例】 As the director can't come to the reception, I'm representing the company on his *behalf*. (TEM-4) 由于主管不能来出席接待会，我将以他的名义代表公司出席。

cheat [tʃiːt] *n.* 欺骗，蒙骗；骗子；欺诈行为 *v.* 欺骗；骗取；作弊

【例】 Don't try to *cheat* me. I'm not a person who believes what the advertisements say. 不要试图欺骗我，我不是那种相信广告的人。

cite [saɪt] *v.* 引用，援引举(例)

【例】 Whenever you rely on another's information, you should *cite* your source. 无论何时你要用到他人的信息，都应注明信息的来源。

claim [kleɪm] *v.* (根据权利)要求，索取；声称，主张 *n.* 要求；(对某事物的)权利，所有权

【搭】 lay claim to 对…提出所有权要求；make/put forward a claim 提出要求

【例】 The agency has given up its *claims* to legally own the land. (TEM-4) 该代理机构已经放弃了他们合法拥有这片土地的要求。

【派】 claimable(*adj.* 可要求的)

【听】 claim 在英语新闻中常作"声明；索取"讲，日常生活中常用 declare 来代替。

commit [kəˈmɪt] *v.* 犯(罪)；把…委托给；使…承担义务

【搭】 commit oneself to 使自己承担…

【例】 *commit* crimes 犯罪 // *commit* suicide 自杀 // Germany was due to strike a deal yesterday to close down its 19 nuclear power plants, making it the first major industrial nation to *commit* to withdrawing from nuclear energy. (TEM-4) 德国按预期在昨天签署协议关闭自己的 19 家核能工厂，使其成为首个承诺不使用核能的工业大国。

【派】 commitment(*n.* 责任；犯罪；委托)

comply [kəmˈplaɪ] *v.* 遵从，遵守，服从，顺从

【搭】 comply with 照做，遵照

【例】 Every citizen should *comply* with social rules and regulations. 每位公民都应该遵守社会规章制度。

condemn [kən'dem] v. 谴责；宣判，判处，定罪

【搭】be condemned to death 被判死刑

【例】New Zealand and Chile have recalled their ambassadors to Paris in protest; Australia *condemned* the test; and the U.S. expressed its regret. (TEM-4) 新西兰和智利已经召回了他们派往巴黎的大使以示抗议；澳大利亚谴责了这次试验；美国也表示了遗憾。

【派】condemned(*adj.* 受责难的，受谴责的)

confess [kən'fes] v. 供认，承认；忏悔(罪恶等)

【搭】confess to 承认，供认；confess one's crime 认罪

【例】After hours of questioning, the suspect *confessed* finally. 经过数小时的审问后，嫌疑犯终于招供。

confine [kən'faɪn] v. 幽禁，监禁；限制，把…局限于

【搭】confine to 限制于…之内

【例】No longer is the possession of information *confined* to a privileged minority. (TEM-4)信息的所有权不再局限于享有特权的少数群体。

【派】confined(*adj.* 被限制的；狭窄的)

confiscate ['kɒnfɪskeɪt] v. 没收(私人财产)，把…充公

【例】Land reform is underway, and the large estates are being *confiscated* and redistributed. 土地改革正在进行，大片的地产正在被没收并重新进行分配。

conform [kən'fɔːm] v. (使)一致，(使)符合；(使)遵照；(使)适应

【搭】conform to/with 符合；遵照

【例】All products which will be exported must *conform* to international safety standards. 所有准备出口的货物都必须符合国际安全标准。

【派】conformity(*n.* 遵守；一致)；nonconformist(*n.* 不墨守成规者)

convict [kən'vɪkt] v. 证明或宣判…有罪，定罪 ['kɒnvɪkt] *n.* 被判入狱的罪犯

【例】It is better to risk saving a guilty man than to *convict* an innocent one. 与其将一个无辜的人判罪，不如冒险去救一个有罪的人。

counsel ['kaʊnsl] *n.* 建议，劝告；辩护律师 v. 劝告；提供意见

【例】The professor *counsels* the organization to give up this kind of research. 教授劝告这个组织放弃这种研究。

【派】counseling(*n.* 意见，咨询服务)

custody ['kʌstədi] *n.* 监护权，监管；扣留，监禁

【搭】in the custody of 由…监管或保留；be held in custody 被拘留

【例】I am quite sure that you want to retain *custody* of your child. 我非常确信你想继续持有你孩子的监护权。

deceive [dɪˈsiːv] *v.* 欺骗，欺诈

【搭】deceive oneself 自欺

【例】Many people's lies are unplanned and not actually designed to *deceive*. 许多人的谎言并不是事先计划的，并不是有意欺骗。

【派】deception(*n.* 欺骗；骗术)；deceptive(*adj.* 欺骗性的)

decree [dɪˈkriː] *n.* 裁定，判决；法令 *v.* 裁定，判决；颁布

【例】The arrest came as the Argentine government struck down the *decree* prohibiting the extradition, saying all Argentines should be equal before the law. (TEM-4) 阿根廷政府颁布禁止引渡的法令，逮捕随之而来，并称所有阿根廷人在法律面前一律平等。

default [dɪˈfɔːlt] *n.* 违约；拖欠；预设，预置(值) *v.* 不履行；未付(债等)

【例】Loans are often refused to poor borrowers because the risk of *default* is greater. 穷人的代款申请经常被拒绝，因为他们拖欠贷款的几率更大。

defiant [dɪˈfaɪənt] *adj.* 违抗的，反抗的，挑衅的

【例】Will Susanna do something *defiant* to prove to herself that she could live without him? 苏珊娜会做出些反抗来向自己证明：没有他，她也可以活下去吗？

defy [dɪˈfaɪ] *v.* 违抗；蔑视；挑衅

【例】Most of Scotland's local authorities *defy* a government warning to keep council tax increases down to inflation. 苏格兰的大部分地方权力机关都公然蔑视政府保持家庭税增长要低于通货膨胀率的警示。

deprive [dɪˈpraɪv] *v.* 剥夺，使不能做

【搭】deprive sb. of 剥夺某人的…；be deprived of rights 被剥夺权利

【例】They were imprisoned and *deprived* of their basic rights. 他们遭到监禁并被剥夺了基本权利。

【派】deprivation(*n.* 剥夺)

deserve [dɪˈzɜːv] *v.* 应得；值得；应受

【例】Why did ministers fail to inform the public of these dangers? The people of Britain *deserve* answers. 为什么部长们没有通知公众这些危险？英国人民有权得到答案。

detain [dɪˈteɪn] *v.* 拘留，监禁，扣押；耽搁

【例】The group of sixteen have been *detained* since 1991 when they entered Hong Kong. (TEM-4) 一行 16 人自 1991 年进入香港时就被监禁了。

discharge [dɪsˈtʃɑːdʒ] v. 允许…离开；解雇；释放；流出，放出；履行
[ˈdɪstʃɑːdʒ] n. 排出(物)；免职；履行

【搭】discharge sb. from 准许某人离开…；把某人开除出…

【例】Mary hopes to be *discharged* from hospital next week. 玛丽希望下周出院。

disclose [dɪsˈkləuz] v. 揭露；(使)显露，公开

【例】It was suggested that all government ministers should *disclose* information on their financial interests. 有人建议所有的政府部长都应该公开他们的财政利益方面的信息。

【派】disclosure(*n*. 揭露，公开)

disobey [ˌdɪsəˈbeɪ] v. 不服从，违抗，违反

【例】You *disobeyed* the safety regulation. 你违反了安全规章制度。

disrupt [dɪsˈrʌpt] v. 扰乱，破坏

【例】It is feasible to extract a portion of the liver without *disrupting* critical liver functions. 在不破坏主要肝功能的情况下，提取一部分肝脏是可行的。

dodge [dɔdʒ] v. 躲开，闪开；躲避，逃避 n. 躲闪，躲避；妙计，伎俩

【例】These people are trying to hide their profits to *dodge* taxes. 这些人正试图隐瞒他们的利润以逃税。

draft [drɑːft] n. 草稿，初稿；汇票 v. 起草，草拟

【例】Officials are *drafting* the strategy, which aims to raise teaching quality through training and staff support. 政府官员正在起草方案，旨在通过培训和教员支持来提高教学质量。

enact [ɪˈnækt] v. 颁布；制订(法律)；扮演

【例】This play was a one-act drama that was *enacted* by children. 这场戏剧是由儿童演出的独幕剧。

enforce [ɪnˈfɔːs] v. 实施，执行；强制，强迫；竭力主张

【例】*enforce* laws 执法 // *enforce* a demand 竭力要求 // The US announces new measures to *enforce* trade sanctions to Cuba and punish those who violate them. 美国宣布了新的措施来实施对古巴的贸易制裁和惩罚那些不遵守这些制裁规定的人。

【派】enforcement(*n*. 强制；执行)

entitle [ɪnˈtaɪtl] v. 定标题，定名称；赋予权利；给…资格

【搭】be entitled to 有权…，有资格…

【例】 Write an article to the university radio station *entitled*: The Importance of Extracurricular Activities. (TEM-4)给大学广播站写一篇文章, 题为《课外活动的重要性》。

【派】 entitlement(*n.* 权利); entitled(*adj.* 有资格的; 给予名称的)

exempt [ɪɡˈzempt] *adj.* 被免除的, 被豁免的 *v.* 免除, 豁免

【搭】 exempt sb. from sth. 免除某人的…

【例】 In this school, students from poor families will be *exempt* from tuition fee. 这所学校免除来自贫困家庭的学生的学费。

expose [ɪkˈspəʊz] *v.* 揭露, 曝光; 使遭受; 使暴露于; 使接触到; 使受影响; 陈列, 使被看到

【搭】 expose...to 使…暴露于, 使…受…; be exposed to 面临…, 受到

【例】 Teachers in this university *exposed* their students to classical music. 这所大学的老师们让他们的学生接受古典音乐的影响。

fake [feɪk] *n.* 假货, 赝品 *adj.* 假的, 冒充的 *v.* 伪造; 佯装

【例】 The *fake* commodities will do great harm to consumers and society. 假日用品会给消费者和社会带来巨大的危害。

fiddle [ˈfɪdl] *n.* 欺诈, 诈骗, 欺骗行为

【例】 The trade company was charged with a tax *fiddle*. 这家贸易公司被指控进行税务诈骗。

fleece [fliːs] *n.* 羊毛 *v.* 欺诈, 敲竹杠, 骗取; 剪羊毛

【例】 The girl always helped her mother *fleece* the sheep after school. 那个女孩放学后总是帮她妈妈剪羊毛。

forbid [fəˈbɪd] *v.* 禁止, 不准; 阻止, 妨碍

【搭】 forbid sb. to do sth./from doing sth. 禁止某人做某事

【例】 Politics was such a sensitive issue then that it was *forbidden* to be discussed in public. 在当时政治是一个非常敏感的问题, 禁止公开谈论。

【题】 Taking photographs is strictly ___ here, as it may damage the precious cave paintings.

A. forbidden   B. rejected   C. excluded   D. denied

答案为 A。句意为: 这里严禁拍照, 因为有可能破坏窑洞中珍贵的壁画。forbid 意为"禁止"; reject 意为"抵制, 拒绝"; exclude 意为"排斥"; deny 意为"否认"。

guarantee [ˌɡærənˈtiː] *n.* 保证, 保证书, 保障 *v.* 保证, 担保

【搭】 guarantee sb. sth. 向某人保证某事

【例】 Sellers should provide a *guarantee* of high quality for the products and services. 卖方应该为商品和服务的高质量提供保障。

hijack [ˈhaɪdʒæk] *v.* 拦路抢劫(车、人等);劫持(飞机等);向…敲诈勒索

【例】These guys just *hijacked* the plane. 这些家伙刚刚劫持了这架飞机。

【注】"劫机"意为 the aircraft hijack 。

illegal [ɪˈliːgl] *adj.* 不合法的,非法的

【例】the *illegal* imitation 非法仿制 // *illegal* earnings 非法收入 // He entered the country in an *illegal* way. 他通过非法途径进入了这个国家。

【派】illegally(*adv.* 不法地,非法地)

illegible [ɪˈledʒəbl] *adj.* 难以辨认的,(字迹)模糊的

【例】I don't know what this note says—Dad's handwriting is totally *illegible*! 我不清楚这张便条上写的是什么,爸爸的字迹太模糊了!

【注】注意区分形近词 illegal(*adj.* 违法的)。

implicate [ˈɪmplɪkeɪt] *v.* 使牵连其中,涉及;暗示

【例】The figures *implicated* that the economy was in winter. 这些数字暗示经济处于萧条期。

induce [ɪnˈdjuːs] *v.* 诱使,劝说;引起,导致;归纳出;感应

【例】Nothing would *induce* the witness to tell the truth. 没有什么可以诱使这名证人说出实情。

【派】induction(*n.* 归纳法;就职;诱导);inductive(*adj.* 归纳的;电感应的)

indulge [ɪnˈdʌldʒ] *v.* 放纵,纵容,听任;沉迷,沉溺于

【搭】indulge in sth. 沉迷于…

【例】Mary will never *indulge* in such a kind of thing. 玛丽决不会纵容自己做这种事情。

【注】indulge 表示沉迷于某事,强调"迷恋";addict 则指"上瘾"。

inform [ɪnˈfɔːm] *v.* 通知,告知,使了解;告密,告发

【搭】inform sb. of/about 通知某人…,告诉某人…

【例】People who *inform* on the officials who commit bribery will be awarded some money. 告发政府官员受贿的人将会得到一些金钱作为奖赏。

【派】informed (*adj.* 有学问的);uninformed (*adj.* 不了解真相的,不清楚的);information(*n.* 信息)

innocent [ˈɪnəsnt] *adj.* 清白的,无罪的,无辜的;单纯的,不谙世故的;无知的,头脑简单的;无害的

【搭】innocent of 清白的,无罪的

【例】What is most worrying about the whole problem is that it is yet another instance of the *innocent* majority being penalized and inconvenienced because of the actions of a small minority. (TEM-4)整个问题最令人担忧的是它再次反映了无辜大众因少数人的行为而受罚或是遭遇麻烦的现实。

intercept [ˌɪntəˈsept] *v.* 中途拦截；窃听

【例】 Reporters *intercepted* the witness as he tried to leave the hotel. 证人正要离开旅馆，记者们把他拦截住了。

investigate [ɪnˈvestɪgeɪt] *v.* 调查，审查，了解

【例】 The main purpose of the research is to *investigate* what people do at the weekend. (TEM-4)调查的主要目的是了解人们周末做什么。

【派】 investigation(*n.* 调查；科学研究)

【听】 该词为新闻词汇，注意在新闻中可能会出现专有名词 Federal Bureau of Investigation(联邦调查局)。

involve [ɪnˈvɒlv] *v.* 卷入，涉及，连累；包括，需要

【搭】 involve in 卷入；参加；involve sb. in 使某人卷入，使某人陷入

【例】 The job of a student accommodation officer *involves* a great many visits to landladies. (TEM-4)学生住宿负责人的工作需要经常拜访女房东。

【派】 involved(*adj.* 纠缠的；有关的)；involvement(*n.* 卷入；涉及)

jail [dʒeɪl] *n.* 监狱 *v.* 把…关入监狱

【例】 If you break the law, you should go to *jail*. 如果你犯了法，就应该进监狱。

【听】 该词是新闻词汇，在听力中常会出现 be put in jail(抓入监狱)，同时要掌握相关词 arrest(逮捕)，这个词也是新闻词汇。

judicial [dʒuˈdɪʃl] *adj.* 司法的，审判的；公平的

【例】 As a district attorney, he belongs to the *judicial* system of the district. 作为地方检察官，他隶属于这个地区的司法系统。

justify [ˈdʒʌstɪfaɪ] *v.* 证明…正当或合理；对…作出解释；为…辩护

【例】 Ministers agreed that this decision was fully *justified* under the current economic conditions. 部长们一致认为，在当前的经济形势下做出这样的决定是完全合理的。

【派】 justifiable(*adj.* 有理由的，正当的，合理的)

【注】 testify 指作证；rectify 指整顿或纠正；verify 指查实或核实；modify 指修改或改正；simplify 指简单化。

kidnap [ˈkɪdnæp] *v.* 诱拐(小孩等)，绑架

【例】People were all waiting for the official information about the *kidnapping*. 所有人都在等待关于这次绑架的官方消息。

legal [ˈliːgl] *adj.* 法律上的；合法的；法定的

【例】*legal* affairs 法律事务 // a *legal* act 合法的行为 // Throughout the United States the *legal* age for marriage shows some difference. (TEM-4)在全美国，结婚的法定年龄因地域而有所不同。

【派】illegal(*adj.* 违法的，非法的)；illegally(*adv.* 违法地)

【听】该词是新闻词汇，它的派生词 illegal 在新闻听力中出现的频率也比较高。

legislation [ˌledʒɪsˈleɪʃn] *n.* 立法，制定法律

【例】introduce new *legislation* 推行新法规 // The government has already introduced *legislation* on restrictions of fuel emissions from cars. 政府已经对汽车的尾气排放进行了立法限制。

legitimate [lɪˈdʒɪtɪmət] *adj.* 合法的，法律认可的；合情合理的

【搭】be perfectly *legitimate* 完全合理

【例】Some scientists don't think it is *legitimate* to use animals in medical research. 一些科学家认为用动物做医学研究并不合法。

liable [ˈlaɪəbl] *adj.* 有法律责任的，有义务的；易于…的，有…倾向的

【搭】be liable for 对…应负责任；be liable to 易于…，有…的倾向；应受…；易患…

【例】Schools will be *liable* to lose pupils and funds if they fail to satisfy parents. 学校如果不能让家长满意的话就易于造成生源及资金的流失。

【派】liability(*n.* 责任，义务；倾向)

maltreat [ˌmælˈtriːt] *v.* 虐待

【例】There is a strict prohibition against torturing and *maltreating* the captives. 折磨和虐待俘虏是被明令禁止的。

mislead [ˌmɪsˈliːd] *v.* 把…引入歧途；使误信，误导

【搭】mislead sb. into doing sth 误导某人做某事

【例】Some TV advertisements *mislead* consumers into buying some useless goods. 一些电视广告误导消费者购买一些无用的东西。

【派】misleading(*adj.* 易误解的；引入歧途的)

offend [əˈfend] *v.* 冒犯，触怒；犯过错，犯罪

【例】His changes of manner did not *offend* me, because I saw that I had nothing to do with the cause of them. (TEM-4)他态度的改变并没有冒犯到我，因为我意识到我没有做错什么。

omit [ə'mɪt] v. 省略，删除；遗漏，忽略

【搭】omit to do 不做，未能做

【例】The typewriter *omits* the grammatically wrong sentences when he types in the paper. 在录入稿子的时候，打字员忽略了有语法错误的句子。

outlaw ['aʊtlɔː] n. 歹徒，罪犯 v. 剥夺…的法律保护；使…成为非法

【例】Although slavery has been *outlawed*, discrimination still exists. 虽然奴隶制已经被定为非法，但是歧视仍然存在。

penalty ['penəlti] n. 惩罚；罚款

【搭】penalty for 对…的处罚

【例】a financial *penalty* 经济惩罚 // The murderer who killed six policemen was sentenced to the death *penalty*. 杀了6名警察的杀人犯被判处死刑。

【派】penalize(v. 处罚)

【听】这个词是新闻词汇，death penalty(死刑)是新闻词汇中要掌握的词组。

pension ['penʃn] n. 养老金，退休金；津贴，补助金

【例】live on a *pension* 靠退休金生活 // Old John won't be able to draw his *pension* until he's 65. 老约翰只有等到65岁之后才可以领取他的退休金。

peril ['perəl] n. 严重的危险；危险的事物 v. 危及；冒险

【例】There is great anxiety over the rumor that the world economy is in *peril*. 世界经济处境危险的谣言使人们感到很不安。

【派】perilous(adj. 危险的)

【注】该词用作动词时后面可接 about 或 at，这时可能出现连读，在听力中要注意。

petition [pə'tɪʃn] n. 请愿；请愿书 v. 向…请愿；祈求

【例】Thousands of people signed the *petition* to preserve the ecological environment. 数千人在保护生态环境的请愿书上签了名。

plot [plɒt] n. 情节；阴谋；(地的)一块 v. 密谋，策划；绘制

【例】The army crushed the rebel's *plot* to overthrow the government. 军队粉碎了叛乱者推翻政府的阴谋。

procedure [prə'siːdʒə(r)] n. 程序，手续；步骤，工序

【例】regular *procedure* 常规手续 // the registration *procedure* 登记手续 // There are many arguments for and against the interview as a selection *procedure*. (TEM-4)支持和反对把面试作为挑选步骤的争论颇多。

【注】在2004年的阅读中，提到面试是一个选择的过程(selection procedure)。

proof [pruːf] *n.* 证据，证明；校样；检验，考验 *adj.* 防…的，耐…的

【例】There are adequate positive *proofs* of his neglecting his duty. 有足够确凿的证据证明他玩忽职守。

prosecute ['prɒsɪkjuːt] *v.* 起诉，告发；彻底进行，执行

【例】In some western countries parents who abuse their children by spanking them will be *prosecuted*. 在一些西方国家，通过体罚来虐待孩子的父母会受到起诉。

rebel ['rebl] *n.* 反叛者 [rɪ'bel] *v.* 反叛，造反，反抗

【搭】rebel against 反抗，反叛

【例】The little girl *rebelled* against her family and left her home secretly. 小女孩反抗她的家庭并偷偷地离开了家。

【注】与 rebel 意思相近的单词还有：disobey（违反）；defy（公然反抗）；mutiny（叛变，造反）；revolt（反抗）。

regulate ['regjuleɪt] *v.* 管理，控制；调整，调节

【例】*regulate* the traffic 交通管制 // *regulate* one's spending 控制开支 // You have to *regulate* your behavior if you want to fit in with the norm of this society. 要想适应这个社会的准则，你必须控制你的行为。

repeal [rɪ'piːl] *v.* 废止，废除；撤销，取消

【例】Many people voted to *repeal* the law of abortion. 许多人投票赞成废止人工流产法。

resort [rɪ'zɔːt] *v.* 求助，诉诸；常去，前往 *n.* 凭借，手段；度假胜地

【搭】resort to sth. 求助于…，凭借…

【例】We can *resort* to our friends for help when we are in trouble. 当我们遇到困难时，我们可以求助于朋友。

restrain [rɪ'streɪn] *v.* 克制，抑制；禁止，约束，制止

【搭】restrain sb. from doing sth. 制止某人做某事

【例】People are *restrained* from smoking in public places, such as restaurants and stations. 禁止在饭店、车站之类的公共场所吸烟。

【派】restrained(*adj.* 克制的；受限制的)

【注】表示"克制、遏制"的单词还有：check 通常是指突然或强有力地停止或阻止；inhibit 常指对某人的行为、意愿、思想或感情进行自我约束或非自愿的约束。

restraint [rɪ'streɪnt] *n.* 抑制，克制；控制，限制，束缚

【搭】restraint on 对…的抑制

【例】break all *restraints* 打破一切束缚 // The government has imposed some export *restraints* on some certain products. 政府对某些特定的产品施加了一些出口控制。

【派】self-restraint(*n.* 自我控制，自律)

reveal [rɪˈviːl] *v.* 展现，显露；揭露

【例】*reveal* a secret 揭露秘密 // It is the journalists' responsibility to *reveal* the truth. 揭露真相是记者的职责。

revise [rɪˈvaɪz] *v.* 校订，修订，修正；改变（看法、意向等）；温习，复习

【例】Chomsky *revised* his standard theory on Transformational-Generative grammar. 乔姆斯基修正了他的转换生成语法的标准理论。

【派】revision(*n.* 修订，校订，修正)

sanction [ˈsæŋkʃn] *n.* 批准，许可；制裁；约束 *v.* 同意，许可，准许；惩罚

【例】The people of North Korea protested the economic *sanctions* against them. 朝鲜人民抗议对他们实施经济制裁。

【听】sanction 是一个新闻单词，我们经常会在英文报纸或电视新闻上听到这个单词，表示的是一个国家或者组织对另外一个国家或者组织采取的惩罚性的措施，如 economic sanction（经济制裁）和 military sanction(军事制裁)。

sift [sɪft] *v.* 筛，过滤；详审，细审；挑选

【例】The judge will *sift* through all the evidence and make a verdict. 法官将详审所有这些证据并做出判决。

smear [smɪə(r)] *v.* 胡乱涂抹；弄脏(表面)；诋毁，诽谤 *n.* 污点，污迹；丑化

【例】Our opponents have been spreading rumours in an attempt to *smear* us. 我们的对手一直在散布谣言企图诽谤我们。

spoil [spɔɪl] *v.* 损坏，破坏糟蹋；宠坏，溺爱 *n.* 掠夺物，赃物

【例】Our camping trip was *spoilt* by bad weather. 天气不好，破坏了我们的露营旅行。

【注】coddle 和 spoil 词义相近，注意区分。coddle 指娇惯；spoil 溺爱(到有害)，程度较 coddle 重。

spot [spɒt] *n.* 点，污点；地点，场所 *v.* 察觉，认出；加斑点于，玷污

【搭】on the spot 当场，在现场

【例】hot *spot* 热点 // After the interview, many companies may not give you a clear reply on the *spot*. 面试之后，许多公司可能不会当场给你明确的答复。

submit [səbˈmɪt] *v.* 服从，屈从；呈递，提交

【搭】submit to 递交；屈服

【例】The research report must be *submitted* to the chairman. 这份调查报告必须提交给主席。

【派】submission (n. 提交；服从)

sue [sju:] v. 控告(某人)；请求，要求

【搭】sue for 请求，要求

【例】Few people *sued* the shops after they suffered from being searched. 很少有人在遭受搜身后控告商家。

suffocate ['sʌfəkeɪt] v. (使)窒息而死，把…闷死

【例】I was oppressed and *suffocated*; endurance broke down. 我感到压抑和窒息，失去了忍耐力。

suicide ['sju:ɪsaɪd] n. 自杀

【例】A *suicide* bomb has killed at least four policemen in Kandahar, a city in southern Afghanistan. 发生在阿富汗南部城市坎大哈的一起自杀性爆炸事件至少造成 4 名警察死亡。

【派】suicidal(adj. 自杀的，自毁的，自杀式的)

summon ['sʌmən] v. 召唤，召集；鼓起(勇气、力量等)

【搭】summon up 鼓起(勇气)，奋起；唤起

【例】In June he was urgently *summoned* to New York. 六月他被紧急召往纽约。

supreme [sju:'pri:m] adj. 至上的，至高无上的；最重要的；最高的，最大的

【例】the *Supreme* Court 最高法院 // The *supreme* court has the most authority in a country. 最高法院拥有一个国家最至高无上的权威。

suspect [sə'spekt] v. 猜想；怀疑 ['sʌspekt] n. 嫌疑犯，可疑分子

【例】He agreed to work for the FBI as a mole, identifying and spying on colleagues whom he *suspected* were subversives. (TEM-4) 他同意作为卧底为联邦调查局工作，调查和监视他怀疑是破坏分子的同事。

【派】suspicion(n. 猜疑，怀疑)

swear [sweə(r)] v. 发誓，宣誓；诅咒，咒骂

【搭】swear at 咒骂，诅咒

【例】Sam *swore* to the judge that he was not at the scene of the accident that night. 萨姆向法官发誓那一晚他不在事故现场。

【注】swear 的过去式和过去分词分别是 swore 和 sworn，注意拼写。表示"发誓"的词还有 vow。

swindle ['swɪndl] v. 欺骗，欺诈；榨取，骗取 n. 诈骗行为；骗局

【例】His elder brother was *swindled* out of thousands of dollars by the notorious lawyer. 他的哥哥被那名臭名昭著的律师骗走了成千上万美元。

tempt [tempt] *v.* 引诱，勾引；诱导，导致；吸引

【搭】tempt sb. into sth./doing sth. 劝说（或鼓动）某人做某事；吸引某人做某事

【例】Members of the committee are considering carefully on how to *tempt* young people into volunteers. 委员会的成员正在仔细考虑如何吸引年轻人做志愿者。

【派】temptation(*n.* 诱惑，引诱)

threat [θret] *n.* 恐吓，威胁；恶兆，坏兆头；造成威胁的人或事物

【搭】be a threat to 对…构成威胁

【例】Smoking was a serious *threat* to uncle Sam's health, so the doctor advised him to stop smoking. 吸烟对萨姆叔叔的健康造成了严重的威胁，因此医生建议他停止吸烟。

【注】threat 在和 to 连用时注意发音的吞音。"对…构成威胁"可以表示为 pose a threat to。

toll [təʊl] *n.* 税，费，(道路、桥梁等的)通行费；(因疾病、不幸等而付出的)代价，伤亡

【搭】take a heavy toll 造成重大损失，产生恶果

【例】The long-distance call *tolls* amount to quite a sum. 长途电话费加起来是不小的数目。

undercover [ˌʌndə'kʌvə(r)] *adj.* 暗中进行的；做密探工作的

【例】Lisa used to work as an *undercover* agent for the police. 莉萨曾经做过警察的密探。

violate ['vaɪəleɪt] *v.* 违反；侵犯；妨碍

【例】The teacher has been accused of *violating* professional ethics. 那名教师因为违反了职业道德遭到控告。

ward [wɔːd] *n.* 病房；牢房；守卫 *v.* 避开；保卫；守护

【搭】ward off 防止，避开

【例】Aunt Mary used to work as a nurse of the children's *ward*. 玛丽阿姨以前是儿童病房的护士。

warrant ['wɒrənt] *n.* 授权(证)，许可证；逮捕令，搜查令；(正当)理由，保证 *v.* 使有正当理由，向…保证

【搭】without warrant 无正当理由

【例】It is not lawful for the police to arrest people without a *warrant*. 警察没有正当理由就抓人是不合法的。

◎ 法律与犯罪 / 核心词

admittedly	[əd'mɪtɪdli] *adv.* 公认地，无可否认地
adulthood	['ædʌlthʊd] *n.* 成年
allegedly	[ə'ledʒɪdli] *adv.* 据称，据说
alteration	[ˌɔːltə'reɪʃn] *n.* 改变，更改
argument	['ɑːgjumənt] *n.* 辩论，争论；论点，论据

【例】 sound *arguments* 可靠的论据

assassin	[ə'sæsɪn] *n.* 刺客，暗杀者
assassinate	[ə'sæsɪneɪt] *v.* 暗杀，行刺
attorney	[ə'tɜːni] *n.* 律师
authorise/authorize	['ɔːθəraɪz] *v.* 授权；允许；委任
bail	[beɪl] *n.* 保释金；保释 *v.* 保释；（尤指迅速成的）离开；逃避
bluff	[blʌf] *v.* 欺骗，愚弄；虚张声势，吓唬 *n.* 虚张声势，吓唬 *adj.* 直率的，坦率的

【搭】 bluff sb. into doing sth. 靠吹牛哄某人做某事

【例】 Peter *bluffed* the police into thinking that he had a gun. 彼得虚张声势，想让警方认为他有枪。

bribe	[braɪb] *n.* 贿赂 *v.* 贿赂，收买
burglar	['bɜːglə(r)] *n.* 盗贼
casino	[kə'siːnəʊ] *n.* 赌场
chargeable	['tʃɑːdʒəbl] *adj.* 可控告的；可向某人收取费用的；可充电的
chartered	['tʃɑːtəd] *adj.* 特许的，持有特许证的

【例】 *chartered* flight 包机航班

client	['klaɪənt] *n.* 委托人；（私人医生的）病人；（商店等的）顾客
clue	[kluː] *n.* 线索

【搭】 clue to sth. …的线索

【例】 This discovery revealed new *clues* about the origin of comets. 这一发现揭示了关于彗星起源的新线索。

code	[kəʊd] *n.* 法典，法规；信号；暗码

【例】 moral *code* 道德准则

convincing	[kən'vɪnsɪŋ] *adj.* 有说服力的，令人信服的
copyright	['kɒpiraɪt] *n.* 版权，著作权
corpse	[kɔːps] *n.* 尸体

correction [kəˈrekʃn] *n.* 订正，修正；惩戒

corruption [kəˈrʌpʃn] *n.* 贪污，腐败

creditor [ˈkredɪtə(r)] *n.* 债权人，债主

criminal [ˈkrɪmɪnl] *adj.* 犯罪的，刑事的 *n.* 罪犯，犯人

【例】*criminal* motivation 犯罪动机

deceased [dɪˈsiːst] *adj.* 去世的，已故的 *n.* 死者

deceit [dɪˈsiːt] *n.* 欺骗，欺诈；谎言；骗术

【例】His scandal would erupt if the *deceit* was detected. 谎言一旦被揭穿，他的丑闻就曝光了。

deceptive [dɪˈseptɪv] *adj.* 欺骗的，容易使人上当的

defendant [dɪˈfendənt] *n.* 被告

defender [dɪˈfendə(r)] *n.* 防御者；辩护人

defensible [dɪˈfensəbl] *adj.* 可防御的；能辩护的

defensive [dɪˈfensɪv] *adj.* 防御性的；自卫的，时刻防备的

delete [dɪˈliːt] *v.* 删去，划掉

delinquency [dɪˈlɪŋkwənsi] *n.* 失职，玩忽职守；不端行为；少年犯罪

denial [dɪˈnaɪəl] *n.* 否认；拒绝；背弃

detective [dɪˈtektɪv] *n.* 侦探；发现者，探测者 *adj.* (关于)侦探的；侦查的；探测(用)的

detention [dɪˈtenʃn] *n.* 阻止；监禁

【例】*detention* centre 拘留所

disciplinary [ˈdɪsəplɪnəri] *adj.* 纪律处分的，惩戒性的；有关学科的

equity [ˈekwəti] *n.* 公平，公正；[*pl.*](利息不定的)普通股

equivalence [ɪˈkwɪvələns] *n.* 等效，等值；等量，相当

evidence [ˈevɪdəns] *n.* 根据，证明；证词

【例】a piece of *evidence* 一项证据

execution [ˌeksɪˈkjuːʃn] *n.* 实行，执行；死刑，处死刑

eyewitness [ˈaɪwɪtnəs] *n.* 目击者

fairness [ˈfeənəs] *n.* 公平；晴朗；美好；(皮肤)白皙

forgery [ˈfɔːdʒəri] *n.* (文件、签字等的)伪造，伪造品

fraud [frɔːd] *n.* 欺骗(行为)，诈骗(罪)；骗子，冒名顶替者

gallows [ˈɡæləʊz] *n.* 绞刑架

gang [ɡæŋ] *n.* (囚犯等的)一群，(青少年等的)一伙

gangster [ˈɡæŋstə(r)] *n.* 匪徒，歹徒

guardian	[ˈɡɑːdiən] *n.* 保护人，监护人；守卫者，保护者
guilt	[ɡɪlt] *n.* 有罪，罪行；过失，罪责；内疚，羞愧
guilty	[ˈɡɪlti] *adj.* 犯罪的，有罪的；内疚的

【搭】be guilty of 有…的过错；对…感到内疚

【例】He was found *guilty* of keeping 22 gifts received from foreign visitors.
他因收受了外国游客的 22 件礼物而被判有罪。

heir	[eə(r)] *n.* 后嗣，继承人
honorary	[ˈɒnərəri] *adj.* 名誉的；道义上的
illegitimate	[ˌɪləˈdʒɪtəmət] *adj.* 私生的；不合规则的，非法的
imposition	[ˌɪmpəˈzɪʃn] *n.* 强加；(税等的)征收
imprison	[ɪmˈprɪzn] *v.* 监禁；束缚
indefensible	[ˌɪndɪˈfensəbl] *adj.* 无法防御的；站不住脚的
inherit	[ɪnˈherɪt] *v.* 继承(财产、传统等)；从(前任等)接过
inheritance	[ɪnˈherɪtəns] *n.* 继承，遗传；继承物，遗产
injustice	[ɪnˈdʒʌstɪs] *n.* 不公正，非正义
innocence	[ˈɪnəsns] *n.* 无罪，清白；天真，无邪
inquest	[ˈɪnkwest] *n.* 审问，审查
inviolable	[ɪnˈvaɪələbl] *adj.* 不可侵犯的；不可违背的；神圣的
irresponsible	[ˌɪrɪˈspɒnsəbl] *adj.* 不负责任的；不可靠的
jury	[ˈdʒʊəri] *n.* 陪审团；(竞赛时的)评委会
justice	[ˈdʒʌstɪs] *n.* 公正，正义；法律裁判，司法

【搭】bring sb. to justice 将某人绳之以法

【例】The importance of the rule of law is to establish *justice*. 法治的重要性
在于确立正义。

kidnapper	[ˈkɪdnæpə(r)] *n.* 绑架者，绑匪
lawful	[ˈlɔːfl] *adj.* 合法的；法定的
legislative	[ˈledʒɪslətɪv] *adj.* 立法的，有立法权力和职责的
legislature	[ˈledʒɪsleɪtʃə(r)] *n.* 立法机关
mug	[mʌɡ] *n.* (有柄的)大杯子 *v.* 行凶抢劫；扮鬼脸
offence/offense	[əˈfens] *n.* 过错，罪行；冒犯，触怒；侮辱；攻击；令人不悦的事物
pirate	[ˈpaɪrət] *n.* 海盗，海盗船；盗版者，剽窃者；非法广播者
poison	[ˈpɔɪzn] *n.* 毒物，毒品 *v.* 使中毒，下毒于；毒害
prohibition	[ˌprəʊɪˈbɪʃn] *n.* 禁止；禁令
prosecution	[ˌprɒsɪˈkjuːʃn] *n.* 起诉，告发；执行，贯彻

rally	[ˈræli] v. 集合，召集 n. 集会
ransom	[ˈrænsəm] n. 赎金 v. 赎出，赎回
rape	[reɪp] v. 强奸 n. 强奸；洗劫
respondent	[rɪˈspɒndənt] n. 回答者，响应者；(离婚案等的)被告
restrictive	[rɪˈstrɪktɪv] adj. 限制(性)的，约束(性)的；(语法)限定性的
reversible	[rɪˈvɜːsəbl] adj. 可反转的，可逆的
revision	[rɪˈvɪʒn] n. 修订，校订；修订稿，改订版
rightly	[ˈraɪtli] adv. 公正地；恰当地
rob	[rɒb] v. 抢劫，抢夺；剥夺
robbery	[ˈrɒbəri] n. 抢夺；剥夺
slay	[sleɪ] v. 杀，谋杀
solicitor	[səˈlɪsɪtə(r)] n. 律师
statute	[ˈstætʃuːt] n. 法规，法令；条例，章程
statutory	[ˈstætʃətri] adj. 法定的；可依法惩处的
surveillance	[sɜːˈveɪləns] n. (囚犯等的)看守；监督
testament	[ˈtestəmənt] n. 实证，证据；遗嘱
testimony	[ˈtestɪməni] n. (书面或口头的)证词，证言；证据
theft	[θeft] n. 偷窃，盗窃
threaten	[ˈθretn] v. 恐吓，威胁；预示，有…的征兆
traitor	[ˈtreɪtə(r)] n. 叛徒，卖国贼
treason	[ˈtriːzn] n. 叛国罪，不忠
trial	[ˈtraɪəl] n. 尝试，试验；审讯，审判；考验，磨难

【例】He will go on *trial* in a civil case. 他将会在一宗民事诉讼案中受审。

ultimatum	[ˌʌltɪˈmeɪtəm] n. 最后通牒
underworld	[ˈʌndəwɜːld] n. 下层社会；黑社会
unfair	[ˌʌnˈfeə(r)] adj. 不公正的，不公平的
unfaithful	[ʌnˈfeɪθfl] adj. 有外遇的，不忠的；不忠实的，不忠诚的
unjust	[ˌʌnˈdʒʌst] adj. 非正义的，不公平的
unlawful	[ʌnˈlɔːfl] adj. 不法的，违法的；不正当的，不道德的
unprejudiced	[ʌnˈpredʒədɪst] adj. 无偏见的，公正的
unquestioning	[ʌnˈkwestʃənɪŋ] adj. 不提出疑问的，无异议的
valid	[ˈvælɪd] adj. 正当的，有根据的；有效的
validity	[vəˈlɪdəti] n. (法律上)有效，合法；合逻辑，正确

verdict [ˈvɜːdɪkt] *n.* (陪审团的)裁决，裁定；定论，结论

villain [ˈvɪlən] *n.* (故事中的)反派角色；坏人，恶徒罪犯

witness [ˈwɪtnəs] *n.* 目击者，证人 *v.* 目睹，目击；见证；连署

Note

专四词汇：词以类记

综合类

accurate [ˈækjərət] *adj.* 准确的，精确的

【搭】 be accurate in 在…方面很精确

【例】 Many young girls trying to cope with budget housekeeping fail for the simple reason they cannot keep *accurate* checks on their purchases. (TEM-4)很多年轻女孩不能应付家务预算的原因很简单：她们不能精确地记下购物的账目。

【派】 accurately(*adv.* 精确地); inaccurate(*adj.* 不准确的)

【注】 有不少形容词可以表示"精确的"：exact 指的是"十分确切的，丝毫不差的"；accurate 是"准确的"，通常表示与真实情况相一致；precise 是"精确的，确切的"。注意以下表达：accurate measurement 精确量度；exact statement 确切的陈述；precise pronunciation 正确的发音。

affix [əˈfɪks] *v.* 使固定；贴上；签署，盖印章

【例】 Alas, I have forgotten to *affix* a stamp on the envelope. 哎呀，我忘了在信封上贴邮票。

aftermath [ˈɑːftəmæθ] *n.* (不幸的)事件的余波，余殃，后果

【例】 It is difficult to carry on the rebuilding which took place in the *aftermath* of the war. 在战后余波中重建是很难进行下去的。

alter [ˈɔːltə(r)] *n.* 变动

【例】 If it rains, we'll have to *alter* our plans for the holiday. 如果下雨了，我们就得改变度假计划。

【派】 alteration(*n.* 改变，变更)

attach [əˈtætʃ] *v.* 缚，贴；参加(党派)；把(重点等)放在

【搭】 attach to 系上；附属于；attach importance to 重视；attach oneself to 使成为一份子

【例】 The professor *attached* great importance to this research. 教授高度重视这项研究。

【注】 attach to 中的 to 是介词，后面要跟名词或动名词形式。

avoid [əˈvɔɪd] *v.* 避免，躲开

【搭】 avoid doing sth. 避免做某事

【例】 The motorist had to swerve to *avoid* knocking the old woman down in the middle of the road. (TEM-4) 汽车驾驶员不得不转弯以避免撞到路中间的老妇人。

【派】 avoidance(*n.* 避免); unavoidable(*adj.* 不可避免的)

await [əˈweɪt] *v.* 等待

【例】 Lisa's latest novel about country life is eagerly *awaited*. 人们正急切地期待着莉萨最新的关于乡村生活的小说。

bang [bæŋ] *v.* 猛撞，猛敲；砰地关上(门等)；发出砰的一声 *n.* 猛击；砰的一响

【搭】 bang against into 猛撞…

【例】 Students *banged* on the door angrily showing their resistance. 学生们愤怒地敲着门以示反抗。

batter [ˈbætə(r)] *v.* 连续猛击，炮击；打烂，砸毁

【例】 The city breeds a feeling of isolation, and constant noise *batters* the senses. (TEM-4) 城市孕育了一种孤独的感觉，而噪声不断地充斥着人们的感官。

beware [bɪˈweə(r)] *v.* 注意，提防

【例】 Mom enjoined me again and again to *beware* of going out alone in the evening. 妈妈再三嘱咐我晚上独自外出要小心。

blend [blend] *v.* 混合，混杂

【例】 I was very impressed with the memorable songs that *blended* well with the storyline. 那些与故事情节完美融合的难忘的歌曲给我留下了深刻的印象。

bridle [ˈbraɪdl] *n.* 笼头，马缰 *v.* 给…套笼头；约束，控制；动怒，生气

【例】 The project manager tried to *bridle* his anger. 项目经理努力抑制自己的怒火。

buckle [ˈbʌkl] *n.* 皮带扣，装饰扣环 *v.* 用扣环扣住；(使)弯曲，扭曲；压垮，屈服

【例】 Jefferson finally *buckled* under the excessive demands of the job. 杰斐逊最终被苛刻的工作要求压垮了。

butt [bʌt] *v.* 以头或角冲撞；顶撞 *n.* 笑柄；东西的一端；烟蒂；屁股

【例】 They all leaped quickly to avoid her *butt* as she rushed into the house. 当她急匆匆地冲进屋时，他们都迅速跳开，以免和她相撞。

clarify [ˈklærəfaɪ] *v.* 澄清，阐明；使清醒

【例】 Some of the laws are contradictory. Accordingly, measures should be taken to *clarify* them. 有一些法律相互间存在矛盾，所以要采取措施将它们阐明清楚。

click [klɪk] *n.* 咔嗒声；单击 *v.* 发出咔嗒声；顿悟；点击

【例】Then answer the questions, fill in all information needed and *click* the button below to send it back. (TEM-4) 然后回答问题，填写所有需要的信息，再点击下面的按钮，把它发送回来。

clout [klaʊt] *n.* 敲，打；影响力，势力 *v.* 敲击，掌击

【例】Walter lacked the *clout* to overrule his rivals. 沃尔特缺少反驳对手的力量。

clutch [klʌtʃ] *v.* 抓住，攥住 *n.* 爪子；控制；（一把）抓住，攥住

【例】*clutch* at an opportunity 抓住时机 // The hunter had his sharp knife, a flint for striking fire, his bow, and a *clutch* of arrows. 这名猎人带着他那把锋利的尖刀、一块取火的燧石、他的弓，还有一捆箭。

commence [kəˈmens] *v.* 开始

【例】I have determined to *commence* the course of American Literature. 我已经下定决心开始学习美国文学课程。

complex [ˈkɒmpleks] *adj.* 复杂的；综合的 *n.* 复合体；复杂的事物

【例】In such a changing, *complex* society formerly simple solutions to informational needs become complicated. 在这样一个日益变化、复杂的社会中，先前解决信息需求的简单方法变得复杂了。

【派】complexity(*n.* 复杂，复杂性)

complicated [ˈkɒmplɪkeɪtɪd] *adj.* 复杂的

【例】When we observe the language behaviour of which we regard as primitive cultures, we find it surprisingly *complicated*. (TEM-4) 当我们观察被我们看作原始文化的语言行为时，我们很惊讶地发现它非常复杂。

confuse [kənˈfjuːz] *v.* 混淆，弄错；把…弄糊涂，使…慌乱

【搭】confuse...with 把…和…混淆

【例】Some stores, in fact, are doing their best to separate the thieves from the *confused* by prohibiting customers from taking bags into the store. (TEM-4) 事实上，有些商店正通过禁止顾客带包进店以尽量避免小偷混迹于人群之中。

【派】confused(*adj.* 困惑的；混乱的)

congregate [ˈkɒŋɡrɪɡeɪt] *v.* 集合，聚集

【例】All the students *congregated* in the gym. 所有的学生在体育馆集合。

consecutive [kənˈsekjətɪv] *adj.* 连续的，接续的

【例】Monday marked the fifth *consecutive* day of his reading. 到周一，他已经连续读了五天书。

consequence [ˈkɒnsɪkwəns] *n.* 结果，后果；重要(性)

【搭】in consequence 因此；结果；in consequence of 由于…的缘故

【例】International officials warn that the disease will have disastrous political, social, and economic *consequences* in many developing countries. (TEM-4)国际官员警告说这种疾病会对很多发展中国家的政治、社会和经济带来灾难性的后果。

【派】consequent(*adj.* 作为结果的，随之发生的)

【题】The medical experts warned the authorities of the danger of diseases in the ___ of the earthquake.

A. consequence   B. aftermath   C. results   D. effect

答案为 A。in consequence of 为固定搭配，意思为"由于…的缘故"。句意为：医学专家提醒当局警惕由于地震引起疾病的危险。

consequent [ˈkɒnsɪkwənt] *adj.* 随之发生的，由…所导致的；必然的

【例】Another belief was that great changes occurred every 7th and 9th of a man's life. Consequently, the age of 63 (the product of nine and seven) was thought to be a very perilous time for him. (TEM-4)另外一种迷信是一个人一生中与7和9有关的年岁都会有重大的改变要发生。因此，63岁，即7和9相乘的岁数，被认为是一个人非常危险的时期。

considerable [kənˈsɪdərəbl] *adj.* 值得考虑的；值得重视的，重要的；相当大(或多)的

【例】This vital change of physical position of the ape-men brought about *considerable* disadvantages. (TEM-4)猿人身体各部分的重大改变带来了大量的不利因素。

【派】considerably(*adv.* 相当地，可观地)

consist [kənˈsɪst] *v.* 由…组成；在于，存在于

【搭】consist of 由…组成；consist in 在于，存在于…

【例】An undergraduate course *consists* of a series of lectures, seminars and tutorials and, in science and engineering, laboratory classes, which in total account for about 15 hours per week. (TEM-4)大学生课程包括一系列演讲、研讨会、指导课，对于理工科专业，还有实验课，每周总计约15小时。

constitute [ˈkɒnstɪtjuːt] *v.* 构成，组成

【例】Drinking and smoking will *constitute* a direct threat to your health. 喝酒和抽烟会对你的健康构成直接威胁。

cope [kəup] *v.* 对付，应付

【搭】cope with 应付，对付，处理

【例】The following two situations can enable us to clearly see how a positive attitude helps us *cope* with unpleasant things. （TEM-4）以下两种情况可以让我们清楚地看到积极乐观的态度如何帮助我们应付不愉快的事情。

corporal [ˈkɔːpərəl] *adj.* 肉体的，身体的

【例】In some countries, school officials used *corporal* punishment to maintain classroom discipline. 在一些国家，学校教务人员用体罚来维持课堂纪律。

crawl [krɔːl] *v.* 爬行，匍匐前进；缓慢地移动，缓行 *n.* 爬，匍匐前进；缓慢的行进

【例】It took us several hours to drive the 50 miles, *crawling* along through the snow. 由于在雪中只能缓慢行驶，50 英里的路程我们开车用了好几个小时。

creep [kriːp] *v.* 爬行；慢慢地移动；潜入

【例】It is common to see cockroaches *creeping* in the kitchen. 蟑螂在厨房里爬来爬去，人们对此习以为常。

cripple [ˈkrɪpl] *n.* 跛足的人，残废的人 *v.* 使…残废；使…丧失活动能力

【例】An ambulance service organization volunteered its equipment to transport a severely *crippled* man home. 一个救护车服务组织主动派出救护车运送一名严重残疾的男士回家。

crouch [krautʃ] *v.* 蹲伏；屈膝，低头

【例】The thief *crouched* behind the sofa when the owner of the house entered the room. 房子主人走进房间时，小偷蹲在沙发后面。

crucial [ˈkruːʃl] *adj.* 极重要的，决定性的

【搭】crucial to/for 对…至关重要

【例】 at a *crucial* time 在关键时刻 // a *crucial* question 关键的问题 // The stone chip is thought to be the most important tool because it was *crucial* to the development of mankind. （TEM-4）碎石片被看成是最重要的工具，因为它对于人类的发展极为重要。

dash [dæʃ] *v.* 猛冲；砸碎 *n.* 飞奔；少许；破折号

【搭】make a dash for 向…猛冲；in the dash for 向…冲过去；dash off 匆忙完成；迅速离开

【例】Cindy *dashed* downstairs as soon as she heard the bell. 辛迪一听到门铃声便飞奔下楼。

deal [diːl] *n.* 交易；大量，极大程度 *v.* 论述，有关联；对付，处理；经营，交易

【搭】deal with 应对，安排；论述；a great/good deal of 大量的，许多的

【例】The company has spent a great *deal* of money on the new project. 公司已经在这个新项目上面投入了巨大的财力。

define [dɪˈfaɪn] *v.* 给…下定义；确定…的范围（或界限）

【搭】define as 把…定义为

【例】Migration is usually *defined* as "permanent or semi-permanent change of residence."（TEM-4）移民通常被定义为"永久或半永久性的住处变迁"。

deflect [dɪˈflekt] *v.* (使)偏斜，转向；转移，引开

【例】John raised his arm to try to *deflect* the blow. 约翰举起手臂试图躲开这一击。

denote [dɪˈnəʊt] *v.* 指示，表示；预示；意思是

【例】The word "ambulance" *denotes* a specially equipped vehicle used to transport the sick or injured. "救护车"一词的意思是用来运送病人或伤患的有特殊装备的汽车。

derelict [ˈderəlɪkt] *adj.* 被遗弃的；破败的 *n.* 被遗弃的人；遗弃物

【例】The rooms are empty, *derelict*, strewn with rubbish. 房间空旷、破旧，撒满了废弃物。

devil [ˈdevl] *n.* 恶魔，恶棍；家伙；冒失鬼

【例】be a *devil* 勇敢点，别怕 // go to the *devil* 去你的；滚开；见鬼去 // When exorcism is mentioned, many people think of the *devil*-possessed character in the movie *The Exorcist*. 一提到驱魔，许多人会想起电影《驱魔人》里那个被魔鬼附身的形象。

discrepancy [dɪsˈkrepənsi] *n.* 差异，不符合；矛盾

【例】The price tag says $50 and you charged me $80; how do you explain the *discrepancy*? 货物标签上写的是 50 美元，你向我索价 80 美元，这个差价该怎么解释？

drag [dræg] *v.* 拖，拽；缓慢地移动，拖着脚步走；把…硬拖去

【搭】drag down 拖垮，使衰弱；使(某人)感到厌烦

【例】The film was so interesting that I couldn't *drag* myself away. 电影太有意思了，我沉浸其中，无法自拔。

emphasis [ˈemfəsɪs] *n.* 强调，重要性

【搭】place/put/lay an emphasis on 强调，把重点放在…上

【例】 The *emphais* is very much on learning the spoken language. 重点主要放在学习口语上。

emphasize ['emfəsaɪz] *v.* 强调，着重，加强

【例】 Present-day society is much freer and earlier because it *emphasizes* individuality.（TEM-4）当今社会更自由、前卫是因为它强调个性。

envisage [ɪn'vɪzɪdʒ] *v.* 想象，设想；正视，面对

【例】 Brazil starts to *envisage* the different ways the economy can benefit from the 2014 World Cup. 巴西开始设想使自己的经济能在 2014 年的世界杯中获益的不同途径。

envision [ɪn'vɪʒn] *v.* 想象，展望

【例】 Joy is staring off into space as to *envision* her future full of hopes. 乔伊凝视着太空，想像着她充满希望的未来。

equivalent [ɪ'kwɪvələnt] *adj.* 相等的，等价的 *n.* 相等物，等价物

【搭】（be）equivalent to 相等于，相当于

【例】 Agencies are allowed to charge a fee, usually the *equivalent* of the first week's rent, if you take accommodation they have found for you.（TEM-4）如果中介帮你找到住处的话，允许他们收取费用，费用通常相当于一个星期的租金。

【注】 equal 指在大小、质量、数量、形状、价值等方面相当或相等，常用词组为 be equal to；equivalent 指在意义、重要性等抽象的方面相当或相等。

essential [ɪ'senʃl] *adj.* 必要的，必不可少的；本质的，基本的 *n.* [*pl.*] 必需品，必要的东西；本质

【搭】 be essential to/for 对……是必不可少的

【例】 In brief, to control population growth is *essential* to the country's economic development. 简言之，控制人口增长速度对国家经济发展至关重要。

【派】 inessential(*adj.* 无关紧要的); essentially(*adv.* 本质上)

eternal [ɪ'tɜːnl] *adj.* 永远(不变)的，永恒的

【例】 *eternal* truths 永恒的真理 // *eternal* life 永生 // Mary felt *eternal* gratitude to him for helping her at that time. 玛丽终生感激他在那时给予自己的帮助。

everlasting [ˌevə'lɑːstɪŋ] *adj.* 持续不断的，永久的

【例】 Sophie vowed an *everlasting* friendship to my younger sister Eliza. 索菲发誓要跟我的妹妹伊丽莎永远做朋友。

exceed [ɪkˈsiːd] v. 超过(数量); 超越, 超出; 凌驾, 越过…的界限

【例】A study suggests that parts of London *exceed* European Union air pollution limits by up to 50%. 一份调查显示伦敦部分地区的空气污染程度高出欧盟限制指标的 50%。

【派】exceeding(*adj.* 胜过的, 超过的); exceedingly(*adv.* 极其, 非常)

【注】该词通常与 authority, expectation 等一起考, 表示超出权限范围或超出期望。

【题】Your advice would be ___ valuable to him, who is now at a loss as to what to do first.

A. exceedingly　　B. excessively　　C. extensively　　D. exclusively

答案为 A。exceedingly 意为"非常, 很"; excessively 意为"过度, 过分, 过多地"; extensively 意为"广阔的, 大范围的"; exclusively 意为"独占地; 唯一地"。句意为: 你的建议将对他非常有价值, 他现在对首先要做什么不知所措。

existence [ɪɡˈzɪstəns] n. 存在; 生存, 生活; 发生

【搭】in existence 存在; 生存, come into existence (事物、局面等)产生; 成立, 形成

【例】No matter how wealthy our society becomes, work will still remain the center of our *existence*. 无论我们的社会变得多么富裕, 工作仍处在我们生活的中心位置。

falter [ˈfɔːltə(r)] v. 蹒跚, 踉跄; 犹豫, 动摇; 结巴地说, 支吾; (嗓音)颤抖

【例】Her voice began to *falter* when she mentioned her deceased husband. 她提到自己的亡夫时, 声音开始发颤。

fathom [ˈfæðəm] n. (测水深的度量单位)英寻

【例】The ship sank in 10 *fathoms* after a storm. 暴风雨过后, 船沉入 10 英寻(合 60 英尺)的水中。

ferment [fəˈment] v. (使)发酵; (使)激动, (使)骚动

【例】My mind has *fermented* with plans for our wedding all the morning. 整个早上, 我都因我们婚礼的种种计划而激动不已。

flick [flɪk] v./n. 轻打; 轻弹

【例】The kids keep *flicking* each other and then this turns into slapping each other. 孩子们不停地互相轻打, 接着这种轻打变成了互相拍打。

【注】flick, knock, tap 都有"轻打"的意思。flick 意为"(用鞭子等)轻轻抽打, 轻拂"; knock 意为"(用手指等)轻敲, 轻叩"; tap 意为"(用手掌等)轻拍"。

grab [græb] v. 攫取，抓取；强夺；霸占；（急速地）抓住，抓牢 n. 掠夺；夺取之物

【搭】grab at 拼命地想要抓住…；grab sb. by the arm 抓住某人的手臂

【例】The policeman *grabbed* a piece of paper and quickly sketched the thief when he appeared on the screen. 当小偷出现在屏幕上时，警察抓过一张纸并很快地画了一张他的速描。

halfway [ˌhɑːfˈweɪ] adj. 半路上的 adv. 在中途，不彻底地

【搭】meet sb. halfway 向某人妥协（或让步）

【例】Mr. White left *halfway* during the dinner party. 怀特先生晚宴中途离开了。

haul [hɔːl] v. （用力）拖，拉，拽；用力缓慢挪动 n. 拖，拉，运送；移动的距离；一网鱼

【例】We are tidying up our living room and we are now trying to *haul* the sofa into my bed room. 我们正在打扫客厅，现在想把沙发先拖到我卧室去。

hush [hʌʃ] v. 别出声；（使）安静 n. 寂静，鸦雀无声

【例】The professor cleared his throat and asked us to *hush*. 教授清了清嗓子，让我们安静下来。

incidental [ˌɪnsɪˈdentl] adj. 伴随的，附带的；偶然发生的

【例】We must save some money for *incidental* expenses. 我们必须存些钱以备不时之需。

【派】incidentally(adv. 附带地，顺便提及地)

【题】I must leave now. ____, if you want that book I'll bring it next time.

A. Accidentally   B. Incidentally   C. Eventually   D. Naturally

答案为 B。accidentally 意为"偶然地，意外地"；incidentally 意为"顺便说一下"；eventually 意为"最终地"；naturally 意为"自然地"。句意为：我现在必须离开了。顺便说一句，如果你想要那本书，我下次带给你。

kneel [niːl] v. 跪下，跪着

【例】They *knelt* solemnly in the church and prayed in silence. 他们庄严地跪在教堂里默默祈祷。

lash [læʃ] v. 鞭打；猛击；急速挥动，急速扭动 n. 鞭打；眼睫毛

【例】The annual heavy rain started to *lash* at the city. 年年都下的大雨开始在这座城市肆虐。

mingle ['mɪŋgl] *v.* 使混合，混入；交往

【例】Some people find it hard to *mingle* with people who are from different cultures. 有些人发现自己很难与文化背景不同的人交往。

muffle ['mʌfl] *v.* 抑住(声音)；蒙住；裹住；发低沉的声音

【例】After we complained to the family living upstairs the noise was *muffled* considerably. 我们向楼上的住户投诉之后，噪音降低了很多。

nevertheless [ˌnevəðə'les] *adv./conj.* 然而，不过

【例】*Nevertheless*, we still have a wide gap between the well-paid (whatever the type of job they may have) and the low-paid. (TEM-4) 不过，高薪人群(无论他们从事何种工作)和低薪人群之间的差距仍然很大。

【注】在写作时可以和 but, however 等交替使用，增加表达的多样化。

own [əʊn] *adj./pron.* 自己的，本人的 *v.* 拥有

【搭】on one's own 独自地，独立地

【例】Albrecht was always on hand to answer any questions and to help the children discover about computers in their *own* way. (TEM-4) 阿尔布雷克特总是能够及时回答孩子们提出的任何问题并且帮助他们以自己的方式对电脑形成认知。

poke [pəʊk] *v.* 伸出；刺，捅 *n.* 刺，戳

【搭】poke sb./sth. with sth. 用某物戳某人/某物

【例】She doesn't belong to that kind of people who like to *poke* their noses into others' business. 她不是那种喜欢打探别人事情的人。

relevant ['reləvənt] *adj.* 有关的；切题的

【搭】relevant to 与…相关

【例】When making a speech, everything you say must be *relevant* to your topic. 演讲时，你所说的所有内容都必须与主题有关。

【派】relevance (*n.* 适当；中肯); irrelevant (*adj.* 不相关的；不切题的); irrelevantly(*adv.* 不相关地；不合适地)

【注】另外一个表示"相关的"的单词是 pertinent，表达的是合乎逻辑、精确的相关性。例如：The professor has given the students a list of articles pertinent to the topic under discussion. 教授已经给了学生们与讨论主题相关的文章名单。

revenge [rɪ'vendʒ] *n./v.* 报仇，雪耻

【搭】take revenge on 报仇，报复

【例】The patriots took *revenge* on the traitor by beating him with fists. 爱国人士用拳头击打叛国贼，以此泄恨。

ruin ['ruːɪn] *n./v.* 毁灭，破坏

【搭】in ruins 严重受损，破败不堪

【例】The castle used to be a popular resort for tourists but now it is in *ruins*.

这座城堡以前是游客旅游的胜地，不过现在已成废墟。

【注】与 ruin 的意思相近的单词有：demolish "拆除；毁坏"；raze "（房子、建筑等）夷平"；devastate "摧毁，毁灭"。

scratch [skrætʃ] *v.* 抓，搔；勾掉，划去 *n.* 抓，搔；抓痕，搔痕

【搭】start from scratch 从头做起，从零开始；have a scratch 搔痒

【例】After the downturn of the company, they have to start from *scratch* again. 公司衰败之后，他们不得不再次从头做起。

select [sɪˈlekt] *v.* 选择，选拔

【例】Six of my colleagues have been *selected* to take part in the conference. 我的六个同事被挑选出来去参加会议。

【派】selective (*adj.* 选择的，选择性的)；selected (*adj.* 挑选的，精选的)；selection(*n.* 选择，挑选)

snatch [snætʃ] *v./n.* 抢夺，攫取

【搭】snatch out of 抢夺；snatch at sth. 设法抓住某物

【例】A young boy pushed Lucy over and *snatched* up her handbag as she fell. 一个年轻男孩把露西推倒了，并在她倒下的时候抢走了她的手提包。

【注】grasp 和 snatch 词义相近，注意区别：grasp 指 "紧紧抓住"，引申为 "理解；抓住（机遇等）"；snatch 偏重指 "迅速粗暴地抓"。

spontaneous [spɒnˈteɪnɪəs] *adj.* 自发的，天然发生的

【例】Obviously, the Chairman's remarks at the conference were *spontaneous* and not planned.（TEM-4）很显然，主席在会上的评论是自发的，而非计划好的。

【注】spontaneous 和 simultaneous 词形相近，注意区别。spontaneous 意为 "自发的"，而 simultaneous 是指 "同时的"。

squeeze [skwiːz] *v.* 挤压；紧握；榨取，挤出 *n.* 压榨；紧握

【例】*squeeze* toothpaste 挤牙膏 // Paul took off his wet shirt and *squeezed* the water out. 保罗脱下湿衬衣，将水挤出。

【题】She was so fat that she could only just ___ through the door.

A. assemble　　B. appear　　C. squeeze　　D. gather

答案为 C。assemble 意为 "集合，聚集"；appear 意为 "出现"；squeeze 意为 "挤"；gather 意为 "集合，聚集"。句意为：她胖得不行，只能从门里将将挤进去。

stick [stɪk] *v.* 刺，戳；(使)粘着，(使)粘贴 *n.* 小树枝，柴枝；杖，棒；棒状物

【搭】 stick out 伸出，突出；坚持到底；stick to 坚持；忠于；信守

【例】 The natives of North America are much more disciplined. They demonstrate this in their addiction to driving in one lane and *sticking* to it—even if it means settling behind some great truck for many miles. (TEM-4) 北美洲的本土司机要守规矩得多。他们坚持在一条车道上行驶，即使这意味着要在一辆巨型卡车后跟随数英里。

【注】 stick 常和介词 to 搭配，注意吞音。类似表示"坚持"之意的短语有 insist on。

stretch [stretʃ] *v.* 拉开；伸展，舒展；延伸；滥用 *n.* 伸展；拉紧；一大片(区域)；一段距离；一段时间

【搭】 at a stretch 一口气地，连续

【例】 Young children should never be left unattended near a *stretch* of water. (TEM-4) 幼儿不应在没人照顾的情况下被留在大片水域附近。

tackle ['tækl] *n.* 铲球；用具，器械；滑车 *v.* 着手处理，对付；抓住；与…交涉；拦截抢球

【例】 shaving *tackle* 剃须用具 // *tackle* a problem 着手解决问题 // People living alone are advised to *tackle* their loneliness by joining a club or a society, by going out and meeting people. (TEM-4) 独居的人们往往被建议参加俱乐部或者社团、外出和会见他人来解决他们感到孤独的问题。

triple ['trɪpl] *adj.* 三倍的，三重的 *v.* 增至三倍

【例】 Sales of this supermarket have *tripled* in the past three years. 这家超市的销售量在过去的三年里增至三倍。

tuck [tʌk] *v.* 塞进，插进；卷起，折起；打褶裥

【例】 The ostriches *tuck* their heads in the sand when they encounter danger. 鸵鸟遇到危险的时候就会把头埋在沙里。

twist [twɪst] *v.* 搓，捻；转动，扭；曲解；盘旋，迂回 *n.* 搓，捻；弯曲，曲折

【例】 The wheels of my bike had been *twisted* in the accident. 我的自行车轮胎在这场交通事故后已经扭曲变形了。

whip [wɪp] *n.* 鞭子；抽打 *v.* 用鞭子抽；搅打(奶油、蛋等)；迅速移动

【例】 Father *whipped* the horse as a punishment to make it run faster. 父亲用鞭子抽打马匹作为惩罚，以使它跑得更快。

ass [æs] *n.* 驴; 笨蛋, 蠢人

assuredly [əˈʃʊərədli] *adv.* 确定地, 无疑地

bastard [ˈbɑːstəd] *n.* 私生子; 杂种; 卑鄙的人, 混蛋; 假冒品, 代用品

bear [beə(r)] *v.* 承担, 负荷; 承受, 容忍; 结(果实); 生育 *n.* 熊

【例】 Tom didn't want to *bear* the responsibility for what he had done. 汤姆不想为自己的所作所为承担责任。

beggar [ˈbegə(r)] *n.* 乞丐, 穷人

bleat [bliːt] *v./n.* (作)羊叫声

brim [brɪm] *n.* 边, 缘; 帽檐 *v.* (使)充盈, (使)满溢

clap [klæp] *v.* 拍, 轻拍; 拍手 *n.* 霹雳声, 破裂声

combustion [kəmˈbʌstʃən] *n.* 燃烧, 点火

converse [kənˈvɜːs] *v.* 交谈 [ˈkɒnvɜːs] *adj.* 相反的, 逆的 *n.* 相反事物; 反面

【例】 Sandy's political views are the *converse* of mine. 桑迪的政治观点与我的相反。

cord [kɔːd] *n.* 绳索, 带子; 小电线; 腱; 灯芯绒

cosmopolitan [ˌkɒzməˈpɒlɪtən] *adj.* 世界主义的; 全世界的, 世界各地都有的

deepen [ˈdiːpən] *v.* 使变深, 变强烈

dip [dɪp] *v.* 浸, 蘸; 放低, 降下 *n.* 浸, 蘸; 游泳, (在河、海等中)洗澡; 涉足, 涉猎; 倾斜, 减少; 浸液, 溶液

【搭】 dip one's hand into one's pocket 花钱, 解囊捐钱

disappear [ˌdɪsəˈpɪə(r)] *v.* 消失, 绝迹

【例】 The bright moon *disappeared* behind a dark cloud suddenly. 皎洁的月亮突然消失在一片乌云之后。

【派】 disappearance(*n.* 不见, 消失)

donkey [ˈdɒŋki] *n.* 驴; 笨蛋; 固执的人

filling [ˈfɪlɪŋ] *n.* 装填, 填补物; 馅儿

finished [ˈfɪnɪʃt] *adj.* 完结了的, 结束了的; 精致完美的, 绝顶的

flatten [ˈflætn] *v.* (使)变平, (把⋯)拉平

【例】 City skylines may *flatten* out in the future. 在未来, 城市的轮廓可能会变得平坦。

fore [fɔː(r)] *adj.* 前面的 *adv.* 在前部 *n.* 前部

forefront	['fɔːrfrʌnt] *n.* 最前方, 最前处; 最重要的位置
formalise/formalize	['fɔːrməlaɪz] *v.* 使形式化
fully	['fʊli] *adv.* 完全地, 充分地
ghostly	['gəʊstli] *adj.* 似鬼的, 鬼魂的
gradual	['grædʒuəl] *adj.* 逐渐的
【派】	gradually(*adv.* 逐渐地, 逐步地)
greatly	['greɪtli] *adv.* 大大地, 非常
hereabouts/hereabout	[ˌhɪərə'baʊt(s)] *adv.* 在附近, 在这一带
hind	[haɪnd] *adj.* 后面的, 在后的
【搭】	on one's hind legs 站着, 站立
hurl	[hɜːl] *v.* 丢, 猛掷; 发射; 推翻, 压倒; 叫嚷
implication	[ˌɪmplɪ'keɪʃn] *n.* 牵连, 卷入; 暗示, 寓意
impossibility	[ɪmˌpɒsə'bɪləti] *n.* 不可能(性); 不可能的事
improbable	[ɪm'prɒbəbl] *adj.* 不大可能的, 未必属实的; 荒谬的
inclination	[ˌɪnklɪ'neɪʃn] *n.* 倾斜, 弯腰; 趋势, 趋向; 爱好, 癖好
inclusion	[ɪn'kluːʒn] *n.* 包含, 包括
indication	[ˌɪndɪ'keɪʃn] *n.* 指示, 暗示
inducement	[ɪn'djuːsmənt] *n.* 诱使, 诱因
infinity	[ɪn'fɪnəti] *n.* 无穷, 无限
innumerable	[ɪ'njuːmərəbl] *adj.* 无数的, 数不清的
inseparable	[ɪn'seprəbl] *adj.* 不可分的, 分不开的
invariable	[ɪn'veəriəbl] *adj.* 不变的, 始终如一的; 常数的
【派】	invariably(*adv.* 不变地; 总是)
jot	[dʒɒt] *n.* 少量, 小额 *v.* 匆匆写下
lasting	['lɑːstɪŋ] *adj.* 持久的, 永久的
lengthen	['leŋθən] *v.* (使)延长, (使)延伸
likelihood	['laɪklihʊd] *n.* 可能, 可能性
likely	['laɪkli] *adj.* 可能的 *adv.* 或许
【派】	likeliness(*n.* 可能, 大概); unlikely(*adj.* 未必的, 不太可能的)
limitation	[ˌlɪmɪ'teɪʃn] *n.* 限制, 限定; 限制因素(条件)
midst	[mɪdst] *n.* 中部, 中间
【派】	in the midst of 在…之中
nearby	[ˌnɪə'baɪ] *adj.* 附近的 *adv.* 在附近
necessarily	[ˌnesə'serəli] *adv.* 必然, 必定

newly [ˈnjuːli] *adv.* 最近；以新的方式，重新

occasional [əˈkeɪʒənl] *adj.* 偶尔的，不经常的

【派】occasionally(*adv.* 有时候，偶尔)

onward [ˈɒnwəd] *adj./adv.* 向前的(地)

onwards [ˈɒnwədz] *adv.* 向前地

ought [ɔːt] *aux./v.* 应该；大概

overhead [ˌəʊvəˈhed] *adj.* 在头顶上的；高架的 *adv.* 在头顶上；在高处

overleaf [ˌəʊvəˈliːf] *adv.* 在一页的背面，下一页

overnight [ˌəʊvəˈnaɪt] *adj.* 一夜间的，突然的 *adv.* 在晚上；通宵；突然地

parting [ˈpɑːtɪŋ] *adj.* 分离的，分开的 *n.* 分离，离别；分界

pat [pæt] *v./n.* 轻拍，轻打

puncture [ˈpʌŋktʃə(r)] *n./v.* 刺，穿孔

recurrence [rɪˈkʌrəns] *n.* 重现，再次发生

regain [rɪˈɡeɪn] *v.* 取回，恢复；返回

reminder [rɪˈmaɪndə(r)] *n.* 起提醒作用的东西；提示

replay [ˌriːˈpleɪ] *v.* 重新(比赛)；重放(录音等)

rip [rɪp] *v.* 撕，撕开 *n.* 长裂痕，裂口

roller [ˈrəʊlə(r)] *n.* 滚柱，压路机

runaway [ˈrʌnəweɪ] *adj.* 逃跑的；私奔的；(动物或车辆)失去控制的

runner-up [ˌrʌnəˈrʌp] *n.* (竞赛中的)第二名，亚军

running [ˈrʌnɪŋ] *n.* 奔跑，跑步；(机器等)开动，运转；经营；流出

scapegoat [ˈskeɪpɡəʊt] *n.* 替罪羊

segment [ˈseɡmənt] *n.* 部分，片段 [seɡˈment] *v.* 分割

【例】Read the following text carefully and then translate the underlined *segments* into Chinese. 仔细阅读下面的文章，然后把画线部分译成汉语。

【派】segmental(*adj.* 部分的)

sexual [ˈsekʃuəl] *adj.* 性行为的；性别的；生殖的，有性生殖的

sexy [ˈseksi] *adj.* 性感的；有魅力的；色情的

shiny [ˈʃaɪni] *adj.* 发亮的，磨光的

sideways [ˈsaɪdweɪz] *adv.* 斜着，斜向一边地 *adj.* 向侧面的，斜向一边的

slam [slæm] *v.* 使劲关，砰地关上；猛投，猛击 *n.* 砰(关门声)；猛击，撞击

slang	[slæŋ] *n.* 俚语
social	['səʊʃl] *adj.* 社会的；社交的，交谊的；社会性的
spotlight	['spɒtlaɪt] *n.* 聚光灯；众人注目的焦点
stink	[stɪŋk] *v.* 发恶臭 *n.* 恶臭，臭气
straighten	['streɪtn] *v.* (使)挺直，变直；(使)好转，改进
sufficiency	[sə'fɪʃnsi] *n.* 足量，充足
surround	[sə'raʊnd] *v.* 包围，环绕 *n.* (装饰性的)围绕物

【例】I was *surrounded* by all these graceful girls. 我被这些优雅的女孩子们围住了。

sword	[sɔːd] *n.* 剑；刀
temptation	[temp'teɪʃn] *n.* 劝诱，诱惑；有诱惑力之物
touchdown	['tʌtʃdaʊn] *n.* (飞机)着陆，降落
trash	[træʃ] *n.* 废话；糟粕；垃圾
triangular	[traɪ'æŋgjələ(r)] *adj.* 三角形的；涉及三人的
underside	['ʌndəsaɪd] *n.* 下侧，底面，底部；(事物的)阴暗面
upside	['ʌpsaɪd] *n.* 上侧，上部

【搭】turn (sth.) upside down (把…)颠倒，翻过来

very	['veri] *adv.* 很，非常 *adj.* 十足的，绝对的；正是的
vintage	['vɪntɪdʒ] *n.* 酒酿造的年份 *adj.* 第一流的，上乘之作的；(汽车)老式的
whim	[wɪm] *n.* 突发的奇想，一时的兴致
wrestle	['resl] *v./n.* 摔跤；斗争，搏斗
wrestling	['reslɪŋ] *n.* 摔跤运动
yearly	['jɪəli] *adj.* 一年的，每年的 *adv.* 一年一次地，每年

专四词汇：词以类记

写作必备词

◎ 写作必备词 / 核心词

音频

apart [əˈpɑːt] *adv.* 相隔，相距；离开，离去；拆开

【搭】 apart from 除去；take apart 拆卸

【例】 In such an atmosphere, the partners grow further and further *apart*, both love and liking disappearing. (TEM-4) 在这种情况下，双方变得越来越疏远，爱情和喜欢之情渐渐消失。

backwards [ˈbækwədz] *adv.* 向后走，倒退；倒，逆

【搭】 backwards and forwards 来回地

【例】 This machine didn't work because it was assembled *backwards*. 这台机器无法运转是因为它被安装反了。

brief [briːf] *adj.* 简短的，简洁的；短暂的 *n.* 概要，摘要，短文

【搭】 in brief 简单地说，简言之；a brief of …的摘要

【例】 The book gives a *brief* outline of the course of his research up till now. (TEM-4) 这本书简要概括了他到目前为止所做的研究。

clockwise [ˈklɒkwaɪz] *adj./adv.* 顺时针方向的(地)

【例】 counter *clockwise* 以逆时针方向 // Turn the lid in a *clockwise* direction and we can fasten it tightly. 按照顺时针的方向可以把盖子拧紧。

【派】 anticlockwise(*adj.* 逆时针方向的)

concern [kənˈsɜːn] *v.* 关系到，涉及；使关心；使担心 *n.* (利害)关系；所关切的事；关心；公司，商行

【搭】 as/so far as...be concerned 就…来说；show concern for 关心

【例】 Our *concern* is with movement between nations, not with internal migration within nations. (TEM-4) 我们所关心的是跨国移民，而非国内移居。

【派】 unconcerned(*adj.* 不关心的，不关注的)；concerned(*adj.* 关切的，关注的)

· 428 ·

【注】concerning 是介词，意为"关于，就…而言"，如：I am writing to you concerning the reference books that I bought from you two weeks ago. 我写信给你是有关两周前我向你借的那本书的事情。

considering [kənˈsɪdərɪŋ] *prep.* 就…而论，照…来说

【例】It's understandable that John abandoned his former decision, *considering* his dilemma. 考虑到他进退两难的处境，就可以理解约翰会放弃他先前的决定了。

contrary [ˈkɒntrəri] *adj.* 相反的，相对立的 [kənˈtreəri] *adj.* 逆反的，好与人作对的

【搭】to the contrary 相反的，相反地；on the contrary 与此相反，恰恰相反

【例】*Contrary* to what one would expect, this kind of shop-lifter is rarely poor. (TEM-4)与人们想象的相反，这类的商店扒手很少是穷人。

contrast [ˈkɒntrɑːst] *n.* 对比，比照 [kənˈtrɑːst] *v.* 使对比，形成对照

【搭】by contrast 对比之下，比较起来；in contrast with/to 与…对比或相反；contrast A with B 把 A 与 B 做对比

【例】In *contrast* with players' clothes, the coach's seem very old-fashioned. 教练的衣服和队员的相比显得很过时。

cue [kjuː] *n.* (给演员等所作的)提示；暗示；线索

【搭】on cue 恰好在这时候；take one's cue from 学…的样

【例】When I shake my head, that's your *cue* to stop reading the poem. 当我摇头的时候，那就是暗示你该停止读诗。

【注】易混词有：hue (*n.* 颜色); rue (*n.* 后悔)

despite [dɪˈspaɪt] *prep.* 尽管，虽然

【搭】despite oneself 尽管(自己)不愿意

【例】The sports meet has been held *despite* the rain. (TEM-4)尽管下雨，但运动会还是举行了。

even [ˈiːvn] *adv.* 甚至；即使；还 *adj.* 平的；均等的；偶数的，双数的 *v.* (使)变平；(使)相等；使平衡；平等对待

【搭】even if/though 即使，虽然；even then 即使那样，尽管如此

【例】I said hello to the beautiful lady but she didn't *even* look at me. 我向那位漂亮的女士问好但是她甚至看都不看我一眼。

【派】uneven(*adj.* 不平坦的；不平均的，不均匀的；不规则的)

【注】even 作为"偶数的，双数的"与 odd 的意思相反；作为"平的，平坦的"与 smooth 的意思相近，与 ragged 的意思相反；even 作为"(使)相等"与 equal 意思相近。

foregoing [ˈfɔːɡəʊɪŋ] *adj.* 在前的，前面的；前述的

【例】I shall say what I have said in the *foregoing* chapter once more. 我要把我在前一章说过一次的内容再说一遍。

forth [fɔːθ] *adv.* 向前；往外；离开

【搭】call forth 使产生，引起；and so forth 等等；back and forth 来回地，往返，来来往往地；bring forth 提出；set forth 阐明，陈述

【例】The brave soldiers rode *forth* into battle without hesitation. 勇敢的士兵毫不迟疑地冲向战场。

【派】forthcoming(*adj.* 即将来临的)；forthgoer(*n.* 先行者，先驱者)

hence [hens] *adv.* 今后，从此；所以，因此

【例】Basketball is a team sport; *hence* cohesion is always a key factor. 篮球是一项团队运动，因此团结始终是一个关键因素。

【注】hence 在表示"所以，因此"时与 therefore, so 同义，在作文中也可以用来连接表因果关系的上下文，使表达更加多样化。

hint [hɪnt] *n./v.* 暗示，提示

【例】I just gave him a *hint* and he took it. 我只是给了他一个暗示，他就领会到了。

【注】hint 和 clue 都有"线索"的意思。hint 多指暗示或提示，需要自己推断出线索；clue 则是指直接的线索，不用通过仔细思考得出。

hitherto [ˌhɪðəˈtuː] *adv.* 迄今，至此时

【例】These drugs have *hitherto* been the most generally used in clinical trials. 这些药品是迄今临床试验中最常用的。

lest [lest] *conj.* 唯恐，以免

【例】The shy boy ran away quickly *lest* he might be seen. 那个害羞的男孩唯恐别人看见他，跑开了。

meantime [ˈmiːntaɪm] *n.* 其间，其时 *adv.* (与此)同时；当时

【搭】in the meantime 与此同时

【例】In the *meantime* we could watch the football match or the 4×100 relay race. 同时我们可以观看足球赛或者4×100米接力赛。

【注】与 meantime 意思相近的还有 meanwhile：meantime 作为名词用法比 meanwhile 更为普遍；作为副词 meantime 用法不及 meanwhile 普遍。

mere [mɪə(r)] *adj.* 仅仅，只不过；纯粹的

【例】Communication is no longer *merely* concerned with the transmission of information.(TEM-4)交流不再仅仅局限于信息的传递。

【派】merely(*adv.* 仅仅，只不过)

moreover [mɔːrˈəʊvə(r)] *adv.* 此外，而且

【例】*Moreover,* as sports expand into world markets, and as our choice of sports as consumers also grows, so we will demand to see them played at a higher and higher level. (TEM-4)此外，随着体育运动扩展到国际市场，以及作为消费者的我们对运动选择的增多，我们会要求竞技水平越来越高。

nowhere [ˈnəʊweə(r)] *adv.* 任何地方都不；无处；毫无结果 *n.* 无名之地；无处

【搭】go/get nowhere 不成功，没有进展

【例】*nowhere* near 离…很远 // Children become aggressive and nervous—cooped up at home all day, with *nowhere* to play. (TEM-4)整天被关在家里的孩子因为没有地方去玩，会变得好斗和焦虑。

plus [plʌs] *prep.* 加，加上 *adj.* 正的；附加的 *n.* 加号；附加物；好处

【例】The rent will be 800 RMB a month, *plus* gas and electricity. 房租将会是800元人民币一个月，包燃气费和电费。

precede [prɪˈsiːd] *v.* 先于…，位于…之前

【例】He *preceded* his performance with an amusing small magic trick. 他以一个有趣的小魔术来开始他的表演。

【注】要注意该词与形近词 proceed(*v.* 继续进行；开始)的区分。

presumably [prɪˈzjuːməbli] *adv.* 假定，推测起来；可能，大概

【例】The train began suddenly to slow down, *presumably* in obedience to a signal. (TEM-4)火车突然减速，大概是在遵守某个信号。

provided [prəˈvaɪdɪd] *conj.* 以…为条件，假如

【例】A country's wealth is much influenced by its manufacturing capacity, *provided* that other countries can be found ready to accept its manufactures. (TEM-4)一个国家的财富受其生产力的影响很大，前提是其他国家能够准备接受其产品。

regardless [rɪˈɡɑːdləs] *adj.* 不注意的，不留心的

【搭】regardless of 不管，不顾及

【例】*Regardless* of what you are like in real life, the key seems to be to act yourself. (TEM-4)不论你在现实生活中是什么样的人，关键是要活出自我。

sake [seɪk] *n.* 缘故；利益；目的

【搭】for the sake of 为了，为了…起见，看在…的份上

【例】We study English not only for the *sake* of studying it, but to use it in communication. 我们学英语不是只为了学英语，而是能在交流中得以运用。

save [seɪv] *prep.* 除…之外 *v.* 节省；保存；挽救，救援

【搭】 save for 为…保留；储存，积攒

【例】 The soldier *saved* the children from drowning at the expense of his own life. 士兵牺牲了自己，挽救了溺水小孩的生命。

scarcely [skeəsli] *adv.* 仅仅；刚刚；几乎不

【搭】 scarcely...when... 刚一…就…

【例】 Although he is a socialist, Mr. Wells is *scarcely* in sympathy with the working class. （TEM-4）韦尔斯先生虽然是一名社会主义者，但他并不怎么同情工人阶级。

secondary [ˈsekəndri] *adj.* 第二的，次要的

【搭】 be secondary to... 仅次于…

【例】 Importance of location is *secondary* to the size of the office. 办公室的位置的重要性仅次于其面积大小。

somehow [ˈsʌmhaʊ] *adv.* 不知怎么地，反正；以某种方法，设法地

【例】 The answer *somehow* slipped from my tongue before I realized it. （TEM-4）不知何故，在我意识到之前答案已经脱口而出了。

somewhat [ˈsʌmwɒt] *adv.* 有点，稍微

【例】 The fundamental similarity of liquids and gases becomes clearly apparent when the temperature and pressure are raised *somewhat*. （TEM-4）液体与气体的本质相似性在温度与压强有所上升时就变得明显起来。

【注】 somewhat 与短语 a little 意思相近，在很多情况下可以替换使用。

summarize [ˈsʌməraɪz] *v.* 概述，总结

【例】 One of my duties is to *summarize* the report. 我的职责之一是总结报告。

【注】 to summarize 意为"总之"，在写作中，表示"总之"之意的短语还有：all in all, in a word, to sum up, to conclude 等。

summary [ˈsʌməri] *n.* 摘要，概略 *adj.* 简明的，扼要的

【搭】 in summary 总括

【例】 Michael wrote a two-page *summary* of the research which reflected that he was careful. 迈克尔写了一篇两页的调查摘要，这表明他很认真。

thereafter [ˌðeərˈɑːftə(r)] *adv.* 此后，其后

【例】 Mary married at 18 and gave birth to her first child shortly *thereafter*. 玛丽 18 岁就结婚了，随后不久就生了第一个孩子。

thereby [ˌðeəˈbaɪ] *adv.* 因此；借以

【例】The new project will improve the connection with the government and *thereby* require us to work hard. 新的项目将加强我们与政府的联系，因此需要我们勤奋工作。

thereof [ˌðeərˈɒv] *adv.* 由此；在其中

【例】All citizens of the country are ruled by the laws *thereof*. 所有该国的公民都受其国家法律的保护。

underneath [ˌʌndəˈniːθ] *prep.* 在…下面，在…底下 *adv.* 在下面，在底下

【例】If possible, move your computer so you aren't directly *underneath* a light fixture. (TEM-4)如果可以的话，移动一下你的电脑，这样你就不会直接位于灯具之下。

【注】beneath, underneath 都有"在…之下"的意思，但所指范围不同。beneath 指处于某物之下，反义词是 on；underneath 通常含遮蔽的意味，可指"埋藏于…之下"。

via [ˈvaɪə] *prep.* 经由，经过；凭借，通过

【例】We cannot understand how the two halves interact *via* the corpus callosum. (TEM-4)我们无法理解左右脑是如何通过胼胝体进行互动的。

well [wel] *adv.* 好，令人满意地；彻底地；很，相当；恰当地，适当地

【搭】as well 同样地，又；as well as 和；和…一样；不但…而且…

【例】Some regions of the world are *well* supplied with coal and minerals, and have a fertile soil and a favourable climate. (TEM-4) 世界上有些地区煤和矿产资源丰富，土壤肥沃，气候怡人。

◎ 写作必备词 / 认知词

accordingly [əˈkɔːdɪŋli] *adv.* 相应地；因此，所以

actually [ˈæktʃuəli] *adv.* 事实上

alongside [əˌlɒŋˈsaɪd] *adv.* 相靠着，并排

afterward(s) [ˈɑːftəwəd(z)] *adv.* 后来

amid [əˈmɪd] *prep.* 在…之间，在…中

anyhow [ˈenihaʊ] *adv.* 无论如何；以任何可能的方式

anymore [ˈeniˈmɔː(r)] *adv.* (不)再，再也(不)

anytime [ˈenitaɪm] *adv.* 在任何时候

anyway [ˈeniweɪ] *adv.* 不管怎样，无论如何；不论用何种方法

【例】It's a tough task, but Peter's going to try it *anyway*. 虽然那是份艰辛的任务，但是无论如何彼得还是打算尝试一下。

barely [ˈbeəli] *adv.* 勉强，刚刚；几乎不

【例】The car *barely* hung onto the edge of the pit. 这辆小汽车几乎要悬在这个大坑的边缘。

basically [ˈbeɪsɪkli] *adv.* 基本上，从根本上说

beforehand [bɪˈfɔːhænd] *adv.* 预先，事先

beneath [bɪˈniːθ] *prep.* 在…（正）下方，低于

besides [bɪˈsaɪdz] *prep.* 除…之外（还有…）*adv.* 而且，除此之外

concerning [kənˈsɜːnɪŋ] *prep.* 关于

【例】I'll make the decisions *concerning* my life. 我将作出关于我生活方面的决定。

conjunction [kənˈdʒʌŋkʃn] *n.* 连接词

downward [ˈdaʊnwəd] *adj.* 向下的，下行的

elsewhere [ˌelsˈweə(r)] *adv.* 在别处，到别处

exceedingly [ɪkˈsiːdɪŋli] *adv.* 极度地，非常

excluding [ɪkˈskluːdɪŋ] *prep.* 除…外，不包括

exclusively [ɪkˈskluːsɪvli] *adv.* 排他地，独占地；仅仅，单独地

finally [ˈfaɪnəli] *adv.* 最后，终于；决定性地，彻底地

formerly [ˈfɔːməli] *adv.* 以前，从前

forwards [ˈfɔːwədz] *adv.* 向前，向将来

fro [frəʊ] *adv.* 向后

【搭】to and fro 来回地

furthermore [ˌfɜːðəˈmɔː(r)] *adv.* 再者，并且

【例】*Furthermore*, that way was proved effective. 此外，这种方法被证明是有效的。

generally [ˈdʒenrəli] *adv.* 一般地，通常地；广泛地，普遍地

【搭】generally speaking 一般来说

【例】Dog is *generally* regarded as the most faithful animal. 狗被公认是最忠实的动物。

given [ˈɡɪvn] *prep.* 考虑到 *adj.* 特定的，规定的

【例】*Given* the bad weather, we decided to give up our primary plan. 考虑到这糟糕的天气，我们决定放弃原定计划。

gosh [ɡɒʃ] *int.* （表示惊讶）哎呀

initially	[ɪˈnɪʃəli] *adv.* 最初；首先	
instantly	[ˈɪnstəntli] *adv.* 立即，马上	
lastly	[ˈlɑːstli] *adv.* 最后	
largely	[ˈlɑːdʒli] *adv.* 主要地，大部分	
latter	[ˈlætə(r)] *adj.* (时间上)较靠后的，后期的 *n.* (两者中的)后者	
likewise	[ˈlaɪkwaɪz] *adv.* 同样地	
mostly	[ˈməʊstli] *adv.* 多半，主要地	
namely	[ˈneɪmli] *adv.* 即，就是	
needless	[ˈniːdləs] *adj.* 不需要的	
normally	[ˈnɔːməli] *adv.* 正常情况下，通常	
particularly	[pəˈtɪkjələli] *adv.* 特别，尤其	
presently	[ˈprezntli] *adv.* 不久，一会儿；目前，现在	
rarely	[ˈreəli] *adv.* 很少，难得；稀奇地，罕见地	
recently	[ˈriːsntli] *adv.* 最近，近来	
repeatedly	[rɪˈpiːtɪdli] *adv.* 反复地，再三地	
roughly	[ˈrʌfli] *adv.* 粗鲁地，粗暴地；大概，大约	
seemingly	[ˈsiːmɪŋli] *adv.* 看上去，表面上	
shortly	[ˈʃɔːtli] *adv.* 即刻，不久；简要地，扼要地；没好气地，不耐烦地	
simultaneously	[ˌsɪmlˈteɪniəsli] *adv.* 同时地，同时发生地	
slightly	[ˈslaɪtli] *adv.* 些许，轻微地	
specially	[ˈspeʃəli] *adv.* 特别地，格外地	
squarely	[ˈskweəli] *adv.* 直接地；径直地	
suddenly	[ˈsʌdənli] *adv.* 突然地	
surely	[ˈʃʊəli] *adv.* 确实地，必然地；稳当地；当然，无疑地	
thereabouts	[ˌðeərəˈbaʊts] *adv.* 在附近的某地；大约，左右	
till	[tɪl] *conj./prep.* 直至，到…为止 *v.* 耕作，耕种	
truly	[ˈtruːli] *adv.* 正确地；事实上，真正地	
unlike	[ˌʌnˈlaɪk] *adj.* 不相似的，不同的 *prep.* 不像…，和…不同	
upon	[əˈpɒn] *prep.* 在…之上	
usual	[ˈjuːʒʊəl] *adj.* 通常的，惯常的	
【搭】	as usual 像平常一样，照例	
versus	[ˈvɜːsəs] *prep.* (比赛等中)对，与…相对	
virtually	[ˈvɜːtʃʊəli] *adv.* 实际上，事实上；几乎，差不多	
whereabouts	[ˈweərəbaʊts] *n.* 下落，去向 [ˌweərəˈbaʊts] *adv.* 在哪里	

whereas [ˌweərˈæz] *conj.* 然而，反之

whereby [weəˈbaɪ] *adv.* 借以，凭借

whichever [wɪtʃˈevə(r)] *pron.* 无论哪个，无论哪些

whoever [huːˈevə(r)] *pron.* 不管谁，任何人

【例】*Whoever loses these confidential files will surely be deposed.* 不管谁弄丢了这些机密文件都肯定会被革职。

wholly [ˈhəʊlli] *adv.* 完全地，全部地

Note

附录一：新闻英语常用词汇

abuse *n./v.* 滥用；虐待；伤害

accomplice *n.* 同谋者，帮凶

accord *n.* 协议 *v.* 符合，使一致

acting president 代总统

administration party 执政党

aftermath *n.* 后果；余波

agenda *n.* 待议诸事项；议程；日常工作事项

aid *n./v.* 帮助，援助

air crash 飞机失事

air *v.* 宣扬

ambassador *n.* 大使，使节

amendment *n.* 修正案，修正条款

annul *v.* 废除；取消；宣告无效

anti-corruption *n.* 反腐败

armed forces 武装部队

armed robbery 武装抢劫

arrest *n./v.* 逮捕；拘留

arrest warrant 逮捕证

arson *n.* 纵火

assail *v.* 抨击，指责

assassin *n.* 暗杀者

assault *n./v.* 攻击；袭击

at large 未被捕获的

at stake 处于危险中

authoritative information 官方消息

authorities *n.* 当局

baffle *v.* 使受挫，阻挠

bail *n.* 保释金

ballot *n.* 选票

ban *n./v.* 禁止

bar *v.* 禁止，阻止

beckon *v.* 示意；打招呼；引诱

bid *v.* 试图，尝试；投标

black market 黑市

blackmail *n./v.* 敲诈，勒索

blast *n./v.* 爆炸

blaze *n.* 火焰

bleak *adj.* 黯淡的；没有指望的

blockade *n./v.* 封锁

bomb *n.* 炸弹 *v.* 轰炸

bomb squad 爆破小组

boom *v.* 激增；暴涨；迅速发展

boost *v.* 帮助；促进；提高

boycott *v.* 联合抵制

break-in *n.* 非法闯入

bribery *n.* 行贿；受贿

budget *n.* 预算

bug *v.* 窃听

burglary *n.* 入室盗窃

campaign *n.* 运动；选举

candidate *n.* 候选人，选手

car burglars 汽车窃贼

career criminal 职业罪犯

casualty *n.* 遇难者，伤亡人员

cease-fire *n.* 停火

chief *n.* 首领，长官

child abuse 虐待儿童

cite *v.* 引用

claim *n./v.* 声明；索取

clash *n.* 分歧；冲突

cocaine *n.* 可卡因

collapse *v./n.* 倒塌

condemn *v.* 谴责

conservative party 保守党

constituency *n.* 选区，选民

convict *n.* 囚犯 *v.* 证明…有罪

corruption *n.* 腐败

counterfeit *v.* 伪造

credit-card fraud 信用卡欺诈

crime rate 犯罪率

criminal *n.* 罪犯

curb *v.* 限制，控制

cut *v./n.* 削减

deadline *n.* 最后期限

deadlock *n.* 僵局

deadly weapon 致命武器

deal *n.* 协议

death penalty 死刑

death toll 死亡数

defendant *n.* 被告

deficit *n.* 赤字

defy *v.* 蔑视；公然反抗；挑战

diplomatic tie 外交关系

dissolve *v.* 解散

domestic violence 家庭暴力

dove *n.* 主和派，鸽派

drug abuse 吸毒

drug king 毒枭

drunk driving 酒后驾驶

Duma *n.* (俄)杜马，俄罗斯议会

ease *v.* 减轻，平息

economic sanction 经济制裁

economic take-off 经济腾飞

El Nino 厄尔尼诺现象

electric power 电力

eliminate *v.* 淘汰

embargo *n./v.* 禁运

enlisted man 现役军人

envoy *n.* 外交使节

epidemic *n.* 流行病

exclusive interview 独家采访

exposition *n.* 博览会

eye *v.* 目击

face-to-face talk 会晤

family planning 计划生育

fault *v.* 挑剔 *n.* 毛病；错误

flea market 跳蚤市场

flying squad 飞虎队

foe *n.* 对手，强敌

frame-up *n.* 诬陷，假案

front page 头条

grip *v.* 抓住

guest of honor 贵宾

guest team 客队

gunman *n.* 枪手；持枪的歹徒

halt *v./n.* 停止

hawk *n.* 主战派，鹰派

heroin *n.* 海洛因

hit product 拳头产品

hit-and-runner 肇事后逃走者

home team 主队

honor guard 仪仗队

hostage *n.* 人质

housing reform 住房改革

idle money 闲散资金

impact *n.* 影响；作用

in another related development 另据报道

interim government 过渡政府

invitation meet 邀请赛

jet *n.* 飞机

jobless *adj.* 失业的

judo *n.* 柔道

karate *n.* 空手道

knock-out system 淘汰制

knowledge economy 知识经济

laid-off *n.* 下岗职工

launch *v.* 开始，发动

leading actor 男主角

lease *n.* 租约，租期

lobby *v.* 对(议员等)进行游说

man of mark 名人，要人

massacre *n.* 大屠杀；残杀

medium *n.* 媒体，媒介

mercy killing 安乐死

Moslem *n.* 穆斯林

national anthem 国歌

negative vote 反对票

news agency 通讯社

news briefing 新闻发布会

news conference 记者招待会

news flash 短讯，快讯

nominate *v.* 提名；任命；指定

nominee *n.* 候选人

on standby 待命

on-the-spot broadcasting 现场直播

opinion poll 民意测验

ordeal *n.* 痛苦的经历

outbreak *n.* 暴发；暴动

output *n.* 生产，出品

overseas student 留学生

overwhelming majority 压倒性的多数

pact *n.* 条约；协议

parliament *n.* 国会

passerby *n.* 过路人

pay-to-the-driver bus 无人售票车

peaceful co-existence 和平共处

peace-keeping force 维和部队

peak viewing time 黄金观看时间

pedestrian *n.* 行人

pension insurance 养老保险

Pentagon *n.* 五角大楼

perk *n.* 补贴，津贴，额外待遇

pit *n.* 煤矿；洼地；陷阱

plea *n.* 请愿；请求

pledge *v.* 发誓；保证；许诺

plunge *v.* 下降；急跌

PM = prime minister 首相，总理

poll *n.* 投票，民意测试

pope *n.* 教皇

poverty-stricken area 贫困地区

power failure 断电，停电

premiere *n.* 首映，初次公演

press briefing 新闻发布会

press corps 记者团

press for 要求，迫切要求

press spokesman 新闻发言人

prize-awarding ceremony 颁奖仪式

probe *v.* 调查；探测

prompt *v.* 引起；激励；怂恿

protocol *n.* 草案，协议

public servant 公务员

questionnaire *n.* 调查表

quick-frozen food 速冻食品

quit *v.* 辞职；退出

racial discrimination 种族歧视

rage *n./v.* 发怒

raid *n.* 袭击

reciprocal visit 互访

reckon *v.* 估计；猜想；指望

red-carpet welcome 隆重欢迎

red-hot news 最新消息

red-letter day 大喜之日

redundant *n.* 下岗人员

re-employment *n.* 再就业

reject v. 拒绝；抵制

resign v. 辞去；使顺从

revoke v. 撤回；废除；宣告无效

rule v. 决定；判决

sack v. 失业；开除，解雇；洗劫，劫掠

sanction n. 制裁

scandal n. 丑闻，丑事

senate n. 参议院

slay v. 杀死，谋杀

soar v. 迅速上涨；高飞

squeeze v. 挤入，挤过

standoff n. 僵持局面；平局；冷淡

strife v. 冲突；争斗

sue v. 控告；起诉

summit n. 最高级会议；峰会

surge n. 大浪；波涛；激增

swindle v. 非法获取财物

switch v. 改变；转轨

swoop v. 突袭；俯冲；飞扑

table vt. 提出，把…列入议事日程；推迟

talks n. 洽谈，会谈，谈判

taunt vt. 辱骂；嘲笑；奚落

tenure of office 任职期

thwart vt. 阻挠；挫败

ties n. 关系

top news 头条新闻

top v. 超过

tornado n. 龙卷风

traffic tie-up 交通瘫痪

trigger vt. 引发

trim vt. 削减

truce n. 停火，休战

tsunami n. 海啸

vaccine n. 疫苗

vehicle-free promenade 步行街

veto n./v. 否决

vote down 否决

vow n./v. 起誓

walkout n. 罢工

wed v. 结婚，娶，嫁

weigh v. 考虑，权衡

well-off level 小康水平

well-to-do level 小康水平

wreckage n. 残骸

yield v. 屈服

附录二：完形及词汇部分常用搭配

account for 说明；(在数量上、比例上)占
adapt to 适应
agree in 关于…意见一致
agree upon 对…意见一致
agree with 与…意见一致
allow for 顾及
amount to 相当于，总共达
answer back 无礼回嘴，顶嘴
answer for 对…负责，承担后果
anything but 绝不
apply to 应用，适用
ask for 询问
as regards 关于，在…方面，至于
as a result 结果
as a result of 作为…的结果
as such 照这样，像这样
as well 也
at a glance 看一眼
be accustomed to 习惯于…
be alike to 与…相同，与…类似
because of 由于，因为
be confronted with 面临
be consistent with 与…一致
be doomed to 注定…
be equal to 比得上，和…相等
be equipped with 配备有…
be familiarized with 和…相熟，熟悉
be guilty of 犯有…罪
be in step with 与…同步(相协调)
be in condition 身体状况良好
be made from 由…制成

be made up of 由…组成
be out of condition 身体状况不好
be related to 与…有联系
be relevant to 和…有关
be similar to 与…相似，类似于
be suited to 适合…
be used to 习惯于…
beyond the reach of 够不着；在…范围
　　之外
break away 突然离开，脱离
break down 制服，压倒；倒塌，垮掉；
　　分解
break off 中断，折断；突然停止；脱落
break up 打碎，破碎；结束；分解
by chance 偶然
by experience 通过经验
by heart 凭记性，记牢
by/in comparison with 与…相比
call for 要求
call in 叫…进来；召集；要求退回
call over 看望，探访；点名
call out 叫喊，大声说出
call upon 访问，拜访
catch up 赶上
clear up 整理；消除；放晴
coincide with 与…一致，相符合
come to 谈到，关于
compare with 与…相比较
consist of 由…组成
count down 倒计时
count in 把…计算在内

· 441 ·

count on 依靠，指望

count out 点数

deal with 处理

defend oneself by doing sth. 通过做某事
　　来保护自己

derive from 起源于

descend from 由…传下来

do away with 废除，取消

disapprove of 不赞成，反对

dismay at 对…灰心或惊讶

distaste for 不喜欢，厌恶

dissatisfaction with 对…的不满

engage in 使从事，忙于

except for 除…外

get about（尤指病后）走动；（消息、谣言
　　等）传开

get across 使人了解，使人明白

get along 前进；进展；和睦相处

get away 逃走

get away with 侥幸成功，逃脱处罚

get back 回来；恢复；找回（失物等）

get back at 向…进行报复

get in 进入；到达；（使）被录取；收割

get off（使）不受惩罚，开脱

get on 进展；相处；上车；继续干

get over 痊愈，恢复；（使）度过，（使）越
　　过；克服，战胜

get round to 腾出时间来做

go about 着手做，干；流传，蔓延

go in for 参加；爱好；从事

go over 检查，搜查；检修

go through 穿过，通过；完成；遭受，
　　经历

hand down 留传下来，把…传下去

hand in 递交，上交

hand out 分发，交给，取出

hand over 交出，移交

if only 只要

in addition 此外

in addition to 加上；除…外还有

in association with 与…联系；与…合伙

in a state 不整洁，凌乱；兴奋；焦急

in a word 总之，简言之

incline to 倾向于

in sight（指某物）看得见

intend to 打算，意图

in that 因为，既然

in that case 在那种情况下

in the case of 在…的情况下，就…而言

in the event of 如果发生…，万一…

in the mean time 同时

in the search of 在寻找…的过程中

in order 按顺序；井然有序；状况良好

in other words 换句话说

in proportion to 与…成比例

keep（in）step with 与…保持同步（步调
　　一致）

keep pace with 跟上…，与…并驾齐驱

lack of 缺乏

lead to 导致

make a bid for 出价买；企图获得

make preparations for 做（好）…的准备，
　　为…做准备

make provision for 为…做好准备，采取
　　措施

make up 捏造

match with 与…相匹敌；和…相配；和
　　相称

more than 比…更加…

move along 往前走；走开

move off 离去，出发；死去

move on 离去，继续前进

move out 把…搬出；(使)迁出；搬走；出发

no sooner...than... 一…就…

not so much...as 与其说是…，倒不如说是…

nothing but 只

of one's own 某人自己的

on one's behalf 代表某人

on one's own 独自，独立

only if 只有…才…

on the condition of 在…条件下

on the scene 在场

on view 展览着

owing to 归因于

part with 放弃…

pick up 捡起；获得

preside at/over 主持；负责

pull back 把…向后拉；反悔，毁约；(使)撤退

pull through (使)渡过危机(或难关)；(使)恢复健康

pull out 把…分开；拉出，拔出；离去，开出；出站

pull up 把…向上拉；拔掉，根除

put by 储蓄；把…放一边

put off 推迟；脱去；使心烦

put over (尤指用欺骗手段)做成；推迟

put up 抬起；张贴；提出(请愿、建议、问题等)

react to 对…作出反应

refer to 提到，说起

result in 造成；导致

rival sb./sth. for/in sth. 与…相匹敌；比得上

show around 带领…参观

show off 炫耀，卖弄

show up 出现

so as to 以便，为的是

stem from/out of 发生于，起源于

take effect 见效，生效

tend to 往往；倾向于

too...to... 太…而不能…

under the condition 在…条件或状况下

with a view of/to 以…为目的；为…起见

within the reach of 够得着；在…的范围之内

with reference to 关于

without fail 务必，必定

without hesitation 毫不犹豫

with the result that 结果是，因而

附录三：常考易混淆词对

词条	词义	易混淆词对	考点	真题
affordable	支付得起的	approachable/ payable/reachable	异形近义	The tuition fees are (affordable) to students coming from low-income families.
allergic	过敏的	sensitive/ sensible/infected	异形近义	Many people are (allergic) to insect bites, and some even have to go to hospital.
average	一般的；平均的	normal/usual/general	异形近义	The (average) family in Chinese cities now spends more money on housing than before.
basics	基本，基础	elements/foundation	异形近义	In my first year at the university I learnt the (basics) of journalism.
claim	宣称，声称	confess/declare/ confirm	异形近义	The new colleague (claims) to have worked in several big corporations before he joined our company.
climate	气候	air/mood/area	异形近义	In the present economic (climate) we can make even greater progress than previously.
considerate	考虑周到的	considerable/ considering/ considered	近形近义	On the road motorists should be aware of cyclists and be (considerate) towards them.
convey	传达，传递，表达	exchange/transfer/ convert	异形近义	More often than not, it is difficult to (convey) the exact meaning of a Chinese idiom in English.
deficiency	缺乏，不足	weakness/ insufficiency/ limitation	异形近义	For the student or new wage earners, there are practical (deficiencies) of cash and location on achieving that idea.
distinction	区别，区分	separation/division/ difference	异形近义	We should make a clear (distinction) between "competent" and "proficient" for the purposes of our discussion.

词条	词义	易混淆词对	考点	真题
distinctive	有特色的，与众不同的	distinct/distinguished/distinguishable	近形近义	Their （distinctive） taste does not stem from the kind of potatoes that McDonald's buys.
endow	天生具有，赋予；捐赠	bestow/give/present	异形近义	But they were （endowed） with enormous concealed advantages of a kind not possessed by any of their competitors.
exceedingly	非常，很	excessively/extensively/exclusively	近形近义	Your advice would be （exceedingly） valuable to him who is now at a loss as to what to do first.
favourable	令人满意的，赞成的	favoured/favourite/favouring	同形近义	We have been hearing （favourable） accounts of your work.
flavour	口味	fragrance/smell/perfume	异形近义	The mixture gave the fries their unique （flavour）.
frugal	节约的；俭朴的	economic/thrifty/careful	异形近义	Although he has become rich, he is still very （frugal） of his money.
fundamental	基础的	elementary/crucial/rudimentary	异形近义	The （fundamental） similarity of liquids and gases becomes clearly apparent when the temperature and pressure are raised somewhat.
grudge	怨恨，不满，嫌隙	disgust/curse/hatred	异形近义	I'm surprised they are no longer on speaking terms. It's not like either of them to bear a （grudge）.
hasty	匆匆的，草率的	urgent/instant/prompt	异形近义	We should always bear in mind that （hasty） decisions often result in serious consequences.
lane	车道	way/track/road	异形近义	When you're driving on a motorway, you must obey the signs telling you to get into the right （lane）.
latter	后者	latest/later/last	近形近义	The first two stages in the development of civilized man were probably the invention of weapons and the discovery of fire, although nobody knows exactly when he acquired the use of the （latter）.

词条	词义	易混淆词对	考点	真题
minority	少数	scarcity/rarity/minimum	异形近义	The majority of nurses are women, but in the higher ranks of the medical profession women are in a（minority）.
name	命名，提名	call/ask/invite	异形近义	After several years, I was（named）department chair.
particular	讲究的，挑剔的；特别的，独特的	peculiar/special/specific	近形近义	My cousin likes eating very much, but he isn't very（particular）about the food he eats.
peel	除掉（水果等）皮	scale/strip/slice	异形近义	Russet Burbank potatoes were（peeled）, cut into shoestrings, and fried in its kitchens.
precede	先于；在…之前	process/produce/proceed	近形近义	Metal, valued by weight,（preceded）coins in many parts of the world.
principal	主要的，首要的	basic/initial/elementary	异形近义	The moon, being much nearer to the Earth than the Sun, is the（principal）cause of the tides.
quality	品质；性质	characteristic/distinction/feature	异形近义	There are many other skills and（qualities）that are desirable in a translator.
radically	根本上，完全地，本质地	violently/severely/extremely	异形近义	The chairman of the company said that new techniques had（radically）improved their production efficiency.
rate	比率；等级	ratio/percentage/proportion	异形近义	According to the new tax law, any money earned over that level is taxed at the（rate）of 59 percent.
rare	稀少的，罕有的	unusual/extraordinary/unique	异形近义	With（rare）exceptions, the former president does not appear in public now.
readily	容易地	promptly/instantly/quickly	异形近义	Personal computers are no longer something beyond the ordinary people; they are（readily）available these days.

词条	词义	易混淆词对	考点	真题
recover	(使)恢复	regain/restore/revive	近形近义	Share prices on the Stock Exchange plunged sharply in the morning but (recovered) slightly in the afternoon.
regrettable	令人遗憾的,可惜的	regretful/regretting/regretted	同形近义	There has been a (regrettable) lack of communication between the union and the management.
restore	(使)恢复原样,修复	recover/renew/revive	近形近义	Jimmy earns his living by (restoring) works of art in the museum.
reward	报酬,赏金	award/compensation/prize	异形近义	The police have offered a large (reward) for information leading to the robber's arrest.
same	同样的	exact/identical/alike	异形近义	Other chains use Russet Burbank, buy their French fries from the (same) large processing companies.
scrap	小片,碎片	sheet/paper/slice	异形近义	The tenant left nothing behind except some (scraps) of paper, cloth, etc.
security	保障	safety/protection /secureness	近形近义	The economic recession has meant that job (security) is a rare thing.
sign	牌子,指示牌	mark/signal/board	异形近义	Drive straight ahead, and then you will see a (sign) to the Shanghai-Nanjing Expressway.
skid	打滑,滑倒	skate/slide/slip	近形近义	In winter drivers have trouble stopping their cars from (skidding) on icy roads.
sparsely	稀少地	lightly/hardly/rarely	异形近义	This spacious room is (sparsely) furnished with just a few articles in it.
spectator	观众	audience/participant/observer	异形近义	Thousands of (spectators) at the stadium came to their feet to pay tribute to an outstanding performance.
stand	站立;(使)位于	rest/stay/seat	异形近义	Our family doctor's clinic (stands) at the junction of two busy roads.

词条	词义	易混淆词对	考点	真题
suspend	暂停	discontinue/halt/cease	异形近义	Bus services between Town Centre and Newton Housing Estate will be (suspended) until the motorway is repaired.
switch	转换	change/transform/turn	异形近义	If he is working basically as an information translator, let us say, for an industrial firm, he should have the flexibility of mind to enable him to (switch) rapidly from one source language to another.
thereafter	从那以后	thereof/thereby/ thereabouts	近形异义	We met Mary and her husband at a party two months ago. (Thereafter) we've had no further communication.
trumpet	喇叭	whistle/bugle/flute	异形近义	When invited to talk about his achievements, he refused to blow his own (trumpet) and declined to speak at the meeting.
vacant	空缺的；无人住的	empty/free/deserted	异形近义	During the summer holiday season it is difficult to find a(n) (vacant) room in the hotels here.
visit	参观	travel/watch/tour	异形近义	While he was in Beijing, he spent all his time (visiting) some important museums and buildings.
worthless	无价值的	invaluable/priceless/ unworthy	异形近义	Once a picture is proved to be a forgery, it becomes quite (worthless).